新刑事诉讼法
公安民警适用读本
（2019 版）

主编　樊学勇

中国人民公安大学出版社
群众出版社
·北　京·

图书在版编目（CIP）数据

新刑事诉讼法公安民警适用读本：2019 版 / 樊学勇著．—北京：中国人民公安大学出版社，2019.1

ISBN 978－7－5653－3577－8

Ⅰ.①新… Ⅱ.①樊… Ⅲ.①刑事诉讼法—中国—学习参考资料

Ⅳ.①D925.204

中国版本图书馆 CIP 数据核字（2019）第 052445 号

新刑事诉讼法公安民警适用读本（2019 版）

主编 樊学勇

出版发行：中国人民公安大学出版社
地　　址：北京市西城区木樨地南里
邮政编码：100038
经　　销：新华书店
印　　刷：涿州市新华印刷有限公司

版　　次：2019 年 4 月第 1 版
印　　次：2019 年 4 月第 1 次
印　　张：23.25
开　　本：787 毫米×1092 毫米 1/16
字　　数：369 千字

书　　号：ISBN 978－7－5653－3577－8
定　　价：78.00 元

网　　址：www.cppsup.com.cn www.porclub.com.cn
电子邮箱：zbs@cppsup.com zbs@cppsu.edu.cn

营销中心电话：010－83903254
读者服务部电话（门市）：010－83903257
警官读者俱乐部电话（网购、邮购）：010－83903253
公安业务分社电话：010－83905672

编 委 会

主 编： 樊学勇

副主编： 王 汀

编 委：（以姓氏笔画为序）

王少华 王纪锋 王秋杰 王晓伟
申士涛 田 静 史健菲 刘玉贤
邢 震 杜 彬 李忠勇 李新权
李 静 李 黎 金 玥 胡鸿福
柴靖静 徐利英 董向东

前 言

2012年3月14日第十一届全国人民代表大会第五次会议通过了《关于修改〈中华人民共和国刑事诉讼法〉的决定》，第二次修正了《中华人民共和国刑事诉讼法》。这是我国刑事诉讼领域乃至人民生活中的一件大事。

本次修法对刑事诉讼法的条文进行了较大幅度的修改。为了使公安机关人民警察能及时掌握、理解并在办案中正确运用，特组织刑事诉讼法领域的专家、学者以及实务工作者编写这本公安机关人民警察适用的《新刑事诉讼法公安民警适用读本》。

2018年10月26日中华人民共和国第十三届全国人民代表大会常务委员会第六次会议通过了《关于修改〈中华人民共和国刑事诉讼法〉的决定》，并自2018年10月26日公布之日起施行。该书编委会组织力量对该书进行了修改，形成了《新刑事诉讼法公安民警适用读本》(2019年版)。

本书针对公安机关适用的刑诉法条文进行重点释义，特点如下：

1. 专业到位。本书的编写者是来自公安机关、检察院、法院的专家、学者和实务工作者，对于刑诉法从法源上的把握到法律适用都有深入研究，因此释义精准到位。

2. 简明扼要。本书条文释义通俗易懂、简明扼要、针对性强，便于理解。

3. 重点突出。本书对于公安机关适用的条文在体例上进行突出标注（书中释义的内容加黑的部分是专门适用公安机关办案执法的），使公安民警通过阅读本书能很好地结合新刑诉法办案执法。

4. 本书附刑事诉讼法修正前后的对照表，使读者对修正前后各条的增加、删减一目了然，便于加深对新刑事诉讼法的理解。

目 录

第一编　总　则

第一章　任务和基本原则

第一条　为了保证刑法的正确实施，惩罚犯罪，保护人民，保障国家安全和社会公共安全，维护社会主义社会秩序，根据宪法，制定本法。

【释义】本条是关于刑事诉讼法的立法宗旨和立法依据的规定。

本条的主要内容如下：

1. 刑事诉讼法的立法宗旨。

我国刑事诉讼法的立法宗旨，是指国家制定刑事诉讼法律，建立刑事诉讼制度，规范刑事诉讼程序，进行刑事诉讼活动所要达到的预期目标或结果。我国刑事诉讼法的立法宗旨具体包括以下三个方面的内容：

一是保证刑法的正确实施。保障实体法的正确、有效实施是程序法的主要功能。作为实体法，刑法是规定犯罪和刑罚的法律。被告人的行为是否构成犯罪，应当处以何种刑罚，都应以刑法为依据。而在如何准确查明犯罪嫌疑人以及如何保障嫌疑人、犯罪人的基本人权和被害人的合法权益等方面，都需要程序性规定予以保障。作为程序法，刑事诉讼法在这些方面都进行了明确详细的规定，因此刑事诉讼法的根本目的是保障刑法的正确、有效实施。

二是惩罚犯罪，保护人民。惩罚犯罪、保护人民是本法保证刑法正确实施的具体体现，惩罚犯罪和保护人民是不可分割的两个方面，共同贯穿于刑事诉讼程序的始终。惩罚犯罪，是指通过本法所调整的刑事诉讼活动，在准确、及时地查明案件事实的基础上，对构成犯罪的被告人公正地适用刑法，达到惩罚和控制犯罪、实现国家刑罚权的目的；保护人民，是指保护公民的人身权利、财产权利、民主权利和其他权利。

在此，对“人民”应作扩大解释，将其理解为全体公民及与刑事诉讼相关的外国人和无国籍人。因为“人民”本意上是一个政治范畴，是与“敌人”相对应的一个概念，在外延上不包括严重的刑事犯罪分子及外国人和无国籍人。如按照其本意解释，则在刑事诉讼活动中，犯罪嫌疑人和被告人很可能被排斥于“人民”的范围之外，外国人和无国籍人也不属于被保护的范围，这与保障人权的理念是严重背离的，而且也不符合实际情况。因此，在这条基本原则修改之前，应对此处的“人民”作扩大解释，使之与刑事诉讼法基本理念和司法实际相符合。

三是保障国家安全和社会公共安全，维护社会主义社会秩序。我国仍处于社会主义初级阶段，改革转型在促进社会主义现代化建设取得巨大成就的同时，也不可避免地造成了一些社会矛盾和冲突，治安形势不容乐观。杀人、放火、爆炸、投毒、强奸、抢劫、盗窃等各种犯罪活动严重危害了我国国家安全和社会公共安全，干扰了社会主义社会秩序。保障国家安全和社会公共安全，维护社会主义社会秩序，是许多部门法的共同目标。与其他部门法相区别的地方在于，本法所调整的对象是刑事诉讼活动，通过惩罚和控制各种刑事犯罪达到保障国家、社会公共安全和维护正常社会秩序的目的。

2. 刑事诉讼法的立法依据。

宪法是国家的根本大法。本法与宪法的关系是“子法”与“母法”的关系，其制定必须体现宪法的原则和精神，而不得同宪法规定相冲突。本法的有关规定是宪法有关条文的具体化，如宪法规定人民法院、人民检察院依法独立行使审判权、检察权，公民在法律面前一律平等，被告人有权获得辩护，公检法三机关分工负责、互相配合、互相制约等，这些规定在很大程度上决定了本法的立法框架，成为本法的立法原则。

第二条　中华人民共和国刑事诉讼法的任务，是保证准确、及时地查明犯罪事实，正确应用法律，惩罚犯罪分子，保障无罪的人不受刑事追究，教育公民自觉遵守法律，积极同犯罪行为作斗争，维护社会主义法制，尊重和保障人权，保护公民的人身权利、财产权利、民主权利和其他权利，保障社会主义建设事业的顺利进行。

【释义】本条是关于我国刑事诉讼法的立法任务和立法目的的规定。

本条规定的刑事诉讼法的任务主要有以下三个方面的内容：

1. 保证准确、及时地查明犯罪事实，正确应用法律，惩罚犯罪分子。

这是本法的首要任务，是实现本法立法宗旨的前提条件。“准确”，是指不夸大或者缩小犯罪情节；“及时”，是指司法机关应在法定的期限之内尽快地查明案件并依法作出处理；“正确”，是指对法律的规定应当正确理解和运用，这是惩罚犯罪的关键，既包括正确应用实体法，也包括正确应用程序法；既要做到定性准确，又要保证适用法律正确，程序合法。

2. 保障无罪的人不受刑事追究。

在刑事诉讼中不冤枉无辜是公正司法的一个重要标志，是依法治国、建设社会主义法治国家在刑事司法方面的必然要求，体现了惩罚犯罪与保障人权的统一。一方面，只要真正做到准确惩罚犯罪，就不会伤害无辜；另一方面，在刑事诉讼中谨慎执法，注意保护无辜的人，就必然能更准确地惩罚犯罪分子。

3. 教育公民自觉遵守法律，积极同犯罪行为作斗争。

本法除有惩罚、保障任务外，还具有预防、教育任务。为了更好地实现本法立法目的，在严厉打击犯罪的同时，还必须积极预防、减少犯罪，防患于未然。因此，应加强对公民的法制宣传教育，通过公开审判、公开宣判、张贴布告、发布典型案例、举办犯罪展览等方式，使公民了解本法的各项规定，了解办案的原则、制度和程序，使他们自觉守法并积极协助有关机关同犯罪作斗争。

刑事诉讼法通过完成以上任务，达到以下目标：

1. 维护社会主义法制，尊重和保障人权，保护公民的人身权利、财产权利、民主权利和其他权利。

刑事诉讼法通过规范司法机关的活动，打击犯罪，保护无辜的人不受刑事追究，从而维护社会主义法制的权威和统一。刑事诉讼法的实施同时也为宪法“尊重和保障人权”原则提供了基本的保障，从而发挥其“动态的宪法”的功能。本条将刑事诉讼法第1条“保护人民”的规定进行了细化，规定刑事诉讼法不仅保护公民的人身权利、民主权利，同时也保护公民的财产权利和其他权利。

长期以来，我国法律比较重视对公民人身权利和民主权利的保护，对财产权利保护方面的规定相对薄弱。在社会主义市场经济发展过程中，在一部分人先富起来的同时，抢劫、盗窃、抢夺、诈骗等侵犯公民财产权利的犯罪活动也一度猖獗。本法将人身权利、财产权利、民主权利放到同样重要的位置，对于实现“保护人民”这一立法宗旨，具有非常重要的意义。

2. 保障社会主义建设事业的顺利进行。

保障社会主义建设事业的顺利进行，是本法立法宗旨中“保障国家安全和社会公共安全，维护社会主义社会秩序”的深化。在完成本法规定的前三项任务的前提下，实现“保障国家安全和社会公共安全，维护社会主义社会秩序”的目标，进而最终实现“保障社会主义建设事业的顺利进行”的立法目的。

第三条 对刑事案件的侦查、拘留、执行逮捕、预审，由公安机关负责。检察、批准逮捕、检察机关直接受理的案件的侦查、提起公诉，由人民检察院负责。审判由人民法院负责。除法律特别规定的以外，其他任何机关、团体和个人都无权行使这些权力。

人民法院、人民检察院和公安机关进行刑事诉讼，必须严格遵守本法和其他法律的有关规定。

【释义】本条是关于公安机关、人民检察院和人民法院三机关职责权限及三机关进行刑事诉讼活动应遵守法律的规定。

本条的内容有以下两个方面：

1. 关于公安机关、人民检察院和人民法院三机关职责权限的规定。

第一，刑事案件侦查权、检察权和审判权具有排他性和专属性。刑事诉讼涉及公民的重要基本权利，包括人身权利、财产权利、政治权利，而且侦查、检察、审判工作专业性比较强，同时必须以国家强制力作为后盾。因此，这三项权力只能作为国家权力的组成部分，由专门机关行使。除法律特别规定的以外，其他任何机关、团体和个人都无权行使这些权力。

第二，刑事案件的侦查权、检察权和审判权由公安机关、人民检察院、人民法院分别行使，分工负责。

侦查权，是指收集证据，揭露和证实犯罪，查获犯罪嫌疑人，以及实施必要的强制性措施的权力。侦查活动的范围极为广泛，其中，侦破案件、拘留犯罪嫌疑人、执行逮捕和预审，是侦查活动的集中体现。根据本条和本法第4条的规定，侦查权由公安机关、检察机关和国家安全机关行使。三机关在行使侦查权时的分工为：检察机关只对国家机关工作人员利用职权实施的非法拘禁、刑讯逼供、报复陷害、非法搜查的侵犯公民人身权利的犯罪以及侵害公民民主权利的犯罪案件行使侦查权；国家安全机关只对危害国家安全的刑事案件行使侦查权。此外，根据本法第308条的规定，军队保卫部门对军队内部发生的刑事案件行使侦查权，中国海警局对海上发生的刑事案件行使侦查权，监狱对罪犯在监狱内犯罪的案件进行侦查。其他案件的侦查权都由公安机关行使。

检察权包括公诉权、法律监督权以及部分司法救济权。检察监督的内容极为广泛，包括对刑事法律、民事法律和行政法律实行监督。根据本条规定，检察权只能由人民检察院行使。

审判权，就刑事案件而言，即定罪量刑的权力，涉及公民的基本权利。根据我国宪法规定，人民法院是国家的审判机关，代表国家依法行使审判权。确认一个公民是否有罪，必须经人民法院依法审判，审判权由人民法院统一行使。

2. 公检法三机关进行刑事诉讼活动必须遵守法律的规定。

公检法三机关的权力分工根植于现代民主政治，与奴隶制、封建制的纠问式诉讼模式有着本质的区别。公检法三机关在刑事诉讼中，不得擅自超越自己的职权，应严格按照法律规定的职权各司其职，以保证办案质量，维护社会主义法制的统一。三机关进行刑事诉讼活动，从立案、侦查到起诉、审判，再到执行，都必须遵守法定程序。

在我国公安、司法机关中，长期存在“重实体、轻程序”的观念，时常出现违背或变相规避法定程序的情况。这样既不利于维护程序法的严肃性，也会对实体法的正确实施造成影响。离开程序法的保障，实体法将丧失实施的依托和途径，因此必须强调遵守法定程序的重要性。

本条所说的“其他法律”，是指除本法以外其他涉及刑事诉讼程序的法律，如《中华人民共和国人民法院组织法》（以下简称《人民法院组织法》）、《中华人民共和国监狱法》（以下简称《监狱法》）等。

第四条 国家安全机关依照法律规定，办理危害国家安全的刑事案件，行使与公安机关相同的职权。

【释义】本条是关于国家安全机关在刑事诉讼中对危害国家安全犯罪案件行使侦查权的规定。

本条的主要内容如下：

国家安全机关是就特殊的领域承担保卫任务的国家机关，与公安机关的任务性质相同，区别在于国家安全机关负责的保卫工作有一定的特殊性，即负责关于危害国家安全案件的处理。根据《中华人民共和国国家安全法》（以下简称《国家安全法》）等法律法规的规定，国家安全机关对境外机构、组织、个人实施或指使、资助他人实施的，或者境内组织、个人与境外机构、组织、个人相勾结实施的下列危害中华人民共和国国家安全的行为依法予以预防、制止和追究：（1）阴谋颠覆政府、分裂国家、推翻社会主义制度的；（2）参加间谍组织或者接受间谍组织及其代理人的任务的；（3）窃取、刺探、收买、非法提供国家机密的；（4）策动、勾引、收买国家工作人员叛变的；（5）进行危害国家安全的其他破坏活动的。

国家安全机关办理危害国家安全的刑事案件，应当依照《国家安全法》、《中华人民共和国人民警察法》（以下简称《人民警察法》）、全国人大常委会《关于国家安全机关行使公安机关的侦查、拘留、预审和执行逮捕职权的决定》以及本法中的规定，行使与公安机关相同的职权，即法律赋予公安机关在侦查刑事案件中的职权和手段，包括拘留、执行逮捕、讯问犯罪嫌疑人、询问证人、搜查、扣押、鉴定、勘验、检查等一系列的侦查活动及预审等。

第五条 人民法院依照法律规定独立行使审判权，人民检察院依照法律规定独立行使检察权，不受行政机关、社会团体和个人的干涉。

【释义】本条是关于人民法院、人民检察院依法独立行使职权原则的规定。

本条是宪法原则在本法中的直接体现。《中华人民共和国宪法》（以下简称《宪法》）第131条和第136条分别规定，人民法院和人民检察院依法行使审判权和检察权，不受任何团体和个人的干涉。依法独立行使审判权和检察权，是指人民法院和人民检察院审查和处理案件只服从法律，不受任何行政机关、社会团体和个人的干涉。正确理解“独立行使职权”的含义，必须厘清以下几个方面关系：

1. 依法独立行使职权与党的领导的关系。

人民法院、人民检察院依法独立行使审判权和检察权，并不意味着可以独立于党的领导之外。党的领导是我国司法工作的一项基本原则，也是我国长期的革命和实践经验的总结，是依法独立行使审判权、检察权的根本保证。在我们国家，宪法和法律都是党领导人民制定的，体现了党和人民的意志和利益。党的领导是法律和政策的领导。

2. 依法独立行使职权与人民监督的关系。

人民法院、人民检察院依法独立行使审判权和检察权，并不是说可以不接受各级人民代表大会和广大人民群众的监督。根据我国《宪法》规定，各级人民法院和人民检察院必须对产生它的人民代表大会及其常务委员会负责并报告工作，接受其监督。同时，人民法院和人民检察院还应当接受社会各界的监督，特别是人民群众和新闻媒体的监督。

3. 依法独立行使职权是人民法院、人民检察院整体的独立还是法官、检察官个人的独立。

在我国，人民法院、人民检察院依法独立行使审判权和检察权，是指人民法院、人民检察院的整体独立，推行办案主体责任制的改革是当前我国司法改革的方向。

第六条　人民法院、人民检察院和公安机关进行刑事诉讼，必须依靠群众，必须以事实为根据，以法律为准绳。对于一切公民，在适用法律上一律平等，在法律面前，不允许有任何特权。

【释义】本条是关于依靠群众原则，以事实为根据、以法律为准绳原则，以及适用法律平等原则三项刑事诉讼的基本原则的规定。

本条的主要内容如下：

1. 依靠群众原则。

依靠群众原则是中国共产党和我国国家机关的工作路线、组织路线在刑事诉讼法中的体现，是指在刑事诉讼中，公检法三机关要坚持群众路线和群众观点，发挥群众的智慧和力量；要深入群众进行调查研究，收集证据；要发动群众、组织群众与犯罪行为作斗争；要采取宣传教育等工作方法，努力扩大办案的社会效果。

很多学者对这一原则提出质疑，认为其既不符合诉讼活动的特点，也有违司法独立原则。2012 年修订《刑事诉讼法》未将其删除主要是基于如下考虑：第一，该原则已为广大司法工作者和公众所熟知，其所体现的群众路线已深入人心，如直接删除则有可能令公众产生误解，以为是群众路线发生了改变。第二，依靠群众原则在侦查阶段还是有重要意义的。刑事案件的发现、侦破以及成功审判，都离不开广大人民群众的配合、协助。刑事案件与社会公众利益息息相关，事关公民的基本权利，也容易得到广大群众的配合支持。

该原则包含以下三个方面的内容：

第一，注意群众报案、控告、举报，及时捕捉发案信息，保证依法立案。

第二，重视通过群众调查取证。刑事诉讼的关键是证据，要收集证据就必须调查研究。调查研究的最有效方法之一在于深入群众，通过群众提供的线索寻找证据或说服证人出庭作证。

第三，通过群众教育改造犯罪分子，扩大法制宣传，预防和减少犯罪。

在本法的其他条文中，对如何贯彻依靠群众原则作了具体规定，如第 52 条规定“必须保证一切与案件有关或者了解案情的公民，有客观地充分地提供证据的条件，除特殊情况外，可以吸收他们协助调查”，第 84 条和第 110 条分别规定了任何公民都有权扭送现行犯和控告、举报犯罪等。

2. 以事实为根据、以法律为准绳原则。

以事实为根据，是指以客观存在的案件事实为处理案件的根本依据，而不能以主观想象、推测或无根据的议论为依据。其核心内容是重证据、重调查研究，认定事实必须以查证属实的证据为根据，适用法律又必须以查明的事实为根据。以事实为根据必须注意两个问题：一是诉讼中的事实是证据事实，即法律认可的能够采用的证据所能充分证明的某一案件事实，而不是客观事实本身；二是证据具有证据资格和证明力是保证法律事实与客观事实充分重合的关键。

以法律为准绳，是指司法人员对案件的程序问题和实体问题的处理，必须以本法和其他法律的规定为标准，以法律的规定作为评价已经查明的案件事实的尺度。以法律为准绳要求司法人员在刑事诉讼过程中，以法律而不是个人好恶或上级意志作为依据。坚持以法律为准绳，是保证定罪量刑尺度统一和维护法制统一的需要。

3. 适用法律平等原则。

这一原则是"公民在法律面前一律平等"的宪法原则在本法中的体现，其基本含义是：

第一，对任何人的犯罪行为，无论其社会政治地位、出身、经济状况、受教育程度、宗教信仰、参加党派等情况如何，都必须严格依照法律规定定罪量刑，在适用法律上不允许有任何歧视和特权。

第二，对一切公民的合法权益，都应平等地保护，包括对被告人和犯罪嫌疑人的合法权益也同样要平等保护。

第七条　人民法院、人民检察院和公安机关进行刑事诉讼，应当分工负责，互相配合，互相制约，以保证准确有效地执行法律。

【释义】本条是关于公检法三机关分工负责、互相配合、互相制约原则的规定。

本条的主要内容如下：

分工负责、互相配合、互相制约，是指公安机关、人民检察院和人民法院在刑事诉讼中，要各司其职、互相配合、互相监督，严格依法办事，共同完成刑事诉讼任务。

1. 分工负责。

本法第 3 条对三机关的职责分工作出了明确规定。分工负责，是指在刑事诉讼中，公检法三机关应按照各自的职权分工开展工作，只能在法定范围内行使职权，各负其责，各尽其职，不能互相混淆代替。

2. 互相配合。

互相配合，是指在刑事诉讼中，公检法三机关要在各自履行职能的基础上，使案件的处理能够衔接得当，最终达到共同查明犯罪、惩罚犯罪的目的。

3. 互相制约。

互相制约，是指公检法三机关在刑事诉讼中按照职权和分工，相互制约，防止权力滥用，防止可能发生的错误和偏差，并使已经发生的错误及时得以纠正。

在分工负责、互相配合、互相制约三种关系中，分工负责是基础，互相配合是严格分工在公检法三机关职责衔接上的表现，互相制约是公检法三机关之间关系的核心。三者的关系是辩证统一的。

有学者认为，强调公检法三机关分工负责、互相配合、互相制约，会导致司法实践中三机关重配合而轻制约，导致刑事诉讼成为一种公检法三机关分工负责的流水线，不利于保障人民法院依法独立审判，不利于保障当事人特别是犯罪嫌疑人和被告人的合法权利。但2012年《刑事诉讼法》仍保留了这一规定，主要基于如下考虑：首先，分工负责、互相配合、互相制约模式虽然在司法实践中确实带来了一些消极影响，但并不是该原则固有的弊端，可以通过在具体立法中强调制约、适当淡化配合的方式，消除这些弊端。其次，我国《宪法》第140条对公检法三机关之间的关系作出了这样的规定，在宪法的相关规定没有修改之前取消此规定是不合适的。

第八条 人民检察院依法对刑事诉讼实行法律监督。

【释义】本条是关于人民检察院对刑事诉讼活动实施法律监督原则的规定。

本条的主要内容如下：

人民检察院除具有侦查、审查起诉职能外，还有法律监督职能，这是我国人民检察院非常独特的一项职能。权力容易被滥用，为了保证国家机关忠于法律和人民利益，就必须对国家机关的职权行为进行法律监督。我国《宪法》第134条规定，人民检察院是国家的法律监督机关。刑事诉讼作为国家实现刑罚权的活动，涉及公民的生命、财产、自由等基本权利。本条明确规定人民检察院对刑事诉讼实施法律监督权，这对维护公民合法权益、保证刑事诉讼正常进行具有重要意义。

实行这一原则，是严肃社会主义法治的需要。社会主义法治要求“有法可依、有法必依、执法必严、违法必究”。整个诉讼活动都围绕着追究犯罪嫌疑人、被告人的刑事责任问题，任何一个诉讼环节都必须依照刑事诉讼法规定的程序进行。因此，作为法律监督机关的人民检察院对每一个诉讼环节都必须严格监督，以确保刑事诉讼程序的良性运行。

实行这一原则，也是保护犯罪嫌疑人、被告人合法权益的需要。犯罪嫌疑人、被告人在刑事诉讼中是被追究刑事责任的对象，作为当事人，他们享有广泛的诉讼权利。这些诉讼权利能否充分地实现，直接关系到他们的切身利益能否得到及时、有效的保护。司法实践中出现的刑讯逼供、超期羁押、非法拘留等现象，就是未能充分保护当事人合法权益的表现。因此，当事人合法权益是否得到及时保护，诉讼权利是否能够充分实现，理应成为检察机关监督的重要内容。

人民检察院对刑事诉讼的法律监督贯穿于刑事诉讼的全过程，体现在刑事诉讼的各个阶段。根据本法和《人民检察院刑事诉讼规则（试行）》（以下简称《规则》）的规定，人民检察院法律监督的内容主要有以下几个方面：

1. 立案监督。

第一，人民检察院发现公安机关对应当立案侦查的案件不立案侦查的，由审查逮捕部门审查；审查逮捕部门经过调查、核实有关证据材料，认为需要公安机关说明不立案理由的，经检察长批准，可以要求公安机关在7日内说明不立案的理由。经人民检察院审查逮捕部门审查，认为公安机关不立案理由不成立的，经检察长或检察委员会讨论决定，应当通知公安机关立案。

第二，被害人认为公安机关对应当立案侦查的案件不立案侦查，向人民检察院提出的，人民检察院控告申诉部门应当受理，并根据事实和法律进行审查，认为需要公安机关说明不立案理由的，应当将案件移送审查逮捕部门办理。

第三，人民检察院通知公安机关立案，应当由检察长决定；重大或者疑难、复杂的案件，由检察长提交检察委员会决定。

第四，对于公安机关不应当立案而立案侦查的，人民检察院应当向公安机关提出纠正违法意见。

2. 侦查监督。

人民检察院对侦查活动的监督，主要是发现和纠正以下违法行为：（一）采用刑讯逼供以及其他非法方法收集犯罪嫌疑人供述的；（二）采用暴力、威胁等非法方法收集证人证言、被害人陈述，或者以暴力、威胁等方法阻止证人作证或者指使他人作伪证的；（三）伪造、隐匿、销毁、调换、私自涂改证据，或者帮助当事人毁灭、伪造证据的；（四）徇私舞弊，放纵、包庇犯罪分子的；（五）故意制造冤、假、错案的；（六）在侦查活动中利用职务之便谋取非法利益的；（七）非法拘禁他人或者以其他方法非法剥夺他人人身自由的；（八）非法搜查他人身体、住宅，或者非法侵入他人住宅的；（九）非法采取技术侦查措施的；（十）在侦查过程中不应当撤案而撤案的；（十一）对与案件无关的财物采取查封、扣押、冻结措施，或者应当解除查封、扣押、冻结不解除的；（十二）贪污、挪用、私分、调换、违反规定使用查封、扣押、冻结的财物及其孳息的；（十三）应当退还取保候审保证金不退还的；（十四）违反刑事诉讼法关于决定、执行、变更、撤销强制措施规定的；（十五）侦查人员应当回避而不回避的；（十六）应当依法告知犯罪嫌疑人诉讼权利而不告知，影响犯罪嫌疑人行使诉讼权利的；（十七）阻碍当事人、辩护人、诉讼代理人依法行使诉讼权利的；（十八）讯问犯罪嫌疑人依法应当录音或者录像而没有录音或者录像的；（十九）对犯罪嫌疑人拘留、逮捕、指定居所监视居住后依法应当通知家属而未通知的；（二十）在侦查中有其他违反刑事诉讼法有关规定的行为的。

人民检察院发现公安机关侦查活动中的违法行为，对于情节较轻的，可以由检察人员以口头方式向侦查人员或者公安机关负责人提出纠正意见，并及时向本部门负责人汇报；必要的时候，由部门负责人提出。对于情节较重的违法情形，应当报请检察长批准后，向公安机关发出纠正违法通知书。构成犯罪的，移送有关部门依法追究刑事责任。

3. 审判监督。

人民检察院对审判的监督，主要是发现和纠正以下违法行为：（一）人民法院对刑事案件的受理违反管辖规定的；（二）人民法院审理案件违反法定审理和送达期限的；（三）法庭组成人员不符合法律规定，或者违反规定应当回避而不回避的；（四）法庭审理案件违反法定程序的；（五）侵犯当事人和其他诉讼参与人的诉讼权利和其他合法权利的；（六）法庭审理时对有关程序问题所作的决定违反法律规定的；（七）二审法院违反法律规定裁定发回重审的；（八）故意毁弃、篡改、隐匿、伪造、偷换证据或者其他诉讼材料，或者依据未经法定程序调查、质证的证据定案的；（九）依法应当调查收集相关证据而不收集的；（十）徇私枉法，故意违背事实和法律作枉法裁判的；（十一）收受、索取当事人及其近亲属或者其委托的律师等人财物或者其他利益的；（十二）违反法律规定采取强制措施或者采取强制措施法定期限届满，不予释放、解除或者变更的；（十三）应当退还取保候审保证金不退还的；（十四）对与案件无关的财物采取查封、扣押、冻结措施，或者应当解除查封、扣押、冻结不解除的；（十五）贪污、挪用、私分、调换、违反规定使用查封、扣押、冻结的财物及其孳息的；（十六）其他违反法律规定的审理程序的行为。

4. 执行监督。

为保障刑事判决、裁定的正确执行，人民检察院依法对执行刑事判决裁定的活动实行法律监督，包括对死刑执行的监督、对减刑、假释的监督、对看守所的监督，等等。

第九条　各民族公民都有用本民族语言文字进行诉讼的权利。人民法院、人民检察院和公安机关对于不通晓当地通用的语言文字的诉讼参与人，应当为他们翻译。

在少数民族聚居或者多民族杂居的地区，应当用当地通用的语言进行审讯，用当地通用的文字发布判决书、布告和其他文件。

【释义】本条是关于各民族公民有权使用本民族语言文字进行诉讼的原则规定。

本条的主要内容如下：

使用本民族语言文字进行诉讼的原则是“中华人民共和国各民族一律平等”（《宪法》第4条第1款）和“各民族都有使用和发展自己的语言文字的自由”（《宪法》第4条第4款）在刑事诉讼中的具体体现，这一原则的内容包括以下三个方面：

1. 作为一项重要的诉讼权利，各民族公民都有权使用本民族的语言文字进行诉讼活动，无论是作为当事人，还是作为证人、辩护人、鉴定人等，都同样享有这一权利。各民族公民有权使用本民族语言回答司法人员和其他诉讼参与人的询问、发表自己的意见，有权使用本民族的文字书写证人证言、鉴定意见、上诉状、申诉状及其他诉讼材料和诉讼文书。

2. 司法机关有义务为不通晓当地语言文字的诉讼参与人指派或聘请翻译人员进行翻译。

3. 在少数民族聚居或多民族杂居的地区，应当使用当地通用的语言进行审讯；起诉书、判决书、布告或其他文书，应当根据实际需要使用当地通用的一种或几种文字。

贯彻执行这一原则，有利于保障各民族的诉讼参与人能够平等享有和充分行使各项诉讼权利；有利于全面查清案情，正确处理案件，保证诉讼活动的顺利进行；也有利于更好地发挥审判活动的教育作用。

第十条 人民法院审判案件，实行两审终审制。

【释义】本条是关于两审终审制的规定。

本条的主要内容如下：

两审终审制是我国的审级制度，是指一个案件至多经过两级人民法院审判即告终结的制度，对于第二审人民法院作出的终审判决、裁定，当事人等不得再提出上诉，人民检察院不得按照上诉审程序提出抗诉。

实行两审终审制是根据我国国情和司法的实际需要确定的。实行两审终审制有重要意义，首先，有利于及时纠正错误的判决，有利于上级人民法院对下级人民法院的审判工作实行监督，维护当事人的合法权益和法制的统一。其次，方便诉讼参与人参加诉讼，防止拖延诉讼和造成人力、物力的浪费。如果审级过多，当事人可能会为上诉到处奔波。如果迟迟不能结案，则会影响及时惩罚罪犯，使诉讼参与人都受拖累，会造成不必要的人力和物力的浪费。

应注意的是，两审终审制并不是说每一件刑事案件都必须经过两级人民法院审理，有的案件不经过二审，其判决或裁定也发生法律效力。同时，有的案件虽然经过了两级人民法院审理，其判决或裁定也不能发生法律效力。具体而言：

1. 两审终审制只适用于地方各级人民法院，即高级人民法院、中级人民法院、基层人民法院，不适用于最高人民法院。最高人民法院是国家的最高审判机关，经它审判的一切案件，包括一审案件，所作出的判决或裁定都立即发生法律效力。

2. 必须有合法的上诉或抗诉才会导致二审。合法的上诉或抗诉是第二审程序开始的前提条件，如果在法定时间内当事人没有提出上诉，人民检察院也没有提出抗诉，地方各级人民法院作出的一审判决或裁定，也发生法律效力，不需要再经过二审程序。

3. 判处死刑立即执行的案件，经过两审后，其判决还不能发生法律效力。按照刑事诉讼法的规定，还必须经过复核程序。经过复核程序核准后，其判决才能生效，才能交付执行。

理解二审终审制还应注意的是，二审终审的判决、裁定确有错误的，不能按照上诉程序解决，只能按照审判监督程序处理。

第十一条　人民法院审判案件，除本法另有规定的以外，一律公开进行。被告人有权获得辩护，人民法院有义务保证被告人获得辩护。

【释义】本条是关于公开审判原则和被告人有权获得辩护原则的规定。

本条的主要内容如下：

1. 公开审判原则。

公开审判制度也是一项宪法原则（《宪法》第130条）。所谓公开审判，是指人民法院审理案件和宣告判决，应公开进行，允许公民到法庭旁听，允许新闻记者采访和报道，也就是把法庭审理的全过程，除了休庭评议以外，都公之于众。

公开审判制度要求凡是公开审理的案件，应当先期公布案由、被告人姓名、开庭时间和地点，以便群众能够到庭旁听。定期宣判的案件，也应当先期公告。不公开审理的案件，在开庭时，应当当庭宣告不公开审理的理由。

公开审判是保障审判民主性和公开性的关键措施。人民法院贯彻执行各项诉讼法原则和制度应当以公开审理为中心，通过认真实行公开审判，带动其他各项诉讼原则和制度得到全面贯彻和执行。审判是诉讼的中心环节和主要阶段，审判前的各项诉讼活动的质量，在审判中都将得到体现和检验。所以，公开审判制度虽然只适用于审判阶段，但是它对于促使侦查、起诉机关严格依法办案和保证诉讼质量，也起到重要作用。

根据本条的规定，除本法另有规定的以外，人民法院审判案件一律公开进行。根据本法第188条和第285条的有关规定，下列三类案件因情况特殊，不公开审理：

一是有关国家机密的案件。为防止泄露国家机密，给国家和人民的利益造成不必要的损失，这类案件不公开审理。

二是有关个人隐私的案件。所谓个人隐私案件，主要是指涉及两性关系和侮辱妇女等方面的犯罪案件。

三是未成年人案件。本法第285条规定“审判的时候被告人不满十八周岁的案件，不公开审理”。

依法不公开审理的案件，任何公民包括与审理案件无关的人民法院工作人员和被告人的近亲属都不得旁听，被告人的法定代理人除外；对于不公开审理的案件，应当当庭宣布不公开审理的理由，但判决仍要公开宣布。值得注意的是，为了保护未成年人的权益，本法第 281 条规定，对于未成年人刑事案件，在讯问和审判的时候应当通知未成年犯罪嫌疑人、被告人的法定代理人到场。无法通知、无法到场或法定代理人是共犯的，也可以通知其他合适的成年人到场。

2. 被告人有权获得辩护原则。

辩护，是指在刑事诉讼中犯罪嫌疑人、被告人及其辩护人为反驳控诉而在事实上和法律上提出和论证对犯罪嫌疑人、被告人有利的材料和理由所进行的诉讼活动。“被告人有权获得辩护”是被告人最重要的一项诉讼权利，是《宪法》第 130 条精神的体现。

根据本条及本法第 33 条、第 34 条、第 35 条和第 36 条的规定，被告人有权获得辩护原则包含以下内容：

一是获得有效辩护是被告人的一项诉讼权利，被告有权选择行使，也有权选择放弃。被告人行使辩护权，既可以自己辩护，也可以委托他人为其辩护。

二是人民法院自受理案件之日起 3 日以内，应当告知被告人有权委托辩护人。被告人在押期间要求委托辩护人的，人民法院应当及时转达其要求。被告人在押的，也可以由其监护人、近亲属代为委托辩护人。辩护人接受犯罪嫌疑人、被告人委托后，应当及时告知办理案件的机关。

三是被告人因经济困难或者其他原因没有委托辩护人的，本人及其近亲属可以向法律援助机构提出申请。对符合法律援助条件的，法律援助机构应当指派律师为其提供辩护。符合以下情况的，人民法院应当通知法律援助机构指派律师为其提供辩护：被告人是盲、聋、哑人，或者是尚未完全丧失辨认或者控制自己行为能力的精神病人，没有委托辩护人的；被告人可能被判处无期徒刑、死刑，没有委托辩护人的；未成年被告人没有委托辩护人的。

法律援助机构可以在人民法院、看守所等场所派驻值班律师。被告人没有委托辩护人，法律援助机构没有指派律师为其提供辩护的，由值班律师为被告人提供法律咨询、程序选择建议、申请变更强制措施、对案件处理提出意见等法律帮助。

第十二条　未经人民法院依法判决，对任何人都不得确定有罪。

【释义】本条是关于未经人民法院依法判决对任何人都不得确定有罪

原则的规定。

本条的主要内容如下：

该原则对维护公民合法权益，加强社会主义民主和法制建设具有十分重要的意义。此项原则是对有罪推定的否定，同时吸收了无罪推定原则的合理部分，但又不同于无罪推定原则。无罪推定原则的一般表述是：被告人在未经人民法院依法确定有罪以前，应推定为无罪。而未经人民法院判决对任何人不得确定有罪原则，则坚持以事实为根据。在人民法院判决有罪前，既不认为被告是罪犯，但也不认为其没有犯罪嫌疑，而是实事求是进行侦查，客观地收集有罪、无罪、罪重、罪轻的各种证据，根据事实来确定。

本条原则明确了审判权由人民法院统一行使，其他任何机关和个人包括人民检察院都无权行使审判权。审判权，就刑事案件而言，即定罪量刑的权力，涉及公民的基本权利。根据我国《宪法》规定，人民法院是国家的审判机关，代表国家依法行使审判权。确认一个公民是否有罪，必须经人民法院依法审判，审判权由人民法院统一行使。因此，任何一个公民，未经人民法院依法审理，并作出判决，不能认定和宣告其有罪。1979 年《刑事诉讼法》中规定的免予起诉制度，则是人民检察院对已构成犯罪但依法不需要判处刑罚或者免予刑罚的被告人，不交付审判而定罪免刑的一项诉讼制度。免予起诉的实质是对人民法院审判权的分割。检察机关未经人民法院开庭审判并依法作出判决，就对被告人定罪免刑，违背了国家审判权由人民法院统一行使的原则，混淆了检察机关与审判机关的职权，不符合社会主义法制原则和现代法制文明所确立的诉讼民主原则。因此，本条的规定对维护公民合法权益，具有十分重要的作用。

第十三条 人民法院审判案件，依照本法实行人民陪审员陪审的制度。

【释义】本条是关于人民陪审员陪审制度的规定。

本条的主要内容如下：

陪审制度，是指人民法院审判刑事案件组成合议庭，除指派审判员参加外，还通过一定的民主方式从普通公民中选出人民陪审员参加，由陪审员与审判员共同组成合议庭审判案件的制度，人民陪审员在审判中享有与审判员同等的权力。

我国是社会主义国家，人民当家作主，以各种形式参政、议政，管理国家。人民法院审判案件吸收人民陪审员参加，是人民群众参加审判工作，发挥国家主人翁作用的重要形式，也是人民法院审判工作贯彻群众路线，接受群众监督的具体体现。陪审制对于实现司法民主、在诉讼过程中引进民间智慧以及防止法官腐败都具有非常重要的意义。

本法对陪审员可以参加哪些合议庭以及合议庭中的人数比例等方面，都作了明确具体的规定：陪审制度只适用于普通程序中第一审刑事案件的合议庭，基层人民法院、中级人民法院审判第一审案件可以由审判员3人组成合议庭，也可以由审判员和陪审员共3人或7人组成合议庭进行；高级人民法院审判第一审刑事案件可以由审判员3人至7人组成合议庭，也可以由人民陪审员和审判员共3人或7人组成合议庭进行；最高人民法院审判第一审刑事案件可以由审判员3人至7人组成合议庭进行。二审程序、简易程序和死刑复核程序一律不适用陪审制度。二审程序的合议庭只能由审判员组成，简易程序和速裁程序则可以不实行合议庭制度，由审判员1人独任审判。

第十四条 人民法院、人民检察院和公安机关应当保障犯罪嫌疑人、被告人和其他诉讼参与人依法享有的辩护权和其他诉讼利。

诉讼参与人对于审判人员、检察人员和侦查人员侵犯公民诉讼权利和人身侮辱的行为，有权提出控告。

【释义】本条是关于对诉讼参与人诉讼权利保护的规定。

本条的主要内容如下：

刑事诉讼中的各诉讼参与人在刑事诉讼活动中由于参与的诉讼关系不同，所处的诉讼地位不同，享有的权利也不同。有的是诉讼关系的直接参加者，如当事人，他们都是为了保护自己的合法权益或被控告而参加诉讼；有的是诉讼法律关系的间接参与者，如被告人、被害人的法定代理人，是为了保护被告人、被害人的合法权益而参加诉讼；有的和当事人没有直接利害关系，诉讼的进行及结果也不直接涉及他们的利益，而是为了诉讼的顺利进行，履行法律规定的义务，执行一定的职务，如证人、鉴定人和翻译人员；有的是应当事人的聘请或司法机关指定而参加诉讼的，如诉讼代理人、辩护人等，为了帮助当事人行使诉讼权利和维护当事人合法权益而参加诉讼。不同地位的诉讼参与人，法律赋予其不同的诉讼权利，使他们在不同的诉讼活动中运用这些权利，保护当事人的合法权益，揭露和证实犯罪，从而使诉讼活动得以顺利进行。

在刑事诉讼中，犯罪嫌疑人、被告人处于被追诉地位。犯罪嫌疑人、被告人依法享有辩护权对于防止被错误追诉和保障其正当权利具有重要意义，在刑事诉讼中至关重要。

诉讼权利不同于一般的公民权利。一般的公民权利，依照法定条件和程序可以被剥夺。而诉讼权利是一个诉讼概念，是公民成为某一诉讼参与人时，必须享有的与其诉讼地位相适应的权利，不得以任何方式加以剥夺。任何一个诉讼参与人在依法享有诉讼权利的同时，还要承担与其诉讼地位相适应的诉讼义务，两者不可偏废。

保障诉讼参与人的诉讼权利具有重要意义：

第一，依法保障公民的诉讼权利，是司法文明的标志。只有切实保障公民的诉讼权利，才能使公民的合法权益不受侵犯；同时，保障诉讼参与人的诉讼权利，还有利于司法机关不断改进和完善自己的工作，充分行使职权，顺利进行刑事诉讼，同时提高司法机关在群众中的威信。

第二，依法保障公民的诉讼权利，是我国司法制度民主化的体现。公民权利的有无、多寡及实现的程度，反映了一个国家的民主性质和民主程度。我国是人民民主专政的社会主义国家，社会主义民主是人类历史上最高类型的民主，具有完全性和彻底性。因此，我们国家对于社会各阶层的地位，即对谁民主、对谁专政，政权结构的形式、组织程序和活动原则，公民的权利和自由等，都由法律加以确认和保障。在刑事诉讼中，赋予诉讼参与人相应的诉讼权利，并要求司法机关切实保障这些诉讼权利的实现，是社会主义民主在刑事诉讼中的具体体现。

第三，依法保障公民的诉讼权利，是实现刑事诉讼法任务的需要。惩罚犯罪和保障无罪的人不受刑事追究，是本法不可分割的两项任务，要保障无罪的人不受刑事追究，就要赋予诉讼参与人一系列的诉讼权利，并保障其充分行使这些权利。公检法三机关只有切实、有效地保障诉讼参与人的诉讼权利，才能最大限度地实现本法的任务。

第四，依法保障公民的诉讼权利，是正确处理案件的需要。司法机关进行刑事诉讼，首先必须查明案件事实，只有事实查清楚才能正确适用法律。为了查清事实，就必须充分发挥和调动一切诉讼参与人的积极性，保障他们的诉讼权利，这是保证刑事案件能够得到正确处理的一个基本条件。其次，可以使司法机关工作人员防止和克服主观主义的思想和作风，及时发现和纠正办案工作中可能产生的偏差、错误，从而有利于查明案情，准确地适用法律。

公检法三机关保障诉讼参与人的诉讼权利，应注意以下几点：第一，诉讼参与人的诉讼权利是一种法定权利，应当受到法律保护；第二，司法机关有义务保护诉讼参与人的诉讼权利，并且有责任采取措施排除他们在行使诉讼权利过程中的各种障碍；第三，诉讼参与人有权用法律手段维护自己的诉讼权利，特别是针对“侵犯公民诉讼权利和人身侮辱的行为，有权提出控告”。有关机关对于侵犯诉讼权利的行为应当认真严肃查处。

第十五条 犯罪嫌疑人、被告人自愿如实供述自己的罪行，承认指控的犯罪事实，愿意接受处罚的，可以依法从宽处理。

【释义】本条是规定认罪认罚可以依法从宽处理的原则。它是2018年刑事诉讼法新增的内容。

本条中的认罪认罚是条件，可以从宽处理是结果。认罪是指犯罪嫌疑人、被告人自愿如实供述自己的罪行，承认指控的犯罪事实，而不论犯罪嫌疑人、被告人是否是主动投案的，所以包括自首和坦白两种形式，注意这里不要求犯罪嫌疑人或被告人承认构成犯罪、认可公安司法机关认定的罪名，只要通过如实供述的方式承认指控的犯罪事实即可；认罚是指犯罪嫌疑人、被告人愿意接受处罚，这里不要求一定同意人民检察院的量刑建议，只要自愿接受刑罚处罚即可，认罚的最低层次是承认自己的行为是犯罪并愿意承担刑事责任，更高层次的认罚是基于最低层次的认罚还要愿意积极退赃、承担犯罪行为产生的民事责任，越高层次的认罚对应的从宽力度越大。从宽处理包括实体从宽和程序从宽，适用于刑事诉讼各个阶段。在侦查阶段，主要是程序从宽，表现为侦查机关变更、解除强制措施。在起诉阶段，表现为检察机关采取非羁押性强制措施，或者作出不起诉决定。在审判阶段，主要是实体从宽，表现为人民法院依据各个具体罪名的规定，在法定量刑幅度内从宽处罚。认罪认罚可以从宽处理背后的原理是认罪的案件便于办案机关查明案情，本身也说明其人身危险性降低，而认罚的案件改造成功的难度下降，被犯罪行为破坏的社会秩序更容易得以修复，所以从宽处理就能实现刑法的目的。

认罪认罚可以从宽处理包括“认罪可以从宽”和“认罪认罚可以从宽”两层含义，认罪即可从宽，认罪又认罚更可以从宽处理。

认罪认罚从宽不意味着程序一定从简，认罪认罚只是适用速裁程序的条件之一，不论是适用速裁程序、简易程序，还是适用刑事和解程序、普通程序，都可以从宽处理。

在证据的要求方面，认罪认罚从宽案件不能降低证明标准，如果在认罪的条件下仍然达不到案件事实清楚、证据确实充分，只能疑罪从无，而不是疑罪从宽。

认罪认罚从宽要求认罪认罚出自犯罪嫌疑人、被告人的真实意愿，所以需要通过辩护人、值班律师提供法律帮助，使其对所认罪名和认罪认罚的后果有清晰的认识，才能保证认罪认罚案件的公正性。

认罪认罚无时间上的限制性，可以适用诉讼过程中的各个阶段，但犯罪嫌疑人、被告人认罪认罚时间越提前，意味着越有利于办案机关查明案件事实，并可以推定其悔罪程度高、人身危险性较低，因此处理的从宽的程度也应该越大。认罪认罚可以从宽处理原则在不同诉讼阶段有不同的表现形式，侦查阶段着重形成认罪，审查起诉阶段重在认罪认罚的协商和具结，审判阶段侧重确认认罪认罚并体现实体从宽处理。

第十六条　有下列情形之一的，不追究刑事责任，已经追究的，应当撤销案件，或者不起诉，或者终止审理，或者宣告无罪：

（一）情节显著轻微、危害不大，不认为是犯罪的；

（二）犯罪已过追诉时效期限的；

（三）经特赦令免除刑罚的；

（四）依照刑法告诉才处理的犯罪，没有告诉或者撤回告诉的；

（五）犯罪嫌疑人、被告人死亡的；

（六）其他法律规定免予追究刑事责任的。

【释义】本条是关于不追究刑事责任的情形及其处理方式的规定。

本条对不追究刑事责任的几种法定情形及其处理方式进行了明确的规定，这有利于保证国家追诉权的统一、正确行使，防止任意扩大追诉范围，并防止和纠正对不应当追究刑事责任的人错误地进行追究。

1. 不追究刑事责任的法定情形。

一是情节显著轻微、危害不大，不认为是犯罪的。这种情况指的是犯罪嫌疑人、被告人的行为虽然违法，也具有社会危害性，但由于行为人的行为情节显著轻微、危害不大，尚不构成犯罪，所以不能追究刑事责任。

二是犯罪已过追诉时效期限的。一般来说，只要行为人的行为构成犯罪，就应当追究其刑事责任。但实际生活是复杂的，有的犯罪分子犯罪后，经过几年、几十年没有被追诉，本人也未再犯新罪，如果再对其追诉，既不利于社会的安定团结，也不利于司法机关集中精力打击现行的犯罪活动，同时也与我国刑罚的目的不相符。因此，我国《刑法》规定了追诉时效制度。具体来说，《刑法》第 87 条规定："犯罪经过下列期限不再追诉：（一）法定最高刑为不满五年有期徒刑的，经过五年；（二）法定最高刑为五年以上不满十年有期徒刑的，经过十年；（三）法定最高刑为十年以上有期徒刑的，经过十五年；（四）法定最高刑为无期徒刑、死刑的，经过二十年。如果二十年以后认为必须追诉的，须报请最高人民检察院核准。"《刑法》第 89 条规定："追诉期限从犯罪之日起计算；犯罪行为有连续或者继续状态的，从犯罪行为终了之日起计算。在追诉期限以内又犯罪的，前罪追诉的期限从犯后罪之日起计算。"

三是经特赦令免除刑罚的。受到特赦免除刑罚的犯罪分子，不论其刑罚已执行一部分还是完全没有执行，都等同于刑罚执行完毕。以后无论何时，都不能因为没有执行或没有执行完原判刑罚，再次对其进行刑事追诉，包括不再按审判监督程序受追诉。特赦在审判后的执行期间宣告，在罪行宣告前一般不能实行特赦。

四是依照《刑法》告诉才处理的犯罪，没有告诉或者撤回告诉的。依据《刑法》的规定，侮辱罪、诽谤罪、暴力干涉婚姻自由罪和虐待罪等，其情节相对轻微、危害不很严重，属于"告诉才处理"的犯罪，即把被害人的告诉作为追究犯罪分子刑事责任的条件。当然，上述犯罪案件中，如果被害人没有告诉是因为受强制、威吓而无法告诉，被害人近亲属"告诉"的，有关机关应当予以处理。

五是犯罪嫌疑人、被告人死亡的。在犯罪嫌疑人、被告人死亡的刑事案件中，有的犯罪嫌疑人、被告人已确定构成犯罪，有的犯罪嫌疑人、被告人是否构成犯罪还不清楚，这时，因为犯罪嫌疑人、被告人死亡，刑事责任的承担者消失，无法追究其刑事责任。还有的案件中，犯罪嫌疑人、被告人的行为已确定不构成犯罪，这种情况下，因为犯罪嫌疑人、被告人的行为原本就不构成犯罪，自然不应追究刑事责任。

六是其他法律规定免予追究刑事责任的。某些犯罪会随形势、时间的变化而变化。如果在《刑法》、本法颁布后制定的法律中，取消了原来的某种犯罪或对原来的犯罪规定免予追究刑事责任，司法机关应当遵守这些法律的规定，不予追诉。

2. 不予追究刑事责任的处理。

根据出现的诉讼阶段不同，以上几种法定不予追诉的情形的处理方法也有所不同：

第一，刑事诉讼开始前已经发生上述情形之一的，不应立案受理，从而不追究行为人的刑事责任。这种处理对公检法三机关都适用。

第二，在侦查阶段发生上述情形之一的，应当撤销案件。撤销案件，是指撤销原来的立案决定和对犯罪嫌疑人采取的强制措施，终止案件的诉讼程序。

第三，在审查起诉阶段，人民检察院发现案件具有上述情形之一的，应当作出不起诉的决定。不起诉决定是审查起诉阶段终止诉讼的措施。

第四，在审判阶段，人民法院一般应当裁定终止审理，但是被告人死亡的，如果根据已查明的案件事实和认定的证据材料，能够确认被告人无罪，就应当判决宣告被告人无罪。

需要说明的是，上述六种法定情形不论发生在哪个诉讼阶段，都应由正在负责该阶段的机关依法采取终止诉讼的措施，不应把案件再往其他机关移送。

第十七条　对于外国人犯罪应当追究刑事责任的，适用本法的规定。

对于享有外交特权和豁免权的外国人犯罪应当追究刑事责任的，通过外交途径解决。

【释义】本条是关于追究外国人刑事责任适用我国刑事诉讼法的原则的规定。

追究外国人刑事责任适用我国刑事诉讼法的原则，明确了我国刑事诉讼法对外国人的效力，所以它也是本法的适用范围的规则，体现了刑事诉讼中的国家主权原则。我国是具有完全主权的社会主义国家，有权对我国领域内的一切人和事物实行管辖，也有权对外国人在中国领域以外对中华人民共和国国家和公民的犯罪，按照我国法律程序，由我国的司法机关追究其刑事责任，以刑事管辖权保护国家和公民的利益。该原则还规定了例外情况，即对于享有外交特权和豁免权的外国人犯罪应当追究刑事责任的，应通过外交途径解决，而不是由我国的司法机关依照本法进行追究。

1. 对外国人追究刑事责任原则的内容。

一是外国人在我国领域内犯罪，应当追究刑事责任的，由我国司法机关按照本法规定的程序进行追究。所谓外国人，是指不具有中华人民共和国国籍的外国国籍人、无国籍人和国籍不明的人。所谓我国领域，既包括我国的领空、领陆、领水，也包括我国的船舶、飞行器。外国人在我国领域内犯罪，应由我国司法机关处理，依照我国法律规定的程序追究刑事责任。外国司法机关无管辖权，也不能按照外国法律的规定进行刑事诉讼。

二是对享有外交特权和豁免权的外国人犯罪应当追究刑事责任的，通过外交途径解决。所谓外交特权和豁免权，是指一个国家为了保证和便利驻在本国的外国代表、外交代表机关以及外交人员正常执行职务，而给予他们的一种特殊权利的待遇，其中包括人身不可侵犯；办公处、住所和公文、档案不可侵犯；不受司法管辖；免纳关税和捐税，免除一切役务等。

2 享有外交特权和豁免权的人员范围。

哪些外国人享有外交特权和豁免权，应当根据我国参加的国际条约认定。一是来中国访问的外国国家元首、政府首脑、外交部长及其他具有同等身份的官员；二是按照中国已加入的有关国际公约和中国与有关国际组织签订的协议而享有外交特权与豁免权的外国代表、联合国及其专门机构的官员和专家，以及联合国及其专门机构驻中国代表机构的人员；三是各国驻中国使领馆的外交代表、使领馆行政技术人员及其配偶和未成年子女；四是途经中国的外国驻第三国的外交代表和与其共同生活的配偶和未成年子女；五是持中国外交签证或者持有外交护照（仅限互免签证的国家）来中国的外国官员；六是经我国政府同意给予特权与豁免权的其他来中国访问的外国人士，等等。

对于享有外交特权和豁免权的外国人犯罪，应当追究刑事责任的，不受我国司法管辖，只能通过外交途径解决。这是保证国与国之间的正常交往所必需的，也是依照国际惯例和国家之间平等互惠的原则规定的。对这些人犯罪，一般采取的方式有宣布其为不受欢迎的人，令其限期出境，建议派遣国依法处理或者宣布驱逐出境，这同样体现了我国的主权原则。

第十八条 根据中华人民共和国缔结或者参加的国际条约，或者按照互惠原则，我国司法机关和外国司法机关可以相互请求刑事司法协助。

【释义】本条是关于刑事司法协助原则的规定。

本条的主要内容如下：

司法协助，是指不同国家的司法机关之间，根据各国缔结或参加的国际公约，或者按照对等互惠原则，可以相互请求代为进行某些诉讼行为。刑事司法协助有广义和狭义之分，狭义的刑事司法协助仅指送达诉讼文书和调查取证；广义的刑事司法协助还包括对他国判决、裁定的承认和执行，诉讼移管和引渡。《中华人民共和国国际刑事司法协助法》所称国际刑事司法协助，是指中华人民共和国和外国在刑事案件调查、侦查、起诉、审判和执行等活动中相互提供协助，包括送达文书，调查取证，安排证人作证或者协助调查，查封、扣押、冻结涉案财物，没收、返还违法所得及其他涉案财物，移管被判刑人以及其他协助。

随着全球化进程的不断加深，我国与其他国家的刑事司法协助日益增多，迫切需要完善这方面的法律制度。1987 年中国对外缔结了第一个司法协助条约，此后中国对外缔约的数量急剧增长。其中，比较重要的涉及刑事司法协助的是，中国参加了以《联合国反腐败公约》和《联合国打击跨国有组织犯罪公约》为代表的含有刑事司法协助、引渡等条款的多边公约 28 项。2018 年 10 月中华人民共和国第十三届全国人民代表大会常务委员会第六次会议通过了《中华人民共和国国际刑事司法协助法》，这对于保障国际刑事司法协助的正常进行，加强刑事司法领域的国际合作，有效惩治犯罪，保护个人和组织的合法权益，维护国家利益和社会秩序而言具有重要意义。

第二章 管 辖

第十九条 刑事案件的侦查由公安机关进行，法律另有规定的除外。

人民检察院在对诉讼活动实行法律监督中发现的司法工作人员利用职权实施的非法拘禁、刑讯逼供、非法搜查等侵犯公民权利、损害司法公正的犯罪，可以由人民检察院立案侦查。对于公安机关管辖的国家机关工作人员利用职权实施的重大犯罪案件，需要由人民检察院直接受理的时候，经省级以上人民检察院决定，可以由人民检察院立案侦查。

自诉案件，由人民法院直接受理。

【释义】本条是关于公、检、法三机关立案管辖的范围的规定。本条是对2012年《刑事诉讼法》第18条内容的修改。

本条的主要内容如下：

1. 第1款的规定表明，凡我国刑事立法，包括刑法典和单行法规规定构成犯罪的案件，除法律另有规定的以外，都应由公安机关立案侦查。也就是说，法律没有特别规定的其他所有刑事案件，都属于公安机关的管辖范围。公安机关是各级人民政府中专门负责治安保卫工作的部门，同时，在刑事诉讼中又专门负责刑事案件的侦查，是国家的专门侦查机关，刑事案件的立案原则上应由公安机关负责进行。因此，将除法律特别规定以外的绝大多数案件划归公安机关受理，是与公安机关的性质和职能相适应的，这样可以充分发挥公安机关揭露和证实犯罪，保护人民，维护社会治安的作用。

所谓“法律另有规定”，就是指《刑事诉讼法》、《国家安全法》、《监狱法》以及其他有关的刑事立法特别规定的刑事案件，不包括在公安机关的管辖范围之内，而由人民检察院、国家安全机关、军队保卫部门、监狱和中国海警局负责侦查的刑事案件。法律另有规定主要是指下列案件：

一是国家安全机关依照《刑事诉讼法》第4条和《国家安全法》第2条、第6条和第33条规定办理的危害国家安全的刑事案件；二是军队保卫部门根据《刑事诉讼法》第308条的规定负责侦查军队内部发生的刑事案件；三是监狱依照《监狱法》第60条和《刑事诉讼法》第308条规定负责侦查的监狱内犯罪的案件；四是中国海警局依据《刑事诉讼法》第308条的规定履行海上维权执法职责，对海上发生的刑事案件行使侦查权；五是依照《刑事诉讼法》第19条的规定应由人民检察院和人民法院直接受理的刑事案件。除此之外的刑事案件，一律由公安机关侦查。

按照党中央批准的《深化党和国家机构改革方案》和《武警部队改革实施方案》决策部署，2018年6月22日，第十三届全国人民代表大会常务委员会第三次会议通过《关于中国海警局行使海上维权执法职权的决定》，明确了中国海警局的职责与任务。为了与该决定相衔接，保障依法打击海上犯罪活动，此次《刑事诉讼法》的修改，明确了中国海警局的侦查主体地位。

2. 2018年3月11日第十三届全国人民代表大会第一次会议通过了《中华人民共和国宪法修正案》，第三章第七节专门规定了监察委员会的组成、职责、任务等。随后，2018年3月20日第十三届全国人民代表大会第一次会议通过了《中华人民共和国监察法》（以下简称《监察法》）。新成立的监察委员会既不是行政机关，也不是司法机关，而是专门的反腐败工作机构，与政府、人民法院、人民检察院并列，都由人大产生，向人大负责，受人大监督。这是对1982年《宪法》确定的国家机构的重大变革，响应新时代反腐败斗争的新要求，实现了对“所有行使公权力的公职人员”的监督，实现国家监察全面覆盖，保障了国家监察体制改革顺利进行。

为落实宪法有关规定，做好与《监察法》的衔接，此次对《刑事诉讼法》的修改，调整了人民检察院侦查职权，删去人民检察院对贪污贿赂、渎职等案件行使侦查权的规定，保留人民检察院的部分侦查权，即在诉讼活动法律监督中发现司法工作人员利用职权实施的非法拘禁、刑讯逼供、非法搜查等侵犯公民权利、损害司法公正的犯罪的侦查权，以及“对于公安机关管辖的国家机关工作人员利用职权实施的重大犯罪案件”的侦查权。而根据《监察法》第11条的规定，贪污贿赂犯罪（刑法分则第八章规定的贪污贿赂犯罪）、渎职犯罪（刑法分则第九章规定的渎职犯罪案件）等职务犯罪案件，由监察机关行使调查权，对涉嫌职务犯罪的，将调查结果移送人民检察院依法审查、提起公诉。此次人民检察院侦查职权的调整有利于国家机关权力的合理配置，有利于检察机关、监察机关之间的配合与制约，也符合检察机关作为宪法规定的国家法律监督机关的定位。

根据法律的这一规定，人民检察院直接受理案件的范围包括：

一是司法工作人员在诉讼活动中，利用职权实施的非法拘禁、刑讯逼供、非法搜查的侵犯公民权利，损害司法公正的犯罪。最高人民检察院于2018年11月24日发布《关于人民检察院立案侦查司法工作人员相关职务犯罪案件若干问题的规定》，根据该规定，人民检察院在对诉讼活动实行法律监督中，发现司法工作人员涉嫌利用职权实施的下列侵犯公民权利、损害司法公正的犯罪案件，可以立案侦查：（1）非法拘禁罪（刑法第238

条）（非司法工作人员除外）；（2）非法搜查罪（刑法第245条）（非司法工作人员除外）；（3）刑讯逼供罪（刑法第247条）；（4）暴力取证罪（刑法第247条）；（5）虐待被监管人罪（刑法第248条）；（6）滥用职权罪（刑法第397条）（非司法工作人员滥用职权侵犯公民权利、损害司法公正的情形除外）；（7）玩忽职守罪（刑法第397条）（非司法工作人员玩忽职守侵犯公民权利、损害司法公正的情形除外）；（8）徇私枉法罪（刑法第399条第1款）；（9）民事、行政枉法裁判罪（刑法第399条第2款）；（10）执行判决、裁定失职罪（刑法第399条第3款）；（11）执行判决、裁定滥用职权罪（刑法第399条第3款）；（12）私放在押人员罪（刑法第400条第1款）；（13）失职致使在押人员脱逃罪（刑法第400条第2款）；（14）徇私舞弊减刑、假释、暂予监外执行罪（刑法第401条）。

这里需要指出的是，由人民检察院直接受理的上述案件，必须是在诉讼活动中，以司法工作人员作为犯罪主体，由司法工作人员利用职权实施的犯罪。根据《刑法》第94条规定，司法工作人员，是指有侦查、检察、审判、监管职责的工作人员。如果是非司法工作人员实施的，或者司法机关工作人员虽实施了上述犯罪，但没有利用职权的，或者不在诉讼活动中，均不在人民检察院的立案管辖范围之列。

二是公安机关管辖的国家机关工作人员利用职权实施的重大犯罪。根据《刑事诉讼法》第19条第2款的规定，这类案件需要由人民检察院受理的时候，须经省级以上人民检察院决定。这是法律关于人民检察院立案管辖范围的一项灵活性规定，是法律赋予检察机关的一项机动权力，目的是充分保证检察机关在刑事诉讼中行使法律监督职能，以有效地行使国家追诉权。人民检察院以此种方式行使立案侦查权，主要是对公安机关立案和侦查活动进行个案监督，而不是指对某一类案件可以直接立案侦查。从条件上看，人民检察院依据这一规定立案侦查的有关案件，必须是国家机关工作人员利用职权实施的、案件影响较大、危害严重但又不属于人民检察院前述管辖范围内的其他重大刑事案件。对于这类案件，在一般情况下，不应当由人民检察院直接受理，只是由于需要，而且必须经省级以上人民检察院决定，才可以直接受理，立案侦查。对于一般案件，如果存在有案不立、有罪不究的现象，人民检察院应根据《刑事诉讼法》第113条的规定，通知公安机关立案侦查。

3. 本条第3款规定，自诉案件，由人民法院直接受理。所谓自诉案件，是指被害人及其法定代理人、近亲属为追究被告人的刑事责任而向人民法院直接提起诉讼的案件。构成自诉案件，一般应具备以下条件：有明确的自诉人、被告人、案件情节简单、不需要侦查，且有证据证明，罪行为一般比较轻微，危害程度相对较小。

根据《刑事诉讼法》第210条的规定，自诉案件的范围如下：

一是告诉才处理的案件。所谓告诉才处理的案件，是指只有由犯罪行为的被害者或其法定代理人、近亲属提出控告，司法机关才予以追究的案件。根据《刑法》规定，告诉才处理的案件包括侮辱、诽谤案、暴力干涉婚姻自由案、虐待案以及侵占案。对于告诉才处理的案件，如果被害人及其法定代理人、近亲属没有告诉或撤回告诉，人民法院就不予追究。如果被害人死亡、丧失行为能力或者因受强制、威吓等原因无法告诉，或者是限制行为能力人以及由于年老、患病、盲、聋、哑等原因不能亲自告诉，其法定代理人、近亲属代为告诉的，人民法院应当依法受理。

二是被害人有证据证明的轻微刑事案件。将被害人有证据证明的轻微刑事案件规定为由人民法院直接受理，既符合自诉案件的审判程序要求，又有利于防止公检法机关互相推诿，避免被害人控告无门现象的发生。这类自诉案件由人民法院直接受理包括两个条件：（1）被害人要有相应证据证明被控诉人有罪。这个条件要求起诉的主体原则上是犯罪行为直接侵害的对象即被害人，被害人死亡或者丧失行为能力的，被害人的法定代理人、近亲属也可以向人民法院起诉；另外，被害人在行使自诉权时，应当承担举证责任，拿出证据证明被告人实施了犯罪行为，应当追究刑事责任。如果自诉人没有证据或证据不充分的，人民法院应当说服自诉人撤回自诉或裁定驳回（必要时也可以将案件移送公安机关处理）。（2）从案件性质上讲，属于轻微的刑事案件。所谓“轻微”，是指犯罪的性质和罪名不严重，后果和情节也不严重，社会影响不大。这类犯罪侵害的主要是个人的权益，对国家和社会公共利益的危害不大，从量刑幅度上看，可能判处的刑罚在3年以下有期徒刑，拘役、管制或单处罚金。根据最高人民法院的司法解释，被害人有证据证明的轻微刑事案件包括：故意伤害案（轻伤）；非法侵入住宅案；侵犯通信自由案；重婚案；遗弃案；生产、销售伪劣商品案（严重危害社会秩序和国家利益的除外）；侵犯知识产权案

（严重危害社会秩序和国家利益的除外）；属于刑法分则第四章、第五章规定的，对被告人可能判处3年有期徒刑以下刑罚的案件。对于上述八类案件，被害人直接向人民法院起诉的，人民法院应依法受理。对于其中证据不足，可由公安机关受理的，或者认为对被告人可能判处3年有期徒刑以上刑罚的，应当移送公安机关立案侦查。

三是被害人有证据证明对被告人侵犯自己人身、财产权利的行为应当依法追究刑事责任，而公安机关或人民检察院不予追究刑事责任的案件。由人民法院直接受理的此类案件，原属公诉案件，应由公安机关或人民检察院受理。为了加强对公安、检察机关的制约，解决司法实践中的告状难问题，更好地保护被害人的合法权益，法律赋予被害人在一定条件下的起诉权，当出现法定情形时，可作为自诉案件向人民法院起诉，由人民法院受理。这类案件从范围上看，既包括公安机关或人民检察院不立案侦查或撤销的案件，也包括人民检察院决定不起诉的案件。根据《刑事诉讼法》的规定，这类案件由人民法院直接受理，必须符合下列条件：（1）被害人必须有相应的证据加以证明；（2）对被告人的行为应当追究刑事责任；（3）被告人的行为侵犯的是被害人的人身权利或财产权利；（4）公安机关或人民检察院已经作出了不予追究被告人刑事责任的决定，只有同时具备上述四个条件，这类案件才可由人民法院直接受理。公安机关或人民检察院在侦查过程中，如果发现犯罪嫌疑人还犯有属于人民法院直接受理的罪行时，应分别情况进行处理。对于属于人民法院可以受理的其他类型的自诉案件的，可以立案进行侦查，然后在人民检察院提起公诉时，随同公诉案件移送人民法院，由人民法院合并审理；侦查终结后不提起公诉的，则应直接移送人民法院处理。对于自诉案件，如果发现案情重大、复杂，需要进行侦查的时候，人民法院应将案件移送有管辖权的人民检察院或公安机关处理，如果发现被告人还犯有必须由人民检察院提起公诉的罪行时，则应将新发现的罪行另案移送有管辖权的公安机关或人民检察院处理。

第二十条 基层人民法院管辖第一审普通刑事案件，但是依照本法由上级人民法院管辖的除外。

【释义】本条是关于级别管辖中基层人民法院管辖第一审刑事案件范围的规定。

本条的主要内容如下：

基层人民法院管辖的第一审刑事案件是除了依照《刑事诉讼法》由上级人民法院管辖的以外的其他所有第一审普通刑事案件。《刑事诉讼法》之所以如此规定，主要考虑到基层人民法院在我国人民法院组织系统中数量最多、分布范围最广，司法实践中多发的常见案件由基层人民法院负责一审，既能够实现诉讼效率，又能够保证案件审理质量，所以《刑事诉讼法》通过排除方式规定，除由上级人民法院依法管辖以外，其他所有刑事案件均由基层人民法院负责一审。

第二十一条 中级人民法院管辖下列第一审刑事案件：

（一）危害国家安全、恐怖活动案件；

（二）可能判处无期徒刑、死刑的案件。

【释义】本条是关于中级人民法院第一审案件级别管辖范围的规定。

本条的主要内容是关于中级人民法院第一审案件级别管辖范围的规定。《刑事诉讼法》对中级人民法院管辖的第一审案件采取了列举式的规定。危害国家安全、恐怖活动的案件，涉及国家安全和稳定发展以及国际关系、影响问题；可能判处无期徒刑、死刑的刑事案件涉及公民的生命和自由的终生剥夺，无论是对被告人合法权益的维护，还是对司法权威的树立与维护，都需要公正、规范的审判程序加以保障。中级人民法院审判人员的业务素质和审判经验，是实现案件正确处理的必要保证，因此，立法将上述案件交由中级人民法院审理。

第二十二条 高级人民法院管辖的第一审刑事案件，是全省（自治区、直辖市）性的重大刑事案件。

【释义】本条是关于级别管辖中高级人民法院管辖第一审案件范围的规定。

本条的主要内容如下：

高级人民法院管辖的第一审刑事案件的具体范围是全省（自治区、直辖市）性的重大刑事案件。高级人民法院是地方各级人民法院中级别最高的人民法院，它的主要职责是监督地方各级人民法院审判案件，总结审判经验，因此，不宜将更多的一审案件交由高级人民法院审理，立法将高级人民法院一审刑事案件限定在全省（自治区、直辖市）性的重大刑事案件。

第二十三条 最高人民法院管辖的第一审刑事案件，是全国性的重大刑事案件。

【释义】本条是关于级别管辖中最高人民法院管辖第一审案件范围的规定。

本条的主要内容如下：

最高人民法院管辖第一审刑事案件的范围是全国性的重大刑事案件。最高人民法院是人民法院组织系统中级别最高的人民法院，它的主要职责是监督地方各级人民法院、专门人民法院审判案件，总结审判经验，制定司法解释，因此，不宜将更多的一审案件交由最高人民法院审理。此外，最高人民法院审判的第一审案件一经作出就是生效的判决，被告人没有救济的机会，这也是最高人民法院不宜审判第一审案件的原因之一。考虑到我国《刑事诉讼法》关于级别管辖的立法传统，《刑事诉讼法》还是赋予了最高人民法院可以审判第一审案件的权力，只不过将其审判的刑事案件限定在全国性重大刑事案件，即在全国范围内具有重大影响的刑事案件。

第二十四条 上级人民法院在必要的时候，可以审判下级人民法院管辖的第一审刑事案件；下级人民法院认为案情重大、复杂需要由上级人民法院审判的第一审刑事案件，可以请求移送上一级人民法院审判。

【释义】本条是关于级别管辖中移送管辖的规定。

本条规定的移送管辖主要有两方面内容。一方面，上级人民法院在必要的时候，可以审判下级人民法院管辖的第一审刑事案件；另一方面，下级人民法院认为案情重大、复杂需要由上级人民法院审判的第一审刑事案件，可以请求移送上一级人民法院审判。

《刑事诉讼法》除对各级人民法院管辖的第一审刑事案件作了原则性规定外，对于级别管辖还作出了上述变通性的规定。根据本条规定，上级人民法院在必要的时候，可以审判下级人民法院管辖的第一审刑事案件。下级人民法院认为案情重大、复杂需要由上级人民法院审判的第一审刑事案件，可以请求移送上一级人民法院审判。这是保证案件正确处理的程序方式。司法实践中，基层人民法院对于认为案情重大、复杂或可能判处无期徒刑、死刑的第一审刑事案件，请求移送中级人民法院审判，应当经合议庭报请院长决定后，在案件审理期限满 15 日以前书面请示移送。中级人民法院应当在接到移送申请 10 日内作出决定。中级人民法院不同意移送的，应当向该基层人民法院下达不同意移送决定书，由该基层人民法院依法审判，同意移送的，应当向该基层人民法院下达同意移送决定书，并书面通知同级人民检察院。基层人民法院接到上级人民法院同意移送决定书后，应当通知同级人民检察院和当事人，并将起诉材料退回同级人民检察院，上述规定，其他级别的人民法院之间的移送也应参照执行。人民检察院提起公诉应遵照级别管辖的有关规定，如果人民检察院认为可能判处无期徒刑、死刑向中级人民法院提起公诉的普通刑事案件，中级人民法院受理后，认为不需要判处无期徒刑以上刑罚的，可以依法审理，不再交基层人民法院审理。人民法院审理的一人犯数罪、共同犯罪和其他需要并案审理的案件，只要其中一人或者一罪属于上级人民法院管辖的，全案由上级人民法院管辖。

第二十五条 刑事案件由犯罪地的人民法院管辖。如果由被告人居住地的人民法院审判更为适宜的，可以由被告人居住地的人民法院管辖。

【释义】本条是关于确定地区管辖的第一个原则的规定。

本条的主要内容如下：

确定地区管辖有两个原则，分别由《刑事诉讼法》第25、第26条规定。本条确定的是第一个地区管辖原则，它有以下两个方面的内容：实行以犯罪地人民法院管辖为主，以被告人居住地人民法院管辖为辅的原则。

《刑事诉讼法》的这一规定表明，刑事案件原则上应由犯罪地人民法院管辖。这主要是由刑事诉讼中犯罪地的特殊性决定的。犯罪地一般是证据材料最集中的地方，案件由犯罪地人民法院管辖，便于迅速、全面地收集和审查核实证据，也便于就地传唤和通知诉讼参与人出庭参与诉讼，便于犯罪地群众旁听案件审判，有利于发挥审判工作的教育作用。同时，还可以使有关单位和群众了解和掌握犯罪的原因、规律和危害，采取有效措施，预防和减少犯罪。“犯罪地”包括犯罪预备地、犯罪行为实施地、犯罪结果地以及这一犯罪案件曾涉及的其他地区。

如果由被告人居住地的人民法院审判更为适宜的，可以由被告人居住地的人民法院管辖。由被告人居住地人民法院管辖，是确定地区管辖的一条辅助性原则。法律规定，当案件由被告人居住地人民法院管辖更为适宜的，可以由被告人居住地的人民法院管辖。所谓“更为适宜”的，是指从案件和被告人的情况考虑，由被告人居住地人民法院审判更有利于查明案情和审理，更有利于教育群众。司法实践中，一般是指犯罪地难以确定，而其居住地更了解其犯罪情况的；被告人在居住地民愤极大，当地群众要求在居住地进行审判的；可能对被告人适用缓刑或管制，需要在居住地进行考察、监督的，等等。在这些情况下，可以由被告人居住地人民法院审判。被告人的居住地，一般是指被告人的户籍所在地。

第二十六条 几个同级人民法院都有权管辖的案件，由最初受理的人民法院审判。在必要的时候，可以移送主要犯罪地的人民法院审判。

【释义】 本条是关于确定地区管辖的第二个原则的规定。

本条确定的是第二个地区管辖原则，它有以下两个方面的内容：一是几个同级人民法院都有权管辖的案件，由最初受理的人民法院审判，即最初受理地原则。二是在必要的时候，可以移送主要犯罪地的人民法院审判，即主要犯罪地原则。这样规定，主要是考虑到由于刑事案件的复杂性，有些时候可能会出现一个案件有几个犯罪地等情况，从而依据《刑事诉讼法》第25条的规定形成几个人民法院都有管辖权的局面。根据本条规定，几个同级人民法院都有管辖权的案件，由最初受理的人民法院审判。在必要的时候，可以移送主要犯罪地人民法院审判。所谓“主要犯罪地”，是指被告人所犯数罪中最严重的犯罪发生地，或者一个犯罪中主要行为的实施地。所谓“必要的时候”，是指在主要犯罪地进行审理更有利于准确及时地查明案情和正确处理案件，更有利于审判顺利地进行。

第二十七条 上级人民法院可以指定下级人民法院审判管辖不明的案件，也可以指定下级人民法院将案件移送其他人民法院审判。

【释义】 本条是关于审判管辖中指定管辖的规定。

本条的主要内容如下：

诉讼理论上，将由上级人民法院以指定的方式确定案件管辖的情况称为指定管辖。我国刑事诉讼中的指定管辖一般适用于两种情况：一是管辖不明的案件，二是由于各种原因，有管辖权的人民法院不宜或不能审判的刑事案件。对管辖权发生争议的，应当在审限内协商解决；协商不成的，由争议的人民法院分别逐级报请共同的上一级人民法院指定管辖，有管辖权的人民法院因案件涉及本院院长需要回避等原因，不宜行使管辖权的，可以请求上一级人民法院管辖；上一级人民法院也可以指定与提出请求的人民法院同级的其他人民法院管辖。

上级人民法院指定管辖的，应当将指定管辖决定书分别送达被指定管辖的人民法院和其他有关的人民法院。原受理案件的人民法院，在收到上级人民法院指定其他人民法院管辖决定书后，不再行使管辖权。对于公诉案件，应当书面通知提起公诉的人民检察院，并将全部案卷材料退回，同时书面通知当事人；对于自诉案件，应当将全部案卷材料移送被指定管辖的人民法院，并书面通知当事人。

第二十八条　专门人民法院案件的管辖另行规定。

【释义】本条是审判管辖中关于专门管辖的规定。

本条的主要内容如下：

专门管辖，是指专门人民法院在审判第一审刑事案件权限范围上的分工。它所要解决的问题是：专门人民法院同普通人民法院在受理案件上的分工；专门人民法院之间在受理案件上的分工；每种专门人民法院系统内，在受理第一审案件上的分工。根据我国《人民法院组织法》的有关规定，我国现已建立的专门人民法院有：军事法院、铁路运输法院、海事法院、知识产权法院。随着时代的发展，专门法院也有增加的趋势，2017 年 8 月全国首家互联网法院——杭州互联网法院成立，实现从无到有。具有刑事管辖权的法院是军事法院和铁路运输法院，海事法院不审理刑事案件。

专门人民法院是我国人民法院组织体系中的重要组成部分，它是按照各种专门业务机构的组织体系建立起来的，因此，它所管辖的案件，是和有关专门部门的业务有联系的刑事案件。考虑到专门管辖的专业性、复杂性的需要，《刑事诉讼法》采用授权式方式，将专门管辖问题以其他法律、司法解释的形式加以规定。

第三章　回　避

第二十九条　审判人员、检察人员、侦查人员有下列情形之一的，应当自行回避，当事人及其法定代理人也有权要求他们回避：

（一）是本案的当事人或者是当事人的近亲属的；

（二）本人或者他的近亲属和本案有利害关系的；

（三）担任过本案的证人、鉴定人、辩护人、诉讼代理人的；

（四）与本案当事人有其他关系，可能影响公正处理案件的。

【释义】本条是关于回避事由（回避的条件）的规定。

本条的主要内容如下：

1. 回避的主体。

回避的主体，是指具有法定理由应该自行回避或可以被申请回避的人员，具体包括审判人员、检察人员、侦查人员，以及本法第32条规定的书记员、翻译人员和鉴定人。

为了力求程序公正，确保司法权威的树立和实现，相关的司法解释对《刑事诉讼法》条文字面的含义作了细化和扩充解释，如最高人民法院《关于适用〈中华人民共和国刑事诉讼法〉的解释》（以下简称最高人民法院《解释》）第32条规定，审判委员会委员属于回避的人员范围。《中华人民共和国人民陪审员法》第18条规定，人民陪审员的回避，适用审判人员回避的法律规定。最高人民检察院《规则》第32条规定，应当回避的检察人员包括人民检察院检察长、副检察长、检察委员会委员、检察员和助理检察员。

我国《刑事诉讼法》规定的回避主要是个人回避，未规定司法机关作为整体的回避情形。但最高人民法院《解释》第25条规定，在一个审判程序中参与过本案审判工作的合议庭组成人员或者独任审判员，不得再参与本案其他程序的审判，这实际上包含了合议庭的整体回避。

2. 回避申请人。

根据本条规定，有权申请回避的主体是当事人及其法定代理人。根据本法第108条的规定，“当事人”是指被害人、自诉人、犯罪嫌疑人、被告人、附带民事诉讼的原告人和被告人；“法定代理人”是指被代理人的父母、养父母、监护人和负有保护责任的机关、团体的代表。

3. 回避的法定事由。

根据《刑事诉讼法》的规定，回避的法定事由包括以下四个方面：

一是本案的当事人或者是当事人的近亲属的。根据本法第108条的规定，“近亲属”是指夫、妻、父、母、子、女、同胞兄弟姊妹。这样规定目的在于防止由于这种近亲属关系的存在，造成办案人员形成对案件或其他当事人的自觉或不自觉的偏见、臆断，难以保持客观冷静的心态，从而错误地认定事实和适用法律。

二是本人或者他的近亲属和本案有利害关系的。“和本案有利害关系”，是指本案的处理结果对回避人员有利益数量的减损或增加的影响。

三是担任过本案的证人、鉴定人、辩护人、诉讼代理人的。证人具有不可替代性，同时，参与本案的上述人员如果再参与本案的处理，容易先入为主，主观臆断，不利于对案件客观公正的处理。

四是与本案当事人有其他关系，可能影响公正处理案件的。“与本案当事人有其他关系”是一条原则性授权规定，仅对于不宜列举但又确实“可能影响公正处理案件”的回避情形依法适用。在司法实践中，主要指以下几种情况：是当事人的朋友、亲戚，与当事人有过恩怨，与当事人有借贷关系等。

第三十条　审判人员、检察人员、侦查人员不得接受当事人及其委托的人的请客送礼，不得违反规定会见当事人及其委托的人。

审判人员、检察人员、侦查人员违反前款规定的，应当依法追究法律责任。当事人及其法定代理人有权要求他们回避。

【释义】本条是关于办案人员不得接受当事人及其委托的人的请客送礼、违反规定与当事人及其委托的人会见及其后果的规定。

本条的主要内容如下：

司法工作人员私自会见当事人及其委托的人，极易造成泄露案情、徇私舞弊，接受请客送礼，更为收受贿赂、枉法裁判开了方便之门。根据本条规定，审判人员、检察人员、侦查人员接受当事人或其委托的人的请客送礼，或违反规定会见当事人及其委托的人，有关当事人及其法定代理人有权要求他们回避。本条规定了回避的情形之一。

根据最高人民法院《解释》，审判人员包括人民法院院长、副院长、审判委员会委员、庭长、副庭长、审判员、助理审判员和人民陪审员。根据最高人民检察院《规则》，检察人员包括人民检察院检察长、副检察长、检察委员会委员、检察员和助理检察员。侦查人员指履行侦查犯罪活动职责的公安机关、国家安全机关、监狱、中国海警局的侦查人员以及人民检察院的侦查人员。

审判人员、检察人员、侦查人员违反本条第1款规定的，应当依法追究法律责任。追究法律责任分两种情况：情节轻微的情况，视情节给予政纪处理，包括警告、记过、记大过、降级、撤职、开除等。情节严重，构成犯罪的，应当依法追究其刑事责任。

此外，根据本法第32条的规定，书记员、翻译人员和鉴定人在刑事诉讼中接受当事人或其委托的人的请客送礼，或违反规定会见当事人及其委托的人，有关诉讼参与人有权要求他们回避。《刑事诉讼法》第238条规定，第一审人民法院审理案件违反回避制度的，应当撤销原判，发回原审人民法院重新审判。这一规定实际上确认了当事人可以以违反回避制度为由向第二审人民法院提起上诉的权利，使当事人可以进一步实现自己的回避申请权。

第三十一条 审判人员、检察人员、侦查人员的回避，应当分别由院长、检察长、公安机关负责人决定；院长的回避，由本院审判委员会决定；检察长和公安机关负责人的回避，由同级人民检察院检察委员会决定。

对侦查人员的回避作出决定前，侦查人员不能停止对案件的侦查。

对驳回申请回避的决定，当事人及其法定代理人可以申请复议一次。

【释义】本条是关于回避的决定权及回避决定的效力的规定。

本条内容有以下三个方面：

1. 回避的决定权。

对当事人及其法定代理人的回避申请，司法机关要根据一定的权限作出决定。根据本条第1款的规定，审判人员、检察人员、侦查人员的回避，应当分别由院长、检察长、公安机关负责人决定；院长的回避，由本院审判委员会决定；检察长和公安机关负责人的回避，由同级人民检察院检察委员会决定。根据本法第32条的规定，书记员的回避分别由所在单位院长、检察长或公安机关的负责人决定；翻译人员、鉴定人的回避，应当由指派或聘请机关的负责人决定。

2. 回避决定的效力。

本条第2款规定，在回避决定作出之前，侦查人员不能停止侦查，这主要是由侦查工作的特殊性决定的。侦查工作必须及时、迅速地进行，任何犹豫、拖延，都会给侦查工作带来不应有的损失，甚至是无法挽回的损失。因此，为了及时、不间断地进行侦查工作，对侦查人员的回避作出决定前，侦查人员不得停止对案件的侦查。检察人员和审判人员则不同，一旦当事人及其法定代理人提出回避申请，就应暂时停止司法活动，待回避问题解决后，再继续进行检察、审判活动。

3. 对驳回申请回避决定的申请复议权。

对当事人及其法定代理人对驳回申请回避的决定享有申请复议权。申请复议只限一次。

第三十二条　本章关于回避的规定适用于书记员、翻译人员和鉴定人。

辩护人、诉讼代理人可以依照本章的规定要求回避、申请复议。

【释义】本条是关于诉讼参与人的回避及回避申请权的规定。

本条的主要内容如下：

1. 应当回避的诉讼参与人的范围。

（1）书记员。书记员是在刑事诉讼中担任记录工作的人员。记录工作，也是一项关系案件质量的重要工作。记录内容应当尽可能真实、全面地反映案件诉讼活动的本来面目，因此，书记员应当实事求是、认真负责地从事记录工作，尽量避免错漏，更不允许有意篡改、歪曲、伪造记录内容。因此，为了保证记录工作的顺利进行，具有法定回避理由的书记员也必须回避，以防止不正常的记录对案件公正处理可能造成的不良影响。

（2）翻译人员。翻译人员在案件中承担语言、文字或手势的翻译工作，是侦查、检察和审判人员与当事人和有关诉讼参与人进行交流的中介或桥梁。客观、准确地翻译，对于促进案件的公正处理，具有十分重要的作用。如果翻译人员在诉讼中故意改变、增加或减少所译内容，必将影响司法公正。因此，翻译人员不能与案件有利害关系，无论其在侦查、起诉和审判的哪一阶段，具有法定情形的，都应当回避。

（3）鉴定人。鉴定意见在刑事案件中具有十分重要的作用。在有些案件中，它是司法人员判断犯罪嫌疑人或被告人是否有罪或罪责大小的关键证据。司法实践表明，鉴定人在诉讼中能否客观、公正地进行鉴定，对所形成的鉴定意见的质量有直接影响。鉴定人不能与案件或当事人有利害关系，否则，其所作的鉴定意见可能缺乏或丧失真实性和科学性。错误的结论必将导致错误的案件处理。因此，鉴定人具有应当回避的理由时，应当回避。

2. 辩护人、诉讼代理人有权要求回避和申请复议。

2012年《刑事诉讼法》在1996年《刑事诉讼法》规定当事人、法定代理人有权申请回避和申请复议以外，增加了辩护人、诉讼代理人可以要求回避和申请复议的规定。这一修改扩大了可以要求回避和申请复议的人员范围，更加有利于保护犯罪嫌疑人、被告人的诉讼权利。2018 年《刑事诉讼法》延续了这一规定。

第四章　辩护与代理

第三十三条　犯罪嫌疑人、被告人除自己行使辩护权以外，还可以委托一至二人作为辩护人。下列的人可以被委托为辩护人：

（一）律师；

（二）人民团体或者犯罪嫌疑人、被告人所在单位推荐的人；

（三）犯罪嫌疑人、被告人的监护人、亲友。

正在被执行刑罚或者依法被剥夺、限制人身自由的人，不得担任辩护人。

被开除公职和被吊销律师、公证员执业证书的人，不得担任辩护人，但系犯罪嫌疑人、被告人的监护人、近亲属的除外。

【释义】本条是关于辩护人范围及数量的规定。

它是 2018 年《刑事诉讼法》对 2012 年《刑事诉讼法》第 32 条内容的修改。修改后为第 33 条，增加一款，作为第三款："被开除公职和被吊销律师、公证员执业证书的人，不得担任辩护人，但系犯罪嫌疑人、被告人的监护人、近亲属的除外。"

本条的主要内容如下：

辩护人，是指接受犯罪嫌疑人、被告人的委托或人民法院的指定，帮助犯罪嫌疑人、被告人行使辩护权，以维护其合法权益的人。辩护人的范围决定辩护的质量，基于此，《刑事诉讼法》必须要对辩护人的范围作出明确规定。

本条规定的辩护人的范围，有两方面的内容，一是可以被委托为辩护人的范围，二是不得担任辩护人的范围及例外情况。

根据本条的规定，我国刑事诉讼中可以被委托为辩护人的范围是：

（1）律师。在我国，律师参加诉讼为犯罪嫌疑人、被告人进行辩护，是刑事辩护的主要形式。律师是依法取得律师执业证书，为社会提供法律服务的执业人员。具备律师资格，取得执业证书，并经注册登记的人员，可以律师身份接受委托，履行辩护职责。但根据本条第三款，被吊销执业证书的律师不能担任辩护人。

（2）人民团体或犯罪嫌疑人、被告人所在单位推荐的人。近年来，我国律师数量逐渐增多，律师队伍迅猛壮大，但仍不能满足整个社会，包括刑事辩护的需求。法律规定人民团体或犯罪嫌疑人、被告人所在单位推荐的人也可以作为辩护人，这就能弥补当前我国刑事律师人数的不足，从而更为有效地保护犯罪嫌疑人、被告人的合法权益。由人民团体或犯罪嫌疑人、被告人所在单位推荐的人充当辩护人，不需要经过人民检察院、人民法院审查批准，只要犯罪嫌疑人、被告人同意即可。

（3）犯罪嫌疑人、被告人的监护人、亲友。这里的亲友，既包括近亲属，也包括其他亲属，还包括朋友等。被开除公职和被吊销律师、公证员执业证书的人，如果他们是犯罪嫌疑人、被告人的监护人、近亲属，也可以作为辩护人维护其合法权益。这样的规定体现了保障人权的原则，同时对犯罪嫌疑人、被告人能够及时委托到辩护人，解决犯罪嫌疑人、被告人委托律师的经济承受能力与律师队伍的满足社会法律服务需求问题无疑是十分有利的。

2018 年《刑事诉讼法》明确了三类人不得担任辩护人。原法规定，正在被执行刑罚或者依法被剥夺、限制人身自由的人，不得担任辩护人。2018 年修法新增了被开除公职和被吊销律师、公证员执业证书的人，不得担任辩护人的情形。全国人大常委会根据建立终身禁止从事法律职业制度的要求，对《中华人民共和国律师法》（以下简称《律师法》）、《中华人民共和国公证法》（以下简称《公证法》）等法律作了修改，具体体现在《律师法》第 53 条“被吊销律师执业证书的，不得担任辩护人、诉讼代理人，但系刑事诉讼、民事诉讼、行政诉讼当事人的监护人、近亲属的除外”和《公证法》第 42 条“被吊销公证员执业证书的，不得担任辩护人、诉讼代理人，但系刑事诉讼、民事诉讼、行政诉讼当事人的监护人、近亲属的除外”。2018 年修法扩大不得担任辩护人的范围是为与这些法律相衔接，将不得担任辩护人的情形作出相应修改。

但是，结合相关的司法解释和司法实践，不得被委托担任辩护人的范围还不限于此。具体说，下列人员不得被委托担任辩护人：（1）正在被执行刑罚或者处于缓刑、假释考验期间的人；（2）依法被剥夺、限制人身自由的人；（3）无行为能力或限制行为能力的人；（4）人民法院、人民检察院、公安机关、国家安全机关、监狱的现职人员；（5）人民陪审员；（6）与本案审理结果有利害关系的人；（7）外国人或无国籍人。

上述第（4）、（5）、（6）、（7）项规定的人员，如果是犯罪嫌疑人、被告人的近亲属或监护人，由被告人委托担任辩护人的，人民法院可以准许。

根据本条规定，犯罪嫌疑人、被告人可以委托1至2人作辩护人。也就是说，犯罪嫌疑人、被告人最多可以委托2名辩护人，他们既可以都是律师，也可以一个是律师，另一个是律师以外的辩护人，还可以两个都是非律师。需要注意的是，一名律师不得接受两个犯罪嫌疑人、被告人的委托，作他们的共同的辩护人，同案的犯罪嫌疑人不得聘请同一名律师。

第三十四条 犯罪嫌疑人自被侦查机关第一次讯问或者采取强制措施之日起，有权委托辩护人；在侦查期间，只能委托律师作为辩护人。被告人有权随时委托辩护人。

侦查机关在第一次讯问犯罪嫌疑人或者对犯罪嫌疑人采取强制措施的时候，应当告知犯罪嫌疑人有权委托辩护人。人民检察院自收到移送审查起诉的案件材料之日起三日以内，应当告知犯罪嫌疑人有权委托辩护人。人民法院自受理案件之日起三日以内，应当告知被告人有权委托辩护人。犯罪嫌疑人、被告人在押期间要求委托辩护人的，人民法院、人民检察院和公安机关应当及时转达其要求。

犯罪嫌疑人、被告人在押的，也可以由其监护人、近亲属代为委托辩护人。

辩护人接受犯罪嫌疑人、被告人委托后，应当及时告知办理案件的机关。

【释义】本条是关于犯罪嫌疑人、被告人委托辩护人的时间、侦查阶段委托辩护人的身份限制以及专门机关关于委托辩护人告知义务的规定。

本条主要内容如下：

1. 法律允许犯罪嫌疑人在侦查阶段委托辩护人，但只能委托律师作辩护人，被委托的律师在犯罪嫌疑人被侦查机关第一次讯问或者采取强制措施之日起介入刑事诉讼，目的在于切实维护犯罪嫌疑人的合法权益。在侦查期间，犯罪嫌疑人只能委托律师作为辩护人。被委托的律师在侦查阶段的身份是辩护人。

2. 侦查机关在第一次讯问犯罪嫌疑人或者对犯罪嫌疑人采取强制措施时，应当告知犯罪嫌疑人有权委托辩护人。

3. 人民检察院自收到移送审查起诉的案件材料之日起3日以内，应当告知犯罪嫌疑人有权委托辩护人。在审判阶段被告人有权随时委托辩护人。

4. 人民法院自受理自诉案件之日起3日以内，应当告知被告人有权委托辩护人。被告人有权随时委托辩护人。

5. 犯罪嫌疑人、被告人在押期间要求委托辩护人的，人民法院、人民检察院和公安机关应当及时转达其要求。犯罪嫌疑人、被告人在押的，也可以由其监护人、近亲属代为委托辩护人。

6. 辩护人接受犯罪嫌疑人、被告人委托后，应当及时告知办理案件的司法机关。

第三十五条 犯罪嫌疑人、被告人因经济困难或者其他原因没有委托辩护人的，本人及其近亲属可以向法律援助机构提出申请。对符合法律援助条件的，法律援助机构应当指派律师为其提供辩护。

犯罪嫌疑人、被告人是盲、聋、哑人，或者是尚未完全丧失辨认或者控制自己行为能力的精神病人，没有委托辩护人的，人民法院、人民检察院和公安机关应当通知法律援助机构指派律师为其提供辩护。

犯罪嫌疑人、被告人可能被判处无期徒刑、死刑，没有委托辩护人的，人民法院、人民检察院和公安机关应当通知法律援助机构指派律师为其提供辩护。

【释义】本条是关于法律援助和指定辩护的规定。

本条的主要内容如下：

1. 犯罪嫌疑人、被告人因经济困难等原因没有委托辩护人的，本人及其近亲属可以向法律援助机构提出申请。对于符合法律援助条件的，法律援助机构应当指派律师为其提供辩护。

2. 本条规定了两种强制指定辩护的情形和指定方式：（1）犯罪嫌疑人、被告人是盲、聋、哑人或者是尚未完全丧失辨认或者控制自己行为能力的精神病人，而没有委托辩护人的，人民法院、人民检察院和公安机关应当通知法律援助机构指派律师为其提供辩护。（2）犯罪嫌疑人、被告人可能被判处无期徒刑、死刑而没有委托辩护人的。上述两种情形，应当由人民法院、人民检察院和公安机关通知法律援助机构指派律师为其提供辩护。

第三十六条 法律援助机构可以在人民法院、看守所等场所派驻值班律师。犯罪嫌疑人、被告人没有委托辩护人，法律援助机构没有指派律师为其提供辩护的，由值班律师为犯罪嫌疑人、被告人提供法律咨询、程序选择建议、申请变更强制措施、对案件处理提出意见等法律帮助。

人民法院、人民检察院、看守所应当告知犯罪嫌疑人、被告人有权约见值班律师，并为犯罪嫌疑人、被告人约见值班律师提供便利。

【释义】 本条是关于开展法律援助值班律师工作的相关规定。它是2018年《刑事诉讼法》新增加的条文。

立法机关根据最高人民法院、最高人民检察院、公安部、国家安全部、司法部联合发布的《关于开展法律援助值班律师工作的意见》，增加了值班律师的相关规定。法律援助值班律师的职责是为犯罪嫌疑人、刑事被告人提供法律咨询、程序选择、申请变更强制措施等法律帮助。

本条主要从以下几个方面理解：

1. 条文规定在人民法院、看守所派驻值班律师，在人民检察院不派驻律师。

2. 条文规定由法律援助机构派驻值班律师。这是从值班律师制度的制度定位方面考虑的。我国目前对值班律师制度的定位还没有形成共识，但无论从其产生背景来看，还是从其在世界主要法治国家的发展看，值班律师制度都是法律援助制度的组成部分和特殊形式，其实质仍然是法律援助制度的组成部分，或者说是特殊的法律援助制度。

3. 条文规定值班律师提供的是法律帮助而非辩护。这是从值班律师制度的法律定位方面考虑的。学界一直以来对值班律师是否应定位为辩护者的法律定位存在争议。目前主流观点认为，值班律师并非辩护律师，主要有以下几点理由：（1）无论是传统的法律援助律师还是委托的社会律师，都需要得到犯罪嫌疑人的同意，这是辩护律师的权利来源，但是值班律师的选择并不需要犯罪嫌疑人的同意。（2）2017 年 8 月 29 日最高人民法院、最高人民检察院、公安部、国家安全部与司法部联合发布的《关于开展值班律师工作的意见》中提出的法律援助值班律师不提供出庭辩护服务的要求。(3) 值班律师不享有阅卷、调查取证等权利。(4) 2016 年 9 月 3 日全国人民代表大会常务委员会《关于授权最高人民法院、最高人民检察院在部分地区开展刑事案件认罪认罚从宽制度试点工作的决定》提出，“犯罪嫌疑人、被告人自愿认罪认罚，没有辩护人的，人民法院、人民检察院、公安机关应当通知值班律师为其提供法律咨询、程序选择、申请变更强制措施等法律帮助”。据此可以看出，只有在犯罪嫌疑人没有委托辩护人的前提下才可能获得值班律师的援助，所以值班律师并不属于辩护律师。

同时，有学者认为虽然值班律师并不属于辩护律师，但应当赋予其“准辩护人”的身份地位。申请变更强制措施以及提出量刑建议是值班律师的两大重要职责，也是将值班律师从“法律帮助者”身份中抽离出来而界定为“量刑协商者”的主要依据之一。这两项职责在实践中被称为羁押必要性审查申请、罪轻辩护，这是辩护人的重要职责。由此可见，值班律师虽然不属于辩护律师，但是两者在工作职责中存在重合部分，并且都是为了犯罪嫌疑人的利益而开展工作，故而在将其定义为辩护律师有困难的情况下，可以赋予其“准辩护人”的身份。

因此，在本次 2018 年《刑事诉讼法》修订过程中宪法和法律委员会经研究，建议将值班律师提供“辩护”修改为提供“法律帮助”并删去“代理申诉、控告”的内容。

4. 值班律师制度的主要目的就是为进入刑事诉讼程序的犯罪嫌疑人或被告人提供即时初步的服务。此次将值班律师为犯罪嫌疑人、被告人提供法律帮助的时间提前到侦查阶段，弥补了以前刑事诉讼的最初阶段对犯罪嫌疑人、被告人提供法律帮助的空白，为犯罪嫌疑人、被告人提供了及时有效的法律帮助。同时，值班律师制度的建立也是为人权保障而设立的认罪认罚制度提供支持和帮助。认罪认罚制度的首要核心是保障认罪自愿性，而注重审前程序中值班律师对犯罪嫌疑人、被告人提供法律帮助，有助于保障其认罪的自愿性。本制度以其广覆盖、便利性等特点很好地体现了保障司法人权的刑事司法理念，并将对大幅提高我国刑事案件辩护率产生积极影响。

第三十七条　辩护人的责任是根据事实和法律，提出犯罪嫌疑人、被告人无罪、罪轻或者减轻、免除其刑事责任的材料和意见，维护犯罪嫌疑人、被告人的诉讼权利和其他合法权益。

【释义】 本条是关于辩护人责任的规定。

对辩护人的责任应从以下几个方面理解：

1. 辩护人只能根据事实和法律提出辩护意见。辩护人具有独立的诉讼地位，他的辩护意见不受任何人的制约。当然，辩护人也不能为迎合犯罪嫌疑人、被告人的意愿不顾事实和法律任意妄为。

2. 辩护人是提出犯罪嫌疑人、被告人无罪、罪轻或者减轻、免除其刑事责任的材料和意见，而不是相反的材料和意见。尽管法律要求辩护人忠于事实、忠于法律，在事实和法律的基础上提出辩护意见，但法律却不赞同他从控诉的角度提出意见，那是公诉人的责任。

3. 辩护人应维护犯罪嫌疑人、被告人的诉讼权利和其他合法权益，不能做出有损犯罪嫌疑人、被告人的事情。

第三十八条 辩护律师在侦查期间可以为犯罪嫌疑人提供法律帮助；代理申诉、控告；申请变更强制措施；向侦查机关了解犯罪嫌疑人涉嫌的罪名和案件有关情况，提出意见。

【释义】 本条是关于辩护律师在侦查阶段诉讼权利的规定。

本条规定的侦查期间辩护律师的诉讼权利主要有四个方面的内容：第一，为犯罪嫌疑人提供法律帮助；第二，代理申诉、控告；第三，申请变更强制措施；第四，可以向侦查机关了解犯罪嫌疑人涉嫌的罪名和案件有关情况，并提出意见。其中规定的辩护律师申请变更强制措施、对案件情况与罪名提出意见两项重要权利，对于保障侦查阶段犯罪嫌疑人的人身等权利，从而保证侦查机关正确处理案件，具有重要意义。

第三十九条 辩护律师可以同在押的犯罪嫌疑人、被告人会见和通信。其他辩护人经人民法院、人民检察院许可，也可以同在押的犯罪嫌疑人、被告人会见和通信。

辩护律师持律师执业证书、律师事务所证明和委托书或者法律援助公函要求会见在押的犯罪嫌疑人、被告人的，看守所应当及时安排会见，至迟不得超过四十八小时。

危害国家安全犯罪、恐怖活动犯罪案件，在侦查期间辩护律师会见在押的犯罪嫌疑人，应当经侦查机关许可。上述案件，侦查机关应当事先通知看守所。

辩护律师会见在押的犯罪嫌疑人、被告人，可以了解案件有关情况，提供法律咨询等；自案件移送审查起诉之日起，可以向犯罪嫌疑人、被告人核实有关证据。辩护律师会见犯罪嫌疑人、被告人时不被监听。

辩护律师同被监视居住的犯罪嫌疑人、被告人会见、通信，适用第一款、第三款、第四款的规定。

【释义】本条是关于辩护人会见和通信权的规定。

本条是对2012年《刑事诉讼法》第37条的修改。本条在原有规定的基础之上，与《监察法》等法律规定衔接，在第3款删除了特别重大贿赂案件侦查期间律师会见的限制性规定，由于贿赂犯罪已由检察机关侦查改为由监察机关调查，《监察法》中没有提及调查期间律师会见问题，可见职务犯罪案件调查期间律师是没有会见权的。

本条的主要内容如下：

1. 关于会见的手续和时间。会见时辩护律师应持律师执业证书、律师事务所证明和委托书或者法律援助公函；上述材料齐全的，看守所应当在48小时内及时安排会见，不得以任何理由拒绝或拖延。

2. 会见时辩护律师的诉讼权利。本条赋予了辩护人在会见时享有下述诉讼权利：（1）可以了解有关案件情况，提供法律咨询等；（2）自案件移送审查起诉之日起，可以向犯罪嫌疑人、被告人核实有关证据；（3）辩护律师会见犯罪嫌疑人、被告人时不被监听。

3. 规定了两类案件会见的批准程序。即危害国家安全犯罪案件、恐怖活动犯罪案件，在侦查期间辩护律师会见犯罪嫌疑人，应当经侦查机关许可。立法同时明确了侦查机关的事先通知义务：对于上述案件，侦查机关应当事先通知看守所。

4. 2012年《刑事诉讼法》增加了关于辩护律师同被监视居住的犯罪嫌疑人、被告人会见、通信的相关内容，即辩护律师同被监视居住的犯罪嫌疑人、被告人会见、通信的，适用本条关于会见时间、手续、会见权利和批准程序的规定。2018年《刑事诉讼法》延续了这些规定。

第四十条 辩护律师自人民检察院对案件审查起诉之日起，可以查阅、摘抄、复制本案的案卷材料。其他辩护人经人民法院、人民检察院许可，也可以查阅、摘抄、复制上述材料。

【释义】本条是关于辩护人阅卷权的规定。

本条的主要内容如下：

1. 阅卷权行使的阶段。根据本条的规定，辩护人的阅卷权从审查起诉阶段开始行使，侦查阶段介入诉讼的辩护律师无阅卷权。

2. 辩护人阅卷的内容。辩护人可以查阅、摘抄、复制案件材料的范围与修改前相比有所扩大，辩护律师和经人民法院、人民检察院许可的其他辩护人在审查起诉阶段，就可以查阅、摘抄、复制本案的案卷材料。与修改前审查起诉阶段辩护人只能查阅、摘抄、复制本案的诉讼文书和技术性鉴定材料相比，将更有利于辩护人了解案件情况，更好地为犯罪嫌疑人、被告人提供有效辩护。

3. 对律师以外的其他辩护人行使阅卷权时的要求。考虑到律师以外的其他辩护人欠缺职业道德和纪律约束方面的因素，他们查阅、摘抄、复制本案指控犯罪事实的材料，仍需经人民法院、人民检察院许可。

第四十一条 辩护人认为在侦查、审查起诉期间公安机关、人民检察院收集的证明犯罪嫌疑人、被告人无罪或者罪轻的证据材料未提交的，有权申请人民检察院、人民法院调取。

【释义】本条是关于辩护人申请调取控方证据的规定。

本条主要有两个方面的内容：一是申请调取控方证据的范围；二是申请程序。根据本条规定，申请调取控方证据的范围是辩护人认为在侦查、审查起诉期间公安机关、人民检察院收集而未提交的证明犯罪嫌疑人、被告人无罪或者罪轻的证据材料。对于申请程序，是由辩护人向人民检察院、人民法院提出调取有关证据的申请。

第四十二条 辩护人收集的有关犯罪嫌疑人不在犯罪现场、未达到刑事责任年龄、属于依法不负刑事责任的精神病人的证据，应当及时告知公安机关、人民检察院。

【释义】本条是关于辩护人对辩护方收集的涉及无罪或不负刑事责任辩护证据告知义务的规定。

本条主要有两个方面的内容：一是应告知的辩护证据的范围：辩护人收集的有关犯罪嫌疑人不在犯罪现场、未达到刑事责任年龄、属于不负刑事责任的精神病人的证据，属于应告知的范围；二是告知的对象：对收集的这些证据，应当及时告知公安机关、人民检察院。

第四十三条 辩护律师经证人或者其他有关单位和个人同意，可以向他们收集与本案有关的材料，也可以申请人民检察院、人民法院收集、调取证据，或者申请人民法院通知证人出庭作证。

辩护律师经人民检察院或者人民法院许可，并且经被害人或者其近亲属、被害人提供的证人同意，可以向他们收集与本案有关的材料。

【释义】本条是关于辩护律师调查取证权的规定。本条主要有两个方面的内容：

1. 辩护律师经证人或其他有关单位和个人同意，可以向他们收集与本案有关的材料，也可以申请人民检察院、人民法院收集、调取证据，或者申请人民法院通知证人出庭作证。

2. 辩护律师经人民检察院或人民法院的许可，并且经被害人或者其近亲属，被害人提供的证人同意，可以向他们收集与本案有关的材料。因为辩护律师是维护被害人的对立方即犯罪嫌疑人、被告人利益的，所以对辩护律师向被害人一方收集证据作出了限制，一要经人民检察院或人民法院的许可，二要经被害人或者其近亲属、被害人提供的证人同意。

辩护律师申请人民检察院向被告人提供的证人，或者其他有关单位和个人收集、调取证据的，人民检察院认为需要调取证据时，可以收集、调取。辩护律师向证人或者其他有关单位和个人收集、调取与本案有关的材料，因证人、有关单位和个人不同意，而申请人民法院调取，人民法院认为有必要的，应当同意。辩护律师直接申请人民法院收集、调取证据，人民法院认为辩护律师不宜或不能向证人或其他有关单位和个人收集、调取，但确有必要的，应当同意。人民检察院、人民法院根据辩护律师的申请，收集、调取证据，申请人可以在场。

第四十四条 辩护人或者其他任何人，不得帮助犯罪嫌疑人、被告人隐匿、毁灭、伪造证据或者串供，不得威胁、引诱证人作伪证以及进行其他干扰司法机关诉讼活动的行为。

违反前款规定的，应当依法追究法律责任，辩护人涉嫌犯罪的，应当由办理辩护人所承办案件的侦查机关以外的侦查机关办理。辩护人是律师的，应当及时通知其所在的律师事务所或者所属的律师协会。

【释义】本条是辩护人和其他任何人不得妨碍诉讼的义务及法律责任的规定。

本条主要有三个方面的内容：一是辩护人或者其他任何人，不得帮助犯罪嫌疑人、被告人隐匿、毁灭、伪造证据或者串供，不得威胁、引诱证人作伪证以及进行其他干扰司法机关诉讼活动的行为。二是违反义务和责任规定，应当依法追究法律责任，辩护人涉嫌犯罪的，应当由办理辩护人所承办案件的侦查机关以外的侦查机关办理。三是辩护人是律师的，应当及时通知其所在的律师事务所或者所属的律师协会。

第四十五条　在审判过程中，被告人可以拒绝辩护人继续为他辩护，也可以另行委托辩护人辩护。

【释义】本条是关于被告人拒绝辩护权和更换辩护人权利的规定。

本条主要有两个方面的内容：一方面是被告人可以拒绝辩护人继续为他辩护，另一方面是被告人也可以另行委托辩护人辩护。需要注意的是，被告人这两项权利的行使，仅限于审判阶段。在审判过程中，如果被告人认为辩护人不能很好地维护自己的合法权益或在案情、案件性质、证据等方面有不同认识，被告人可以拒绝辩护人继续为他辩护，也可以另行委托辩护人辩护。

第四十六条　公诉案件的被害人及其法定代理人或者近亲属，附带民事诉讼的当事人及其法定代理人，自案件移送审查起诉之日起，有权委托诉讼代理人。自诉案件的自诉人及其法定代理人，附带民事诉讼的当事人及其法定代理人，有权随时委托诉讼代理人。

人民检察院自收到移送审查起诉的案件材料之日起三日以内，应当告知被害人及其法定代理人或者其近亲属、附带民事诉讼的当事人及其法定代理人有权委托诉讼代理人。人民法院自受理自诉案件之日起三日以内，应当告知自诉人及其法定代理人、附带民事诉讼的当事人及其法定代理人有权委托诉讼代理人。

【释义】本条是关于刑事代理中有权委托诉讼代理人的范围、阶段、期限和专门机关告知义务的规定。

本条的主要内容如下：

1. 可以委托诉讼代理人的范围：（1）公诉案件的被害人及其法定代理人或近亲属；（2）附带民事诉讼的当事人及其法定代理人；（3）自诉案件的自诉人及其法定代理人。

2. 委托诉讼代理人的时间：（1）在公诉案件中，自案件移送审查起诉之日起，有权委托诉讼代理人。（2）自诉案件的自诉人及其法定代理人有权随时委托诉讼代理人，不受刑事诉讼阶段的限制。

3. 人民检察院、人民法院的告知义务。在公诉案件中，人民检察院自收到移送审查起诉的案件材料之日起3日以内，应当告知被害人及其法定代理人或者其近亲属，附带民事诉讼的当事人及其法定代理人有权委托诉讼代理人。在自诉案件中，人民法院在受理自诉案件之日起3日以内，应当告知自诉人及其法定代理人有权委托诉讼代理人。

第四十七条 委托诉讼代理人，参照本法第三十三条的规定执行。

【释义】本条是委托诉讼代理人程序的规定。

本条的主要内容如下：

犯罪嫌疑人、被告人与被害人是刑事诉讼中对立的双方，法律力求给予双方对等的诉讼权利。因此，本条规定委托诉讼代理人比照委托辩护人的相关规定执行。也就是说，委托诉讼代理人时在诉讼代理人范围、数量等方面与委托辩护人是相同的。

第四十八条 辩护律师对在执业活动中知悉的委托人的有关情况和信息，有权予以保密。但是，辩护律师在执业活动中知悉委托人或者其他人，准备或者正在实施危害国家安全、公共安全以及严重危害他人人身安全的犯罪的，应当及时告知司法机关。

【释义】本条是刑事诉讼中律师执业保密权利的规定。

本条的内容主要包括两个方面：一是赋予律师对在执业活动中知悉的委托人的有关情况和信息予以保密的权利；二是规定了例外情形，即律师在执业活动中知悉委托人或者其他人，准备或者正在实施危害国家安全、公共安全以及严重危害他人人身安全的犯罪的，应当及时告知司法机关。这样的规定，既符合刑事诉讼基本价值追求，符合律师的执业道德和纪律要求，又符合个人权益与国家权益并重的原则。

第四十九条 辩护人、诉讼代理人认为公安机关、人民检察院、人民法院及其工作人员阻碍其依法行使诉讼权利的，有权向同级或者上一级人民检察院申诉或者控告。人民检察院对申诉或者控告应当及时进行审查，情况属实的，通知有关机关予以纠正。

【释义】本条是关于辩护人、诉讼代理人对司法机关阻碍其行使诉讼权利行为的申诉、控告权的规定。

本条的内容主要有如下两个方面：

一是申诉、控告的主体和内容。本条规定的申诉、控告，是刑事诉讼法赋予辩护人、诉讼代理人的一项权利，其内容是针对公安机关、人民检察院、人民法院及其工作人员阻碍辩护人、诉讼代理人依法行使诉讼权利的行为。在实践中，司法机关及其工作人员阻碍辩护人行使诉讼权利的行为，主要有阻碍辩护人会见犯罪嫌疑人、被告人，阻碍辩护人质证、发表辩护词等；司法机关及其工作人员阻碍诉讼代理人依法行使诉讼权利的行为，主要有阻碍其就附带民事诉讼进行举证、质证和发表代理词等。

二是受理申诉、控告的机关及其处理。根据本条规定，受理申诉或者控告的机关是同级人民检察院或上一级人民检察院。人民检察院受理申诉或者控告后，应及时进行审查，对于情况属实的，应通知有关机关予以纠正。本条的规定使辩护人、诉讼代理人的诉讼权利有了制度上的保障，也意味着人民检察院具有了司法救济的权利。

第五章　证　据

第五十条　可以用于证明案件事实的材料，都是证据。

证据包括：

（一）物证；

（二）书证；

（三）证人证言；

（四）被害人陈述；

（五）犯罪嫌疑人、被告人供述和辩解；

（六）鉴定意见；

（七）勘验、检查、辨认、侦查实验等笔录；

（八）视听资料、电子数据。

证据必须经过查证属实，才能作为定案的根据。

【释义】本条规定了证据的概念、法定证据的种类和证据适用的原则。

1. 证据的概念。

证据是指“可以用于证明案件事实情况的材料”，既回避了定义中的证据真实性问题，又更准确地描述了证据在诉讼中的重要作用，也更符合“证据”一词在日常生活中所使用的含义，是对证据概念的科学界定。

2. 证据的种类。

（1）物证，是指能够以其外部特征、物质属性、所处位置以及状态证明案件事实的各种客观存在的物品或痕迹。物证是最为常见的证据，如盗窃的财物、杀人的凶器、作案时留下的脚印、指纹，等等。

（2）书证，是指以其内容来证明案件有关情况的材料。凡是以文字来记载人的思想和行为，以及采用各种符号、图案来表达人的思想，其内容对待证事实具有证明作用的材料都是书证。书证形式多种多样，包括手写、打印的文件、信件、传单、日记，证明身份的各种证件，经济活动中使用的合同、账本、票据，等等。

（3）证人证言，是指证人就其所感知的案件情况向司法机关所作的陈述。证人证言有口头和书面两种形式，司法机关在询问证人时制作的录音、录像也属于证人证言的范畴。

（4）被害人陈述，是指犯罪行为的直接受害者就案件事实所作的陈述。被害人是遭受犯罪行为侵害的人，直接或间接地了解案件情况，他们所作的口头或书面陈述对案件能起到独特的证明作用，所以刑事诉讼法将被害人陈述单独列为一种法定证据形式。

（5）犯罪嫌疑人、被告人供述和辩解，是指犯罪嫌疑人、被告人在刑事诉讼过程中，就与案件有关的情况向司法机关所作的陈述，即通常所说的“口供”。口供的内容有供述、辩解和攀供三种，可以用于直接证明案件事实，具有十分重要的证明作用，但口供中虚假成分较多，容易出现反复，实践中应注意把握。

（6）鉴定意见，是指具有专门知识和技能的人对案件中的专门性问题所出具的专门性意见。2012 年将 1996 年《刑事诉讼法》中的“鉴定结论”改为“鉴定意见”，体现了我国立法对刑事诉讼规律认识的加深，有利于事实查证和认定者破除对鉴定意见的迷信。

（7）勘验、检查、辨认、侦查实验等笔录，是对几种侦查行为进行书面记录而形成的证据。勘验笔录是对与案件有关的场所、物品或尸体，由特定专门机关的办案人员依其职权和法定程序，进行勘查、检验而制作的实况记录。检查笔录是办案人员为确定被害人、犯罪嫌疑人、被告人的某些特征、伤害情况或生理状态而对他们的人身进行检查和观察而制作的实况记录。辨认笔录是司法人员在辨认活动中，对辨认活动的经过和结果依法作出的文字记录。侦查实验笔录是司法人员为验证案件中某些事实或情节是否存在或可能发生，对所进行的模拟实验或其他实验的文字记录。辨认和侦查实验作为法定的侦查方法在实践中一直被广泛使用，但2012年以前其笔录却因不具备法定证据形式、不具备证据能力而备受争议。2012年《刑事诉讼法》将辨认和侦查实验笔录与勘验、检查笔录并列作为一种法定证据种类，明确了其法律地位，肯定了其证据能力，为在实践中得到更好的运用指明了方向。但是应当看到，经常用作证据的还包括“搜查、扣押笔录”、“物证提取笔录”、“庭审笔录”等，《刑事诉讼法》未对此作出明确规定，遂使这几类笔录的证据能力仍然存在问题。

（8）视听资料，是以录音、录像、电子计算机及其他电磁方式记录、储存的音像信息证明案件事实的证据。新增的证据种类“电子数据”与视听资料较为类似，但又存在明显区别，它是指基于计算机应用、通信和现代管理技术等电子化技术手段所形成的、存储于磁性介质之中，以文字、图形符号、数字、字母等形式存在的诉讼证据。电子数据不同于传统的物证、书证、视听资料等证据种类，它需要借助一定的信号传输和转换设备，并以其所记载的信息内容来证明案件事实，主要包括电子邮件、电子数据交换、网上聊天记录、网络博客、手机短信、电子签名、域名等形式。

3. 证据适用的原则。

本条第3款规定了“证据必须经过查证属实，才能作为定案的根据”的证据运用原则。根据这一原则，无论是物证、书证、证人证言还是被害人陈述等，都应当经过查证属实后，才能作为定案根据。该原则适用于刑事诉讼的全过程。司法人员在侦查、起诉、审判程序中，都要对证据进行查证核实。证据必须查证属实原则在诉讼过程中的全面贯彻，是查明证据的真伪和正确判断其证明力的重要保证。

第五十一条 公诉案件中被告人有罪的举证责任由人民检察院承担，自诉案件中被告人有罪的举证责任由自诉人承担。

【释义】本条规定了刑事案件的举证责任。本条的主要内容如下：

举证责任，是指诉讼各方对自己提出的主张有收集或提供证据的义务，并有运用该证据证明主张的案件事实成立或有利于自己的主张的责任，否则将承担其主张不能成立的后果。在刑事诉讼领域，无罪推定原则的确立对刑事诉讼的举证原则发挥着极其重要的指导作用。具体来说，无罪推定原则首先要求被告人在被证明有罪之前，应被推定为无罪，被告人没有证明自己无罪的责任，应当由控诉方提供有罪证据；其次，无罪推定原则要求控诉方提供有罪之证据应当达到能够排除合理怀疑的程度；最后，无罪推定原则要求如果控诉方的证据不能排除合理的怀疑，则举证不能的利益归于被告，即疑罪从无。

公诉案件由公诉人负担举证责任，公诉人向法庭提供充分证据证明其所指控的犯罪事实，而且应达到法定标准。辩方既没有义务向法庭证明被告人有罪，也没有义务向法庭证明被告人无罪。

在刑事自诉案件中，由自诉人承担举证责任，这与“谁主张，谁举证”的诉讼理论是一致的，也符合自诉案件的特定要求。自诉人举证不能或举证不充分，则要承担败诉的后果。

本条的规定并不意味着任何情况下都由控方举证而辩护方不负担任何举证责任。控方举证只是明确了整个案件的证明责任应当由提出犯罪指控的一方负担，但对于案件中具体事实或情节的证明责任分配仍应遵循“谁主张，谁举证”的原则。这也就是说，对于特定情节，辩护方提出的主张应当提供证据加以证明。这类情况在司法实践中经常有如下几种：

1. 关于被告人责任能力的事实主张。例如，被告人主张案发时其处于精神病发病期间，或主张案发时未达到法定刑事责任年龄，因而不具备刑事责任能力等。

2. 关于被告人行为合法性或正当性的事实主张。例如，被告人主张其行为系正当防卫，或造成损害发生的行为属于紧急避险等。

3. 关于被告人根本不可能实施指控犯罪行为的事实主张。例如，被告人不具备作案时间等。

在自诉案件中，当辩护方反驳自诉人的指控时，证明责任便转移至辩护方这边。而且按照法律规定，自诉案件的被告人还可以在诉讼过程中对自诉人提起反诉，对于反诉的事实主张，则被告人当然负有证明责任。

另外，还有某些特定情况，打破了“谁主张，谁举证”的原则，要求被告人负担一定的举证责任，即举证责任倒置，而这些情况一般都是由法律以推定的形式明确规定的。依照《刑法》和《刑事诉讼法》的相关司法解释，这些特定的情况包括：

1.《刑法》第395条规定的巨额财产来源不明罪，应由辩方举证说明支出与收入之间的差额的合法来源，不能证明的，差额部分可以推定为非法所得。

2. 非法持有型犯罪。现行《刑法》中规定的非法持有型犯罪包括非法持有毒品、非法持有枪支弹药、非法持有国家绝密、机密文件、资料、物品等罪名。具体来说，如果在犯罪嫌疑人身上查获特定的违禁物品，那么辩方应提供证据证明其合法性或合理性。如果辩方不能证明，就可以推定犯罪嫌疑人的行为属于非法。

在这些特定情况下适用举证责任的倒置反映了司法证明的需要和一定立法选择的价值取向，同时也考虑到各方举证的便利性，符合司法证明的规律。

此外，对于排除非法证据的案件，被告方不承担举证责任，仅需提供线索的材料，证明证据合法的举证责任由人民检察院承担。

第五十二条 审判人员、检察人员、侦查人员必须依照法定程序，收集能够证实犯罪嫌疑人、被告人有罪或者无罪、犯罪情节轻重的各种证据。严禁刑讯逼供和以威胁、引诱、欺骗以及其他非法方法收集证据，不得强迫任何人证实自己有罪。必须保证一切与案件有关或者了解案情的公民，有客观地充分地提供证据的条件，除特殊情况外，可以吸收他们协助调查。

【释义】本条是关于收集证据的一般规则和不得强迫任何人证实自己有罪的原则。

本条的主要内容如下：

收集证据是公安机关、人民检察院、人民法院在诉讼过程中发现、提取、扣押和保全一切与案件有关的情况和材料的活动。本条针对执法中可能出现的问题，对审判人员、检察人员、侦查人员收集证据工作提出了具体的要求：

1. 收集证据必须依照法定程序。司法人员使用勘验、检查、搜查、讯问、询问、侦查实验等收集证据的方法，在《刑事诉讼法》中都有严格的程序性规定。例如，讯问犯罪嫌疑人，应由侦查人员2人进行；搜查时必须出示搜查证；证人笔录必须交本人核对；鉴定应当指派、聘请具有专门知识的人进行，等等。在收集证据的过程中，司法人员不得违背这些程序规定。

2. 收集证据应客观、全面。收集证据必须尊重客观事实，按照事物的本来面目如实加以反映，不能以主观臆断代替事实，或先入为主，对证据择己所需。应当做到既注意揭露犯罪、证实犯罪，又必须实事求是，保证无辜者不受刑事追究；既收集证明被告人有罪的证据，也注意收集证明被告人无罪的证据；既收集有关从重情节的证据，又要收集有关从轻或减轻情节的证据。并将收集到的有利或不利于被追诉人的证据进行比较和鉴别，合理地排除矛盾，获得对案件的正确认识。

3. 严禁以非法的方法收集证据。本条采取列举加概括式立法方式界定“非法方法”，除刑讯逼供外，侦查机关“威胁、引诱、欺骗”的取证方式也被认定为非法方法。同时，对其他非法方法概括式规范，实践中，侦查机关存在诸如疲劳审讯，不让睡觉，不让喝水、吃饭等伤害公民身体健康的行为，违反了宪法保障公民人身自由、休息权利的规定，属“非法方式”范畴，通过上述非法方式取得证据不能作为定案根据。本条特别针对的是以刑讯逼供、威胁、引诱、欺骗以及其他非法方法取得的犯罪嫌疑人、被告人的口供。由于这样的口供是供述人在迫于压力或被欺骗情况下提供的，虚假的可能性非常大，不能仅凭此就作为定案根据，否则容易造成错案。

4. 不得强迫任何人证实自己有罪。不得强迫自证其罪不仅是一项重要的刑事诉讼原则，在很多国家也是一项宪法原则，它意味着在刑事案件中，犯罪嫌疑人、被告人不能被强迫自己证明自己有罪，不能被迫成为反对自己的证人。这是一个牵动整个诉讼格局的原则，它进一步明确了应如何对待犯罪嫌疑人和被告人，体现了诉讼制度的民主和进步。这一表述重在强调“不得强迫”，即不能强迫包括犯罪嫌疑人在内的任何人违背意愿去证实自己有罪，更不能采用暴力、体罚、虐待等非法手段迫使他们承认自己有罪，这是国际人权规则的一个重要内容，其中同时包含了遏制刑讯逼供的立场。

在理论界和实务部门，有人认为这一规定承认了犯罪嫌疑人的沉默权，也有人认为它与犯罪嫌疑人、被告人如实陈述的义务相悖。这些都是对这一条款的误解。其一，这一条款反对采用强制手段获得口供，但不是不要口供，更不等于规定了沉默权，确立沉默权制度需要法律作出明文规定，因此这一条款并不意味着赋予了犯罪嫌疑人沉默权；其二，“不得强迫证实自己有罪”强调的是犯罪嫌疑人、被告人不受强迫，而如实供述的义务并没有给专门机关强迫取证授权，所以不得强迫证实自己有罪和犯罪嫌疑人、被告人如实供述的义务不存在冲突。

“不得强迫证实自己有罪”是赋予犯罪嫌疑人、被告人的一项权利，被告人可以行使这一权利，也可以放弃这一权利而选择坦白交代，而一旦坦白交代应获得从宽处理，这体现了自首原则和坦白从宽的刑事政策。而且，这一原则也要求办案人员改变侦查模式和侦查方法，把精力和工夫下在口供以外的证据上，改变“由供到证”的思路。

5. 收集证据要依靠群众。犯罪嫌疑人是生活在人民群众中间的，他们在作案前的异常表现，在犯罪现场遗留的物品和痕迹，很容易为人民群众察觉和发现，甚至有些犯罪活动会被群众当场发觉。因此，收集证据应充分相信和依靠群众，深入到群众中调查走访，保证一切与案件有关或了解案情的公民，有条件客观、充分地提供证据。在实践中，既要保证证人及其近亲属的人身安全，让他们敢于讲实情，又要注意询问证人的方式方法，如应个别询问，不得引导证人作片面证词，或只听取、记录片面证词，等等。除了可能造成串供，毁灭、伪造证据，可能泄露案情、使未归案的犯罪嫌疑人逃跑等情况，一般可以吸收与案件有关或了解案情的公民协助调查。

第五十三条 公安机关提请批准逮捕书、人民检察院起诉书、人民法院判决书，必须忠实于事实真相。故意隐瞒事实真相的，应当追究责任。

【释义】本条是关于制作有关司法文书必须忠于事实真相的规定。

公安机关提请批准逮捕书、人民检察院起诉书和人民法院判决书是诉讼过程中非常重要的三种司法文书，其不但具有重要的程序意义，而且具有特定的实体法效果。提请批准逮捕书是侦查机关提请人民检察院批准将犯罪嫌疑人进行较长时间羁押的法律文书，是人民检察院是否批准逮捕的主要根据，一旦提请批准逮捕书出现错误，很可能会导致犯罪嫌疑人长期被错误羁押。起诉书是人民检察院代表国家向人民法院控告犯罪的法律文书，提交起诉书才有审判的开始，起诉书的内容直接关系到审判的方向、焦点，应是非常严肃而又严谨的，必须符合客观实际。判决书是对被告人定罪量刑的法律文书，一切刑事判决应依据事实，如果判决书未忠实于事实真相，那么必将导致错误的判决。因此，专门机关在制作这些法律文书时必须忠于事实真相，不但要查清犯罪嫌疑人、被告人是否构成犯罪，构成何种犯罪以及罪行轻重的有关事实、情节，而且要有充分的认定事实、情节的证据。这要求司法人员不得主观臆断，不得夸大一方面而缩小另一方面，甚至只反映事实的一个侧面；也不得歪曲事实、捏造事实，故意隐瞒事实真相，使犯罪分子逃避法律制裁，而使无罪的人受刑事追究。

"故意隐瞒事实真相"，是指在制作提请批准逮捕书、起诉书、判决书的过程中，故意弄虚作假，蓄意使有罪的人逃避法律追究或使无辜者错受法律追究。违反这一要求的，要追究其应负的法律责任。构成报复陷害罪、包庇罪、伪证罪、徇私舞弊罪、玩忽职守罪、徇私枉法罪等刑事犯罪的，应当追究刑事责任；对于尚不构成刑事犯罪的，应当依照《人民警察法》、《检察官法》和《法官法》有关规定，予以行政或纪律处分。

第五十四条 人民法院、人民检察院和公安机关有权向有关单位和个人收集、调取证据。有关单位和个人应当如实提供证据。

行政机关在行政执法和查办案件过程中收集的物证、书证、视听资料、电子数据等证据材料，在刑事诉讼中可以作为证据使用。

对涉及国家秘密、商业秘密、个人隐私的证据，应当保密。

凡是伪造证据、隐匿证据或者毁灭证据的，无论属于何方，必须受法律追究。

【释义】本条是关于收集证据的权力及配合义务、行政机关收集的证据的效力、证据保密原则以及伪造、隐匿、毁灭证据的法律责任的规定。

本条的主要内容包括：

1. 收集证据的权力和提供证据的义务。

根据本条规定，人民法院、人民检察院、公安机关为了查明案件事实情况、完成诉讼任务，有权向有关单位和个人收集、调取证据，这是查明犯罪、证实犯罪从而惩治犯罪的需要，是代表国家行使权力。有关单位和个人负有如实提供证据的法定义务，应当支持和协助司法机关收集证据，包括交出真实的物证、书证，提供真实的证言等，任何拒绝履行这一义务的行为，都是法律所不允许的。这里的单位和个人不仅包括中国的公民、法人、机关、团体，还包括外国人、无国籍人、外资企业等。“如实提供证据”就是既不能隐瞒证据，又不能伪造证据，而要实事求是。

2. 行政机关收集的证据的效力认定规则。

制定本规则的目的在于明确行政执法机关在执法和查办案件过程中所收集证据的证据能力，以解决这一长期困扰司法实践的疑难问题。据此，行政执法机关在行政执法和查办案件的过程中所收集的物证、书证、视听资料、电子数据等证据材料，无须再经过所谓证据“转化”，就可以在诉讼中作为证据使用。从语义解释的角度讲，所谓“物证、书证、视听资料、电子数据等证据材料”，是要求行政机关所提供之证据应符合证据法定种类的要求，具备法定的证据形式。应注意的是，虽然立法上明确规定行政执法和查办案件过程中所收集的证据具有证据能力，无须“转化”即可作为证据使用，但这些证据同样必须受非法证据排除等规则的规范，对于行政执法机关采取刑讯逼供等非法手段获取证据材料，一经司法机关发现，应当予以排除。

3. 证据保密原则。

2012 年《刑事诉讼法》将原有的国家秘密，扩充为国家秘密、商业秘密和个人隐私，扩大了对证据采取保密措施的范围，更注重保护私权。2018 年《刑事诉讼法》延续了这一规定。《中华人民共和国保守国家秘密法》规定，所谓国家秘密，是指保密法规定的涉及国家安全和利益的政治、经济、国防、外交等领域不宜公开的事项。商业秘密，是指不为公众所知悉、能为权利人带来经济利益，具有实用性并经权利人采取保密措施的技术信息和经营信息。个人隐私，是指公民个人生活中不愿为他人公开或知悉的秘密。保守国家秘密、商业秘密和个人隐私要求司法人员在办理刑事案件中掌握此类证据，从证据的收集、保存到使用，都应严格按照相关法律规定妥善保管，不得遗失、不得泄露，以免使有关利益主体受损。

4. 伪造、隐匿、毁灭证据的法律责任。

证据是否确实、充分，是能否对犯罪分子追究刑事责任的关键，证据的虚假将造成对不应当追究刑事责任的人追究刑事责任，或者放纵了应当追究刑事责任的人。伪造、隐匿、毁灭证据会使办案机关无法收集充分的证据，也会使犯罪分子逃避法律的制裁，或者使无辜的人受到错误追究。因此，本条规定伪造、隐匿、毁灭证据，无论属于何方，都要追究法律责任。“无论属于何方”意味着无论是办案人员还是诉讼参与人，或者其他单位、个人，只要有这三种行为，都适用本条规定。“受到法律追究”主要是指构成伪证罪、包庇罪、徇私舞弊罪的，应当追究刑事责任。

第五十五条 对一切案件的判处都要重证据，重调查研究，不轻信口供。只有被告人供述，没有其他证据的，不能认定被告人有罪和处以刑罚；没有被告人供述，证据确实、充分的，可以认定被告人有罪和处以刑罚。

证据确实、充分，应当符合以下条件：

（一）定罪量刑的事实都有证据证明；

（二）据以定案的证据均经法定程序查证属实；

（三）综合全案证据，对所认定事实已排除合理怀疑。

【释义】本条是关于口供的运用和补强规则以及证明标准的规定。

本条的主要内容如下：

1. 重证据、重调查研究、不轻信口供。这是刑事诉讼活动中运用证据的重要原则，也是对我国司法经验的科学总结。口供是犯罪嫌疑人、被告人的供述和辩解，是就有关案件情况向司法机关所作的陈述。口供对于查明案件事实具有重要作用，但是，口供中虚假的可能性很大，而且口供经常随着讯问人员和环境的变化而变化，因此，办案人员对口供必须采取正确的态度，既要看到它的证据价值，又不能盲目轻信。“重证据，重调查研究，不轻信口供”要求办案人员注重对口供以外的其他证据的收集和调查，不能在证据缺乏的情况下去追求被告人的口供，更不能用非法手段去诱供或刑讯逼供。

2. 只有被告人陈述，没有其他证据的，不能认定被告人有罪和处以刑罚。这就是口供补强规则，即限制口供的证据能力，不承认其对案件事实能够起到独立和完全的证明作用，禁止以被告人口供作为定罪的唯一依据，必须有其他证据予以补强。在某些场合，即使是合法取得的口供也可能有虚假的情况，如替罪的场合和包庇他人的场合，以隐藏别的犯罪为目的的场合等，因此，检验口供的真实性也就成为必要，以此来补充强化证据。这一原则要求在认定被告人有罪时不能仅凭口供，而必须有其他证据能够与之相互印证，补强其证明力，并形成完整的证据链。与仅有口供的情况相反，实践中还有很多被称为“零口供”的案件，即整个案件没有犯罪嫌疑人、被告人的供述，或犯罪嫌疑人、被告人自始至终拒不认罪，此种情形下只要其他证据确实充分，能够共同指证被告人有罪，形成完整的证据链，仍可以定罪量刑。因此，口供并不是定罪的必要条件，在办案过程中应充分重视其他证据的证明作用，注意全面收集证据。

3. 第2款系2012年修法增加的内容，本款对我国刑事案件“确实、充分”的证明标准进行了细化。2018年《刑事诉讼法》延续了这一规定。根据本款规定，所谓证据确实、充分，包括以下三个方面的要求：

首先，本款要求定罪量刑的事实都须有证据证明。参照最高人民法院、最高人民检察院、公安部、国家安全部、司法部《关于办理死刑案件审查判断证据若干问题的规定》（以下简称《办理死刑案件证据规定》），所谓定罪量刑的事实包括：一是被指控的犯罪事实的发生；二是被告人实施了犯罪行为与被告人实施犯罪行为的时间、地点、手段、后果以及其他情节；三是影响被告人定罪的身份情况；四是被告人有刑事责任能力；五是被告人的罪过；六是是否共同犯罪及被告人在共同犯罪中的地位、作用；七是对被告人从重处罚的事实。

其次，本款要求据以定案的证据均经法定程序查证属实。即所有证据均须经过法庭的举证、质证和认证等法定程序。

最后，本款要求综合全案证据，对所认定事实已排除合理怀疑。排除合理怀疑是很多国家适用于刑事诉讼的证明标准，但关于“合理怀疑”并没有一个明确而普适的定义，大多数人认为它是不言自明的。在英国上议院和上诉法院能够认可的定义是：合理怀疑是一种当你在处理有关自身事务的重要问题时，能以各种方式影响你作出决定的那种性质和种类的怀疑。但无论如何去定义，有一点是非常明确的，排除合理怀疑是一个程度很高的证明标准，使用这一标准是让作出有罪判决的人更加慎重，不能盲目作出判断。

第五十六条 采用刑讯逼供等非法方法收集的犯罪嫌疑人、被告人供述和采用暴力、威胁等非法方法收集的证人证言、被害人陈述，应当予以排除。收集物证、书证不符合法定程序，可能严重影响司法公正的，应当予以补正或者作出合理解释；不能补正或者作出合理解释的，对该证据应当予以排除。

在侦查、审查起诉、审判时发现有应当排除的证据的，应当依法予以排除，不得作为起诉意见、起诉决定和判决的依据。

【释义】本条是关于非法证据排除规则的规定。

2018年《刑事诉讼法》第52条规定，严禁刑讯逼供和以威胁、引诱、欺骗以其他非法方法收集证据，不得强迫任何人证实自己有罪。为了保证这一规定在司法实践中真正得到贯彻执行，从根本上杜绝违法取证行为，必须规定相应的制裁措施，明确规定违法取证的消极后果。这种消极后果就是依法确认的非法证据应当予以排除，不能作为定案的根据。

1. 非法取得的言词证据应当予以排除。本条第1款即界定了非法言词证据的范围及其证据能力。非法言词证据包括非法取得的犯罪嫌疑人、被告人供述，证人证言和被害人陈述；非法取证的方法包括刑讯逼供等方式，“刑讯逼供”是指使用肉刑或者变相肉刑，或者采用其他使被告人在肉体上或者精神上遭受剧烈疼痛或者痛苦的方法，实践中时有发生的还有如体罚、虐待、疲劳战术、折磨等方法则属于“其他非法方法”，为法律禁止之取证手段。非法取得言词证据的法律后果即应当予以排除，不能作为定案的根据，不能用来证明相关的案件事实。非法证据如果是用于证明办案人员实施了刑讯逼供等违法取证行为的，则不在本条所排除之列。

2. 非法收集的实物证据应当有条件地排除。对于非法取得的言词证据应当排除，这方面各国的做法是比较一致的，但对于非法取得的物证、书证是否应当排除，各国则采取了不同的做法，甚至同一国家在不同时期由于司法政策的变化也会采取不同的做法，主要有：一是全部采纳；二是全部排除；三是原则上排除，设置若干例外；四是由法官自由裁量排除。

本条中所谓“不符合法定程序”即指办案人员违反程序性规定而进行的搜查、扣押、查封等诉讼行为。对于“可能严重影响司法公正”的判断，应当综合考虑收集物证、书证违反法定程序以及所造成后果的严重程度等情况。“可能严重影响司法公正”可从两个方面予以解释：其一，所谓“可能严重影响司法公正”，是指取证程序严重违法，可能导致物证、书证的真实性、客观性无法得到保证的；其二，从保障被追诉人“公正审判权”的角度进行解释和理解，凡是违法取证行为侵犯被追诉人的“公正审判权”的，所获证据即为可能严重影响司法公正，如办案人员应当回避而未回避。对于符合前两个条件的证据必须予以补正或作出合理解释，才能继续作为证据使用，这种补正或合理解释以能否消除“可能严重影响司法公正”为限。若不能作出补正或合理解释，或并未达到恢复司法公正的程度则被排除。

3. 在任何诉讼阶段司法机关发现非法证据都有义务予以排除。在侦查、审查起诉、审判阶段，特定专门机关都负有法定义务对证据的合法性进行审查，如公安机关侦查终结向检察机关提交起诉意见时、检察机关审查起诉准备向人民法院提起公诉时、人民法院在对案件进行审判时，对非法证据的排除都应发挥特定的把关作用，阻挡非法证据进入下一诉讼阶段。它要求办案人员在诉讼过程中，应形成对证据合法性的自觉审查机制，避免非法证据流入下一环节，产生更大的危害。“不得”为明显的禁止性规定，即侦查机关、检察机关、审判机关不得违反或者采取其他措施予以变通或者通过其他方式变相转化。

第五十七条 人民检察院接到报案、控告、举报或者发现侦查人员以非法方法收集证据的，应当进行调查核实。对于确有以非法方法收集证据情形的，应当提出纠正意见；构成犯罪的，依法追究刑事责任。

【释义】本条是关于赋予检察机关调查核实非法收集证据职责的规定。

在刑事诉讼中，人民检察院在审查批准逮捕、审查起诉阶段应当履行法律监督职责，对侦查取证是否合法行使监督权，并负有监督侦查机关和人员依法侦查，尤其是依法获取言词证据以及书证、物证的职责。人民检察院作为检察机关享有法律监督权，而排除非法证据是其中应有之义。在司法实践中，人民检察院在批准逮捕、审查起诉阶段最容易发现非法证据，且人民检察院负有监督侦查活动是否合法的职责，有责任且有能力将非法证据排除在审判程序以外。因此，将人民检察院作为排除非法证据主体是适当的，也是可行的。

1. 人民检察院发现非法证据的来源包括报案、控告、举报和主动发现四种。报案、控告、举报是检察机关被动发现非法证据的三种重要途径；主动发现主要是指人民检察院在批准逮捕和审查起诉的过程中，主动对证据的合法性进行审查，从而甄别和发现非法证据的情况，它强调人民检察院在批准逮捕和审查起诉过程中应当自觉审查，一经发现有非法取证的可能，检察机关应当进行必要的调查核实以判断是否确属非法证据，如直接讯问犯罪嫌疑人是否存在刑讯逼供的情况，对书证、物证进行鉴定等。

2. 确定为非法证据后应妥当处理。检察机关经过调查核实判断证据为非法取得的，应当提出纠正意见，避免其流入审判程序。提出纠正意见即指检察机关针对侦查机关所提交的非法证据要求其进行排除或补正，排除非法属性，以合法方式重新收集证据，如排除非法取得的言词证据要求重新取证等。

3. “非法方法”构成犯罪的，应追究其刑事责任。侦查人员在取证过程中使用非法方法，侵犯了公民基本权利，触犯刑法有关规定，构成刑事犯罪，检察机关应及时追究其刑事责任。如构成刑讯逼供罪（刑法第247条）等，检察机关负有特定义务进行立案侦查，追究其刑事责任。

第五十八条　法庭审理过程中，审判人员认为可能存在本法第五十六条规定的以非法方法收集证据情形的，应当对证据收集的合法性进行法庭调查。

当事人及其辩护人、诉讼代理人有权申请人民法院对以非法方法收集的证据依法予以排除。申请排除以非法方法收集的证据的，应当提供相关线索或者材料。

【释义】本条是关于启动排除非法证据的法庭调查程序的规定。

本条的主要内容如下：

1. 赋予人民法院启动排除非法证据的法庭调查程序的权力。审判机关作为诉讼中中立的一方，具有发现非法证据的天然优势。与检察机关不同，人民法院与侦查机关行使不同的诉讼职能，处于不同的立场，主观上具有排除非法证据的动力。因此，在法庭审理过程中，审判人员更容易发现存在非法证据的可能性。例如，被告人当庭翻供、被告人当庭指出存在刑讯逼供等情况。对此审判人员应当立即组织对证据合法性的法庭调查，启动排除非法证据的独立调查程序。

2. 当事人等诉讼参与人有权申请启动排除非法证据的调查程序。本条中明确规定享有这一权利的主体限于当事人、辩护人、诉讼代理人，即被告人及其辩护人、被害人、自诉人、附带民事诉讼当事人及其诉讼代理人有权申请人民法院启动排除非法证据的调查程序。

当事人及其辩护人、诉讼代理人行使这一权利应注意以下问题：一是提出的期限。提出证据为非法取证的期间为从审判前到法庭辩论结束时，一般而言，在审判前提出的，其作用的发挥会更充分。二是提起的方式。为了尽可能保证当事人及其辩护人、诉讼代理人行使其权利，避免因形式上的原因使权利行使受到限制，该规定中指出可以通过书面或口头两种方式提出对非法证据的异议。应当强调，当事人的这种权利是一种主张权利，如果人民法院没有自行发现证据为非法，当事人也没有提出主张，则可以推定取证行为是合法的，控方没有义务进行相应的证明活动。

3. 当事人及其辩护人、诉讼代理人对于启动排除非法证据的法庭调查程序应提供初步的线索和材料。这主要是为了避免当事人不负责任地随意或者随时启动对证据合法性的“审理”程序，影响诉讼的顺利进行。也有人主张当事人负有表面证明责任，使审判人员有理由相信证据有可能存在非法取证的情况，即存在怀疑即可。人民法院对这种初步证明要求较低，适用时不宜要求当事人等对涉嫌非法取证的人员、时间、地点、方式、内容提供确切、明确的证据或齐备的证据，仅要求能够证明存在非法取证的可能性。

第五十九条 在对证据收集的合法性进行法庭调查的过程中，人民检察院应当对证据收集的合法性加以证明。

现有证据材料不能证明证据收集的合法性的，人民检察院可以提请人民法院通知有关侦查人员或者其他人员出庭说明情况；人民法院可以通知有关侦查人员或者其他人员出庭说明情况。有关侦查人员或者其他人员也可以要求出庭说明情况。经人民法院通知，有关人员应当出庭。

【释义】 本条是关于检察院对证据收集的合法性的证明责任及侦查人员出庭作证问题的规定。

2012 年《刑事诉讼法》吸收了《关于办理刑事案件排除非法证据若干问题的规定》第 7 条的内容，2018 年《刑事诉讼法》延续这些规定。

对本条可从以下几个方面理解：

1. 检察机关负有对证据收集的合法性的证明责任。在证据合法性的调查程序中，代表人民检察院出庭的公诉人承担证明责任，证明存疑证据取证的合法性。在控方不举证或证据不够确实、充分的情况下，则应当承担不利的法律后果，证据被视为非法并被排除。在举证过程中，公诉人可以向法庭提供讯问笔录、原始的讯问过程录音录像、搜查扣押的批准文件或者其他证据，提请法庭通知讯问时其他在场人员或者其他证人出庭作证等，消除对证据合法性的疑问。

2. 侦查人员出庭作证程序的启动。法庭审理中对于有无非法取证的情况控辩双方会各执一词，查证十分困难。在此情况下，除了公诉人提交各种书面证明材料以外，有关侦查人员或者其他人员出庭说明情况，就其执行职务情况出庭作证，可以便捷、有效地查明证据取得的合法性问题。《刑事诉讼法》将侦查人员或其他人员出庭作证的情况分为三种，一是人民检察院提请人民法院要求其出庭；二是人民法院单方面通知其出庭；三是主动申请出庭。总体上三种情况的决定权在于人民法院，说明在相关人员是否需要出庭作证的问题上应由人民法院裁量决定。与“侦查人员”并列存在的“其他人员”则是指与侦查人员相当的、依据职权而享有一定诉讼权利的人，如鉴定人员。

实践中，侦查人员出庭作证不仅加大侦查人员的负担，而且可能会加大他们的职业风险，如使用秘密侦查手段的案件本身即要求对侦查人员的身份进行保密。因此，人民法院可以通知侦查人员出庭说明情况，但一般应控制在公诉人提供的相关证据仍无法排除是非法取得的情况下，才要求侦查人员出庭。

3. 侦查人员有出庭作证的权利和义务。人民法院通知侦查人员或者其他人员出庭，则侦查人员或其他人员必须出庭作证，这是侦查人员的法定义务；同时，侦查人员也有权主动申请参加法庭审理。侦查人员出庭，一方面可以直接帮助法庭查明是否存在非法取证的事实，与被告人、证人等面对面地质证，使当事人的质证权得到实现，彰显程序正义。另一方面也可以解决恶意翻证、翻供问题，有效甄别恶意翻供的情况。从更深的层次来看，要求侦查人员出庭作证，可以在一定程度上抑制侦查人员非法取证，将约束非法取证变为侦查人员的自觉行为。

第六十条 对于经过法庭审理，确认或者不能排除存在本法第五十六条规定的以非法方法收集证据情形的，对有关证据应当予以排除。

【释义】本条是关于非法证据、存疑非法证据排除规则的规定。

本条的主要内容如下：

经过法庭审理，确认属于非法方法收集证据的，依据本法第56条依法予以排除，即不得作为起诉意见、起诉决定和判决的依据。这意味着一经确认为非法证据将不具有证据能力，对案件判决不再产生影响。

需要指出的是，经过法庭审理，无法确定属于非法方法收集的证据，但又不能排除其非法嫌疑的，应同于非法证据，坚决予以排除。这实际上也是对检察机关证明证据合法来源设定了一个较高的证明标准，即要求检察机关证明证据的合法来源不仅应承担相应的举证责任，而且其证明应达到确实、充分的程度，足以使法官确信其取证为合法所为。本条所谓“不能排除存在本法第五十六条规定的以非法方法收集证据情形的。对有关证据应当予以排除”，意指承担举证责任的检察机关未能举证达到确实、充分的证明标准，此时，将根据“举证不能，利益归于被告”的原则，认定为非法证据，予以排除。

第六十一条 证人证言必须在法庭上经过公诉人、被害人和被告人、辩护人双方质证并且查实以后，才能作为定案的根据。法庭查明证人有意作伪证或者隐匿罪证的时候，应当依法处理。

【释义】本条是关于证人证言必须经过法庭质证才能作为定案的根据的规定。

本条内容可以从以下两个方面理解：

1. 证人证言必须经过法庭质证才能作为定案根据。证人提供证言必须在法庭上经过公诉人、被害人和被告人、辩护人双方质证，他们可就证言中存在的疑点提出问题和意见或者答复对方的疑问，提出反驳意见。经过质证后法官还应综合运用本案的其他证据，如物证、书证、被告人供述、被害人陈述等排除疑点，确认证人证言的可信性，将其作为认定案件事实的根据，对定罪和量刑发生影响。

2. 法庭查明证人有意作伪证或隐匿罪证应当依法处理。证人作伪证主要有两种情况：一种是歪曲事实，没有提供案件的真实情况，作虚假陈述；另一种是捏造事实，包括通过证言去表明无罪的人有犯罪行为，或者表明犯罪的人无罪。“隐匿证据”主要是指证人明知被告人有犯罪行为而故意隐瞒的行为。法庭一经查明证人有意作伪证或隐匿罪证之情况，首先排除其证言的证明能力，然后将证人依法处理，证人如果违反《中华人民共和国治安管理处罚法》的，接受治安管理处罚，如果构成伪证罪、包庇罪等，则接受刑事处罚。

第六十二条 凡是知道案件情况的人，都有作证的义务。

生理上、精神上有缺陷或者年幼，不能辨别是非、不能正确表达的人，不能作证人。

【释义】本条是关于证人作证义务及证人资格的规定。

本条的主要内容如下：

1. 关于证人作证义务的规定。本条要求凡是知道案件情况的人都有作证的义务。为了维护社会秩序，保障公民的合法权益，及时打击犯罪，了解案件情况的人都应当向司法机关提供相关情况，负有作证的义务，该义务不得拒绝。所谓“知道案件情况”，包括亲眼见到或亲耳听到犯罪行为发生的过程、被告人的行为、被告人或被害人对案情的叙述，因而了解案件情况的人，而不包括从新闻媒介获取信息或根据自己经验推测而得到案件情况的人。所谓“作证的义务”，是指证人应按照办案机关的通知在指定的时间到指定的场所接受询问，不能无故不到；证人应当如实提供所了解的案情和回答办案人员的提问，不得作虚假陈述；证人应根据办案人员的要求，对自己所了解的案件情况保密。

2. 关于证人资格的规定。知道案件情况的人负有作证义务，但并不是每个知道案件情况的人都能成为证人，因为作为证人需要具备最基本的感知、判断、记忆和表达能力，其中任何一种能力的欠缺都会影响到其成为证人提供证言的资格。不能成为证人的人包括以下三种人：一是生理上有缺陷，不能辨别是非、不能正确表达的人；二是精神上有缺陷，不能辨别是非、不能正确表达的人；三是年幼，不能辨别是非、不能正确表达的人。从上述规定可以看出，在三者之中，“不能辨别是非、不能正确表达”是决定性的条件，也是衡量一个人能否成为证人的关键因素。另外，根据有关法律规定，审判人员、检察人员、侦查人员、翻译人员不能同时担任本案的证人；辩护人不能充当其所辩护案件的证人；共同犯罪案件中的共同被告人不能互为证人等，实践中应遵守这些规定。

第六十三条　人民法院、人民检察院和公安机关应当保障证人及其近亲属的安全。

对证人及其近亲属进行威胁、侮辱、殴打或者打击报复，构成犯罪的，依法追究刑事责任；尚不够刑事处罚的，依法给予治安管理处罚。

【释义】本条是关于保障证人及其近亲属安全的规定。

本条的主要内容如下：

保障诉讼参与人的诉讼权利是刑事诉讼法的一项基本原则。要保障证人有客观、充分地提供证据的条件，履行作证的法定义务，首先应保证证人及其近亲属的安全，这既是控制犯罪的需要，也是刑事诉讼法基本原则的重要体现。首先，证人保护制度是保障刑事诉讼活动正常进行的有效手段，是一个国家诉讼制度是否科学、进步的显著标志；其次，司法实践中证人遇到威胁、被殴打和打击报复的情况时有发生，导致证人不愿或不敢作证，更不用说出庭作证。因此，明确规定对证人及其近亲属的人身安全的保护制度，加重办案机关在保护证人安全方面的责任，其意义不仅是维护证人自身的人身权利，更是维护国家司法活动正常开展所必需的条件。

本条可分为两款。第1款即人民法院、人民检察院和公安机关应当保障证人及其近亲属的安全。首先，保障证人及其近亲属的安全是司法机关的法定职责，办案机关应针对案件具体情况，对证人及其近亲属可能因作证处于危险之中的，采取必要的保护措施；其次，保障证人及其近亲属安全，应当包括作证前后提供必要的保护和对不法侵害人追究责任；最后，所保护的证人应当是案件中所有的证人，既包括控诉方的证人，也应包括辩护方的证人。第2款是对于威胁、侮辱、殴打或打击报复证人及其近亲属的，应依法追究法律责任。"威胁"即指以将要实行暴力或者其他非法行为进行恐吓；"侮辱"即指在公众场合公然以言词、行为对他人人格、名誉进行诋毁、攻击；"殴打"是以暴力对他人进行伤害；"打击报复"是滥用职权对证人进行迫害。适用本款应注意以下问题：一是对证人及其近亲属进行威胁等行为应当限于针对证人作证而实施的，不能与因其他原因而引发的类似行为相混淆；二是注意认定行为的性质，明确区分一般违法行为与刑事犯罪的界限，并据之分别作出处理。

在我国《刑法》中对证人及其近亲属进行威胁、侮辱、殴打或者打击报复的行为可能构成的犯罪有：妨害作证罪、击报复证人罪等。

第六十四条 对于危害国家安全犯罪、恐怖活动犯罪、黑社会性质的组织犯罪、毒品犯罪等案件，证人、鉴定人、被害人因在诉讼中作证，本人或者其近亲属的人身安全面临危险的，人民法院、人民检察院和公安机关应当采取以下一项或者多项保护措施：

（一）不公开真实姓名、住址和工作单位等个人信息；

（二）采取不暴露外貌、真实声音等出庭作证措施；

（三）禁止特定的人员接触证人、鉴定人、被害人及其近亲属；

（四）对人身和住宅采取专门性保护措施；

（五）其他必要的保护措施。

证人、鉴定人、被害人认为因在诉讼中作证，本人或者其近亲属的人身安全面临危险的，可以向人民法院、人民检察院、公安机关请求予以保护。

人民法院、人民检察院、公安机关依法采取保护措施，有关单位和个人应当配合。

【释义】 本条是对证人（包括鉴定人、被害人）及其近亲属的保护措施的规定。

在诉讼过程中，证人作证是诉讼成败的关键环节。然而，证人不出庭作证一直是我国庭审的一大难题。对很多人来说，作证意味着风险，而一些案件正是由于证人“失声”导致司法机关缺乏证据无法定案，而使犯罪嫌疑人逃脱应有的法律制裁。证人不出庭的原因，除了传统观念、执法环境等，关键还在于我国法律制度不够完善，对证人的保护措施不够。如果大多数的证人为避免高风险而“失语”，就会对诉讼中的证据制度产生冲击，进而危及司法公正。因此，保护证人是法律必须承担起的公平正义。

对于本条的规定，可以从以下几个方面理解：

1. 对于重大案件中面临危险的证人、鉴定人、被害人必须予以保护。本条首先强调在危害国家安全犯罪、恐怖活动犯罪、黑社会性质的组织犯罪、毒品犯罪等案件中，办案机关应当对面临危险的证人、鉴定人、被害人进行保护。在这类案件中，由于涉案人员较多，犯罪情节较为严重，犯罪人员恶性大，对证人、鉴定人、被害人进行打击报复的情况发生的可能性更大，因此，法条中对此类情况的保护措施予以明确规定。特别是在涉案人员没有全部查清或没有全部归案的情况下，证人、鉴定人、被害人人身安全受到的威胁更大，也更需要办案机关的有力保护。应当注意的是，虽然法条中明确规定了几类案件，但实践中却不局限于此，无论案件性质如何，当证人、鉴定人、被害人面临现实的或潜在的危险时，办案机关都应从保护证人的利益出发，视具体情况采取适当措施，以彰显法律鼓励并保障证人作证的宗旨。

2. 保护的主体是人民法院、人民检察院和公安机关，保护的对象包括证人、鉴定人、被害人及其近亲属。公检法三个专门机关都有法定义务对证人等进行保护，从三个机关的性质及权限来看，公安机关有能力采取更为安全、全面的保护措施，也因此应当承担更多的责任，不仅在侦查阶段，也包括起诉和审判阶段对证人等实施适当的保护。保护的对象包括证人、鉴定人、被害人本人及他们的近亲属。

3. 保护的措施多样。例如，不公开个人信息、不暴露特征、禁止特定的人员接触、对人身和住宅专门保护等，应根据案件的实际情况，综合证人等受到威胁的现实性，选择一项或同时采用多项措施。我们在借鉴国外较为丰富的保护措施的同时，办案人员也应当慢慢摸索和探讨，寻找符合我国国情的、更为实用而经济的保护措施。

4. 证人等对于专门保护享有申请权。对于证人、鉴定人、被害人的保护可依人民法院、人民检察院、公安机关的自行决定而开始，同时证人等本身亦享有保护的申请权，请求办案机关启动相应保护措施。应当说，这一权利的赋予使得证人有了极大的主动性，是证人保护制度全面而成熟的一个标志。

5. 有关单位和个人应当配合。因为证人、鉴定人、被害人工作、生活在单位、居民区，人民法院、人民检察院、公安机关依法采取保护措施时，往往需要这些工作单位、居委会的配合，所以本条要求，人民法院、人民检察院、公安机关依法采取保护措施，有关单位和个人应当配合。

第六十五条 证人因履行作证义务而支出的交通、住宿、就餐等费用，应当给予补助。证人作证的补助列入司法机关业务经费，由同级政府财政予以保障。

有工作单位的证人作证，所在单位不得克扣或者变相克扣其工资、奖金及其他福利待遇。

【释义】本条是关于证人作证经济补助的规定。

证人作证很可能给证人带来一定的经济损失，而证人向司法机关及当事人阐述其知道的与案件有关的事实时，证人与案件并无利害关系，其作证和出庭不会给他带来某种利益。面对这样一个两头不成比例的“方程式”，我们至少要寻求一个不会让证人有所损失的制度——证人经济补助制度。证人经济补助制度有利于提高证人作证的积极性，是解决我国出庭难问题、提高我国证人出庭率的一个好方法。

本条的主要内容如下：

第一，对证人给予经济补助的范围。对于证人作证经济补助的范围，2012年修法将其明确为交通、住宿、就餐等费用，是立法技术上的明显进步。2018 年《刑事诉讼法》延续了这些规定。

具体费用的计算，应当由人民法院确定一个以普通公民的交通、住宿、就餐为基础的差旅费报销标准，根据证人的远近、交通状况、生活水平决定，以“实际支出”为原则，不能过高也不能过低。

第二，证人补助的经费来源。在民事诉讼中证人作证的补偿最终由败诉方承担，而在刑事诉讼中这一费用更适宜由司法机关来承担。因为与民事诉讼之目的不同，刑事案件中证人作证的最终目的是帮助司法机关为犯罪嫌疑人正确地定罪、量刑，因此，司法机关负有对证人进行补助的义务。实践中，可以由公安机关、人民检察院、人民法院分别支付各自诉讼阶段的补助，也可以统一由人民法院支付诉讼期间所有的补助费用，而最终这一部分经费将直接来自于政府财政，由国家负担。

第三，单位不能因证人作证而克扣工资。证人作证的行为起到帮助司法机关查明案情的重要作用，是履行一个公民应尽的义务，因此，虽然他未工作但应视作有正当理由而未能工作，与通常的旷工、事假不同。因此，证人不能因作证而被克扣或者变相克扣其工资、奖金及其他福利待遇，各单位应当通过严格的工作制度予以保障，配合司法机关顺利进行刑事诉讼活动。

第六章　强制措施

第六十六条　人民法院、人民检察院和公安机关根据案件情况，对犯罪嫌疑人、被告人可以拘传、取保候审或者监视居住。

【释义】本条是关于拘传、取保候审和监视居住的授权性规定。

本条的主要内容如下：

为了保证刑事诉讼的顺利进行，防止犯罪嫌疑人、被告人串供或毁灭、伪造证据，《刑事诉讼法》规定了五种强制措施，按照其强制性的强弱程度分为拘传、取保候审、监视居住、拘留和逮捕，其适用关乎公民的人身自由权。强制措施被看作一把“双刃剑”，正确地实施它，能准确、及时地完成惩罚犯罪的任务，否则会严重侵犯公民的人身自由权。

本条是对前三种非羁押性强制措施的授权。根据本条规定，拘传、取保候审、监视居住的适用权力属于人民法院、人民检察院和公安机关，它们可以根据犯罪行为的严重程度、犯罪嫌疑人或被告人的个人情况、案件侦查的需要等，选择适用拘传、取保候审和监视居住，其他单位和个人没有权力适用。

采取拘传、取保候审和监视居住的最主要目的是保证犯罪嫌疑人、被告人在传讯、审判时及时到案，保证刑事诉讼的顺利进行。同时，采取取保候审、监视居住也是为了防止犯罪嫌疑人、被告人在刑事诉讼中干扰证人作证或者串供等。这些强制措施的适用，是使刑事诉讼正常进行的必要保障。与其他两种强制措施即拘留和逮捕相比，拘传、取保候审、监视居住不具有羁押的性质，不仅能节省司法资源，同时也能达到与羁押相同的保障效果，具有一定的优越性，因此，比照拘留和逮捕应优先适用。

拘传是人民法院、人民检察院和公安机关为使犯罪嫌疑人、被告人及时接受讯问，强制其到案的一种措施。拘传的强制性是所有强制措施中最低的，这种强制仅限于达到到案接受讯问的目的即可。

取保候审是人民法院、人民检察院和公安机关责令犯罪嫌疑人、被告人交纳保证金或提出保证人，并出具保证书，保证其不逃避或妨碍侦查、起诉、审判并随传随到的一种强制措施。

监视居住将限定犯罪嫌疑人、被告人的活动区域和住所。

关于这三种措施的适用条件、期限、应遵守的规定等具体内容，本法其他条文都作了明确具体的规定。

第六十七条 人民法院、人民检察院和公安机关对有下列情形之一的犯罪嫌疑人、被告人，可以取保候审：

（一）可能判处管制、拘役或者独立适用附加刑的；

（二）可能判处有期徒刑以上刑罚，采取取保候审不致发生社会危险性的；

（三）患有严重疾病、生活不能自理，怀孕或者正在哺乳自己婴儿的妇女，采取取保候审不致发生社会危险性的；

（四）羁押期限届满，案件尚未办结，需要采取取保候审的。

取保候审由公安机关执行。

【释义】 本条是关于取保候审适用范围（或曰条件）的规定。

本条的主要内容如下：

人民法院、人民检察院和公安机关都有权适用取保候审，适用的条件包括以下四种情况：

1. 可能判处管制、拘役或者独立适用附加刑的。在这类案件中，犯罪嫌疑人、被告人罪行较轻，可能判处的刑罚不重，逃避侦查、起诉、审判的可能性虽然存在，但不是很大。而且，因为不是重罪，案情一般也容易查明，犯罪嫌疑人、被告人实施妨碍刑事诉讼进行行为的可能性也不大，一般也不会继续危害社会。所以，采取取保候审就能够实现强制措施的预防目的。

2. 可能判处有期徒刑以上刑罚，采取取保候审不致发生社会危险性的。在这种情况下，犯罪嫌疑人、被告人虽然所犯罪行较重，且有可能被判处较重的刑罚，但由于其人身危险性不大，发生再次危害社会或影响取证的行为可能性不大，为了更多地适用非羁押性强制措施，也可以对他们采用取保候审。

3. 患有严重疾病、生活不能自理，怀孕或者正在哺乳自己婴儿的妇女，采取取保候审不致发生社会危险性的。这一条款，主要是从人道主义精神出发，体现对犯罪嫌疑人、被告人生命健康权的保护与尊重，体现对妇女、儿童权益的保护和尊重，是人性化执法的具体表现。应当注意的是，对这类犯罪嫌疑人、被告人一般适用取保候审，但若有特殊情况，确有逮捕必要的，也可以适用逮捕措施。

4. 羁押期限届满，案件尚未办结，需要采取取保候审措施的。这是对于已经被拘留或逮捕的犯罪嫌疑人，由于办案期限届满而不能继续羁押的一种替代措施。本法对于羁押以后的办案期限有严格的规定，特别是逮捕以后，对于侦查、审查起诉、一审和二审都有明确的期限，超越了法定期限继续羁押是违法行为。因此，期限届满但案件尚未办结，必须结束羁押措施，立即释放或者采取取保候审。相比于立即释放，取保候审是一种较好的选择，在很大的程度上仍然可以保证犯罪嫌疑人、被告人不妨碍刑事诉讼的顺利进行，可以很好地发挥对羁押措施的替代作用。

最高人民法院、最高人民检察院、公安部、国家安全部于1999年8月4日作出《关于印发〈关于取保候审若干问题的规定〉的通知》第2条第2款规定，公安机关、人民检察院、人民法院决定取保候审的，由公安机关执行。国家安全机关决定取保候审的，以及人民检察院、人民法院在办理国家安全机关移送的犯罪案件时决定取保候审的，由国家安全机关执行。取保候审无论由哪个机关决定适用，其执行统一由公安机关执行。

第六十八条 人民法院、人民检察院和公安机关决定对犯罪嫌疑人、被告人取保候审，应当责令犯罪嫌疑人、被告人提出保证人或者交纳保证金。

【释义】 本条是关于取保候审方式的规定。

本条的主要内容如下：

取保候审的方式有两种：保证人保证和保证金保证，即人保和财保。

保证人保证，是指公安机关、人民检察院和人民法院责令犯罪嫌疑人、被告人提出保证人并出具保证书，保证被保证人在取保候审期间不逃避和妨碍侦查、起诉和审判，并随传随到的保证方式。保证人保证的保证责任由保证人承担，一般来讲，保证人由犯罪嫌疑人、被告人提出，经公、检、法机关审查符合条件为其担保的人。根据最高人民法院《关于适用〈中华人民共和国刑事诉讼法〉的解释》的规定，对下列被告人决定取保候审的，可以责令其提出1至2名保证人：（1）无力交纳保证金的；（2）未成年或者已满75周岁的；（3）不宜收取保证金的其他被告人。人民法院应当审查保证人是否符合法定条件。符合条件的，应当告知其必须履行的义务，并由其出具保证书。

保证金保证，是指公、检、法机关责令犯罪嫌疑人、被告人交纳保证金并出具保证书，保证在取保候审期间，不逃避和妨碍侦查、起诉和审判，并随传随到的保证方式。在实践中，保证人保证对有些被保证人或者对保证人制约力度有限，而且有的犯罪嫌疑人、被告人一时难以找到保证人，因此，保证金保证适用的频率更高，更符合司法实践的要求。保证金保证是以交纳保证金的形式担保，必须以人民币交纳。

上述两种取保候审的方式只能选择其一，不能同时并用。至于选择哪种保证方式，由作出取保候审决定的机关根据案件的具体情况决定。

第六十九条 保证人必须符合下列条件：

（一）与本案无牵连；

（二）有能力履行保证义务；

（三）享有政治权利，人身自由未受到限制；

（四）有固定的住处和收入。

【释义】本条是关于保证人条件的规定。

担任被取保候审人的保证人，负有特定的法律义务，而能够承担这种义务必须具备相应的条件，否则将无法履行保证义务，取保候审也就失去了取保的作用。

保证人必须符合下列条件：

第一，保证人与本案无牵连。保证人不能是本案当事人、未受刑事追究的同案人或其他诉讼参与人，这是为了防止其利用保证人身份妨碍刑事诉讼活动顺利进行。这种无牵连并不是要求与被保证人没有亲缘关系，相反很多时候在选择保证人时，被取保候审人的近亲属可能是首选的对象，因为他们能更好地履行保证人的义务。因此，这里强调的无牵连是就案件本身而言，与案件没有直接的利害关系，具体地说不能是本案的被害人、自诉人、犯罪嫌疑人、被告人、附带民事诉讼的原告人和被告人，同时也不能是本案的证人、鉴定人和翻译人员以及未受刑事追究的同案人。

第二，保证人应有能力履行保证义务。保证人应当具有完全行为能力和权利能力，对被保证人具有影响力，以形成对被保证人的心理强制，使之不得违反取保候审期间应当遵守的规定。严重的疾病患者、精神病人、年老体弱者、残疾人等都不得担任保证人。

第三，享有政治权利，人身自由未受到限制。人身自由受到限制的人本身的行动都受到限制，不可能履行保证人的义务。这里强调的是那些正在服刑的服刑犯、正在被适用强制措施的人、接受行政处罚而被限制人身自由的人、主刑执行完毕而正在执行剥夺政治权利附加刑的人都不具有担任保证人的资格。

第四，保证人有固定的住处和收入。保证人必须有固定的居所，否则公、检、法机关无法与之保持联系，而且保证人也无法有效地监督犯罪嫌疑人、被告人，取保候审势必流于形式、形同虚设。保证人还应当有固定的收入，即有在社会中所从事的作为主要生活来源的工作，以获取经济收入。依据本法，被取保候审的犯罪嫌疑人、被告人如果违反有关规定，执行机关有权对保证人处以罚款。如果保证人没有收入，则无法对其进行处罚，也就失去了对他履行保证义务的约束力。

以上四个条件必须同时具备，才可担任保证人。同时公、检、法机关还应审查犯罪嫌疑人、被告人所提出的人是否愿意作保证人。不愿意作保证人的不能确定为保证人。另外，如果保证人在取保候审期间不愿继续担保或者丧失担保条件的，应当责令犯罪嫌疑人重新提出保证人或者变更为保证金担保方式。

第七十条 保证人应当履行以下义务：

（一）监督被保证人遵守本法第七十一条的规定；

（二）发现被保证人可能发生或者已经发生违反本法第七十一条规定的行为的，应当及时向执行机关报告。

被保证人有违反本法第七十一条规定的行为，保证人未履行保证义务的，对保证人处以罚款，构成犯罪的，依法追究刑事责任。

【释义】 本条是关于保证人义务的规定。本条的主要内容如下：

首先，保证人的义务。保证人应当履行的义务包括：其一，监督被保证人遵守本法第 71 条之规定，即监督其做到以下规定：（1）未经执行机关批准不得离开所居住的市、县；（2）住址、工作单位和联系方式发生变动的，在 24 小时以内向执行机关报告；（3）在传讯的时候及时到案；（4）不得以任何形式干扰证人作证；（5）不得毁灭、伪造证据或者串供。其二，被保证人可能发生或者已经发生违反本法第 71 条规定的，保证人一经发现有义务及时向执行机关报告，使执行机关及时采取有效的措施，防患于未然。

其次，保证人违反义务的法律责任。最高人民法院、最高人民检察院、公安部、国家安全部于 1999 年 8 月 4 日颁布实施的《关于取保候审若干问题的决定》中规定，采取保证人形式取保候审的，被取保候审人违反本法规定，保证人未及时报告的，经查证属实后，由县级以上执行机关对保证人处 1000 元以上 20000 元以下罚款，并将有关情况及时通知决定机关。保证人对处罚不服的可以向执行机关的上一级机关申请复核一次。因对保证人罚款系刑事司法行为，不能提起行政诉讼，因此，保证人如对复核决定仍不服，可以依法向有关机关提出申诉，而不能向人民法院提起行政诉讼。保证人故意放走犯罪嫌疑人或者有其他妨碍刑事诉讼的行为，构成犯罪的，则应当根据其行为性质、情节轻重，分别以包庇罪、窝藏罪或者伪证罪追究其刑事责任。

保证人担保的特点是以保证人的人格、名誉和信誉作保，所以这条规定使得保证人的保证责任得到了具体的落实，从而增强了取保候审制度的可操作性。

第七十一条 被取保候审的犯罪嫌疑人、被告人应当遵守以下规定：

（一）未经执行机关批准不得离开所居住的市、县；

（二）住址、工作单位和联系方式发生变动的，在二十四小时以内向执行机关报告；

（三）在传讯的时候及时到案；

（四）不得以任何形式干扰证人作证；

（五）不得毁灭、伪造证据或者串供。

人民法院、人民检察院和公安机关可以根据案件情况，责令被取保候审的犯罪嫌疑人、被告人遵守以下一项或者多项规定：

（一）不得进入特定的场所；

（二）不得与特定的人员会见或者通信；

（三）不得从事特定的活动；

（四）将护照等出入境证件、驾驶证件交执行机关保存。

被取保候审的犯罪嫌疑人、被告人违反前两款规定，已交纳保证金的，没收部分或者全部保证金，并且区别情形，责令犯罪嫌疑人、被告人具结悔过，重新交纳保证金、提出保证人，或者监视居住、予以逮捕。

对违反取保候审规定，需要予以逮捕的，可以对犯罪嫌疑人、被告人先行拘留。

【释义】本条是关于被取保候审的犯罪嫌疑人、被告人的义务及其法律责任的规定。

本条的主要内容如下：

一是第 1 款规定的被取保候审人应当遵守的五项法定义务。

（1）未经执行机关批准不得离开所居住的市、县。这是对被取保候审人在取保候审期间活动地域的限制。被取保候审期间，犯罪嫌疑人、被告人只能在其所居住的市、县之内活动，不得擅自离开。如果有正当理由需要离开，必须经过负责执行的公安机关批准。负责执行的公安机关在批准被取保候审人离开所居住的市、县前，应当得到决定取保候审机关的同意。

（2）住址、工作单位和联系方式发生变动的，在 24 小时以内向执行机关报告。要求被取保候审人在住址、工作单位和联系方式发生变动之前，应向执行机关报告其变更事项。住址、工作单位、联系方式，三者中任意一项发生变动，被取保候审人都应当报告，并且法条中明确规定为24小时以内，即可以提前报告，变更前最迟不得少于24小时。

(3) 在传讯的时候及时到案。取保候审的目的就是保证侦查、起诉和审判的顺利进行，作为犯罪嫌疑人、被告人必须做到随传随到。但本人因患有重病或交通中断等不可抗拒的情况而不能如期到案的，应向执行机关及时说明，这样的情况不能认定为没有及时到案。

(4) 不得以任何形式干扰证人作证。被取保候审人在取保候审期间仍有一定的人身自由，但不能利用这些自由实施干扰证人作证的行为，诸如对有关证人进行威胁、殴打、报复，使其不能作证或不敢作证，或者使用贿赂手段，指使、引诱证人使其不作证或作伪证等，这些行为一概在禁止之列。

(5) 不得毁灭、伪造证据或者串供。被取保候审人不得利用未被羁押的便利条件与其他同案人订立攻守同盟，统一口径，隐藏、销毁、伪造与案件有关的证据材料。

二是第2款规定的对被取保候审人可以选择适用的约束条件。

具体包括：(1) 不得进入特定的场所；(2) 不得与特定的人员会见或者通信；(3) 不得从事特定的活动；(4) 将护照等出入境证件、驾驶证件交执行机关保存。在适用中，办案机关可以根据案件具体情节和犯罪嫌疑人、被告人的特定情况选择一项或多项予以适用，对限定的特定场所、人员、活动作出明确的指示，这样的规定其核心目的还是在于防范妨碍刑事诉讼活动顺利进行的情况出现，避免犯罪嫌疑人、被告人毁灭、伪造证据，逃避侦查、起诉和审判。

三是第3款规定的关于被取保候审人违反义务的法律后果。

结合相关司法解释的规定，被取保候审的犯罪嫌疑人、被告人违反前两款规定，依法应当没收保证金的，由县级以上执行机关自行或根据原决定机关的书面意见作出没收部分或全部保证金的决定，并通知原决定机关；并且区别情形，责令犯罪嫌疑人、被告人具结悔过，重新交纳保证金。需要变更强制措施时，应当同时提出变更强制措施的意见，连同有关材料一并递交原决定机关。对于违反取保候审规定，需要予以逮捕的，可以对犯罪嫌疑人、被告人先行拘留，并在拘留的法定期限内，提请批准逮捕或决定逮捕。

第七十二条 取保候审的决定机关应当综合考虑保证诉讼活动正常进行的需要，被取保候审人的社会危险性，案件的性质、情节，可能判处刑罚的轻重，被取保候审人的经济状况等情况，确定保证金的数额。

提供保证金的人应当将保证金存入执行机关指定银行的专门账户。

【释义】本条是关于取保候审保证金数额及缴纳方式的规定。

本条的主要内容如下：

保证金的数额本法没有具体的规定，也不适宜作具体规定，这是适应刑事案件多样化的客观需要，也是国际上保释制度所采用的通行做法。按照《关于取保候审若干问题的决定》中的规定，采取保证金形式取保候审的，保证金的起点数额为1000元。决定机关应当以保证被取保候审人不逃避、不妨碍刑事诉讼活动为原则，综合考虑犯罪嫌疑人、被告人的社会危险性，案件的情节、性质，可能判处刑罚的轻重，犯罪嫌疑人、被告人的经济状况，当地的经济发展水平等情况，确定收取保证金的数额。保证金数额过低，起不到保证的作用，难以避免发生妨碍诉讼进行的情况；保证金过高，被保证人没有缴纳能力，也会限制取保候审的适用。因此，应综合以上各个因素确定适度的保证金数额，使取保候审制度发挥良好作用。

取保候审保证金由县级以上执行机关统一收取和管理，县级以上执行机关在其指定的银行设立取保候审保证金专户，委托银行代为收取和保管保证金。提供保证金的人应当将保证金存入执行机关指定银行的专门账户，用人民币一次性交纳。严禁截留、坐支、挪用或者以其他任何形式侵吞保证金。

第七十三条 犯罪嫌疑人、被告人在取保候审期间未违反本法第71条规定的，取保候审结束的时候，凭解除取保候审的通知或者有关法律文书到银行领取退还的保证金。

【释义】本条是关于退还保证金的规定。

本条的主要内容如下：

犯罪嫌疑人、被告人在取保候审期间未违反本法第71条之规定，遵守取保候审的法定义务，也没有故意重新犯罪的，取保候审结束的时候，应当退还保证金。“取保候审结束的时候”，是指案件审结、交付执行或者案件虽未审结，但司法机关依法解除或变更取保候审措施的情形。

依据原有司法解释，在解除取保候审、变更强制措施或者执行刑罚的同时，县级以上执行机关应当制作《退还保证金决定书》，通知银行如数退还保证金，并书面通知决定机关。原有的退还保证金的手续为执行机关启动，被取保候审人不能直接请求银行返还。在本次修法中，将退还保证金的程序启动权赋予被取保候审人，规定被取保候审人可以直接凭解除取保候审的通知或者有关法律文书到银行领取保证金，增强了手续的可操作性，赋予被取保候审人更多的主动权，有助于解决实践中“退保难”的问题。

第七十四条 人民法院、人民检察院和公安机关对符合逮捕条件，有下列情形之一的犯罪嫌疑人、被告人，可以监视居住：

（一）患有严重疾病、生活不能自理的；

（二）怀孕或者正在哺乳自己婴儿的妇女；

（三）系生活不能自理的人的唯一扶养人；

（四）因为案件的特殊情况或者办理案件的需要，采取监视居住措施更为适宜的；

（五）羁押期限届满，案件尚未办结，需要采取监视居住措施的。

对符合取保候审条件，但犯罪嫌疑人、被告人不能提出保证人，也不交纳保证金的，可以监视居住。

监视居住由公安机关执行。

【释义】本条是关于监视居住的适用条件及范围的规定。

监视居住和取保候审是两种不同的限制人身自由的措施，对人身的强制力度相差较大。例如，被监视居住的人不得离开住所、居所，被取保候审的人不可以离开所居住的市、县，允许的活动范围差别较大，自由程度差别也比较大。

监视居住适用于符合逮捕条件但又不适宜羁押的犯罪嫌疑人、被告人，符合逮捕条件是适用监视居住的前提，因此立法将监视居住定位为逮捕的替代措施。本条中明确规定了五种情况：（1）患有严重疾病、生活不能自理的；（2）怀孕或者正在哺乳自己婴儿的妇女；（3）系生活不能自理的人的唯一扶养人；（4）因为案件的特殊情况或者办理案件的需要，采取监视居住措施更为适宜的；（5）羁押期限届满，案件尚未办结，需要采取监视居住措施的。这五种情况中，前四种是犯罪嫌疑人、被告人由于特殊原因的出现，而不适宜适用逮捕并羁押的；而最后一种是在办案机关想继续羁押犯罪嫌疑人、被告人，但客观条件不足的情况下适用的。在司法实践中，监视居住对人身自由的限制力度介于取保候审和逮捕之间，强制程度是比较高的，因此，比照逮捕的条件适用监视居住，能更好地发挥其作用，也更符合司法实践的要求。

另外，对于符合取保候审条件，但犯罪嫌疑人、被告人不能提出保证人，也交纳不了保证金的，因客观上无法适用取保候审，也可以适用监视居住。现实中很多犯罪嫌疑人、被告人出现过这种情况，如异地犯罪没有适合人选能够担任保证人，而且生活贫困也交纳不起保证金，这时监视居住可以起到很好的补充作用。因此，本条将这种情况作为一种适用情形。

监视居住无论由公、检、法哪个机关决定，都统一由公安机关执行，在执行中发生的情况都由公安机关判断、评价和处理。

第七十五条　监视居住应当在犯罪嫌疑人、被告人的住处执行；无固定住处的，可以在指定的居所执行。对于涉嫌危害国家安全犯罪、恐怖活动犯罪，在住处执行可能有碍侦查的，经上一级公安机关批准，也可以在指定的居所执行。但是，不得在羁押场所、专门的办案场所执行。

指定居所监视居住的，除无法通知的以外，应当在执行监视居住后二十四小时以内，通知被监视居住人的家属。

被监视居住的犯罪嫌疑人、被告人委托辩护人，适用本法第三十四条的规定。

人民检察院对指定居所监视居住的决定和执行是否合法实行监督。

【释义】本条是关于对监视居住执行的规定。

本条的主要内容如下：

1979年和1996年的《刑事诉讼法》都没有相关规定。2012年《刑事诉讼法》修订时增加了指定居所的监视居住的规定。这是因为，在实践中，对于没有固定住处的犯罪嫌疑人、被告人及涉及某些特殊犯罪，在住处执行可能有碍侦查的案件，不能和不宜在住处执行监视居住。

2018年《刑事诉讼法》对该条文第1款进行了部分调整，一是做好与《监察法》等法律的衔接，删除了特别重大贿赂犯罪嫌疑人经批准指定居所监视居住的规定，由于贿赂犯罪已由检察机关侦查改为监察机关调查，监察机关调查期间的特大贿赂犯罪案件适用《监察法》的留置措施，不再适用监视居住，因此，无需在此处规定，故予以删除。二是审批机关由原来的“上一级人民检察院或者公安机关”修改为“上一级公安机关”，因为贿赂犯罪已由检察机关侦查改为监察机关调查，不存在上一级人民检察院对“特大贿赂犯罪案件”审批指定居所监视居住的情况。

本条规定监视居住的执行处所包括犯罪嫌疑人、被告人的住处和指定的居所。所谓住处，是指犯罪嫌疑人、被告人在办案机关所在的市、县内生活的住所。一般来说，监视居住应当在犯罪嫌疑人、被告人的住处进行。所谓指定的居所，是指办案机关根据案件情况，在办案机关所在的市、县内给被监视居住人指定的生活居所。指定居所执行的情况有：（1）如果犯罪嫌疑人、被告人没有固定住处的，可以指定居所执行。（2）对于涉嫌危害国家安全犯罪、恐怖活动犯罪，在住处执行可能有碍侦查的，经上一级公安机关批准，也可以在指定的居所执行。以上两种情形可以指定居所，但是，需要注意的是，不得指定在羁押场所、专门的办案场所执行。这是因为监视居住是一种非羁押性的强制措施，如果将指定居所设置在羁押场所、专门办案场所，会导致变相羁押，歪曲刑事诉讼强制措施立法体系设置的本意。

为了保护被监视居住人及其家属的合法权益，指定居所监视居住的，除无法通知的以外，应当在执行监视居住后24小时以内，通知被监视居住人的家属。执行这一规定，需注意两个问题：一是只有一种情况不通知被监视居住人的家属，即无法通知的情况。所谓“无法通知”，指的是：（1）不讲真实姓名、住址、身份不明的；（2）没有家属的；（3）提供的家属联系方式无法取得联系的；（4）因自然灾害等不可抗力导致无法通知的。除此之外，无论什么性质的犯罪案件、无论通知后是否有碍侦查，都要通知被监视居住人的家属。二是对通知被监视居住人家属的内容未作出规定，即可以不通知被监视居住的原因、地点等。

指定居所监视居住的，被监视居住的犯罪嫌疑人、被告人委托辩护人的，适用《刑事诉讼法》第34条的规定。《刑事诉讼法》第34条规定，犯罪嫌疑人自被侦查机关第一次讯问或者采取强制措施之日起，有权委托辩护人；在侦查期间，只能委托律师作为辩护人。公、检、法机关应当及时告知犯罪嫌疑人、被告人有权委托辩护人。辩护人接受犯罪嫌疑人、被告人委托后，应当及时告知办理案件的司法机关。

人民检察院对指定居所监视居住的决定和执行是否合法实行监督。人民检察院是刑事诉讼的监督机关，对指定居所监视居住的决定和执行是否合法有权实行监督。如果发现公安机关在指定居所监视居住的决定和执行中有违法情况，有权通知公安机关纠正。公安机关接到人民检察院的纠正通知后，应采取措施纠正违法情况，并将纠正结果通知人民检察院。

第七十六条 指定居所监视居住的期限应当折抵刑期。被判处管制的，监视居住一日折抵刑期一日；被判处拘役、有期徒刑的，监视居住二日折抵刑期一日。

【释义】本条是关于监视居住期限折抵刑期的规定。

本条的主要内容如下：

考虑到与在住处执行监视居住不同，指定居所监视居住对犯罪嫌疑人、被告人的人身自由限制较大，为了保障其权利，结合不同执行处所的特点，2012 年修法时对指定居所的监视居住特别规定对其期限应当折抵刑期。2018 年《刑事诉讼法》延续了这一规定。

根据本条的规定，犯罪分子被判处管制的，监视居住 1 日折抵刑期 1 日；被判处拘役、有期徒刑的，监视居住 2 日折抵刑期 1 日。

第七十七条 被监视居住的犯罪嫌疑人、被告人应当遵守以下规定：

（一）未经执行机关批准不得离开执行监视居住的处所；

（二）未经执行机关批准不得会见他人或者通信；

（三）在传讯的时候及时到案；

（四）不得以任何形式干扰证人作证；

（五）不得毁灭、伪造证据或者串供；

（六）将护照等出入境证件、身份证件、驾驶证件交执行机关保存。

被监视居住的犯罪嫌疑人、被告人违反前款规定，情节严重的，可以予以逮捕；需要予以逮捕的，可以对犯罪嫌疑人、被告人先行拘留。

【释义】本条是关于被监视居住人应遵守规定的规定。

本条的主要内容如下：

被监视居住的犯罪嫌疑人、被告人只能在住处或指定居所的区域内活动，并受到执行机关的监视，所以它是限制人身自由的一种强制措施。这要求被监视居住的犯罪嫌疑人、被告人应当遵守以下规定：

1. 未经执行机关批准不得离开执行监视居住的处所。如果被监视居住人有正当理由要求离开住处或指定居所，须经公安机关批准。人民法院、人民检察院决定监视居住的，公安机关在作出批准决定前，应当征得决定机关同意。所谓正当理由，一般是指被监视居住人有治病、奔丧等正当事由。

2. 未经执行机关批准不得会见他人或者通信。这里的他人是指与被监视居住人共同居住的家庭成员和聘请的律师以外的人。被监视居住人如果要会见他人或者与他人通信，必须经过执行机关批准方能进行。

3. 在传讯的时候及时到案。监视居住的目的之一就在于保障刑事诉讼的顺利进行，因此，被监视居住的犯罪嫌疑人、被告人在被公安机关、人民检察院、人民法院传讯时，必须及时到案，接受讯问。

4. 不得以任何形式干扰证人作证。既包括不能自己直接进行干扰，也包括不得指使、委托他人干扰证人作证。

5. 不得毁灭、伪造证据或者串供。毁灭、伪造证据或者串供的行为会干扰刑事诉讼活动的正常进行，因此要求被监视居住的犯罪嫌疑人、被告人遵守这一规定。

6. 将护照等出入境证件、身份证件、驾驶证件交执行机关保存。因为实践中，由于公安机关警力有限，难以做到对每一个被监视居住的人都派员全程监视，将护照等出入境证件、身份证件、驾驶证件交执行机关保存，是限制被监视居住人行动的一个较好的解决方法。

被监视居住的犯罪嫌疑人、被告人违反规定，情节严重的，应当承担法律责任，公安机关可以对其予以逮捕。如果是人民检察院或者人民法院决定监视居住的，还应当及时通知作出监视居住决定的人民检察院或者人民法院。按照相关规定，“情节严重”包括：（1）故意实施新的犯罪行为的；（2）企图自杀、逃跑，逃避侦查、审查起诉的；（3）实施毁灭、伪造证据或者串供、干扰证人作证的行为，足以影响侦查、审查起诉工作正常进行的；（4）未经批准，擅自离开住处或者指定的居所造成严重后果，或者两次未经批准，擅自离开住处或指定居所的；（5）未经批准，擅自会见他人，造成严重后果，或者两次未经批准，擅自会见他人的；（6）经传讯不到案，造成严重后果，或者经两次传讯不到案的。

第七十八条 执行机关对被监视居住的犯罪嫌疑人、被告人，可以采取电子监控、不定期检查等监视方法对其遵守监视居住规定的情况进行监督；在侦查期间，可以对被监视居住的犯罪嫌疑人的通信进行监控。

【释义】本条是关于监视居住的执行方法的规定。

本条的主要内容如下：

根据2018年《刑事诉讼法》第74条的规定，监视居住一律由公安机关执行。以往在实践中，公安机关一般交由当地公安派出所执行。由于社会流动性的加强，导致不少被监视居住的人事实上处于无人监管的状态，有的检察机关不得不因此而自己执行监视居住或者干脆不适用监视居住。为了确保监视居住的约束力，可将科技发展的成果引入监视居住的执行方法中，采取电子监控等方法，结合不定期检查，确保将监视居住的有关规定落到实处。

第七十九条　人民法院、人民检察院和公安机关对犯罪嫌疑人、被告人取保候审最长不得超过十二个月，监视居住最长不得超过六个月。

在取保候审、监视居住期间，不得中断对案件的侦查、起诉和审理。对于发现不应当追究刑事责任或者取保候审、监视居住期限届满的，应当及时解除取保候审、监视居住。解除取保候审、监视居住，应当及时通知被取保候审、监视居住人和有关单位。

【释义】本条是关于取保候审、监视居住的期限和要求，以及监视居住、取保候审的解除的规定。

本条的主要内容是取保候审与监视居住的期限及解除的情形。为防止司法实践中出现对犯罪嫌疑人、被告人长期采取取保候审、监视居住，案件久拖不决的现象，将取保候审的最长期限限定为12个月，监视居住则最长不得超过6个月，从而有利于保障公民的人身权利。根据最高人民法院《关于适用〈中华人民共和国刑事诉讼法〉的解释》和《关于取保候审若干问题的规定》，前一诉讼阶段已经采取取保候审、监视居住的，后一诉讼阶段的主持机关决定继续实施该强制措施的，应当重新作出取保候审、监视居住的决定。

在取保候审、监视居住期间，不得中断对案件的侦查、起诉和审理。这是为了保障犯罪嫌疑人、被告人的合法权益，同时保证诉讼活动的连续性，提高办案的效率。

解除取保候审、监视居住有两种情形：一是对于发现不应当追究刑事责任的，应当及时解除取保候审、监视居住。具体由办案人员提出意见，报部门负责人审核，最后由作出决定的机关决定解除。二是当取保候审、监视居住期限届满时，应当及时解除取保候审、监视居住。解除取保候审、监视居住，应当及时通知被取保候审、监视居住人和有关单位。

第八十条 逮捕犯罪嫌疑人、被告人，必须经过人民检察院批准或者人民法院决定，由公安机关执行。

【释义】 本条是关于逮捕的批准、决定权和执行权的规定。

本条的主要内容是逮捕的批准、决定与执行的权限。

逮捕，是指公安机关、人民检察院和人民法院，为防止犯罪嫌疑人或者被告人逃避侦查、起诉和审判，实施妨碍刑事诉讼的行为，或者发生社会危险性，而依法剥夺其人身自由，将其予以羁押的一种强制措施。

逮捕是刑事诉讼强制措施中最严厉的一种，它不仅剥夺了犯罪嫌疑人、被告人的人身自由，而且逮捕后除发现不应当追究刑事责任和符合变更强制措施的条件的以外，对被逮捕人的羁押期间一般要到人民法院判决生效为止。正确、及时地适用逮捕措施，可以发挥其打击犯罪、维护社会秩序的重要作用，有效地防止犯罪嫌疑人、被告人串供、毁灭或者伪造证据、自杀、逃跑或继续犯罪，有助于全面收集证据、查明案情、证实犯罪，保证侦查、起诉、审判活动的顺利进行。所以，逮捕是同犯罪作斗争的重要手段。但是，由于逮捕要在较长时期内剥夺人身自由，如果适用不当，将适得其反，特别是在错误逮捕的情况下，将严重侵犯公民的合法权益，损害司法机关的威信，破坏社会主义法制的尊严和权威。《宪法》第37条第2款规定："任何公民，非经人民检察院批准或者决定或者人民法院决定，并由公安机关执行，不受逮捕。"基于以上原因，《刑事诉讼法》对逮捕的适用作了具体的规定。

逮捕权由公安机关、人民检察院、人民法院行使，其他任何机关、团体和个人都无权批准、决定或实施逮捕。三个机关的具体分工为：人民检察院和人民法院有权决定逮捕，人民检察院有权批准逮捕，公安机关需要逮捕犯罪嫌疑人的，有权向人民检察院提请批准逮捕，逮捕的执行权属于公安机关。

1. 逮捕的批准。人民检察院行使逮捕的批准权。公安机关认为需要逮捕犯罪嫌疑人时，由立案侦查的单位制作《提请批准逮捕书》，连同案卷材料和证据，一并移送同级人民检察院提请批准。检察机关接到公安机关的材料后，由审查批准部门审核，作出批准逮捕或不批准逮捕的决定。

2. 逮捕的决定。人民检察院和人民法院行使逮捕的决定权。人民检察院行使逮捕决定权的情形包括：对于人民检察院自己立案侦查的案件，侦查与逮捕应分别由不同的部门负责，侦查部门填写《逮捕犯罪嫌疑人审批表》，审查批捕部门决定；对于公安机关移送起诉的案件认为需要逮捕的，由审查起诉部门提请批捕，审查批捕的部门决定；人民检察院在办理审查逮捕案件中，发现应当逮捕而公安机关未提请批准逮捕的犯罪嫌疑人的，应当建议公安机关提请批准逮捕。如果公安机关不提请批准逮捕的理由不能成立，人民检察院可以决定逮捕。

人民法院行使逮捕决定权的情形包括：对于直接受理的自诉案件，认为需要逮捕被告人的；对于检察机关提起公诉时未予逮捕的被告人，人民法院认为符合逮捕条件应予逮捕的也可以决定逮捕。

3. 逮捕的执行。逮捕犯罪嫌疑人、被告人，不论是人民检察院批准逮捕还是人民检察院、人民法院决定逮捕，一律由公安机关执行。公安机关在接到执行逮捕的通知后，必须立即执行，并将执行情况通知人民检察院、人民法院。

第八十一条　对有证据证明有犯罪事实，可能判处徒刑以上刑罚的犯罪嫌疑人、被告人，采取取保候审尚不足以防止发生下列社会危险性的，应当予以逮捕：

（一）可能实施新的犯罪的；

（二）有危害国家安全、公共安全或者社会秩序的现实危险的；

（三）可能毁灭、伪造证据，干扰证人作证或者串供的；

（四）可能对被害人、举报人、控告人实施打击报复的；

（五）企图自杀或者逃跑的。

批准或者决定逮捕，应当将犯罪嫌疑人、被告人涉嫌犯罪的性质、情节，认罪认罚等情况，作为是否可能发生社会危险性的考虑因素。

对有证据证明有犯罪事实，可能判处十年有期徒刑以上刑罚的，或者有证据证明有犯罪事实，可能判处徒刑以上刑罚，曾经故意犯罪或者身份不明的，应当予以逮捕。

被取保候审、监视居住的犯罪嫌疑人、被告人违反取保候审、监视居住规定，情节严重的，可以予以逮捕。

【释义】本条是关于逮捕条件的规定。这是对2012年《刑事诉讼法》第79条规定的修改，增加了关于“是否可能发生社会危险性的考虑因素”的规定（即第2款的规定），一是使逮捕的适用更具操作性，二是与认罪认罚制度相衔接，将认罪认罚从宽制度纳入审查批准逮捕的考量内容，把认罪认罚情况作为社会危险性的考虑因素之一。

根据本条规定，逮捕必须满足三个条件：

1. 有证据证明有犯罪事实。这一条件包括三个方面的内容：（1）有证据证明发生了犯罪事实，即犯罪事实已经发生，并有证据能够证明。如果没有证据证明有犯罪事实发生，也就不存在适用逮捕的问题。犯罪事实既可以是单一犯罪行为的事实，也可以是数个犯罪行为中任何一个犯罪行为的事实。（2）有证据证明犯罪事实是犯罪嫌疑人、被告人实施的。由于逮捕必须落实到具体的人，当然要求有证据能证明该犯罪是何人实施的，否则就无法适用逮捕措施。（3）证明犯罪嫌疑人实施犯罪行为的证据已有查证属实的逮捕不同于定罪，证明的标准低于定罪的标准，不要求证明犯罪嫌疑人实施犯罪行为的所有证据都已查证属实，只要求证明犯罪嫌疑人实施犯罪行为的证据已有查证属实的即可。

2. 可能判处徒刑以上刑罚。逮捕的罪责条件，是可能判处有期徒刑以上刑罚，即根据已有证据证明的案件事实，比照《刑法》的有关规定，衡量其所犯罪行，最低应判处有期徒刑以上刑罚。这一条件表明，逮捕作为一种最为严厉的强制措施只能适用于比较严重的犯罪，对一些较轻的犯罪就不宜采用。这主要是考虑到，逮捕实质上剥夺了犯罪嫌疑人、被告人的人身自由，其强度已经达到了徒刑的程度。

3. 采取取保候审尚不足以防止发生社会危险性。由于逮捕是最严厉的强制措施，只有在确有必要时才可以适用。即使犯罪嫌疑人、被告人符合上述两个条件，但采取取保候审足以防止发生社会危险性的，就没有逮捕的必要。关于“发生社会危险性”，本条第1款列举了五项标准，第2款明确将犯罪嫌疑人、被告人涉嫌犯罪的性质、情节，认罪认罚等情况作为是否可能发生社会危险性的考虑因素。2015年最高人民检察院、公安部联合下发了《关于逮捕社会危险性条件若干问题的规定（试行）》规定公安机关提请逮捕犯罪嫌疑人的，应当同时移送证明犯罪嫌疑人具有社会危险性的证据。对于证明犯罪事实的证据能够证明犯罪嫌疑人具有社会危险性的，应当在提请批准逮捕书中专门予以说明。对于证明犯罪事实的证据不能证明犯罪嫌疑人具有社会危险性的，应当收集、固定犯罪嫌疑人具备社会危险性条件的证据，并在提请逮捕时随卷移送。

上述三个条件相互联系、缺一不可。犯罪嫌疑人、被告人同时具有这三个条件，应当对其逮捕。除此以外，应当逮捕的情形还有第 3 款规定的“对有证据证明有犯罪事实，可能判处十年有期徒刑以上刑罚的”，以及“可能判处徒刑以上刑罚，曾经故意犯罪或者身份不明的”。对于这两种情形，不论其是否可能发生社会危险性，均应当逮捕。

本条第 4 款规定了“可以”逮捕的情形，即被取保候审、监视居住的犯罪嫌疑人、被告人违反取保候审、监视居住规定，情节严重的，可以予以逮捕。

第八十二条 公安机关对于现行犯或者重大嫌疑分子，如果有下列情形之一的，可以先行拘留：

（一）正在预备犯罪、实行犯罪或者在犯罪后即时被发觉的；

（二）被害人或者在场亲眼看见的人指认他犯罪的；

（三）在身边或者住处发现有犯罪证据的；

（四）犯罪后企图自杀、逃跑或者在逃的；

（五）有毁灭、伪造证据或者串供可能的；

（六）不讲真实姓名、住址，身份不明的；

（七）有流窜作案、多次作案、结伙作案重大嫌疑的。

【释义】 本条是关于拘留条件的规定。

本条的主要内容如下：

本条规定的拘留，是指公安机关在法定的紧急情况下，依法临时剥夺某些现行犯或者重大嫌疑分子的人身自由的一种强制措施。有权决定拘留的机关一般是公安机关。人民检察院在自侦案件中，对于犯罪后企图自杀、逃跑或者在逃的以及有毁灭、伪造证据或者串供可能的也有权决定拘留，人民法院则无权决定拘留。拘留的执行机关是公安机关。拘留是对现行犯或者重大嫌疑分子的人身自由的一种临时处置办法。这种处置办法是一种临时性措施，因此，期限较短，随着刑事诉讼的进程，拘留可能转变为逮捕、取保候审、监视居住或者释放。

因为拘留涉及剥夺人身自由，《刑事诉讼法》对其适用规定了以下严格的条件：（1）正在预备犯罪、实行犯罪或者在犯罪后即时被发觉的。预备犯罪是指为了犯罪准备工具，制造条件的。实行犯罪是指正在进行犯罪活动。如果有一定的证据证明现行犯、重大嫌疑分子正在预备犯罪、实行犯罪，可以对其进行拘留。（2）被害人或者在场亲眼看见的人指认他犯罪的。即遭受犯罪行为直接侵害的人或者在犯罪现场亲眼看到犯罪活动的人指认某人是犯罪嫌疑人的，以对其进行拘留。（3）在身边或者住处发现有犯罪证据的。这里所说的身边是指其身体、衣服、随身携带的物品等。住处包括永久性住处和临时性居所、办公地点等。（4）犯罪后企图自杀、逃跑或者在逃的。除公安机关外，人民检察院在直接受理案件的侦查过程中，具备此项条件，可以决定拘留犯罪嫌疑人。（5）有毁灭、伪造证据或者串供可能的。除公安机关外，人民检察院在直接受理案件的侦查过程中，具备此项条件，可以决定拘留犯罪嫌疑人。（6）不讲真实姓名、住址，身份不明的。（7）有流窜作案、多次作案、结伙作案重大嫌疑的。流串作案是指跨市、县范围连续作案，或者在居住地作案后逃跑到外市、县继续作案。多次作案是指3次以上作案。结伙作案是指2人以上共同作案。

第八十三条 公安机关在异地执行拘留、逮捕的时候，应当通知被拘留、逮捕人所在地的公安机关，被拘留、逮捕人所在地的公安机关应当予以配合。

【释义】 本条是关于异地执行拘留、逮捕的规定。

为了加强公安机关之间的相互制约，同时也为了保障追究犯罪嫌疑人、被告人的刑事诉讼活动能够在全国范围内有效进行，防止地方保护主义，《刑事诉讼法》作出了本条规定。

本条的内容有以下两点：

一是要求公安机关到异地执行拘留、逮捕时，必须通知当地公安机关。实践中存在有的公安机关插手经济纠纷，到外地将债务人抓回本地，要求债务人单位或亲属偿还债务才予以放人的情况。《刑事诉讼法》在1996年修法时增加了异地执行拘留、逮捕时须通知当地公安机关的规定，加强公安机关的横向制约，以防止该种情况的发生。

二是被拘留、逮捕人所在地公安机关接到通知也有义务予以配合。到外地执行拘留、逮捕，有时存在人生地不熟、警力不足的情况，这就需要当地公安机关予以配合，在警力、信息等方面提供帮助。

第八十四条　对于有下列情形的人，任何公民都可以立即扭送公安机关、人民检察院或者人民法院处理：

（一）正在实行犯罪或者在犯罪后即时被发觉的；

（二）通缉在案的；

（三）越狱逃跑的；

（四）正在被追捕的。

【释义】 本条是关于公民扭送的规定。

本条的主要内容如下：

本条规定的扭送，是指公民将具有法定情形的人强行送交公安机关、人民检察院、人民法院处理的行为。扭送不是拘留，虽然与拘留一样要实施一定的强制性行为，但其性质不是强制措施。我国的强制措施一定是被授权的国家机关实施的特定强制行为。

本条规定的立法精神是鼓励人民群众同犯罪作斗争。根据本条规定，扭送的主体是“任何公民”，这有利于即时将那些现行犯、在逃犯等抓获，交由公安机关、人民检察院、人民法院处理。扭送的时间要求是“立即”，即要求把具有法定情形的人抓住后立即交给专门机关，不得拖延、擅自拘禁或非法审讯。公安机关、人民检察院、人民法院对扭送来的人，都应当予以接收并即时问明情况，然后按照管辖分工，分别决定自己处理或移送主管机关。由于扭送也是一种具有强制性的行为，会限制、剥夺人身权利，本条特别规定了扭送适用对象的四种情形，主要是针对现行犯和在逃犯。

第八十五条　公安机关拘留人的时候，必须出示拘留证。

拘留后，应当立即将被拘留人送看守所羁押，至迟不得超过二十四小时。除无法通知或者涉嫌危害国家安全犯罪、恐怖活动犯罪通知可能有碍侦查的情形以外，应当在拘留后二十四小时以内，通知被拘留人的家属。有碍侦查的情形消失以后，应当立即通知被拘留人的家属。

【释义】 本条是关于使用拘留证、拘留后送看守所及通知家属的规定。

本条的主要内容如下：

根据本条的规定，公安机关拘留人的时候，必须出示拘留证。拘留证上应当写明由公安机关的何人对居住在何地的何人进行拘留，并由县级以上公安机关负责人的签名和该公安机关盖章，以及签发该拘留证的年、月、日。拘留证的上述内容于何时向被拘留人宣布，应在拘留证上注明，并责令被拘留人在拘留证上签名或盖章、捺手印。被拘留人拒绝签名或盖章、捺手印的，应当加以注明。公安机关依法执行拘留时，任何人都不得抗拒或阻拦，执行拘留的人员遇到抗拒时，可以依法使用警械和武器等强制方法。

公安机关执行拘留后，应当立即将被拘留人送看守所羁押，至迟不得超过24小时。这是为了对拘留的程序进行规范，这一规定首先明确了拘留的羁押场所是看守所，其次明确规定了拘留后将被拘留人送看守所的时间要求，以防止实践中将被拘留人置留在办案机关、侵害被拘留人正当权益的现象发生。

拘留后让被拘留人的家属知道其被拘留了，是保障被拘留人合法权益的重要基础。根据本条规定，公安机关应当在拘留后24小时内通知被拘留人的家属。在两种特殊情况下，公安机关可以不通知家属：一是无法通知的。二是涉嫌危害国家安全犯罪、恐怖活动犯罪，通知可能有碍侦查的。原《刑事诉讼法》在“有碍侦查”之前没有“涉嫌危害国家安全犯罪、恐怖活动犯罪”的规定，2012年修法时增加了此规定，其目的是严格限定不通知的范围，防止实践中以“可能有碍侦查”之名，滥用不通知的规定，侵害犯罪嫌疑人、被告人的合法权益。根据公安部的有关规定，有碍侦查的情形主要有：同案的犯罪嫌疑人有可能逃跑、隐匿、毁弃或者伪造证据；同案的犯罪嫌疑人有待查证或尚未采取强制措施的；被拘留人不讲真实姓名、住址，身份不明的；被拘留人的家属或者单位其他人同本案有牵连的。本条要求，当有碍侦查的情形消除以后，应当立即通知。对于人民检察院决定拘留的案件，由人民检察院负责通知被拘留人的家属。

第八十六条 公安机关对被拘留的人，应当在拘留后的二十四小时以内进行讯问。在发现不应当拘留的时候，必须立即释放，发给释放证明。

【释义】 本条是关于拘留后的处理的规定。

本条的主要内容如下：

本条规定公安机关对于被拘留的人应当尽快进行讯问，规定时限为24小时以内。尽快讯问的目的在于两个方面：一是对于应当拘留的人，可以及时获取被拘留人的口供，并及时收集其他证据，以防止证据灭失，保证尽快破案。拘留后如不尽快对其讯问，被拘留人可能形成反侦查的心理准备，他们供述提供的其他证据可能已灭失，给侦查讯问和取证活动带来困难。二是便于及时发现不应当拘留的人，以立即释放。对于不应当拘留的人，包括犯罪行为没有发生的，被拘留人的行为不构成犯罪的，虽有犯罪行为但依法不应当追究刑事责任的，以及虽有犯罪行为但不是拘留人所为的，或者不符合拘留条件的，应当立即释放，并发给释放证明。

此项规定有利于保障被拘留人的人身权利和司法公正。

第八十七条 公安机关要求逮捕犯罪嫌疑人的时候，应当写出提请批准逮捕书，连同案卷材料、证据，一并移送同级人民检察院审查批准。必要的时候，人民检察院可以派人参加公安机关对于重大案件的讨论。

【释义】本条是关于提请批准逮捕的规定。

本条的主要内容如下：

本条规定公安机关要求逮捕犯罪嫌疑人的时候，应当写出提请批准逮捕书。提请批准逮捕书应写明犯罪嫌疑人的姓名、性别、年龄、籍贯、职业、民族、现住址、简历、所犯的罪行和主要证据，认定的罪名，提请批准逮捕的法律依据，最后由公安机关负责人签名或盖章。提请批准逮捕书是公安机关一项重要的司法文书，是人民检察院批准逮捕的依据，必须忠实于事实真相。

提请批准逮捕时，应当一并移送案卷材料、证据。这是检察机关掌握案情、审查提请逮捕的事实依据，所以应当提交。人民检察院在必要时，如案情重大、情况紧急时，可以派人参加公安机关对于重大案件的讨论，提前了解案情和公安机关内部对处理该案的各种意见。这样有利于及时地做好审查工作，准确地作出是否批准逮捕的决定，同时也有利于对公安机关的侦查活动是否合法实行监督。

第八十八条 人民检察院审查批准逮捕，可以讯问犯罪嫌疑人；有下列情形之一的，应当讯问犯罪嫌疑人：

（一）对是否符合逮捕条件有疑问的；

（二）犯罪嫌疑人要求向检察人员当面陈述的；

（三）侦查活动可能有重大违法行为的。

人民检察院审查批准逮捕，可以询问证人等诉讼参与人，听取辩护律师的意见；辩护律师提出要求的，应当听取辩护律师的意见。

【释义】本条是关于审查批准逮捕程序的规定。

本条的主要内容如下：

本法对人民检察院审查批准逮捕过程中讯问犯罪嫌疑人的规定是基于以下三个理由：一是国际刑事司法准则的要求。《公民权利和政治权利国际公约》规定，被逮捕或者拘禁的人应当被迅速带见审判官或者其他经法律授权行使司法权力的官员，并有权在合理的时间内受审判或者被释放。二是保护被拘留人合法权益，防止错误批准逮捕的现实需要。逮捕附有较长时间的羁押，要求检察机关在审查批准过程中听取犯罪嫌疑人及其辩护律师的意见，不仅有利于检察机关对公安机关的侦查活动进行监督，及时发现和纠正违法的和不必要的刑事拘留，而且也有利于在听取犯罪嫌疑人一方意见的基础上准确地做出批准或者不批准逮捕的决定，防止错误地批准逮捕。三是可以使犯罪嫌疑人清楚地认识到自己的处境和依法享有的权利，以便于其依法维护自己的合法权益。

本条规定将人民检察院审查批准逮捕，讯问犯罪嫌疑人分为可以和应当两类情形。该条列举了应当讯问犯罪嫌疑人的情形，包括是否符合逮捕条件有疑问的，侦查活动可能有重大违法行为的，以及犯罪嫌疑人要求向检察人员当面陈述的。前两种情形属于对移送审查逮捕的犯罪嫌疑人是否符合逮捕条件或侦查活动是否合法存在疑问的，审查中应采取审慎的态度。后一种情形体现了保障犯罪嫌疑人诉讼权利的立法精神。

对于犯罪嫌疑人以外的人，人民检察院进行询问或听取意见也分为可以和应当两类情形。对证人等诉讼参与人属于可以询问的范围，对于辩护律师，如果律师提出要求，人民检察院则应当听取其意见。

第八十九条 人民检察院审查批准逮捕犯罪嫌疑人由检察长决定。重大案件应当提交检察委员会讨论决定。

【释义】本条是关于审查批捕决定权的规定。

本条的主要内容如下：

本条规定，人民检察院对公安机关提请批准逮捕的案件，应当认真进行审查，以便批准逮捕的职权得到正确的行使。对这种案件审查的内容，就是是否具备逮捕的法定条件，特别要慎重查明犯罪事实是否有证据证明，证明犯罪事实的证据是否确实，因为这是决定是否逮捕的客观基础和首要条件。在审查中，对已被拘留的人，还可以通过提审核查其供述和辩解。在刑事诉讼实践中，人民检察院审查提请批准逮捕的案件，都是先由承办的检察人员进行，提出意见经集体讨论后，再按照本条规定，报检察长决定，重大的案件应当提交检察委员会讨论决定。

在实践中，还有几种特殊犯罪嫌疑人，对其进行审查批捕时，有特殊的程序要求：

1. 人民代表大会代表。人民检察院对担任本级人民代表大会代表的犯罪嫌疑人批准或者决定逮捕，应当报请本级人民代表大会或其常务委员会许可。对担任上一级人民代表大会代表的犯罪嫌疑人批准或者决定逮捕，应当呈报该代表所属的人民代表大会同级的人民检察院报请许可。对担任下级人民代表大会代表的犯罪嫌疑人批准或者决定逮捕，可以直接报请该代表所属的人民代表大会主席团或者常务委员会许可，也可以委托该代表所属的人民代表大会同级的人民检察院报请许可。

2. 外国人、无国籍人涉嫌危害国家安全犯罪的案件或者涉及国与国之间政治、外交关系的案件以及在适用法律上确有疑问的案件，需要逮捕犯罪嫌疑人的，由省、市、县人民检察院审查并提出意见，报最高人民检察院审查。最高人民检察院经征求外交部意见后，可以直接作出批准或不批准逮捕的决定。外国人、无国籍人涉嫌以上犯罪以外的案件，由省、市、县人民检察院审查并提出意见，报省级人民检察院审查。省级人民检察院征求同级政府外事部门的意见后，决定批准逮捕的，同时报最高人民检察院备案。经审查认为不需要逮捕的，可以直接作出不批准逮捕的决定。

第九十条 人民检察院对于公安机关提请批准逮捕的案件进行审查后，应当根据情况分别作出批准逮捕或者不批准逮捕的决定。对于批准逮捕的决定，公安机关应当立即执行，并且将执行情况及时通知人民检察院。对于不批准逮捕的，人民检察院应当说明理由，需要补充侦查的，应当同时通知公安机关。

【释义】本条是关于审查批捕的结果的规定。

本条的主要内容如下：

本条规定人民检察院对于公安机关提请批准逮捕的案件进行审查后，应当根据情况作出两种处理结果，即批准逮捕或者不批准逮捕，需要强调的是，不能作出补充侦查的决定。在作出不批准逮捕决定的同时，对于需要补充侦查的，应当通知公安机关。这里“根据情况”是指，根据本法第81条的规定，犯罪嫌疑人是否符合逮捕的条件。

人民检察院对于符合逮捕条件的案件，应当立即批准逮捕，并制作批准逮捕决定书，决定书应当写明公安机关何时提请批准逮捕，犯罪嫌疑人的姓名、罪名，审查后的意见和决定批准逮捕。然后，将决定书连同案卷材料送达公安机关执行。公安机关依法应当立即执行逮捕，并且将执行回执及时送达作出批准决定的人民检察院；如果未能执行，也应当将回执送达人民检察院，并写明未能执行的原因。

人民检察院对于不符合逮捕条件的案件，包括犯罪嫌疑人实施的行为尚未构成犯罪，以及虽已构成犯罪但可判处徒刑以下的刑罚，或者采取取保候审、监视居住等方法可以防止发生社会危险性的，应当作出不批准逮捕的决定，并制作不批准逮捕决定书，同时着重写明不批准逮捕的理由，然后将它连同案卷材料退回公安机关。对于需要补充侦查的，应当同时通知公安机关。公安机关在收到不批准决定书后，应当立即释放在押的犯罪嫌疑人或者变更强制措施，并将执行回执送达作出不批准决定的人民检察院。

第九十一条 公安机关对被拘留的人，认为需要逮捕的，应当在拘留后的三日以内，提请人民检察院审查批准。在特殊情况下，提请审查批准的时间可以延长一日至四日。

对于流窜作案、多次作案、结伙作案的重大嫌疑分子，提请审查批准的时间可以延长至三十日。

人民检察院应当自接到公安机关提请批准逮捕书后的七日以内，作出批准逮捕或者不批准逮捕的决定。人民检察院不批准逮捕的，公安机关应当在接到通知后立即释放，并且将执行情况及时通知人民检察院。对于需要继续侦查，并且符合取保候审、监视居住条件的，依法取保候审或者监视居住。

【释义】本条是关于提请和批准逮捕的期限的规定。

本条的主要内容如下：

本条规定针对公安机关已经拘留的情况，认为需要逮捕的，公安机关提请批准逮捕的期限为拘留后的3日以内，在特殊情况下，可以延长1日至4日。如果是流窜作案、多次作案、结伙作案的重大嫌疑分子，提请审查批准的时间可以延长到30日。加上第3款规定的人民检察院审查批捕的期限是7日，可以推算出，拘留的一般期限是10日，特殊期限是14日，最长期限是37日。

人民检察院批准逮捕的期限是7日，自接到公安机关提请批准逮捕书之日起算。对于人民检察院的决定，不论是批准逮捕还是不批准逮捕的决定，公安机关都应当立即执行。批准逮捕的，公安机关立即执行逮捕。不批准逮捕的，公安机关要立即释放犯罪嫌疑人，并且将执行情况及时通知人民检察院。

人民检察院作出不批准逮捕决定的，对于需要继续侦查，并且符合取保候审、监视居住条件的，依法取保候审或者监视居住。

第九十二条　公安机关对人民检察院不批准逮捕的决定，认为有错误的时候，可以要求复议，但是必须将被拘留的人立即释放。如果意见不被接受，可以向上一级人民检察院提请复核。上级人民检察院应当立即复核，作出是否变更的决定，通知下级人民检察院和公安机关执行。

【释义】本条是关于不批准逮捕决定的复议、复核的规定。

本条的主要内容如下：

本条规定的立法精神体现了公安机关对人民检察院行使批准逮捕权的制约。

本条规定公安机关对人民检察院不批准逮捕的决定，认为有错误的时候，可以要求复议，但是必须将被拘留的人立即释放。法律这样规定是为了切实保障公民的人身自由权不受非法侵害。为了及时解决对不批准逮捕决定的意见分歧，公安部还规定，要求复议的，应当在5日内写出《要求复议意见书》，送交同级人民检察院；提请复核的，应当在5日内写出《提请复核意见书》，连同同级人民检察院的《复议决定书》，一并送交上一级人民检察院复核。最高人民检察院规定，复议应在7日以内作出决定，复核应在15日以内作出决定。同级和上一级人民检察院经过复议、复核后，应当制作复议决定书或复核决定书，写明复议、复核的结果和作出的决定，并通知公安机关；对复核的决定，还应通知下级人民检察院。

第九十三条　公安机关逮捕人的时候，必须出示逮捕证。

逮捕后，应当立即将被逮捕人送看守所羁押。除无法通知的以外，应当在逮捕后二十四小时以内，通知被逮捕人的家属。

【释义】本条是关于逮捕的法定证件与逮捕后通知家属的规定。

本条的主要内容如下：

根据本条的规定，公安机关在接到批准逮捕决定书或者决定逮捕的逮捕执行通知书后，首先应填发逮捕证。逮捕证中应写明经某人民检察院批准或决定或者某人民法院决定，派何人对居住在何地的何人进行逮捕。逮捕证必须由县级以上公安机关负责人签发。执行逮捕必须由两名以上的公安人员进行。在执行逮捕时，必须向被逮捕人出示逮捕证，并宣布对其依法逮捕。然后，责令被逮捕人在逮捕证上签名或盖章。被逮捕人拒绝签名或盖章的，执行逮捕的人员应当予以说明。被逮捕人如果拒捕，执行人员有权使用相应的强制方法，必要时可以使用戒具、武器。执行逮捕是公安人员依法执行公务的行为，任何人不得阻挠。公安机关执行逮捕，如果因被逮捕人死亡、逃跑或其他原因不能执行逮捕或逮捕未获的，应当立即通知原批准逮捕的人民检察院或决定逮捕的人民检察院或人民法院，以便采取相应的处理措施。

公安机关完成逮捕行为之后，应当立即将被逮捕人送看守所羁押。这一规定对逮捕程序进行了规范，以防止实践中将被逮捕人拘禁在办案机关、违法取证现象的发生。

与拘留的情况相同，为了让被逮捕人的家属及时知道家属被逮捕的情况，公安机关应当在逮捕后24小时内通知被逮捕人的家属。只有在无法通知的情况下才能不通知。所谓“无法通知”，是指被逮捕人不讲真实姓名、住址，身份不明的。

第九十四条 人民法院、人民检察院对于各自决定逮捕的人，公安机关对于经人民检察院批准逮捕的人，都必须在逮捕后的二十四小时以内进行讯问。在发现不应当逮捕的时候，必须立即释放，发给释放证明。

【释义】本条是关于逮捕后的处理的规定。

本条的主要内容如下：

根据本条的规定，对于被逮捕的人，必须在逮捕后的24小时以内进行讯问。这一规定严格限制了对被逮捕的犯罪嫌疑人、被告人的讯问时间，其目的在于：一方面，及时收集口供，查清事实，不给其形成对抗心理或开始编造口供的机会，使案件得到尽快处理。另一方面，及时对逮捕的情况进行核实，防止错捕。在讯问后，如果发现不应当逮捕的，应当立即释放被逮捕人。所谓不应当逮捕，是指犯罪行为没有发生或者被逮捕的人不构成犯罪的；虽有犯罪行为，但罪行轻微，不能判处有期徒刑以上刑罚，或依法不予追究刑事责任的，等等。遇到这些情况，应当立即释放被逮捕人，并发给释放证明。

第九十五条　犯罪嫌疑人、被告人被逮捕后，人民检察院仍应当对羁押的必要性进行审查。对不需要继续羁押的，应当建议予以释放或者变更强制措施。有关机关应当在十日以内将处理情况通知人民检察院。

【释义】本条是关于逮捕后，人民检察院对羁押必要性进行审查的规定。

本条的主要内容如下：

从前述条文对拘留、逮捕的实体条件与程序条件的严格规定可以看出，法律对采用羁押态度是十分慎重的。已经被批准逮捕的犯罪嫌疑人、被告人，在羁押的过程中可能出现两种不必要羁押的状态：一是犯罪嫌疑人、被告人被错误逮捕，其不具备逮捕的法定条件，但由于前面环节的工作出现失误，导致错捕。对这种情形，在被逮捕后的羁押期间，人民检察院对羁押的必要性进行审查，可以及时发现并纠正。二是当初对犯罪嫌疑人、被告人进行逮捕符合法定条件，但是在羁押过程中，随着办理案件工作的进展，原符合法定逮捕条件的情况已不再具备，通过人民检察院对羁押必要性的审查，对于不需要继续羁押的，应当建议予以释放或者变更强制措施。这样规定既体现了强制措施的灵活性，又有效保障了犯罪嫌疑人、被告人的合法权益。

人民检察院对羁押的必要性进行审查后，发现不需要继续羁押的，有两种处理方式，一是建议予以释放，二是建议变更为其他强制措施。有关机关应当在10日以内将处理情况通知人民检察院。

第九十六条　人民法院、人民检察院和公安机关如果发现对犯罪嫌疑人、被告人采取强制措施不当的，应当及时撤销或者变更。公安机关释放被逮捕的人或者变更逮捕措施的，应当通知原批准的人民检察院。

【释义】本条是关于变更和撤销强制措施的规定。

本条的主要内容如下：

适用拘传、取保候审、监视居住、拘留和逮捕强制措施的目的在于保障刑事诉讼的顺利进行，在客观上会不同程度地限制甚至剥夺被适用者的人身自由。如果强制措施适用不当，势必造成对公民合法权利的侵害。因此，在适用强制措施时，必须坚持控制犯罪与保障人权相结合的原则。除了在对犯罪嫌疑人采取强制措施时要严格按照法定条件适用外，在整个刑事诉讼的全过程中，由于主、客观因素发生变化，无论是人民法院、人民检察院还是公安机关，如果发现对犯罪嫌疑人、被告人采取强制措施不当的，都应当及时撤销或者变更。变更强制措施或者释放被羁押人，都应制作相应的司法文书。

公安机关释放被逮捕的人或者变更逮捕措施的，应当通知原批准的人民检察院。这一规定体现了人民检察院对公安机关工作的监督，以防止办人情案。

第九十七条 犯罪嫌疑人、被告人及其法定代理人、近亲属或者辩护人有权申请变更强制措施。人民法院、人民检察院和公安机关收到申请后，应当在三日以内作出决定；不同意变更强制措施的，应当告知申请人，并说明不同意的理由。

【释义】本条是关于变更强制措施申请权的规定。

刑事诉讼中切实保护犯罪嫌疑人、被告人的合法权益越来越受到人们的重视，犯罪嫌疑人、被告人一旦被采取强制措施，将给其生活和工作带来很大影响。因此，赋予有关人员申请变更强制措施的权利，对不羁押也无社会危害性的犯罪嫌疑人、被告人尽快释放或变更为非羁押性强制措施，对于减少由于羁押而给本人和家庭带来的影响，减少羁押场所的负担，保护犯罪嫌疑人的合法权益，具有重要的意义。

本条的内容有以下两个方面：

1. 变更强制措施申请人的范围。根据本条的规定，变更强制措施申请权的主体包括犯罪嫌疑人、被告人本人及其法定代理人、近亲属或者辩护人。辩护人具有较为丰富的法律实践经验，对是否可以申请、是否符合适用取保候审的条件把握得更为准确，可以使犯罪嫌疑人、被告人的合法权益受到更全面、更专业的法律保护。因此，赋予辩护人申请变更强制措施的权利可以极大地保障犯罪嫌疑人、被告人的正当权利。

2. 申请变更强制措施的处理。申请人向人民法院、人民检察院和公安机关提出变更强制措施的申请以后，办案机关必须在 3 日以内决定是否同意变更强制措施。如果不同意变更强制措施则应当告知申请人，并向申请人说明不同意的理由。这一程序性的规定是 2012 年修法增加的一项内容，旨在明确人民法院、人民检察院和公安机关对于诉讼参与人申请的处理程序，为司法实践划定了清晰而具有很强可操作性的标准，便于把握、易于适用。

第九十八条　犯罪嫌疑人、被告人被羁押的案件，不能在本法规定的侦查羁押、审查起诉、一审、二审期限内办结的，对犯罪嫌疑人、被告人应当予以释放；需要继续查证、审理的，对犯罪嫌疑人、被告人可以取保候审或者监视居住。

【释义】本条是关于在法定期限内不能办结案件，对被羁押人的处理的规定。

本条的主要内容如下：

本条规定的羁押，是指将犯罪嫌疑人、被告人依法关押在特定的场所，限制或暂时剥夺其人身自由的状态。羁押并不是一种法定强制措施。结合《刑事诉讼法》的规定，本条所指的被羁押人，包括被拘留人和被逮捕人。这种限制和剥夺人身自由的强制状态，必须有时间上的限定，不能无限期地羁押被拘留人和被逮捕人。

法律规定的侦查羁押、审查起诉、一审、二审期限属于诉讼期间，它是《刑事诉讼法》从时间上严格诉讼程序、规范诉讼行为的重要措施，具有重要意义。规定期间有利于增强司法人员的诉讼法制观念和工作责任心，促使其加快办案进度，提高工作效率，以保证刑事诉讼活动的顺利进行，保证准确及时地查明犯罪、惩罚犯罪；有利于防止和纠正实践中可能存在的以拘代侦，以捕代侦，超期羁押，诉讼久拖不决等违法现象，保障犯罪嫌疑人、被告人的合法权益；有利于当事人及其他诉讼参与人参加刑事诉讼活动，保证其及时行使法律赋予的诉讼权利，履行诉讼义务；有利于保持诉讼活动的严肃性，保障法律的统一正确实施。由此可见，期间的规定不是单纯的技术规范或时间制度，而是诉讼活动严肃性和强制性的具体体现。司法机关和诉讼参与人都要严格遵守刑事诉讼期间，不得违反，否则将产生相应的法律后果。本条规定的法律后果即“不能在本法规定的侦查羁押、审查起诉、一审、二审期限内办结的，对犯罪嫌疑人、被告人应当予以释放”。此处，“对犯罪嫌疑人、被告人应当予以释放”这一明确的法律后果，体现了法律的完整性、严肃性与明确性，并切实保障诉讼中的人权。

第九十九条　人民法院、人民检察院或者公安机关对被采取强制措施法定期限届满的犯罪嫌疑人、被告人，应当予以释放、解除取保候审、监视居住或者依法变更强制措施。犯罪嫌疑人、被告人及其法定代理人、近亲属或者辩护人对于人民法院、人民检察院或者公安机关采取强制措施法定期限届满的，有权要求解除强制措施。

【释义】本条是关于期限届满解除强制措施的规定。

根据本条的规定，对于被采取强制措施法定期限届满的犯罪嫌疑人、被告人，人民法院、人民检察院或者公安机关应当予以释放、解除取保候审、监视居住或者依法变更强制措施。

本条还明确了向有关机关提出解除强制措施要求的主体，这些主体包括：(1) 犯罪嫌疑人、被告人；(2) 犯罪嫌疑人、被告人的法定代理人；(3) 犯罪嫌疑人、被告人的近亲属；(4) 犯罪嫌疑人、被告人的辩护人。可见，法律不仅赋予犯罪嫌疑人、被告人本人要求解除强制措施的权利，还将这一权利赋予其法定代理人、近亲属、辩护人，这使犯罪嫌疑人、被告人有更多的途径保护其合法权益。

第一百条 人民检察院在审查批准逮捕工作中，如果发现公安机关的侦查活动有违法情况，应当通知公安机关予以纠正，公安机关应当将纠正情况通知人民检察院。

【释义】本条是关于人民检察院通过审查批捕对公安机关进行侦查监督的规定。

根据本条的规定，人民检察院在审查批捕中，通过阅卷、讯问犯罪嫌疑人和调查，如果发现公安机关在侦查中有违法情况，有权通知公安机关纠正，公安机关对于人民检察院的纠正通知必须认真检查，采取措施纠正违法情况，并将纠正结果通知人民检察院。

第七章　附带民事诉讼

第一百零一条 被害人由于被告人的犯罪行为而遭受物质损失的，在刑事诉讼过程中，有权提起附带民事诉讼。被害人死亡或者丧失行为能力的，被害人的法定代理人、近亲属有权提起附带民事诉讼。

如果是国家财产、集体财产遭受损失的，人民检察院在提起公诉的时候，可以提起附带民事诉讼。

【释义】本条是关于提起附带民事诉讼的规定。

2012年《刑事诉讼法》在1996年《刑事诉讼法》的基础上进行两处修改，一是将查封、扣押被告人财产单列为第100条（2018年修正的《刑事诉讼法》第102条），并进行了增补；二是将最高人民法院《关于执行〈中华人民共和国刑事诉讼法〉若干问题的解释》中关于被害人死亡或者丧失行为能力时提起附带民事诉讼的主体的规定纳入到《刑事诉讼法》中来。2018年《刑事诉讼法》延续了这些规定。

附带民事诉讼的提起主要有以下几个方面的内容：

1. 提起附带民事诉讼的条件。

第一，附带民事诉讼原告人、法定代理人符合法定条件。附带民事诉讼的原告人，是指因刑事被告人的犯罪行为而遭受物质损失，在刑事诉讼过程中提出赔偿请求而提起附带民事诉讼的人。在附带民事诉讼法律关系中，要取得附带民事诉讼原告人的法律地位必须具备三个条件：（1）附带民事诉讼原告人必须是因刑事被告人的犯罪行为而遭受物质损失的人；（2）附带民事诉讼原告人必须是特定民事权利遭受犯罪行为侵害的人；（3）附带民事诉讼原告人必须是在刑事诉讼的过程中依法提出民事损害赔偿的人。依据《刑事诉讼法》和有关规定，附带民事诉讼的原告人包括被害人，已死亡的被害人的财产继承人，无行为能力或者限制行为能力被害人的法定代理人，因犯罪行为而遭受物质损失的其他公民，因犯罪行为侵害造成物质损失的国家机关、企事业单位和社会团体。

第二，有明确的被告人。附带民事诉讼的被告人，是指因犯罪行为而造成被害人物质损失的刑事被告人或依法应对刑事被告人的行为负赔偿责任的公民、法人或其他组织。附带民事诉讼的被告人必须具备下列条件：（1）刑事被告人的犯罪行为必须造成了被害人的物质损失；（2）附带民事诉讼被告人必须是对刑事被告人的犯罪行为负赔偿责任的人；（3）在刑事诉讼中，附带民事诉讼原告人已提出了赔偿请求。根据有关司法解释，附带民事诉讼的被告人包括：（1）刑事被告人以及未被追究刑事责任的其他共同侵害人；（2）刑事被告人的监护人；（3）死刑罪犯的遗产继承人；（4）共同犯罪案件中，案件审结前死亡的被告人的遗产继承人；（5）对被害人的物质损失依法应当承担赔偿责任的其他单位和个人。此外，附带民事诉讼被告人的亲友自愿代为赔偿的，应当准许。

第三，有请求赔偿的具体要求和事实依据。原告人提起附带民事诉讼，对自己的诉讼请求应当明确、具体，对加害事实导致的物质损失的指控，不得虚构和任意夸大。附带民事诉讼的请求赔偿范围仅限于因被告人的犯罪行为造成的物质方面的损失。

第四，被害人的损失是由被告人的犯罪行为造成的。这里的“被告人”应当理解为仅指刑事被告人。如果被害人的损失不是刑事被告人所造成，那么，只能另外提起单独的民事诉讼，而不能提起附带民事诉讼。

第五，属于人民法院受理附带民事诉讼的范围。具体包括：（1）经过审理确认被告人的犯罪行为成立，而其犯罪行为给附带民事诉讼原告人造成物质损失的；（2）经过审理确认被告人的行为不构成犯罪，系违法行为，但其违法行为给附带民事诉讼原告人造成物质损害的；（3）经过审理查明，被告人未达到刑事责任年龄或因精神病或未成年而缺乏刑事责任能力，但其行为给附带民事诉讼原告人造成物质损害，其监护人应负赔偿责任的；（4）被告人死亡，但已查明其应负赔偿责任而且留有遗产，其遗产继承人应成为附带民事诉讼的被告，用遗产进行赔偿。

2. 附带民事诉讼提起的期间。

根据最高人民法院《解释》第 147 条，附带民事诉讼应当在刑事案件立案后及时提起。如果刑事附带民事诉讼原告人在侦查阶段和审查起诉阶段提起刑事附带民事诉讼的，因为在这两个阶段不是审理案件，所以只能组织双方协商调解，调解不成的，应到人民法院审判阶段进行审理和判决。另外，根据最高人民法院《解释》第 148 条的规定，侦查、审查起诉期间，有权提起附带民事诉讼的人提出赔偿要求，经公安机关、人民检察院调解，当事人双方已经达成协议并全部履行，被害人又提起附带民事诉讼的，人民法院不予受理，但有证据证明调解违反自愿、合法原则的除外。

3. 附带民事诉讼提起的方式。

《刑事诉讼法》并未明确规定司法机关负有告知被害人有权提起附带民事诉讼的义务，因此，实践中往往会出现被害人不知道可以提起附带民事诉讼，或不知道如何提起的情况。最高人民法院《解释》第 141 条规定，人民法院受理刑事案件后，可以告知被害人或者其法定代理人、近亲属有权提起附带民事诉讼。有权提起附带民事诉讼的人放弃诉讼权利的，应当准许，并记录在案。

根据最高人民法院《解释》第150条，提起附带民事诉讼可以采取书面方式，也可以采取口头方式。无论以书面方式还是口头方式提起附带民事诉讼，都应当说明附带民事诉讼原告人、被告人的姓名、年龄、职业、住址等个人基本情况，控告的犯罪事实，由于犯罪行为而造成的物质损失及相关证据，具体赔偿请求等。如果是口头提起的，司法人员应当对原告人的口头诉讼请求详细询问，并制作笔录，向附带民事诉讼原告人宣读。附带民事诉讼原告人确认准确无误后，应当签名或者盖章。

人民检察院在提起公诉时一并提起附带民事诉讼的，应当在起诉书中写明，不能以口头方式提起。附带民事诉讼请求部分，应当写明被告人犯罪行为与财产损失的因果关系，被告人的犯罪行为给国家、集体财产造成损失的情况，代表国家、集体要求被告人赔偿损失的诉讼请求和适用的法律根据。

第一百零二条 人民法院在必要的时候，可以采取保全措施，查封、扣押或者冻结被告人的财产。附带民事诉讼原告人或者人民检察院可以申请人民法院采取保全措施。人民法院采取保全措施，适用民事诉讼法的有关规定。

【释义】本条是关于人民法院的诉讼保全措施的规定。

2012年《刑事诉讼法》将1996年《刑事诉讼法》第77条中查封、扣押的规定单列为一条，并增加了冻结的规定，同时对保全的程序作出了规定。2018年《刑事诉讼法》坚持了这些规定。

附带民事诉讼的保全措施，是指人民法院在审理附带民事案件的过程中，为了保证将来发生法律效力的判决得到切实执行，而对被告人的财产采取的一定的强制措施。提起保全措施的主体，是附带民事诉讼原告人或者人民检察院，人民法院也可以依职权作出保全决定。

根据本条的规定，人民法院采取保全措施，适用《民事诉讼法》的有关规定。根据《民事诉讼法》的有关规定，人民法院采取诉讼保全措施，必须符合一定的要求：首先，诉讼争议具有财产给付内容；其次，确实存在因被告人的行为或其他原因使将来的判决不能执行或难以执行的可能性；最后，保全的范围只限于诉讼请求的范围或者与本案有关的财产。保全的措施，可以采取查封、扣押、冻结、责令提供担保，以及其他法律允许的方法。对于查封、扣押的物品，在不宜长期保存的情况下，可以变卖后保存价款。

第一百零三条 人民法院审理附带民事诉讼案件，可以进行调解，或者根据物质损失情况作出判决、裁定。

【释义】本条是关于附带民事诉讼的处理方式的规定。

根据本条的规定，人民法院审理附带民事诉讼案件，有三种处理方式：

一是可以进行调解。这是由附带民事诉讼法律关系的民事性质决定的，同时也符合附带民事诉讼案件的特点。真诚悔过的被告人，一般都愿意通过赔偿被害人的经济损失来表达其认罪态度，未成年被告人的监护人一般也希望通过承担赔偿责任来减轻对被告人的刑罚，因此，被告方对经济赔偿往往比较积极，达成调解协议的可能性比较大，达成调解协议后，自动履行的可能性也较大，社会效果比较好。

二是可以根据物质损失情况作出判决。如果附带民事诉讼的当事人不同意调解，或经过调解未能达成调解协议，人民法院就应根据犯罪行为所造成物质损失的情况，对民事赔偿问题作出判决。

三是可以就附带民事诉讼作出裁定。附带民事诉讼以裁定方式结案一般适用于附带民事诉讼原告人申请撤诉的情况，人民法院经过审查，对撤诉申请确系当事人真实意思表示，不存在损害社会公共利益或他人合法权益，以及规避法律法规等情形的，应作出准许撤诉的裁定。准许撤诉的裁定可以口头作出，并记录在案，也可以裁定书的方式作出。

附带民事诉讼的调解必须自愿。调解结案和判决结案都是人民法院审判民事案件基本的结案方式。用调解的方法解决民事纠纷是我国民事审判工作的传统特色和成功经验。在附带民事诉讼的调解中，也必须坚持双方自愿、不得强迫的原则。

第一百零四条 附带民事诉讼应当同刑事案件一并审判，只有为了防止刑事案件审判的过分迟延，才可以在刑事案件审判后，由同一审判组织继续审理附带民事诉讼。

【释义】本条是关于附带民事诉讼的审判的规定。

附带民事诉讼的审理主要有以下几个方面的内容：

1. 附带民事诉讼的审理方式。

附带民事诉讼与该案的刑事部分共同构成全案，民事诉讼部分的审理与刑事诉讼的审理进程具有不可分割的紧密关系。人民法院首先在法庭调查、法庭辩论的基础上确认刑事被告人的犯罪情节，然后才有可能对该被告人的犯罪行为所造成的物质损失范围作出认定，进而确定赔偿范围和形式以及赔偿人的范围。基于附带民事诉讼的这种“附带”性质，其理应同刑事案件一并审理。

此时的民事诉讼虽然是“附带”，但也不可避免地具有与刑事诉讼不同的复杂情况，如物质损失的程度、大小和范围，被告人的赔偿能力，赔偿义务人的范围等。对这些情形的认定往往存在一定困难，有些甚至在诉讼过程中仍处于变化状态，需要进行周密的调查和甄别。而刑事案件的审判过程由于涉及被告人的人身权利问题，不应久拖不决，也不能超越各诉讼阶段的法定时限。因此，为了防止刑事案件审判的过分延迟，可以在刑事案件审判后，由同一审判组织继续审理附带民事诉讼。

2. 附带民事诉讼案件的举证责任。

最高人民法院《解释》第151条规定：“附带民事诉讼案件的当事人对自己提出的主张，有责任提供证据。”这一规定与民事诉讼法的精神一致。这是由附带民事诉讼的性质决定的。附带民事诉讼当事人在人民法院的主持下，按照法定程序，履行提供证据、证明诉讼主张的责任，对充分行使诉讼权利、维护自身合法的民事权益具有重大意义。

3. 刑事附带民事诉讼的法律适用。

最高人民法院《解释》第163条还规定，人民法院审理附带民事诉讼案件，除《刑法》、《刑事诉讼法》以及刑事司法解释已有规定的以外，适用民事法律的有关规定。由此可见，刑事附带民事诉讼既适用实体法，又适用程序法，同时，既有对刑事法的适用，又有对民事法的适用。

第八章 期间、送达

第一百零五条 期间以时、日、月计算。

期间开始的时和日不算在期间以内。

法定期间不包括路途上的时间。上诉状或者其他文件在期满前已经交邮的，不算过期。

期间的最后一日为节假日的，以节假日后的第一日为期满日期。但犯罪嫌疑人、被告人或者罪犯在押期间，应当至期满之日为止，不得因节假日而延长。

【释义】本条是关于期间的一般规定。

2012年《刑事诉讼法》在1996年《刑事诉讼法》第79条内容的基础上，增加一款，作为第4款："期间的最后一日为节假日的，以节假日后的第一日为期满日期。但犯罪嫌疑人、被告人或者罪犯在押期间，应当至期满之日为止，不得因节假日而延长。"这是对期间制度的完善，体现了方便诉讼和保护犯罪嫌疑人、被告人合法权利的统一。2018年《刑事诉讼法》延续了这些规定。

本法规定期间的意义在于：首先有利于增强司法人员的工作责任心，做到及时、准确、合法地处理案件，努力提高办案效率。其次，有利于保护被告人的合法权益，防止以拘代侦、以捕代罚、久押不决等违法现象发生。再次，有利于诉讼参与人进行刑事诉讼活动，保证他们能及时行使诉讼权利和履行义务，免遭讼累。最后，有利于加强法制的统一、正确实施。如果没有刑事诉讼期间的规定，就难以保障当事人充分、正确地行使诉讼权利，难以保障司法机关及时迅速处理案件，惩罚犯罪分子。

期间的一般规定有如下几个方面的内容：

1. 期间的计算单位。

根据本条的规定，期间以时、日、月计算。也就是说，期间的计算单位有时、日、月三个。年、周、分钟等其他时间计算单位则不是刑事诉讼期间的计算单位。

2. 期间的计算方法。

以时为单位的期间，从期间开始的下一时起算，期间开始的时不计算在期间以内。它的届满以法定期间时数的最后一时完了为止。例如，某犯罪嫌疑人在某日的9时被逮捕，那么通知其家属的期间，从10时开始计算，到次日9时完了即10时整届满。如果期间的开始遇到有分钟的情况，由于期间中没有"分钟"的计算单位，则只能以"时"计算。例如，犯罪嫌疑人于9时20分被逮捕，那么开始的时为9时，9时不计算在期间以内，9 时的下一时为 10 时，即期间从 10 时算起。

以日为计算单位的期间，从期间开始的次日起算，期间开始的日不计算在期间以内。它的届满以法定期间的最后一日完了为止。例如，某被告人是在 9 月 9 日 9 时接到一审判决书的，他的上诉期间从 9 月 10 日开始计算，向后数 10 日，到 9 月 19 日完了届满。

以月为计算期限单位的，对它的计算问题，本条未作规定。但根据最高人民法院《解释》第 165 条规定："以月计算的期限，自本月某日至下月某日为一个月，如本月 1 日收案至下一个月 1 日、本月最后一日至下一个月最后一日为一个月的审理期限；半月一律按 15 日计算期限。"亦即，按月计算期限的，自本月开始的日起算，按到期月的对应日计算；无对应日的，月末日为期限届满日。

3. 期间计算中特殊情况的处理。

（1）关于节假日的计算问题。为了保证诉讼活动的及时进行，节假日应当计算在期间以内。但是，期间届满之日如果是法定节假日，应当顺延到节假日后第一个工作日。例如，当事人上诉的届满之日是 10 月 1 日，应顺延至国庆节后的第一个工作日。2012 年《刑事诉讼法》增加了"犯罪嫌疑人、被告人或者罪犯在押期间，应当至期满之日为止，不得因节假日而延长"的规定。这一规定将最高人民法院、最高人民检察院、公安部、国家安全部、司法部、全国人大常委会法制工作委员会《关于刑事诉讼法实施中若干问题的规定》第 29 条以及最高人民法院《解释》第 165 条的有关规定吸收进《刑事诉讼法》，从而使立法更为科学，更好地保护犯罪嫌疑人、被告人和罪犯的合法权益。

（2）关于路途上时间的计算问题。法定期间的计算，不包括路途上的时间。例如，从外地逮捕人归案，路途上需要两天的时间，就不能要求在逮捕犯罪嫌疑人后的 24 小时内进行讯问，以及将逮捕原因和羁押处所通知被逮捕人的家属，应将路途上的两天时间扣除以后，再行计算 24 小时的时限。当然，在计算逮捕羁押期限时，仍要包括这两天在内。此外，有关诉讼文书材料在司法机关之间传递过程中所占用的时间也应当在法定期间内予以扣除。

（3）关于邮寄材料情况下期间的计算问题。通过邮寄递交上诉状或者其他文件的，应以当地交邮局盖印邮戳的时间为准，而不以邮件到达的时间为准。换言之，在期满前已经交邮的，尽管到达司法机关时已过了法定期限，也不算过期。

（4）在侦查期间，发现犯罪嫌疑人另有重要罪行的，重新计算侦查羁押期限；犯罪嫌疑人不讲真实姓名，地址、身份不明的，侦查羁押期限自查清其身份之日起计算，但是不得停止对其犯罪行为的侦查取证。

（5）公安机关或者人民检察院补充侦查完毕移送人民检察院或人民法院后，人民检察院或者人民法院重新计算起诉审理期限。第二审人民法院发回原审人民法院重新审判的案件，原审人民法院从收到发回案件之日起，重新计算审理期限。

（6）人民检察院和人民法院改变管辖的公诉案件，从改变后的办案机关收到案件之日起计算办案期限。

（7）对犯罪嫌疑人作精神病鉴定的期间，不计入办案期限。

第一百零六条　当事人由于不能抗拒的原因或者有其他正当理由而耽误期限的，在障碍消除后五日以内，可以申请继续进行应当在期满以前完成的诉讼活动。

前款申请是否准许，由人民法院裁定。

【释义】本条是关于期间的恢复的规定。

期间的恢复，是指当事人由于不可抗拒的原因或者其他正当理由而耽误期限的，在障碍消除后5日以内，可以申请继续进行应当在期限届满之前完成的诉讼行为。根据期间的一般规定，当事人要使自己的诉讼行为产生预期的法律效果，应在法定期间内进行；如果当事人在法定期间内没有进行特定的诉讼活动，则意味着当事人放弃了从事该项诉讼活动的权利。同时，《刑事诉讼法》规定，在特定情况下，允许当事人在法定期间届满之后继续进行应当在法定期间内完成的诉讼行为。期间恢复的内容有如下几个方面：

1. 申请恢复期间的主体。只有当事人才有权提出恢复诉讼期间的申请，而且必须以在法定期间之内没有进行特定诉讼行为为前提，其他诉讼参与人无权提出这种申请。当事人包括自诉人、犯罪嫌疑人、被告人、附带民事诉讼当事人、被害人。

2. 申请恢复期间的理由。只有当法定期间的耽误是由于不能抗拒的原因或有其他正当的理由，才能申请恢复诉讼期间。所谓不能抗拒的原因，是指在刑事诉讼中，发生了当事人不能预见，依靠自身力量又无法克服和排除的客观障碍，如水灾、火灾、地震等自然灾害以及其他事故引起的交通路线中断等。所谓其他正当理由，是指上述情况之外来自当事人方面的障碍等，如当事人身患重病无法行动等。

3. 申请恢复期间的时间。当事人提起恢复期间的申请，应当在障碍消除后5日内提出。

4. 申请恢复期间的裁定。恢复期间的申请，必须向审判本案的人民法院提出，由人民法院裁定。而在侦查、起诉阶段恢复期间的申请，应向公安机关或人民检察院提出。需注意的是，凡是当事人因不可抗拒的原因或者其他正当理由而耽误期限的，应当认为是期间中断，中断后的时间可不计入期间之内，但是中断之前的时间仍应计入期间内。因此，即使裁定准许当事人恢复期间，也只是恢复当事人原来期限的剩余时间。剩余的时间应从裁定之日开始，至法定期间届满之日结束。

第一百零七条　送达传票、通知书和其他诉讼文件应当交给收件人本人；如果本人不在，可以交给他的成年家属或者所在单位的负责人员代收。

收件人本人或者代收人拒绝接收或者拒绝签名、盖章的时候，送达人可以邀请他的邻居或者其他见证人到场，说明情况，把文件留在他的住处，在送达证上记明拒绝的事由、送达的日期，由送达人签名，即认为已经送达。

【释义】本条是关于送达的规定。

本条的内容有如下几个方面：

1. 直接送达。送达传票、通知书和其他诉讼文件，应当直接交给收件人本人。只有当本人不在，一时又难以找到的情况下，才可以交给他的成年家属或所在单位的负责人代收后转达。收件人本人或代收人收到后，要在送达回证上签名、盖章或按手印，完成这些手续后即视为已经送达。

2. 留置送达。收件人或代收人拒绝接收或拒绝签名的，送达人可以邀请他的邻居或者其他能够作见证的成年人到场，说明情况，并将文件留在他的住处或者单位后即认为已经送达。在这种情况下，送达人应当在送达回证上注明拒绝的事由、送达的日期，并且签名或者盖章。

3. 委托送达。直接送达诉讼文书有困难的，可以委托收件人所在地的公安机关、人民检察院、人民法院代为送达。委托送达的，应当将委托函、委托送达的诉讼文书及送达回证，寄送收件人所在地的公安机关、人民检察院、人民法院。受委托的公安机关、人民检察院、人民法院收到委托送达的诉讼文书，应当登记，并由专人及时送达收件人，然后将送达回证及时退回委托送达的公安机关、人民检察院、人民法院。受委托的公安机关、人民检察院、人民法院无法送达时，应当将不能送达的原因及时告知委托的公安机关、人民检察院、人民法院，并将诉讼文书及送达回证退回。

4. 邮寄送达。直接送达有困难的，也可以邮寄送达，邮寄送达的，应当将诉讼文书、送达回证挂号邮寄给收件人。挂号回执上注明的日期为送达的日期。

5. 转交送达。诉讼文书的收件人是军人的，可以通过所在部队团级以上单位的政治部门转交。收件人正在服刑的，可以通过所在监狱或者其他执行机关转交。代为转交的部门、单位收到诉讼文书后，应当立即交收件人签收，并将送达回证及时退回送达的公安机关、人民检察院、人民法院。

第九章　其他规定

第一百零八条　本法下列用语的含意是：

（一）“侦查”是指公安机关、人民检察院对于刑事案件，依照法律进行的收集证据、查明案情的工作和有关的强制性措施；

（二）“当事人”是指被害人、自诉人、犯罪嫌疑人、被告人、附带民事诉讼的原告人和被告人；

（三）“法定代理人”是指被代理人的父母、养父母、监护人和负有保护责任的机关、团体的代表；

（四）“诉讼参与人”是指当事人、法定代理人、诉讼代理人、辩护人、证人、鉴定人和翻译人员；

（五）“诉讼代理人”是指公诉案件的被害人及其法定代理人或者近亲属、自诉案件的自诉人及其法定代理人委托代为参加诉讼的人和附带民事诉讼的当事人及其法定代理人委托代为参加诉讼的人；

（六）“近亲属”是指夫、妻、父、母、子、女、同胞兄弟姊妹。

【释义】本条是关于侦查的含义及当事人、法定代理人、诉讼参与人、诉讼代理人、近亲属的范围的规定。

2018 年《刑事诉讼法》对本条关于“侦查”的含义进行了修改。

《监察法》发布之后，我国将监察案件与侦查案件区分开来，2018 年《刑事诉讼法》对本条第 1 款关于“侦查”定义进行了修改，对“调查”一词与“侦查”一词进行了区分，明确侦查的范围是在公安机关、人民检察院办理刑事案件过程中，也明确了监察机关对于职务犯罪案件依法行使的调查权。

其他各项是对参加诉讼活动的有关人员含义的规定。本条的规定，有助于参加诉讼活动的专门机关和有关人员明确各自应享有的权利和应承担的义务，从而合法、有效地进行诉讼活动。

第二编　立案、侦查和提起公诉

第一章　立　案

第一百零九条　公安机关或者人民检察院发现犯罪事实或者犯罪嫌疑人，应当按照管辖范围，立案侦查。

【释义】本条是关于侦查阶段公安机关或者人民检察院发现犯罪事实或者犯罪嫌疑人进行立案的规定。

刑事诉讼中的立案，是指司法机关对于报案、控告、举报、自首以及自诉人起诉等材料，按照各自的职能管辖范围进行审查后，认为有犯罪事实发生并需要追究刑事责任时，决定将其作为刑事案件进行侦查或审判的一种诉讼活动。

发现犯罪事实或者犯罪嫌疑人，是指具有刑事案件侦查权的公安机关或者人民检察院，在日常工作中，直接发现了犯罪事实或者有犯罪嫌疑的人。

立案是刑事诉讼活动的开始，是刑事诉讼的必经阶段。对于发现的犯罪事实或者犯罪嫌疑人，公安机关或者人民检察院应当认真审查，经审查后，确认犯罪嫌疑人或者犯罪事实存在时，应当按照法律规定的管辖范围，立即立案并开展侦查工作。

第一百一十条　任何单位和个人发现有犯罪事实或者犯罪嫌疑人，有权利也有义务向公安机关、人民检察院或者人民法院报案或者举报。

被害人对侵犯其人身、财产权利的犯罪事实或者犯罪嫌疑人，有权向公安机关、人民检察院或者人民法院报案或者控告。

公安机关、人民检察院或者人民法院对于报案、控告、举报，都应当接受。对于不属于自己管辖的，应当移送主管机关处理，并且通知报案人、控告人、举报人；对于不属于自己管辖而又必须采取紧急措施的，应当先采取紧急措施，然后移送主管机关。

犯罪人向公安机关、人民检察院或者人民法院自首的，适用第三款规定。

【释义】本条是关于立案材料来源，以及公、检、法机关如何接受和处理立案材料的规定。

立案材料，是指司法机关自己发现的或者有关单位、组织或个人向司法机关提交的有关犯罪事实和犯罪嫌疑人情况的资料。

根据本条第1款规定，单位和个人的报案或者举报，是司法机关审查决定是否立案的主要材料来源之一。本款也充分体现了我国刑事诉讼充分依靠群众的原则。与犯罪作斗争，是每个单位和个人的权利，任何单位或个人都不得干涉，更不能打击报复。司法机关对此应予以保护。同时，与犯罪作斗争，也是每个单位和个人应尽的义务。知情不举，包庇、窝藏犯罪分子应受法律追究。

"报案"和"举报"的不同之处在于，前者的报案材料较为简单笼统，一般不能明确指明犯罪嫌疑人。而后者的报案材料相对具体详细，通常明确指出了犯罪嫌疑人。

第2款突出了被害人在其人身、财产权受到侵犯时的报案或者控告，也暗含被害人对任何侵犯其合法权利的犯罪事实或者犯罪嫌疑人的报案或者控告权。

"报案"和"控告"的不同之处在于，报案人既包括被害人（包括被害单位），又包括与案件无直接利害关系的单位或个人。控告主要是被害人或其近亲属、法定代理人，针对明确的被指控人而进行的法律行为。

第3款具有三层含义：一是司法机关接到报案、控告或举报的材料后，不得以案件不属于自己管辖而推脱。这既能提高单位和公民与犯罪作斗争的积极性，又能及时有效地打击犯罪。二是在接受材料后，应当按照案件管辖范围，对不属于自己管辖的案件，移送至主管机关，并且将移送机关、移送理由通知报案人、控告人或举报人。三是情况紧急必须先采取紧急措施的情况。无论是否属于自己管辖，为了及时有效打击犯罪，最先接受报案、控告或举报材料的司法机关，有责任第一时间采取紧急措施。例如，犯罪活动正在进行需要采取措施制止犯罪行为，报案、控告、举报时扭送了犯罪嫌疑人需要羁押被扭送的犯罪嫌疑人等。

第4款规定了自首是立案材料的重要来源之一。自首，是指犯罪分子犯罪后，自动投案，如实交代自己的罪行，接受公安司法机关审查和裁判的行为。被采取强制措施的犯罪嫌疑人、被告人、正在执行刑罚的罪犯如实向司法机关供述司法机关还未掌握的其他罪行也是自首。

第一百一十一条 报案、控告、举报可以用书面或者口头提出。接受口头报案、控告、举报的工作人员，应当写成笔录，经宣读无误后，由报案人、控告人、举报人签名或者盖章。

接受控告、举报的工作人员，应当向控告人、举报人说明诬告应负的法律责任。但是，只要不是捏造事实，伪造证据，即使控告、举报的事实有出入，甚至是错告的，也要和诬告严格加以区别。

公安机关、人民检察院或者人民法院应当保障报案人、控告人、举报人及其近亲属的安全。报案人、控告人、举报人如果不愿公开自己的姓名和报案、控告、举报的行为，应当为他保守秘密。

【释义】本条是关于报案、控告、举报的形式及注意事项的规定。

第1款中，书面或者口头的报案、控告或者举报，在法律上具有同等效力。书面材料，可以当面交给司法人员，也可以邮寄。以单位名义书面提出的，应当由单位负责人签名或盖章，并加盖单位公章，防止诬告陷害和便于事后查证。对于口头提出的，应当尽量问清犯罪时间、地点、犯罪行为人或犯罪嫌疑人特征等细节。

第2款中，为了确保控告、举报材料的真实性，防止诬告陷害，工作人员应向控告、举报人说明诬告应负的法律责任。但是为鼓励群众大胆揭露犯罪，即使是错告，也不能当做诬告处理。

第3款是1996年修改《刑事诉讼法》时专门增加的一款，它是针对近年来打击报复、伤害甚至杀害扭送人、报案人、诬告人、举报人及其近亲属的案件多发的情况，为提高人民群众同犯罪作斗争的积极性而增加的。2012年《刑事诉讼法》、2018年《刑事诉讼法》都延续了这些规定。

第一百一十二条　人民法院、人民检察院或者公安机关对于报案、控告、举报和自首的材料，应当按照管辖范围，迅速进行审查，认为有犯罪事实需要追究刑事责任的时候，应当立案；认为没有犯罪事实，或者犯罪事实显著轻微，不需要追究刑事责任的时候，不予立案，并且将不立案的原因通知控告人。控告人如果不服，可以申请复议。

【释义】本条是关于立案条件的规定。

根据本条规定，刑事案件立案的条件是：（1）有犯罪事实，即已有的材料能够证明符合《刑法》规定的犯罪行为的发生。包括预备犯罪、正在实施犯罪、犯罪未遂、犯罪既遂和犯罪中止。（2）需要追究刑事责任。但依照2018年修正的《刑事诉讼法》第16条规定的不追究刑事责任的情形，不应当立案：（1）情节显著轻微、危害不大，不认为是犯罪的；（2）犯罪已过追诉时效期限的；（3）经特赦令免除刑罚的；（4）依照刑法告诉才处理的犯罪，没有告诉或者撤回告诉的；（5）犯罪嫌疑人、被告人死亡的；（6）其他法律规定免予追究刑事责任的。

第一百一十三条　人民检察院认为公安机关对应当立案侦查的案件而不立案侦查的，或者被害人认为公安机关对应当立案侦查的案件而不立案侦查，向人民检察院提出的，人民检察院应当要求公安机关说明不立案的理由。人民检察院认为公安机关不立案理由不能成立的，应当通知公安机关立案，公安机关接到通知后应当立案。

【释义】本条是关于人民检察院对公安机关实行立案监督的规定。

针对实践中存在的应立案而不立案的实际情况，为保护公民的合法权利，1996年修改《刑事诉讼法》时增加本条规定。2012年《刑事诉讼法》、2018年《刑事诉讼法》延续了这一规定。

根据本条规定，人民检察院实行立案监督有两条途径。一是通过办案、调查研究等各种业务活动；二是通过被害人的申诉，发现公安机关应立案而不立案的情况。

人民检察院通过上述两条途径获取监督材料来源后，首先进行调查、核实。经审查认为需要公安机关说明不立案理由的，根据《人民检察院刑事诉讼规则（试行）》第557条规定，可以要求公安机关在7日内书面说明不立案的理由。人民检察院认为公安机关不立案理由不能成立的，发出《通知立案书》，同时将有关证明应该立案的材料移送公安机关。公安机关应当在收到通知书后15日内决定立案，并将立案决定书送达人民检察院。

第一百一十四条 对于自诉案件，被害人有权向人民法院直接起诉。被害人死亡或者丧失行为能力的，被害人的法定代理人、近亲属有权向人民法院起诉。人民法院应当依法受理。

【释义】 本条是关于自诉案件起诉的规定。

本条规定的“自诉案件”包括“告诉才处理”等三种案件类型（见2018年《刑事诉讼法》第210条的规定）。“被害人死亡或者丧失行为能力”，包括由于犯罪行为导致的被害人死亡或者失去依法独立行使权利和承担义务的能力，同时也包括非犯罪行为导致的被害人死亡或者无行为能力。最高人民法院《解释》第260条的规定将这一范围扩展为“被害人死亡、丧失行为能力或者因受强制、威吓等原因无法告诉，或者是限制行为能力人以及由于年老、患病、盲、聋、哑等原因不能亲自告诉”。代为告诉时，代为告诉人应当提供与被害人关系的证明和被害人不能亲自告诉的原因的证明。

第二章 侦查

第一节 一般规定

第一百一十五条 公安机关对已经立案的刑事案件，应当进行侦查，收集、调取犯罪嫌疑人有罪或者无罪、罪轻或者罪重的证据材料。对现行犯或者重大嫌疑分子可以依法先行拘留，对符合逮捕条件的犯罪嫌疑人，应当依法逮捕。

【释义】 本条是关于侦查的一般要求的规定。

本条规定明确了公安机关在立案后，对于刑事案件应当进行的诉讼活动，并对侦查阶段的主要任务进行了具体规定。

侦查阶段的任务之一是收集证据材料。此处的“证据材料”，应从广义上理解为所有能够成为证据的原始材料。为了查清案件事实、揭露犯罪，同时保障无罪的人不受刑事追究，收集证据材料要全面，既要收集、调取证明犯罪嫌疑人有罪、罪重的证据材料，也不能忽略那些证明其无罪、最轻的证据材料。

侦查阶段的任务之二是对犯罪嫌疑人依法采取强制措施。目的是保证收集、调取证据材料的工作顺利进行；防止犯罪嫌疑人继续危害社会。其中拘留的条件见2018年《刑事诉讼法》第82条的规定；逮捕的条件见2018年《刑事诉讼法》第81条的规定。

第一百一十六条　公安机关经过侦查，对有证据证明有犯罪事实的案件，应当进行预审，对收集、调取的证据材料予以核实。

【释义】本条是关于预审的规定。

预审，是指公安机关依照法律的规定，对犯罪嫌疑人进行讯问、调查，在查明案件事实的基础上，决定是否将犯罪嫌疑人移送起诉的侦查活动。

预审的前提是，经过公安机关对案件的一系列侦查活动，获得证据证明有犯罪事实存在，并且犯罪嫌疑人已被查获。

预审的任务是，获取犯罪嫌疑人真实供述和辩解，查清案件全部事实，追究犯罪嫌疑人刑事责任，并保证无罪的人不受刑事追究。

第一百一十七条　当事人和辩护人、诉讼代理人、利害关系人对于司法机关及其工作人员有下列行为之一的，有权向该机关申诉或者控告：

（一）采取强制措施法定期限届满，不予以释放、解除或者变更的；

（二）应当退还取保候审保证金不退还的；

（三）对与案件无关的财物采取查封、扣押、冻结措施的；

（四）应当解除查封、扣押、冻结不解除的；

（五）贪污、挪用、私分、调换、违反规定使用查封、扣押、冻结的财物的。

受理申诉或者控告的机关应当及时处理。对处理不服的，可以向同级人民检察院申诉；人民检察院直接受理的案件，可以向上一级人民检察院申诉。人民检察院对申诉应当及时进行审查，情况属实的，通知有关机关予以纠正。

【释义】本条是关于刑事诉讼中诉讼参与人的合法权益受到侵害时进行司法救济的规定。

2004年我国修改的《宪法》将“国家尊重和保障人权”作为一项基

本原则明确下来，人权入宪具有重要意义。《世界人权宣言》第8条规定：“任何人当宪法或法律赋予他基本权利遭受侵害时，有权由合格的国家法庭对这种侵害行为作有效的补救。”刑事司法救济制度能够使犯罪嫌疑人、被告人的合法权利得到充分保障。

本条规定了司法救济的程序。侦查机关在采取侦查措施和强制措施过程中，造成侦查相对人的人身、财产等权利受到侵害的，当事人和辩护人、诉讼代理人或利害关系人有权利首先向该机关申诉或者控告。对处理不服的，可以向同级或上一级人民检察院申诉。

本条主要内容有以下几个方面：

1. 申诉、控告的主体。

当事人和辩护人、诉讼代理人、利害关系人作为侦查过程中诉讼参与人，其合法权利理应通过对侦查活动的监督得到体现。其中，当事人包括被害人、自诉人、犯罪嫌疑人和被告人、附带民事诉讼的原告人和被告人。辩护人，是指在诉讼中接受犯罪嫌疑人、被告人及其法定代理人的委托，或经人民法院的指定，为犯罪嫌疑人、被告人进行辩护的人。诉讼代理人，是指接受被代理人委托而参加诉讼的人。利害关系人，是指除当事人之外，与案件有利害关系的人。

2. 申诉、控告的违法行为的种类。

人民法院、人民检察院和公安机关对犯罪嫌疑人、被告人采取强制措施的，法定期限届满后，应该予以释放或者解除强制措施。对于犯罪嫌疑人、被告人被羁押的案件，不能在本法规定的侦查羁押期限、审查起诉、一审、二审期限内办结，需要继续查证、审理的，应当变更强制措施。

犯罪嫌疑人在取保候审期间未违反有关法律规定，或者应当撤销案件的，解除取保候审的同时，执行机关应当将保证金退还给犯罪嫌疑人。

对于被害人的合法财产，被害人明确的，查封、扣押、冻结机关应当依法及时解除。对于被查封、扣押、冻结的财产，经查明确实与本案无关的，应当依法及时解除。

司法机关及其工作人员贪污、挪用、私分、调换、违反规定使用查封、扣押、冻结的财物的，依法追究刑事责任；不构成犯罪的，给予处分。

3. 申诉、控告的处理。

对于辩护方提出的申诉或控告，公安机关和人民检察院应当及时处理、审查，情况属实的，应当予以立即纠正。辩护方对处理不服的，申诉机关为同级人民检察院或者上一级人民检察院。

第二节　讯问犯罪嫌疑人

第一百一十八条　讯问犯罪嫌疑人必须由人民检察院或者公安机关的侦查人员负责进行。讯问的时候，侦查人员不得少于二人。

犯罪嫌疑人被送交看守所羁押以后，侦查人员对其进行讯问，应当在看守所内进行。

【释义】本条是关于讯问主体和被羁押人讯问地点的规定。

讯问犯罪嫌疑人，是指侦查人员依照法定程序，以言词方式就案件事实向犯罪嫌疑人进行查问的一种侦查活动。

讯问犯罪嫌疑人只能由侦查人员进行，其他任何机关、团体和个人都没有该项权力。“不得少于二人”的规定是强调侦查人员不得单独讯问。这样的规定，主要是考虑：（1）便于依法进行讯问工作。侦查人员互相配合、互相监督，既能提高讯问效率，可以防止刑讯逼供等非法讯问。（2）为保障讯问人员人身安全，防止犯罪嫌疑人自杀、逃跑等意外事件发生。

针对司法实践中刑讯逼供常常发生于送交看守所羁押之前的情况，2018 年《刑事诉讼法》第 85 条规定“拘留后，应当立即将被拘留人送看守所羁押，至迟不得超过二十四小时”。

第一百一十九条　对不需要逮捕、拘留的犯罪嫌疑人，可以传唤到犯罪嫌疑人所在市、县内的指定地点或者到他的住处进行讯问，但是应当出示人民检察院或者公安机关的证明文件。对在现场发现的犯罪嫌疑人，经出示工作证件，可以口头传唤，但应当在讯问笔录中注明。

传唤、拘传持续的时间不得超过十二小时；案情特别重大、复杂，需要采取拘留、逮捕措施的，传唤、拘传持续的时间不得超过二十四小时。

不得以连续传唤、拘传的形式变相拘禁犯罪嫌疑人。传唤、拘传犯罪嫌疑人，应当保证犯罪嫌疑人的饮食和必要的休息时间。

【释义】 本条是关于对不需要逮捕、拘留的犯罪嫌疑人讯问地点、期间的规定。

本条是2012年《刑事诉讼法》对1996年《刑事诉讼法》的修改。主要修改有三处：一是增加了“对在现场发现的犯罪嫌疑人，经出示工作证件，可以口头传唤，但应当在讯问笔录中注明”的规定。二是增加了“案情特别重大、复杂，需要采取拘留、逮捕措施的，传唤、拘传持续的时间不得超过二十四小时”的规定。三是增加了“传唤、拘传犯罪嫌疑人，应当保证犯罪嫌疑人的饮食和必要的休息时间”的规定。2018年《刑事诉讼法》延续了这些规定。

本条的主要内容如下：

第1款是关于对不需要逮捕、拘留的犯罪嫌疑人传唤的规定。为保障侦查工作的顺利开展，对不需要逮捕、拘留的犯罪嫌疑人可以传唤。传唤后讯问的地点既可以在侦查机关，也可以将其传唤到“指定地点”，还可以到其居住的地方。执行传唤时，应当出示传唤通知书和侦查人员工作证件，并责令犯罪嫌疑人在传唤通知书上签名（盖章）、捺指印。对在现场发现的犯罪嫌疑人，经出示工作证件，可以口头传唤，但应当在讯问笔录中注明。

第2款是关于传唤、拘传犯罪嫌疑人时间的规定。由于在案件侦查阶段，侦查人员开展讯问犯罪嫌疑人、询问证人、勘验、勘查、搜查等侦查措施，都需要一定时间完成。为了更好地侦查案件、打击犯罪，对于案情重大、复杂，需要采取拘留、逮捕措施的案件，传唤、拘传持续时间延长至24小时。

为了保障犯罪嫌疑人的人权，第3款规定，不得以连续传唤、拘传的形式变相拘禁犯罪嫌疑人，并应当保证犯罪嫌疑人的饮食和必要的休息时间。

第一百二十条 侦查人员在讯问犯罪嫌疑人的时候，应当首先讯问犯罪嫌疑人是否有犯罪行为，让他陈述有罪的情节或者无罪的辩解，然后向他提出问题。犯罪嫌疑人对侦查人员的提问，应当如实回答。但是对与本案无关的问题，有拒绝回答的权利。

侦查人员在讯问犯罪嫌疑人的时候，应当告知犯罪嫌疑人享有的诉讼权利，如实供述自己罪行可以从宽处理和认罪认罚的法律规定。

【**释义**】本条是关于讯问的步骤与方法的规定。

本条是对2012年《刑事诉讼法》第118条的修改。主要修改有一处：增加了“侦查人员在讯问犯罪嫌疑人的时候，应当告知犯罪嫌疑人认罪认罚的法律规定”的规定。2018年《刑事诉讼法》延续了这一规定。

为防止侦查人员主观片面、先入为主，保证讯问的客观性和公正性，讯问时应首先讯问犯罪嫌疑人是否有犯罪行为。如果犯罪嫌疑人承认有犯罪行为，则应该让其陈述犯罪的有关情节；如果犯罪嫌疑人否认，则应让其作无罪的辩解。然后，侦查人员针对犯罪嫌疑人供述或辩解中不全面、不清楚或者思维混乱、前后矛盾的地方进行提问。这样规定的目的是保证侦查人员的注意力能集中到查证案件事实上。

“犯罪嫌疑人对侦查人员的提问，应当如实回答。但是对与本案无关的问题，有拒绝回答的权利”。这表明，对于侦查人员关于本案有关问题的提问，犯罪嫌疑人负有如实回答和陈述的义务，既不能拒绝回答，也不能作虚假供述；既不能隐瞒事实，也不能捏造事实。对于侦查人员提出的与本案无关的问题，犯罪嫌疑人有权拒绝回答。所谓“与本案无关的问题”，是指与犯罪和查明犯罪无关的问题。

本条增加的内容规定了侦查人员在讯问时的告知义务，以保障犯罪嫌疑人的政策知情权。告知的内容是“坦白从宽”的刑事政策和认罪认罚的法律规定。“坦白从宽”政策是我们党和国家的一项重要的刑事政策。该政策充分体现了刑罚的功能，并符合犯罪嫌疑人供述的心理规律。“坦白从宽”，是指人民法院对坦白者在刑法规定的量刑幅度内予以较轻的处罚，如果犯罪嫌疑人自愿如实供述涉嫌犯罪的事实，有重大立功或者案件涉及国家重大利益的，经最高人民检察院核准，公安机关可以撤销案件，人民检察院可以作出不起诉决定，也可以对涉嫌数罪中的一项或者多项不起诉。认罪认罚的法律规定是指自愿如实供述自己的罪行，承认指控的犯罪事实，愿意接受处罚的，可以依法从宽处理，“从宽处理”包括程序和实体上的从宽处理，程序上是指可以适用较轻的强制措施，实体上可以从轻、减轻或者免除处罚。

第一百二十一条 讯问聋、哑的犯罪嫌疑人，应当有通晓聋、哑手势的人参加，并且将这种情况记明笔录。

【**释义**】本条是关于讯问聋、哑犯罪嫌疑人的要求。

聋、哑犯罪嫌疑人由于生理上的缺陷，往往会影响其正确地表达自己的意志，进而影响到其充分行使诉讼权利。为保证讯问工作的顺利进行，本条规定讯问时应当有通晓聋、哑手势的人参加，为侦查人员和犯罪嫌疑人翻译。本条还要求在讯问笔录上注明犯罪嫌疑人的聋、哑情况以及翻译人员的姓名、工作单位和职业。本条所说的“聋”是指双耳失聪，“哑”是指因生理原因不能讲话。

第一百二十二条 讯问笔录应当交犯罪嫌疑人核对，对于没有阅读能力的，应当向他宣读。如果记载有遗漏或者差错，犯罪嫌疑人可以提出补充或者改正。犯罪嫌疑人承认笔录没有错误后，应当签名或者盖章。侦查人员也应当在笔录上签名。犯罪嫌疑人请求自行书写供述的，应当准许。必要的时候，侦查人员也可以要犯罪嫌疑人亲笔书写供词。

【释义】本条是关于讯问笔录的规定。

讯问笔录，是指侦查人员讯问犯罪嫌疑人时，依照法定程序制作的文字记载。侦查人员记录完毕后，应当把讯问笔录交犯罪嫌疑人核对，没有阅读能力的应向其宣读。犯罪嫌疑人可以就记载的遗漏或差错提出补充或者改正。犯罪嫌疑人核对讯问笔录无误后，应当在笔录每页的下方签名（盖章）或捺指印，并在笔录末页紧接笔录的最后一行写明“以上笔录我看过（或向我宣读过），与我讲的相符”的意见，在其下方签名（盖章）或捺指印。拒绝上述程序的，不得强制，但应当在笔录上注明。有翻译人员和法定代理人参加的，翻译人员和法定代理人也应签名。要求捺指印的，一律用右手食指全指捺印。

本条还作出了“亲笔书写供词”的规定，即法律允许犯罪嫌疑人就其犯罪事实自行书写供述。“犯罪嫌疑人请求自行书写供述的”，其请求可以在供述之前和供述之后。“必要的时候”主要指两种情况：一是根据犯罪嫌疑人的情况书写供述更能表达犯罪嫌疑人的真实意思和案件情况时，如犯罪嫌疑人口吃或口齿不清，难以准确表达所要讲的意思等。二是侦查人员认为犯罪嫌疑人亲笔书写供词可以把具体情节或个别问题交代清楚的情况。

第一百二十三条 侦查人员在讯问犯罪嫌疑人的时候，可以对讯问过程进行录音或者录像；对于可能判处无期徒刑、死刑的案件或者其他重大犯罪案件，应当对讯问过程进行录音或者录像。

录音或者录像应当全程进行，保持完整性。

【**释义**】本条是关于讯问时录音录像的规定。

犯罪嫌疑人口供是查明案件事实的依据之一，是用以定案的一种法定证据。犯罪嫌疑人口供的获取，对于抓获其他同案犯罪嫌疑人、取得其他证据往往具有重大意义。基于此，有些侦查人员在讯问过程中，采取刑讯逼供和以威胁、引诱、欺骗以及其他非法的方法获取口供。这种非法取证方式，既严重侵犯犯罪嫌疑人人权，又极易造成冤假错案。近年来出现的轰动全国的云南杜培武、湖北佘祥林等冤案，无不与刑讯逼供直接有关。

在我国司法实践中，讯问大都在封闭、秘密的状态下进行，缺乏行之有效的监督手段，客观上为刑讯逼供提供了条件。为防止侦查权力被滥用，遏制刑讯逼供等违法行为，建立侦查权力制约机制是完全必要的。讯问犯罪嫌疑人时实行录音录像制度，被认为是防止刑讯逼供的有效手段之一。从2002年以来，我国开始了“讯问犯罪嫌疑人时实行录音、录像”试点与研究，积累了一定经验，为立法修改提供了依据。录音录像制度，还能够固定和保全犯罪嫌疑人口供，防止其庭审时翻供，也有利于法庭对口供真实性的审查判断。而且还可以防止犯罪嫌疑人对审讯人员进行诬陷，能够有效地维护审讯人员的合法权益。

由于录像的成本高、技术操作的难度大，录音与之相比较还是有着明显的优势。录音不仅成本低，而且操作简便易行，随时随地都可以进行，比较适合经济条件不发达的地区和一些在案发现场或其他紧急情况下就需要讯问犯罪嫌疑人的场合。

目前，我国的司法资源还很有限，各地区经济条件差别很大，而每年侦查机关立案侦查并须对犯罪嫌疑人进行讯问的案件数量极大。如果每一次讯问都采用录音录像制度，侦查机关的人力、物力、财力会不堪重负。因此，本条规定“对于可能判处无期徒刑、死刑的案件或者其他重大犯罪案件，应当对讯问过程进行录音或者录像”。而对于其他案件的讯问，公安机关可以根据案件性质和案情的实际需要，决定是否采取录音或者录像。

录音录像资料由于其特殊的制作和储存方式，有着容易被剪辑、剪切的特点，为了保证证据的原始性和真实性，本条规定：“录音或者录像应当全程进行，保持完整性。”

第三节　询问证人

第一百二十四条　侦查人员询问证人，可以在现场进行，也可以到证人所在单位、住处或者证人提出的地点进行，在必要的时候，可以通知证人到人民检察院或者公安机关提供证言。在现场询问证人，应当出示工作证件，到证人所在单位、住处或者证人提出的地点询问证人，应当出示人民检察院或者公安机关的证明文件。

询问证人应当个别进行。

【释义】本条是关于询问证人的地点和方式的规定。

询问证人，是指侦查人员按照法定程序，就案件有关情况向证人进行问询的一种侦查活动。由于证人证言在刑事诉讼中被广泛运用，因此，询问证人成为一项经常被采用的侦查行为。其主要作用一是查明案件的有关情况，如犯罪分子犯罪的时间、地点、手段、结果以及犯罪原因等案件情况。二是查获犯罪嫌疑人。三是核对其他证据。

询问证人地点的选择，应当本着方便群众的原则。一般情况下，侦查人员应该到证人的所在单位或者住处进行询问，以节省证人的时间，解除证人的思想顾虑。只有必要的时候，如为了保守侦查秘密，保护证人的安全，防止证人的单位、亲属或其他人干扰证人作证，保障证人能够如实提供证言，才将证人通知到公安机关或者人民检察院接受询问。对于在案发现场的询问工作，可以对在现场的群众当场进行。

需要询问几个证人时，侦查人员应当单独询问他们。目的是能够使证人独立提供情况，防止证人之间互相影响；能够解除证人的顾虑；能够使侦查人员对几份证言进行审查判断，从中发现矛盾，澄清疑点。

第一百二十五条　询问证人，应当告知他应当如实地提供证据、证言和有意作伪证或者隐匿罪证要负的法律责任。

【释义】本条是关于询问证人的程序的规定。

为保证证人如实供述，防止其作伪证和隐匿罪证，侦查人员应当告知证人作伪证或隐匿罪证应负的法律责任。“应负的法律责任”，主要是指《刑法》第305条规定的伪证罪和《刑法》第310条规定的包庇罪。《刑法》第305条规定：“在刑事诉讼中，证人、鉴定人、记录人、翻译人对与案件有重要关系的情节，故意作虚假证明、鉴定、记录、翻译，意图陷害他人或者隐匿罪证的，处三年以下有期徒刑或者拘役；情节严重的，处三年以上七年以下有期徒刑。”《刑法》第310条规定：“明知是犯罪的人而为其提供隐藏处所、财物，帮助其逃匿或者作假证明包庇的，处三年以下有期徒刑、拘役或管制；情节严重的，处三年以上十年以下有期徒刑。”

第一百二十六条　本法第一百二十二条的规定，也适用于询问证人。

【释义】本条是关于询问证人笔录的规定。

询问证人，应当制作询问笔录。证人证言是法定证据之一，询问笔录是重要的证据材料，应当客观、真实和详细，力求反映证人作证的原意。根据本法第122条的规定，询问笔录应当交证人核对，对于没有阅读能力的，应当向他宣读；如果记载有遗漏或者差错，证人可以提出补充或者改正；证人承认笔录没有错误后，应当签名或者盖章，侦查人员也应当在笔录上签名；证人请求自行书写证词的，应当准许，必要的时候，侦查人员也可以要求证人亲笔书写证词。

第一百二十七条　询问被害人，适用本节各条规定。

【释义】本条是关于询问被害人程序的授权性规定。

询问被害人，是指侦查人员依照法定程序，就被害人遭受侵害的有关情况向被害人进行问询的一种侦查活动。由于被害人受到犯罪行为的直接侵害，对犯罪事实有切身感受，及时获得被害人陈述，对于收集证据、查明犯罪事实，查获犯罪人具有重要的意义。

询问被害人，适用询问证人的规定。需要注意的是，由于被害人是犯罪行为直接侵害的对象，因此，询问被害人时应当注意被害人的心理状态，不要使其受到二次伤害。侦查人员还应当做好被害人的思想工作，防止其出于对犯罪分子的愤恨而夸大事实。对伤势较重、有生命危险的被害人，要及时询问并尽可能录音、录像。要采取有效措施保障被害人的人身安全。对于被害人的隐私，应当保密。

第四节　勘验、检查

第一百二十八条　侦查人员对于与犯罪有关的场所、物品、人身、尸体应当进行勘验或者检查。在必要的时候，可以指派或者聘请具有专门知识的人，在侦查人员的主持下进行勘验、检查。

【释义】本条是关于勘验、检查的对象和主体的规定。

勘验、检查，是指侦查人员对与犯罪有关的场所、物品、尸体或者人身进行勘查、检验或检查，以发现和收集犯罪活动所遗留的各种痕迹和物品的一种侦查活动。勘验和检查对象不同，勘验的对象是现场、物品和尸体，而检查的对象则是活人的身体。勘验、检查可以分为现场勘查、物品检验、尸体检验和人身检查四种。

勘验和检查的意义重大。首先，通过勘验和检查可以发现和提取犯罪活动所遗留的各种痕迹和物品。这些痕迹物品，大多是原始证据，对查明犯罪事实和正确认定案情往往能起到关键作用。其次，通过对各种痕迹物品的分析研究，可以判明案件性质，了解犯罪嫌疑人特征，明确侦查方向和范围，为侦查破案提供线索和证据。最后，通过对各种痕迹、物品的分析研究，往往能够起到缩小侦查范围，甚至直接认定或者否定犯罪嫌疑人的作用。

侦查人员是行使现场勘查职权的法定主体。考虑到犯罪是复杂的社会现象，犯罪手段、形式多种多样，特别是利用现代科学技术手段进行的犯罪，采用一般的检查往往难以得出正确结论，必须采用科学的方法和专门技术，运用专门知识，才能查明案件真实情况，为了保证勘验、检查结果的可靠性，本条规定，在必要的时候，可以指派或者聘请具有专门知识的人进行勘验、检查。但是，他们不具有独立的勘查主体资格，其参与勘查的活动必须在侦查人员的主持下进行。

第一百二十九条 任何单位和个人，都有义务保护犯罪现场，并且立即通知公安机关派员勘验。

【释义】本条是关于犯罪现场保护的规定。

犯罪现场，是指犯罪行为人实施犯罪的地点和其他遗留有与犯罪有关的物品、痕迹的一切场所。犯罪现场保护，是指为了使犯罪现场的痕迹、物证免受破坏，由公安人员等有关人员对现场进行的封锁、警戒和对痕迹、物证实施的一系列保全、维护措施。

保护犯罪现场，既是公民、单位的法定义务，也是公安机关的法定职责。由于公民对犯罪现场的保护是非专业的保护，并且为了贯彻“勘查现场必须及时”的原则，发现犯罪现场的任何单位和个人，在进行犯罪现场保护的同时，需要立即通知公安机关，以开展现场勘查工作。

第一百三十条　侦查人员执行勘验、检查，必须持有人民检察院或者公安机关的证明文件。

【释义】 本条是关于勘验、检查的证明文件的规定。

侦查人员在执行勘验、检查任务时，必须持有人民检察院或者公安机关的证明文件，以证明检察人员或公安人员的身份及执行勘验、检查的任务，防止其他单位或个人滥用勘验、检查权，干扰或破坏侦查活动的顺利进行。这里的“证明文件”是指由检察长签发的检查证或公安机关开具的《刑事案件现场勘验检查证》。

第一百三十一条　对于死因不明的尸体，公安机关有权决定解剖，并且通知死者家属到场。

【释义】 本条是关于尸体解剖的程序的规定。

尸体解剖是尸体检验中经常使用的检验手段，即在尸体检验中遇有死因不明的情况时，解剖尸体、查看内伤、取样化验等，以查明死因。

勘验、检查有尸体的现场，应当有法医参加。为了确定死因，经县级以上公安机关负责人批准，可以解剖尸体或者开棺检验，并且通知死者家属到场，并让其在《解剖尸体通知书》上签名或者盖章。死者家属无正当理由拒不到场或者拒绝签名、盖章的，不影响解剖或者开棺检验，但是应当在《解剖尸体通知书》上注明。对于身份不明的尸体，无法通知死者家属的应当在笔录中注明。对于已查明死因，没有继续保存必要的尸体，应当通知家属领回处理，对无法通知或者通知后家属拒绝领回的，经县级以上公安机关负责人批准，可以及时处理。

解剖尸体应严格按照卫生部《解剖尸体规则》进行，还应当尊重当地群众的风俗习惯，保持尸体外貌的完整。尸体解剖应写明结论，如确定的死亡时间、原因、损伤情况等。

第一百三十二条　为了确定被害人、犯罪嫌疑人的某些特征、伤害情况或者生理状态，可以对人身进行检查，可以提取指纹信息，采集血液、尿液等生物样本。

犯罪嫌疑人如果拒绝检查，侦查人员认为必要的时候，可以强制检查。

检查妇女的身体，应当由女工作人员或者医师进行。

【释义】本条是关于人身检查的规定。

2012年《刑事诉讼法》在1996年《刑事诉讼法》第105条规定的基础上，增加了强制采样的规定，即“提取指纹信息，采集血尿液等生物样本”的规定。2018年《刑事诉讼法》坚持了这一规定。

根据本条第1款规定，人身检查，是指为了确定被害人、犯罪嫌疑人的某些特征、伤害情况或者生理状态，对其人身进行检验、查看的一种侦查活动。由体表检查到提取指纹信息，采集血液、尿液等生物样本的“侵入性检查”，是由生物物证鉴定在办案中的重要作用决定的。生物物证鉴定能够解决司法实践中的个人识别问题，判断若干生物物证检材之间或者生物物证检材与样本是否来自于同一个体。在采集这些生物样本后，公安机关应当从公民的隐私权出发，注意为被采集人保密。

人身检查涉及公民的人身权利和自由，因此，必须严格按照法律规定进行。一是人身检查只能由侦查人员进行，必要时可以邀请医师参加。二是犯罪嫌疑人如果拒绝检查，侦查人员认为必要的时候，可以强制检查，但是对被害人不得强制检查。三是检查妇女的身体，应当由女工作人员或者医师进行。对强奸案件的被害妇女，一般不得进行生殖器和处女膜检查。个别确实需要检查的，应当征得被害人及其家长或亲属的同意。

第一百三十三条 勘验、检查的情况应当写成笔录，由参加勘验、检查的人和见证人签名或者盖章。

【释义】本条是关于勘验、检查笔录的规定。

勘验、检查笔录，是指侦查人员在勘验、检查过程中运用文字的形式，对勘验、检查情况所做的客观真实的记录。勘验、检查笔录是法定的证据形式之一，应当按照法律有关规定，根据固定的结构来制作，要求客观、全面。勘验、检查笔录包括现场勘查笔录、物品检验笔录、尸体检验笔录和人身检查笔录。侦查人员和其他参加勘查的人员、参加检验的人员、检查人员、死者的家属和见证人，根据不同的笔录类型进行签名或者盖章。签名或者盖章的意义主要有两点：一是表明笔录来源、出处，便于核查；二是加强勘验、检查人员的责任心，以利于获得准确、科学的勘验、检查结果。

第一百三十四条 人民检察院审查案件的时候，对公安机关的勘验、检查，认为需要复验、复查时，可以要求公安机关复验、复查，并且可以派检察人员参加。

【释义】本条是关于复验、复查的规定。

根据本条规定，人民检察院审查案件的时候，对公安机关的勘验、检查认为有错误或有疑点，可以要求公安机关进行复验、复查。复验、复查是侦查人员对已经勘验、检查过的与犯罪有关的场所、物品、尸体和人身等，再次进行勘验、检查的侦查活动。为了全面地了解复验、复查的情况，便于对案件的审查，公安机关复验、复查时，人民检察院可以派员参加。这也是人民检察院对公安机关的侦查活动实施监督的具体体现。对人民检察院要求复验、复查的，公安机关应当及时进行复验、复查，并通知人民检察院派员参加。

第一百三十五条 为了查明案情，在必要的时候，经公安机关负责人批准，可以进行侦查实验。

侦查实验的情况应当写成笔录，由参加实验的人签名或者盖章。

侦查实验，禁止一切足以造成危险、侮辱人格或者有伤风化的行为。

【释义】本条是关于侦查实验的规定。

侦查实验，是指为了确定与案件有关的某一事实在某种条件下能否发生、怎样发生而按照原来的条件，将该事实加以重演或者进行试验的一种侦查活动。"必要的时候"，是指以下情况：(1) 确定在一定条件下能否听到或者看到；(2) 确定在一定时间内能否完成某一行为；(3) 确定在什么条件下能够发生某种现象；(4) 确定在某种条件下某种行为和某种痕迹是否吻合一致；(5) 确定在某种条件下使用某种工具可能或者不可能留下某种痕迹；(6) 确定某种痕迹在什么条件下会发生变异；(7) 确定某种事件是怎样发生的。

为了保证侦查实验的科学性和合法性，进行侦查实验应当遵循以下程序和要求：(1) 应当经县级以上公安机关负责人批准。(2) 由侦查人员负责进行，如果需要某种专门知识或技能，则应当聘请或指派有关专业人员参加。(3) 在进行实验时，应当邀请两名见证人进行见证。(4) 侦查实验的情况应当写成笔录，由参加实验的人签名或者盖章。(5) 进行侦查实验，严禁一切足以造成危险、侮辱人格或有伤风化的行为。

第五节　搜　查

第一百三十六条　为了收集犯罪证据、查获犯罪人，侦查人员可以对犯罪嫌疑人以及可能隐藏罪犯或者犯罪证据的人的身体、物品、住处和其他有关的地方进行搜查。

【释义】本条是关于搜查目的、对象的规定。

本条的内容有如下几个方面：

1. 搜查的目的。根据本条的规定，搜查的目的是收集犯罪证据和查获犯罪人。收集犯罪证据，即侦查人员在侦查过程中通过对有关人身或场所的搜查，发现和收集与犯罪有关的证据，为查清犯罪事实提供有用的信息。查获犯罪人，即通过对犯罪嫌疑人的住处或犯罪嫌疑人可能藏匿的其他场所进行搜查，发现犯罪的人并将其抓获。

2. 搜查的对象。侦查人员可以对以下人员、物品、地方进行搜查：（1）犯罪嫌疑人。（2）可能隐藏犯罪证据的人的身体。（3）可能隐藏犯罪证据的物品。（4）可能隐藏罪犯或者犯罪证据住处和其他有关的地方。

3. 搜查的分类。根据本条的规定，我们将对人的身体及随身物品的搜查归为人身搜查，将对住处、其他有关地方的搜查归类为场所搜查。这样分类的依据是对人身和场所搜查所可能危及公民权利的方面的差异。一般而言，人身搜查可能危及的是人身权，以及以人的身体为载体的人身隐私；而对住处等地方所进行的搜查可能危及的是财产权、住宅安全，以及以住宅为空间保障的信息和隐私。由于搜查可能危及的权利的差异，法律对两类权利的保护也存在差异，保护的力度和权利救济的形式也有所不同。

第一百三十七条　任何单位和个人，有义务按照人民检察院和公安机关的要求，交出可以证明犯罪嫌疑人有罪或者无罪的物证、书证、视听资料等证据。

【释义】本条是关于搜查效力的规定。

本条的主要内容是规定了公民对侦查机关依法搜查的配合义务。配合专门国家机关同犯罪行为作斗争是一切单位和公民应尽的义务，侦查机关为了寻找证据、查明案件事实而对有关人身、物品、场所进行搜查，任何单位和个人都应当配合。人民检察院和公安机关有证据证明有关单位和个人有证据可提交而不提交的，可以责令其在合理期限内提交证据，如超过期限仍不提交证据，情节严重的，可追究单位负责人和负有提交证据责任的人员的法律责任。

第一百三十八条　进行搜查，必须向被搜查人出示搜查证。

在执行逮捕、拘留的时候，遇有紧急情况，不另用搜查证也可以进行搜查。

【释义】本条是关于搜查证的规定。

本条的主要内容是对搜查时出示相应法律文书的要求。搜查证是侦查人员依法进行搜查的法律凭证，出示搜查证是为了证明搜查的合法性，确保依法搜查，防止非法搜查，保障公民合法的人身、财产权利和住宅不受侵犯的权利。

进行搜查必须向被搜查单位或个人出示搜查证，换句话说，就是侦查机关的搜查必须是有证搜查。这是搜查的一般原则。但是，在执行逮捕、拘留的时候，如遇紧急情况，不另用搜查证也可以进行搜查。这是有证搜查的一个例外情况。其原因是在侦查中在紧急情况下不立即搜查，可能给社会造成危害或者失去获取证据的时机，另外，遇有紧急情况不另用搜查证搜查的前提条件是在执行逮捕、拘留的时候实施的，而我国的逮捕、拘留是必须持有逮捕证、拘留证的，逮捕证、拘留证又是经过批准才获得的，因此，无证搜查也是有控制的。

本条中的“紧急情况”，主要是指被执行逮捕、拘留的人身藏凶器或引爆装置、剧毒物品或者在其住处放置爆炸物品等，可能发生自杀、凶杀及其他危害他人或公共安全的情况，或者有毁弃、转移罪证等行为等。

第一百三十九条　在搜查的时候，应当有被搜查人或者他的家属，邻居或者其他见证人在场。

搜查妇女的身体，应当由女工作人员进行。

【释义】本条是关于搜查见证人和对妇女进行搜查的要求的规定。

为了证实搜查情况，增强搜查所取得的证据的真实性、可靠性，保障公民的合法权益不受非法侵犯，以及防止被搜查人诬告侦查人员违法搜查，本条规定，搜查的时候应当有被搜查人或者他的家属、邻居或者其他见证人在场。搜查到的与案件有关的物品，应当让见证人查看。所谓其他见证人，是指与案件无利害关系的公民，可以是被搜查人所在单位的负责人、所在地居民委员会的治保主任等。

为了加强对妇女的保护，防止侦查人员在搜查妇女的身体时出现人身侮辱等违法行为，防止被搜查人诬告陷害侦查人员，搜查妇女的身体，应当由女性侦查人员进行，见证人也必须是女性。

第一百四十条 搜查的情况应当写成笔录，由侦查人员和被搜查人或者他的家属，邻居或者其他见证人签名或者盖章。如果被搜查人或者他的家属在逃或者拒绝签名、盖章应当在笔录上注明。

【释义】本条是关于搜查笔录的规定。

搜查是侦查中获得证据、查获犯罪人的重要手段，搜查的笔录也是重要的证据。为了保证侦查机关的搜查行为合法有效，通过搜查所获取的证据材料真实可靠，法律规定必须将搜查情况写成笔录，并且要求侦查人员和被搜查人或者他的家属、邻居或者其他见证人在笔录上签名或盖章。如果被搜查人或者他的家属在逃或者拒绝签名、盖章，应当在笔录上注明，以证明搜查时的情况。

第六节 查封、扣押物证、书证

第一百四十一条 在侦查活动中发现的可用以证明犯罪嫌疑人有罪或者无罪的各种财物、文件，应当查封、扣押；与案件无关的财物、文件，不得查封、扣押。

对查封、扣押的财物、文件，要妥善保管或者封存，不得使用、调换或者损毁。

【释义】本条是关于查封、扣押的一般规定。

2012年《刑事诉讼法》在1996年《刑事诉讼法》的基础上对本条作出了修改，主要修改有四处：一是将适用查封和扣押手段的场合由“在勘验、搜查中”改为“在侦查活动中”；二是将查封、扣押的对象由“物品”改为“财物”；三是将在原“扣押”手段的基础上增加了“查封”手段；四是对于查封、扣押的财物和文件，在原“不得使用或者损毁”的基础上增加了“不得调换”的规定。2018年《刑事诉讼法》延续了这些规定。

《刑事诉讼法》将扣押对象由“物品”修改为“财物”，主要是解决实践中有价证券、房产证、股票等有一定财产属性的物品作为扣押对象的问题。本条的“财物”包括财产和物品。财产又包括动产和不动产。扣押手段往往针对动产，查封手段往往针对不动产。

实践中，有的侦查机关存在滥用查封、扣押措施和对查封、扣押的文件和财物保管不善的现象，有的甚至将查封、扣押的汽车、房产等用于办案活动，从而出现丢失、毁损的现象，严重影响了侦查机关的形象和公信力。本条规定，对与案件无关的财物、文件，不得查封、扣押，对于查封、扣押的财物、文件，要妥善保管或者封存，不得使用、调换或者损毁，这对于保护犯罪嫌疑人及其家属等相关人员的合法财产权具有积极的意义。

第一百四十二条　对查封、扣押的财物、文件，应当会同在场见证人和被查封、扣押财物、文件持有人查点清楚，当场开列清单一式二份，由侦查人员、见证人和持有人签名或者盖章，一份交给持有人，另一份附卷备查。

【释义】本条是关于查封、扣押财物的规定。

本条的主要内容是关于扣押犯罪嫌疑人查封、扣押财物的程序要求。根据本条的规定，侦查人员认为需要查封、扣押犯罪嫌疑人的财物的，应当邀请见证人在场，并会同见证人和被查封、扣押财物、文件的持有人一起共同清点，以准确确定查封、扣押的财物、文件的数量和种类。司法实践中，查封、扣押的财物、文件往往被作为物证和书证使用，物证、书证的来源是否合法有效，直接影响着这类证据的效力，为避免在后续的诉讼行为可能产生的查封、扣押的财物、文件的争议，侦查人员在查封、扣押时应注意以下几点：

一是物品、文件的持有人必须在场，以确保被扣押财物、文件的真实可靠。侦查人员应当着持有人的面对财物、文件的数量进行清点，并对财物、文件的种类、颜色等特征属性进行详细记载，并当场制作扣押清单，由财物、文件的持有人在确认被扣押物品、文件的数量和种类后签字。

二是应有见证人在场。侦查人员应邀请与案件没有利害关系的第三方对查封、扣押的过程进行见证。这种见证，是对侦查人员查封、扣押行为以及查封、扣押的财物、文件的种类和数量是否准确进行监督，以保证查封、扣押行为的合法准确。因此，如果见证人认为被查封、扣押的财物、文件的种类和数量与清单记载不符，见证人可以提出不同意见或拒绝在清单上签字。

三是扣押清单应由侦查人员、见证人、物品文件持有人签名或盖章。签字或盖章是对清单记载内容的认可。因此，侦查人员应提醒见证人、物品文件持有人仔细核对扣押清单的内容是否与实际被扣押的物品在种类和数量上是否一致。另外，应制作一式两份的扣押清单，一份交给持有人，一份附卷备查。

第一百四十三条 侦查人员认为需要扣押犯罪嫌疑人的邮件、电报的时候，经公安机关或者人民检察院批准，即可通知邮电机关将有关的邮件、电报检交扣押。

不需要继续扣押的时候，应即通知邮电机关。

【释义】本条是关于扣押邮件、电报的规定。

本条的主要内容是扣押犯罪嫌疑人邮件、电报的条件、批准和执行程序及其解除的相关问题。根据本条的规定，侦查人员认为需要扣押犯罪嫌疑人的邮件、电报的时候，经公安机关或者人民检察院批准，即可通知邮电机关将有关的邮件、电报检交扣押。不需要继续扣押的时候，应即通知邮电机关。扣押邮件、电报必须是出于侦查案件的需要。我国《宪法》明确规定，除因国家安全或者追查刑事犯罪的需要，由公安机关或者检察机关依照法律规定的程序对通信进行检查外，任何组织或者个人不得以任何理由侵犯公民的通信自由和通信秘密。我国《刑法》对侵犯公民通信自由权利的犯罪和邮政工作人员私自开拆或者隐匿、毁弃邮件、电报的犯罪也都作了明确规定。因此，我国公民的通信自由和通信秘密受到国家法律的严格保护，不得任意侵犯。对犯罪嫌疑人，同样要保护他们的通信自由权利，不得对其邮件、电报随意进行扣押。《刑事诉讼法》规定的“侦查人员认为需要扣押犯罪嫌疑人的邮件、电报”，一般而言是指扣押的邮件、电报与案件有关，能够对相关的案件事实起到证明作用，这种证明作用是其他证据材料难以替代的。根据本条的规定，与案件无关的邮件、电报不能扣押。

扣押邮件、电报的对象，是邮电机关投递中的书信、电报，即邮电机关已交付寄送、尚未到达的邮件和电报。扣押犯罪嫌疑人的邮件、电报包括扣押他人发给犯罪嫌疑人的和犯罪嫌疑人发给他人的邮件、电报，其中邮件是指通过邮政部门寄递的信件、印刷品、邮包、汇款通知以及报刊等。

扣押犯罪嫌疑人的邮件、电报必须经过公安机关或者人民检察院批准，邮电机关协助执行。侦查人员认为需要扣押犯罪嫌疑人的邮件、电报的时候，要报请所在的公安机关或者人民检察院批准，经过批准后方可进行扣押。执行扣押时，一般要当面通知邮电机关，侦查人员除了出示必要的工作证件外，还应当出示公安机关或者人民检察院决定扣押邮件、电报的法律文书。对扣押的邮件、电报，应当开列清单，由侦查人员和有关邮电工作人员签名或者盖章。

不需要继续扣押的时候，即案件已经发生变化或者邮件、电报所涉及的犯罪事实已经查清，该邮件、电报不作为证据使用，继续扣押邮件、电报已经失去意义的时候，侦查机关应当立即通知邮电机关解除扣押，以维护邮电机关的正常工作秩序，保护犯罪嫌疑人和其他公民的合法权利。

第一百四十四条　人民检察院、公安机关根据侦查犯罪的需要，可以依照规定查询、冻结犯罪嫌疑人的存款、汇款、债券、股票、基金份额等财产。有关单位和个人应当配合。

犯罪嫌疑人的存款、汇款、债券、股票、基金份额等财产已被冻结的，不得重复冻结。

【释义】本条是关于查询、冻结存款、汇款、债券、股票、基金份额等财产的规定。

2012 年《刑事诉讼法》在 1996 年《刑事诉讼法》的基础上增加“债券、股票、基金份额等财产”为查询、冻结的对象。2018 年《刑事诉讼法》坚持了这一规定。

查询、冻结犯罪嫌疑人的存款、汇款、债券、股票、基金份额等财产是侦查犯罪的实际需要。我国《宪法》规定，公民的合法财产受国家保护，不受非法侵犯。根据《宪法》的规定精神，《中华人民共和国商业银行法》明确规定，对个人、单位存款，商业银行有权拒绝任何单位或者个人查询、冻结、扣划，但法律另有规定的除外；《中华人民共和国邮政法》也明确规定，用户交汇的汇款和储蓄的存款受法律保护，除法律另有规定外，任何组织或者个人不得检查、扣留。《刑事诉讼法》规定，人民检察院、公安机关根据需要，可以查询、冻结犯罪嫌疑人的存款、汇款，这是考虑到查清案件事实、惩罚犯罪，保护国家、集体、公民利益的需要，防止犯罪分子转移罪证和赃款，也可以防止这些款项被再次用于犯罪。因此，查询、冻结犯罪嫌疑人的存款、汇款、债券、股票、基金份额等财产是司法机关侦查犯罪的重要措施，是打击犯罪特别是经济领域犯罪、减少和挽回公私财产损失的有效手段。侦查机关在查询、冻结犯罪嫌疑人的存款、汇款、债券、股票、基金份额等财产时，应当限于属于犯罪嫌疑人本人的财产并且与犯罪有关的范围，这些存款、汇款债券、股票、基金份额等财产或者用于犯罪，或者是犯罪的违法所得；不属于犯罪嫌疑人本人的或者与犯罪无关的存款、汇款，侦查机关不应当查询、冻结。

查询、冻结犯罪嫌疑人的存款、汇款、债券、股票、基金份额等财产是法律赋予人民检察院、公安机关的侦查权力，有关单位和人员应当协助、配合。侦查人员在执行查询、冻结存款、汇款、债券、股票、基金份额等财产任务时，应当向银行、邮政储蓄等部门出示人民检察院、公安机关查询、冻结犯罪嫌疑人存款、汇款、债券、股票、基金份额等财产的决定；未经人民检察院、公安机关决定，侦查人员无权自行对犯罪嫌疑人的存款、汇款、债券、股票、基金份额等财产进行查询、冻结，同时查询、冻结还必须依照法律、司法解释以及有关规定进行。

第一百四十五条 对查封、扣押的财物、文件、邮件、电报或者冻结的存款、汇款、债券、股票、基金份额等财产，经查明确实与案件无关的，应当在三日以内解除查封、扣押、冻结，予以退还。

【释义】本条是关于解除查封、扣押、冻结的规定。

2012 年《刑事诉讼法》在 1996 年《刑事诉讼法》的基础上对本条进行了修改。主要修改有两处：一是将“扣押”改为“查封、扣押”；二是将“物品”改为“财物”。将扣押对象由“物品”修改为“财物”，主要是解决实践中具有一定财产属性的有价证券、房产证、股票等作为扣押对象的问题。2018 年《刑事诉讼法》坚持了这些规定。

根据本条规定，侦查人员对查封、扣押的财物、文件、邮件、电报或者冻结的存款、汇款、债券、股票、基金份额等财产，应当及时进行认真审查，经审查后，经查明确实与案件无关的，应当在 3 日以内解除查封、扣押、冻结，予以退还。查封、扣押的财物、文件、邮件、电报或者冻结的存款、汇款、债券、股票、基金份额等财产是为了查明犯罪、证实犯罪，及时、准确地惩罚犯罪，保护国家、集体和公民的合法权益。在惩罚犯罪的同时，要切实保障公民的合法权利，所以，本条明确地规定了在查明确实与案件无关后解除查封、扣押、冻结的期限。其中，“查明确实与案件无关”是指经过侦查，询问证人，讯问犯罪嫌疑人，调查核实证据，并对查封、扣押、冻结的财物、文件、邮件、电报或者冻结的存款、汇款、债券、股票、基金份额等财产进行认真研究，认定该查封、扣押的财物、文件、邮件、电报或者冻结的存款、汇款、债券、股票、基金份额等财产并非违法所得，也不具有证明犯罪嫌疑人是否犯罪、罪轻、罪重的作用，不能作为证据使用的，“三日以内解除查封、扣押、冻结，予以退还”。

第七节 鉴 定

第一百四十六条 为了查明案情，需要解决案件中某些专门性问题的时候，应当指派、聘请有专门知识的人进行鉴定。

【释义】本条是关于鉴定人的规定。

案件中的专门性问题，是泛指司法鉴定的对象和范围。“专门性问题”，是指众所周知的事实、自然规律及定理、根据日常生活经验法则推定的事实以外的运用一般调查、侦查方法难以解决的科学技术方面的问题。这些问题的具体范围或具体对象，在司法鉴定条例或部门鉴定细则中都有具体限定。只有列入鉴定对象的专门性问题，其鉴定意见才具备证据材料资格；没有规定的或者被明确排除的专门性问题不能作为司法鉴定对象，其鉴定意见不具备证据材料资格。在我国《刑事诉讼法》中规定的司法鉴定对象仅限于案件中的“某些专门性问题”，一般认为是指在科学技术方面的问题中，得到法律确认、经过鉴定其意见可以作为证据材料的那一部分科学技术问题。

第一百四十七条 鉴定人进行鉴定后，应当写出鉴定意见，并且签名。

鉴定人故意作虚假鉴定的，应当承担法律责任。

【释义】本条是关于鉴定人义务的规定。

本条是2012年《刑事诉讼法》对1996年《刑事诉讼法》第120条的修改，主要修改有两处：一是将“鉴定结论”改为“鉴定意见”；二是删除了1996年《刑事诉讼法》关于人身伤害、精神病医学鉴定重新鉴定的规定。2018年《刑事诉讼法》坚持了这些规定。

“鉴定结论”改为“鉴定意见”，使法律条文的表述更科学。鉴定意见，是指司法鉴定人进行鉴定后，就提请鉴定的专门性问题所作的结论性意见。目前，我国司法实践中已经使用的鉴定意见主要包括鉴定结论、分析意见、测算意见、咨询意见四类。这四类鉴定意见分别以鉴定书、分析意见书、测算意见书和咨询意见书的书面形式表达中，将“鉴定结论”改为“鉴定意见”。该次修改时吸收了2005年全国人大常委会通过的《关于司法鉴定管理问题的决定》中的提法，因为鉴定的结果只是鉴定人个人的认识和判断，表达的也只是鉴定人的个人意见，对整个案件来说，它只是诸多证据中的一种，而不是最终的裁判认定结论，使用“鉴定结论”容易产生误导，所以用“鉴定意见”更为恰当。

人身伤害和精神病医学鉴定在刑事司法实践中经常产生争议，并且容易造成重新鉴定。这次修法删除了原《刑事诉讼法》关于重新鉴定的规定，这一方面是因为重新鉴定的机构及对重新鉴定的要求可以由相关行政法规和部门规章进行规定，《刑事诉讼法》对此不宜规定过细；另一方面是为我国今后对司法鉴定的体制以及证据法规范中认证的问题进行改革完善留出余地。

本条规定的鉴定人义务有两项：

一是鉴定人进行鉴定后，应当写出鉴定意见，鉴定人应在鉴定意见上签名。这既是对鉴定人的要求，也是对鉴定意见的形式的要求。过去司法实践中存在由鉴定机构在鉴定报告上盖章、鉴定人不签名的情况，这不利于审查鉴定意见的客观性和证明力。鉴定人在鉴定意见上签名，表明该意见系由其本人作出，其对该鉴定意见承担责任，以其特有的专业知识、实践经验以及职业道德保证其鉴定意见的科学、客观和真实。

二是鉴定人应如实出具鉴定意见，不得故意作虚假鉴定。鉴定人对刑事诉讼中的专门问题出具意见，往往直接影响案件事实的认定和案件中实体问题的处理，因此鉴定人必须如实提供鉴定意见，否则应承担法律责任。

第一百四十八条　侦查机关应当将用作证据的鉴定意见告知犯罪嫌疑人、被害人。如果犯罪嫌疑人、被害人提出申请，可以补充鉴定或者重新鉴定。

【释义】本条是关于补充鉴定或者重新鉴定的规定。

本条规定，用作证据的鉴定意见应当告知犯罪嫌疑人、被害人。其中，“用作证据的鉴定意见”，是指经过专门机构进行鉴定后形成的专门性问题的鉴定意见，经侦查机关审查核实后，认为可以作为证据使用的鉴定意见，告知犯罪嫌疑人、被害人。用作证据的鉴定意见必须是书面的，因为用作证据的鉴定意见，直接关系到对案件事实的认定，对犯罪嫌疑人和被害人有着直接的利害关系，所以将鉴定意见告知犯罪嫌疑人、被害人，使其有机会申请补充鉴定或者重新鉴定，体现了对犯罪嫌疑人、被害人诉讼权利的保障。本条规定的申请“补充鉴定”，是指犯罪嫌疑人或者被害人认为鉴定意见有疑点、鉴定意见与案件事实因果关系不明确或者所提供的鉴定意见有遗漏等，可能影响对案件事实的认定，使自己的合法权益受到损害而提出的申请，对犯罪嫌疑人或者被害人提出的申请，侦查机关应当重新进行审查，认为原鉴定意见正确的，应当驳回申请人的申请，并说明理由；如果原鉴定意见确有疑点、遗漏或者因果关系不明显，应当要求鉴定人补充鉴定，并将补充鉴定的意见及时告知申请人。“重新鉴定”，是指犯罪嫌疑人或者被害人有充足的理由证明鉴定意见确有错误或者鉴定人应当回避而没有回避，以及其他原因影响鉴定人作出正确鉴定的，其鉴定意见可能影响案件公正处理，而提出的申请。对犯罪嫌疑人或者被害人提出的申请，侦查机关应当重新进行审查，认为原鉴定意见正确，不存在申请人提出需要重新鉴定情形的，应当驳回申请，维持原鉴定意见并应当说明理由。如果原鉴定意见确有错误或者鉴定人该回避而没有回避的，应当重新鉴定，对于应回避的鉴定人员所作的鉴定进行重新鉴定的，侦查机关应当重新聘请或指派鉴定人员进行鉴定。

第一百四十九条　对犯罪嫌疑人作精神病鉴定的期间不计入办案期限。

【释义】本条是关于精神病鉴定期间不计入办案期限的规定。

实践中，由于对犯罪嫌疑人精神状态的确定比较复杂，情况也多种多样，往往需要经过一段时间的鉴定工作才能得出鉴定意见。而这段时间的长短与作精神病鉴定的医院和犯罪嫌疑人的病情密切相关，而非司法机关所能控制，因此，为确保对此类案件作出慎重的鉴定意见，对犯罪嫌疑人作精神病鉴定的期间不计入办案期限。

所谓对犯罪嫌疑人作精神病鉴定的期间，是指司法机关在办案过程中认为需要对犯罪嫌疑人作精神病鉴定时，在省、自治区、直辖市人民政府指定的医院开始对犯罪嫌疑人进行鉴定时起，到得出鉴定结论时为止的期间。所谓不计入办案期限，是指不计入侦查羁押期限。其他鉴定，如对被害人作伤情鉴定的时间，都应当计入办案期限。

第八节　技术侦查措施

第一百五十条　公安机关在立案后，对于危害国家安全犯罪、恐怖活动犯罪、黑社会性质的组织犯罪、重大毒品犯罪或者其他严重危害社会的犯罪案件，根据侦查犯罪的需要，经过严格的批准手续，可以采取技术侦查措施。

人民检察院在立案后，对于利用职权实施的严重侵犯公民人身权利的重大犯罪案件，根据侦查犯罪的需要，经过严格的批准手续，可以采取技术侦查措施，按照规定交有关机关执行。

追捕被通缉或者批准、决定逮捕的在逃的犯罪嫌疑人、被告人，经过批准，可以采取追捕所必需的技术侦查措施。

【释义】本条是关于技术侦查的适用主体、适用条件、执行主体的规定。

在我国，技术侦查，是指侦查机关为了侦查犯罪而采取的特殊侦查措施，包括电子侦听、电话监听、电子监控、秘密拍照或录像、秘密获取某些物证、邮件检查等秘密的专门技术手段。随着我国社会转型步伐的加快，各种严重暴力犯罪、有组织犯罪和高科技犯罪均呈现上升态势。与此同时，传统侦查手段已经越来越难以适应这种多发性、复杂性和智能性的犯罪态势。为了对抗犯罪升级、打破侦查僵局，结合技术侦查手段的执法成本相对低廉、证据证明力较高的特点，2012 年《刑事诉讼法》增加了技术侦查措施的内容。2018 年《刑事诉讼法》删除了该条文第 2 款中关于重大的贪污贿赂犯罪案件的情形，与《监察法》实现了衔接。对重大的贪污贿赂犯罪案件的技术调查由《监察法》进行了明确规定。

本条规定的内容主要包括了技术侦查的适用主体、适用条件、执行主体三个方面。

在适用主体方面，《刑事诉讼法》授权适用技术侦查的机关包括公安机关和人民检察院，而《监察法》则授权监察机关依法适用技术调查措施。

在技术侦查的适用条件方面，首先，必须遵循立案后方可适用的标准。无论是公安机关还是检察机关侦查的案件，都要遵循这一时间标准。其次，在技术侦查适用的案件范围上，由于公安机关和检察机关所管辖案件的种类和性质不同，因此，两大机关可以适用技术侦查的案件范围并不相同，但也都必须要遵循重罪原则。根据本条的规定，公安机关可以对危害国家安全犯罪、恐怖活动犯罪、黑社会性质的组织犯罪、重大毒品犯罪或者其他严重危害社会的犯罪案件适用技术侦查措施。检察机关对于利用职权实施的严重侵犯公民人身权利的重大犯罪案件可以适用技术侦查措施。

在执行主体方面，根据本条的规定是按照规定交有关机关执行。

本条还对在追捕环节适用技术侦查措施的条件作出了单独规定。在追捕被通缉或者被批准、决定逮捕的在逃的犯罪嫌疑人、被告人时，可以不受严重犯罪才可适用技术侦查措施的条件限制，采用追捕所必需的技术侦查措施。

第一百五十一条　批准决定应当根据侦查犯罪的需要，确定采取技术侦查措施的种类和适用对象。批准决定自签发之日起3个月以内有效。对于不需要继续采取技术侦查措施的，应当及时解除；对于复杂、疑难案件，期限届满仍有必要继续采取技术侦查措施的，经过批准，有效期可以延长，每次不得超过三个月。

【释义】本条是关于技术侦查批准决定内容和适用期限的规定。

根据本条规定，在审批适用技术侦查措施的申请时，应当在批准决定中明确两项内容，一是采取技术侦查措施的种类，二是具体的适用对象。侦查部门和执行部门在实施技术侦查措施时，必须要按照批准决定中所明确的一种或几种技术侦查措施针对具体的对象开展技侦工作。在适用期限方面，技术侦查的批准决定自签发之日起三个月内有效。也就是说，在一般情况下，技术侦查措施的适用期限为3个月。考虑到有些复杂、疑难的案件，3个月的期限届满后，仍有继续采取技术侦查措施的必要，法律允许侦查机关在此种情况下申请延长适用期限。但每次延长的期限都不能超过3个月。而对于在案件侦查过程中，不需要继续采取技术侦查措施的，应当及时予以解除。

第一百五十二条 采取技术侦查措施，必须严格按照批准的措施种类、适用对象和期限执行。

侦查人员对采取技术侦查措施过程中知悉的国家秘密、商业秘密和个人隐私，应当保密；对采取技术侦查措施获取的与案件无关的材料，必须及时销毁。

采取技术侦查措施获取的材料，只能用于对犯罪的侦查、起诉和审判，不得用于其他用途。

公安机关依法采取技术侦查措施，有关单位和个人应当配合，并对有关情况予以保密。

【释义】本条是关于技术侦查措施的执行、保密以及有关单位和个人的配合义务的规定。

关于技术侦查的执行，本条主要规定了两个方面的内容，一方面，公安机关采取技术侦查措施时，必须严格按照批准决定中的措施种类、对象和期限执行，不得超越批准决定中的内容执行技术侦查措施。另一方面，侦查人员对于在采取技术侦查措施过程中知悉的国家秘密、商业秘密和个人隐私，应当严格保密。对于所获取的与案件无关的信息和事实材料，应当及时予以销毁。技术侦查是一种极易对公民隐私造成侵害的侦查措施，在技术侦查措施实施的过程中，会不可避免地获取其他与案件无关的信息，甚至包括一些国家秘密、商业秘密和个人隐私，因此，本条对于这些信息保密的规定可谓意义重大，是对公民的隐私权利和其他正当权益的重要保障。同时，本条也对通过技术侦查措施获取的材料的用途进行了明确规定，即只能用于对犯罪的侦查、起诉和审判，而不能用作他途。另外，本条也对有关单位和个人的配合义务和保密义务作出了规定。技术侦查措施在实施的过程中，需要有关单位和个人的支持和配合，如电信部门、邮政部门等，没有这些部门和个人的配合，技术侦查就很难取得良好的效果，甚至难以实施。同时，在配合侦查机关实施技术侦查的过程中，这些单位也会了解到案件的一些情况和适用对象的一些个人信息。为了保证技术侦查的顺利实施，有关单位和个人应当配合，并对有关情况予以保密。这也是这些单位和个人应尽的义务。

第一百五十三条　为了查明案情，在必要的时候，经公安机关负责人决定，可以由有关人员隐匿其身份实施侦查。但是，不得诱使他人犯罪，不得采用可能危害公共安全或者发生重大人身危险的方法。

对涉及给付毒品等违禁品或者财物的犯罪活动，公安机关根据侦查犯罪的需要，可以依照规定实施控制下交付。

【释义】本条是关于隐匿其身份实施侦查的规定。

隐匿其身份实施侦查，是指以人力为载体的、以欺骗为表现特征的各种侦查措施。和技术侦查措施一样，隐匿其身份实施侦查也一直未能纳入《刑事诉讼法》中。此次隐匿其身份实施侦查入法积极回应了侦查实践的需要，是对我国侦查法治化的极大促进。

在本条中主要规定了隐匿其身份实施侦查的适用主体、适用条件、审批主体等内容。

在适用主体方面，有权适用隐匿其身份实施侦查的只有公安机关，不包括检察机关，这一点与技术侦查措施不同。在审批主体方面，有权批准实施隐匿其身份实施侦查的必须是县级以上公安机关负责人。在适用中的注意事项方面，由于隐匿其身份实施侦查需要特定人员隐藏身份，采取欺骗的方式进行侦查，法条要求在适用过程中，不能使用诱使他人犯罪和可能危害公共安全或者发生重大人身危险的方法进行隐匿其身份实施侦查，以免诱发新的犯罪或者导致其他危害。

此外，本条也明确授权公安机关可以适用控制下交付的侦查手段。作为一种隐匿其身份实施侦查的手段，控制下交付多用于毒品犯罪的侦查之中，是指禁毒侦查部门发现有关毒品贩运线索或者查获毒品的前提下，将毒品置于侦查机关的严密监视控制下，按照毒贩事先计划或约定的贩运毒品的方向、路线、地点和方式，顺其自然地将毒品最终交付给接货人，使禁毒侦查部门能够控制毒品贩运的全过程，并以此发现和将涉及的所有贩毒人员一网打尽的侦查措施。在侦破涉及给付毒品等违禁品或者财物的犯罪活动时，控制下交付是一种十分有效的侦查手段，但这一手段也一直没有得到我国法律的明确认可。此次修法的授权为公安机关侦破涉及给付毒品等违禁品或者财物的犯罪增添了强有力的手段。

第一百五十四条 依照本节规定采取侦查措施收集的材料在刑事诉讼中可以作为证据使用。如果使用该证据可能危及有关人员的人身安全，或者可能产生其他严重后果的，应当采取不暴露有关人员身份、技术方法等保护措施，必要的时候，可以由审判人员在庭外对证据进行核实。

【释义】本条是关于技术侦查、隐匿其身份侦查获取证据的效力和证据使用的规定。

长期以来，由于缺乏明确的法律依据，通过这些技术侦查、隐匿其身份侦查措施所获得的证据都不能直接作为证据使用。如果要作为证据，还需要经过二次取证，对其进行转化，给侦查人员带来了不必要的负担。此次修法在授权侦查机关可以使用技术侦查、隐匿其身份侦查措施的同时，也明确了通过这些措施所获材料的证据效力问题，结束了通过这些措施所获材料不能作为证据使用的尴尬局面。另外，我国已先后加入了《联合国打击跨国有组织犯罪公约》和《联合国反腐败公约》，这两项公约都允许缔约国主管机关在其领域内酌情使用控制下交付和在其认为适当时使用特殊侦查手段，并允许法庭采信由这些手段获取的证据。因此，本条规定也是我国对已签署国际公约的积极回应。

在证据使用方面，本条明确规定，在使用通过技术侦查措施和隐匿其身份侦查措施收集的证据时，要注意对特定人员的人身安全和有关技术方法的保护。如有必要，可以由审判人员在庭外对证据进行审查、核实。技术侦查、隐匿其身份侦查不同于常规侦查手段。技术侦查措施的功效性主要依赖于有关技术设备和方法，如果有关技术方法泄露，必然会对技术侦查的功效性产生巨大影响。隐匿其身份侦查措施的开展，主要依靠特定人员采用隐匿真实身份的方法获取证据，如果暴露特定人员的真实身份，不仅会对特定人员的人身安全产生极大危险，而且会使特定人员从此失去从事同类隐匿其身份侦查活动的条件。因此，在使用通过技术侦查措施和隐匿其身份侦查措施收集证据时，一定要注意对特定人员的真实身份和有关技术方法的保护。审判人员庭外进行证据核实，是在充分考虑此类特殊侦查措施的自身特点和保密要求之后，对通过这类侦查措施获取的证据在使用方法上的一种特殊规定。

第九节 通 缉

第一百五十五条 应当逮捕的犯罪嫌疑人如果在逃，公安机关可以发布通缉令，采取有效措施，追捕归案。

各级公安机关在自己管辖的地区以内，可以直接发布通缉令；超出自己管辖的地区，应当报请有权决定的上级机关发布。

【释义】 本条是关于通缉的对象与程序的规定。

通缉，是公安机关通令缉拿应当逮捕而在逃的犯罪嫌疑人的一种侦查行为。通缉手段能够充分发动群众，一定区域内的公安机关收到通缉令后，也应协同作战，从而较快地抓获在逃的犯罪嫌疑人。

1. 通缉的对象。通缉的对象只能是依法应当逮捕而在逃的犯罪嫌疑人。具体来说，既包括具备2018年《刑事诉讼法》第81条规定的逮捕条件应当依法逮捕而在逃的犯罪嫌疑人，也包括已被捕而在羁押期间逃脱的犯罪嫌疑人。对于没有犯罪，或者虽然犯罪但情节轻微，不需要逮捕的人，不能通缉。

2. 通缉的主体。公安机关和人民检察院都有权决定通缉，但只有公安机关有权发布通缉令。根据《人民检察院刑事诉讼规则（试行）》第268条、第270条的规定，对于检察机关直接受理的刑事案件，应当逮捕的犯罪嫌疑人如果在逃，或者已被逮捕的犯罪嫌疑人逃脱的，经检察长的批准，可以作出通缉的决定。但检察机关应当将通缉通知书和通缉的基本情况交由公安机关，仍由公安机关发布通缉令，追捕归案。

3. 通缉的范围。公安机关发布通缉令有发布范围的限制。各级公安机关在自己管辖的范围内，可以直接发布通缉令；超出自己的管辖的地区，应当报请有权决定的上级机关发布。

4. 通缉令的制作。通缉令中应当尽可能写明被通缉人的姓名、别名、曾用名、性别、年龄、民族、籍贯、户籍所在地、身份证号码、居住地、职业、衣着和体貌特征、近期照片等，以及发案的时间、地点和简要案情。

5. 通缉令的撤销。犯罪嫌疑人自首、被击毙或者被抓获，并经核实后，原发布机关应当在原通缉范围内，撤销通缉令。

第十节　侦查终结

第一百五十六条　对犯罪嫌疑人逮捕后的侦查羁押期限不得超过二个月。案情复杂、期限届满不能终结的案件，可以经上一级人民检察院批准延长一个月。

【释义】本条是对一般侦查羁押期限的规定。

所谓羁押，是指对适用逮捕措施的犯罪嫌疑人依法进行的拘禁、关押，对犯罪嫌疑人的通信、会见等都有严格限制，主要是为了提高办案的效率，防止犯罪嫌疑人危害社会，保证刑事诉讼的顺利进行。本条的主要内容如下：

1. 侦查羁押期限一般不得超过2个月，从犯罪嫌疑人被逮捕后的第二日起到侦查终结时止。

公安机关和人民检察院对刑事案件的侦查，从立案到侦查终结的期限到底有多长，法律并没有明文规定。因为每个案件的难易、复杂程度不可能完全相同，由法律规定侦查机关在统一的期限内将案件侦查终结是不可能的，也是不现实的。但是，从人权保障的角度来看，侦查机关也不能为了案件侦查的需要将犯罪嫌疑人无限期地羁押下去。因此，法律规定侦查机关对犯罪嫌疑人的羁押期限一般不得超过2个月。也就是说，一般情况下，侦查机关应在法律规定的这个羁押时间内侦查终结案件。

2. 有些案件犯罪情况复杂，在2个月内难以完成侦查任务，可以经上一级检察院批准，将羁押期限延长1个月。

所谓“案情复杂”，实践中难以用同一的标准来衡量，主要是指罪行严重、情节复杂、证据涉及范围广泛、侦查任务繁重、短时间内不能查清的案件，如共同犯罪、作案次数较多，以及犯罪嫌疑人的地位、作用难以分清等。

3. 羁押期限的计算。这里的羁押期限是从逮捕后开始计算的，而不是从拘留后开始计算。

第一百五十七条　因为特殊原因，在较长时间内不宜交付审判的特别重大复杂的案件，由最高人民检察院报请全国人民代表大会常务委员会批准延期审理。

【释义】本条是关于特殊案件延期审理的审批程序的规定。

本条的主要内容如下：

在司法实践中，存在一些特别重大复杂的案件，由于特殊原因的存在，导致其无法在规定的办案期限内完成侦查、起诉工作。为了保证此类案件的公正处理，法律给予了延期审理的特殊规定，但为了防止将犯罪嫌疑人长期羁押，侵害其合法权利，又对延期审理进行了严格规制。案件要延期审理必须具备三个条件：

1. 有特殊原因。所谓特殊原因，主要是指影响案件侦破、审查起诉，不宜交付审判的情形。一般包括几种情况：一是案件事实已经查清，证据确实，而犯罪嫌疑人逃至与我国无刑事司法协助的国家；二是案件特别重大复杂，物证或证人证言等证据在短期内无法取得，或者犯罪嫌疑人患重大疾病无法审讯的；三是因国家利益的需要不宜马上交付审判的；四是其他不宜交付审判的情形。

2. 在较长时间内不宜交付审判。法律对较长时间并没有作明确规定，由最高人民检察院来衡量。

3. 必须由最高人民检察院报全国人大常委会批准。

第一百五十八条　下列案件在本法第一百五十六条规定的期限届满不能侦查终结的，经省、自治区、直辖市人民检察院批准或者决定，可以延长二个月：

（一）交通十分不便的边远地区的重大复杂案件；

（二）重大的犯罪集团案件；

（三）流窜作案的重大复杂案件；

（四）犯罪涉及面广，取证困难的重大复杂案件。

【释义】本条是对侦查机关第二次办理延长羁押期限的规定。

本条的主要内容如下：

公安机关或人民检察院侦查的案件，在本法第156条规定的期限届满不能侦查终结的，经省级检察机关批准或决定，可以再延长2个月。

1. 交通十分不便的边远地区的重大复杂案件。

该条件包括两个方面内容：一是交通十分不便的边远地区，主要是指海岛、深山区等远离城镇，交通工具不能通达或者需要借助专门运输工具才能到达的地方。二是属于重大复杂案件，如果是一般案件，则不能适用本条规定。

2. 重大的犯罪集团案件。

犯罪集团是为了实施犯罪而成立的比较稳定的组织。犯罪集团往往实施犯罪次数较多，内部组织严密复杂，查清其实施的全部犯罪事实难度较大，往往需要更长的时间和更多精力。侦破重大的犯罪集团案件更是难上加难，有必要作为特殊案件给予羁押期限上的特殊规定。

3. 流窜作案的重大复杂案件。

流窜犯罪流动性强，涉及区域较广，证据难以收集，侦破一起案件往往需要多部门的协作，牵涉的精力较大，耗费的时间较多，尤其是重大复杂案件的查清需要更长的时间。因此，对其侦查羁押期限特殊规定有利于打击流窜犯罪。

4. 犯罪涉及面广，取证困难的重大复杂案件。这是指不属于上述三种情形的其他重大复杂案件。

第一百五十九条 对犯罪嫌疑人可能判处10年有期徒刑以上刑罚，依照本法第一百五十八条规定延长期限届满，仍不能侦查终结的，经省、自治区、直辖市人民检察院批准或者决定，可以再延长二个月。

【释义】本条是关于重刑案件侦查羁押期限的再度延长的规定。

本条的主要内容如下：

1. 适用对象。仅限于对犯罪嫌疑人可能判处十年有期徒刑以上刑罚的案件。此处的“可能判处十年有期徒刑以上刑罚”，是指根据现有证据证明的犯罪嫌疑人的主要罪行，比照《刑法》的规定，对犯罪嫌疑人可能判处10年有期徒刑以上刑罚。这仅是在诉讼程序上的判断，而非实体法上的判决。

2. 适用条件。必须是具备本法第158条规定的延长期限届满仍不能侦查终结的，因此，此类重刑案件的侦查羁押期限可以达到7个月。

3. 批准或决定机关。本次延长必须经省、自治区、直辖市人民检察院批准或决定。

第一百六十条 在侦查期间，发现犯罪嫌疑人另有重要罪行的，自发现之日起依照本法第一百五十六条的规定重新计算侦查羁押期限。

犯罪嫌疑人不讲真实姓名、住址，身份不明的，应当对其身份进行调查，侦查羁押期限自查清其身份之日起计算，但是不得停止对其犯罪行为的侦查取证。对于犯罪事实清楚，证据确实、充分，确实无法查明其身份的，也可以按其自报的姓名起诉、审判。

【释义】本条是关于重新计算侦查羁押期限的规定。

2012 年《刑事诉讼法》在 1996 年《刑事诉讼法》第 128 条的基础上作了两处修改，一是增加了对不讲真实姓名、住址，身份不明的犯罪嫌疑人进行身份调查的规定；二是明确了对于犯罪事实清楚，证据确实、充分，确实无法查明其身份的，不仅公安机关可以按其自报的姓名移送人民检察院审查起诉，人民检察院、人民法院也可以按其自报的姓名起诉、审判。2018 年《刑事诉讼法》坚持了这些规定。

本条主要有以下两个方面的内容：

1. 侦查羁押期限的重新计算。重新计算侦查羁押期限，是指在侦查过程中，由于法定事由的出现，导致以前的侦查羁押期限归于无效，自法定事由发生之日起，重新计算侦查羁押期限的情况。按照本条的规定，在侦查过程中，侦查机关如果发现犯罪嫌疑人另外还有重要罪行的，以前进行的侦查羁押期限归于无效，应当自发现该重要罪行之日起依照本法第 156 条的规定重新计算侦查羁押期限。所谓“另有重要罪行”，是指同正在侦查的罪行相比，其罪行的严重程度相当或更为严重的罪行。如果发现了较轻的罪行，也不得适用此款规定。

2. 侦查羁押期限起算的特殊情形及其处理。根据本条的规定，犯罪嫌疑人不讲真实姓名、住址，身份不明的，侦查机关应对其身份进行调查。此时侦查羁押期限应当自查清其身份之日起计算。为了防止一些侦查机关因犯罪嫌疑人身份不明而将案件长期搁置，法律要求侦查机关不得因此而停止对案件的调查。如果经侦查犯罪事实已经查清，证据确实、充分，但其身份仍然未能查清，为了避免案件的拖延，以及羁押的期限过长，法律规定，公安机关可以按其自报的姓名移送检察机关审查起诉，人民检察院可以对其起诉，人民法院可以对其审判。

第一百六十一条　在案件侦查终结前，辩护律师提出要求的，侦查机关应当听取辩护律师的意见，并记录在案。辩护律师提出书面意见的，应当附卷。

【释义】本条是侦查机关听取辩护律师意见的规定。

本条是 2012 年《刑事诉讼法》增加的条文，1979 年的《刑事诉讼法》与 1997 年的《刑事诉讼法》对此没有规定。随着我国民主法治进程的加快，尤其是《中华人民共和国律师法》的颁布实施，律师参与刑事诉讼的时间更为提前，参与的范围更为广泛，地位更为重要。自犯罪嫌疑人第一次被讯问或采取强制措施之日起，律师就能以辩护人的身份参与到诉讼中来。因此，侦查机关应充分尊重辩护律师的人格，听取辩护律师的意见。2018 年《刑事诉讼法》坚持了这些规定。

本条的主要内容如下：

1. 听取意见。本法允许律师在侦查阶段就能以辩护人的身份参与诉讼，辩护律师在侦查终结前有权提出意见。只要辩护律师提出要求的，侦查机关应当听取辩护律师的意见，并在案卷中注明。

2. 书面意见附卷。如果辩护律师提出书面意见的，侦查机关则应当附卷。侦查机关将律师书面的辩护意见附卷可以提高侦查机关办案质量，减少错案的发生；可以有效保障犯罪嫌疑人辩护权的行使；可以体现法律对辩护权以及律师的尊重。

第一百六十二条　公安机关侦查终结的案件，应当做到犯罪事实清楚，证据确实、充分，并且写出起诉意见书，连同案卷材料、证据一并移送同级人民检察院审查决定；同时将案件移送情况告知犯罪嫌疑人及其辩护律师。

犯罪嫌疑人自愿认罪的，应当记录在案，随案移送，并在起诉意见书中写明有关情况。

【释义】本条是关于公安机关侦查终结的条件与程序的规定。

本条第 1 款是 2012 年《刑事诉讼法》第 160 条的内容，2018 年《刑事诉讼法》增加了“犯罪嫌疑人自愿认罪的，应当记录在案，随案移送，并在起诉意见书中写明有关情况”的规定，将其作为第 2 款。

侦查终结，是指侦查机关经过对案件进行一系列的侦查，认为根据已查明的事实和证据，依照法律规定，足以对案件得出结论，已无继续侦查的必要，从而决定结束侦查并作出处理决定的一项诉讼活动。本条的主要内容如下：

1. 侦查终结的条件。（1）犯罪事实已经查清。犯罪嫌疑人的个人情况、犯罪时间、犯罪地点、犯罪动机和目的、犯罪手段、犯罪后果以及其他有关犯罪的具体情节都已查清。（2）案件的证据确实、充分。案件的证据材料来源可靠，证据与案件事实之间的联系清楚，各种证据之间能够相互印证，足以认定犯罪嫌疑人的行为已构成犯罪。(3) 法律手续完备。案件所需的各种手续文书不得缺少、遗漏。以上三个条件必须同时具备，缺一不可。

2. 侦查终结的程序。(1) 制作结案报告。案件经过侦查具备侦查终结条件的，办案人员应制作结案报告，包括犯罪嫌疑人的基本情况、是否采取了强制措施、案件的事实和证据、法律依据和处理意见。结案报告要经县级以上公安机关负责人批准。(2) 移送起诉。对于犯罪事实、情节清楚，证据确实、充分，依法应当追究犯罪嫌疑人刑事责任的，即应制作《起诉意见书》，经县级以上公安机关负责人批准后，然后连同案卷材料、证据一并移送同级人民检察院审查决定。犯罪嫌疑人自愿认罪的，应当记录在案，随案移送，并在《起诉意见书》中写明有关情况。(3) 将案件移送情况告知犯罪嫌疑人及其辩护律师。这一规定对犯罪嫌疑人及其辩护律师了解刑事诉讼进程，对准备下一步的工作、进行有效辩护具有积极意义。

3、认罪记录随案移送。这是将认罪认罚从宽制度的精神一以贯之写入《刑事诉讼法》。

第一百六十三条 在侦查过程中，发现不应对犯罪嫌疑人追究刑事责任的，应当撤销案件；犯罪嫌疑人已被逮捕的，应当立即释放，发给释放证明，并且通知原批准逮捕的人民检察院。

【释义】本条是关于在侦查过程中撤销案件的规定。

本条的主要内容如下：

1. 撤销案件的时间。侦查过程中，是指在侦查阶段的整个过程中，而非单指侦查终结阶段，即何时发现不应对犯罪嫌疑人追究刑事责任，就应何时撤销案件。

2. 撤销案件的条件。侦查机关在侦查过程中只有发现不应对犯罪嫌疑人追究刑事责任的才能撤销案件。“不应对犯罪嫌疑人追究刑事责任”，是指经侦查查明的事实不是犯罪，或者虽有犯罪事实，不是该人所为的，或者属于本法第16条规定的不追究刑事责任的情形。

3. 撤销案件的程序。公安机关撤销案件，犯罪嫌疑人已经被逮捕的，应当立即释放，并且通知原批准逮捕的人民检察院。其主要目的是，公安机关撤销案件应接受人民检察院的监督，防止公安机关滥用职权。

第十一节 人民检察院对直接受理的案件的侦查

第一百六十四条 人民检察院对直接受理的案件的侦查适用本章规定。

【释义】本条是对检察机关受理案件的侦查的一般规定。

本条的规定主要是授予人民检察院对直接受理的案件侦查享有的各项权力。作为国家的侦查机关，无论是公安机关进行的侦查，还是人民检察院进行的侦查，都是为达到查清犯罪事实、惩罚犯罪的诉讼目的服务的。因此，它们在刑事诉讼中应该享有同等的诉讼权力，并接受相应的监督和制约。本条采用授权式的立法方法，规定人民检察院侦查这些案件，除本节有特别规定的以外，适用本章有关公安机关侦查的规定。

第一百六十五条 人民检察院直接受理的案件中符合本法第八十一条、第八十二条第四项、第五项规定情形，需要逮捕、拘留犯罪嫌疑人的，由人民检察院作出决定，由公安机关执行。

【释义】本条是关于人民检察院直接受理案件的拘留、逮捕的规定。

本条的主要内容如下：

1. 拘留的决定与执行。根据本条规定，人民检察院在对直接受理的案件的侦查过程中，可在以下两种情形下决定拘留：（1）犯罪后企图自杀、逃跑或者在逃的；（2）有毁灭、伪造证据或者串供可能的。拘留的决定由人民检察院作出，由公安机关执行。

2. 逮捕的决定与执行。人民检察院直接受理的案件中，符合 2018 年《刑事诉讼法》第 81 条规定，即对有证据证明有犯罪事实，可能判处徒刑以上刑罚的犯罪嫌疑人、被告人，采取取保候审尚不足以防止发生社会危险性的，应当予以逮捕。2009 年 9 月，最高人民检察院颁布了《关于省级以下人民检察院立案侦查的案件由上一级人民检察院审查决定逮捕的规定（试行）》，明确规定省级以下（不含省级）人民检察院立案侦查的案件，需要逮捕犯罪嫌疑人的，应当报请上一级人民检察院审查决定。人民检察院作出逮捕决定后，应当将逮捕决定书送交公安机关执行。

第一百六十六条 人民检察院对直接受理的案件中被拘留的人，应当在拘留后的二十四小时以内进行讯问。在发现不应当拘留的时候，必须立即释放，发给释放证明。

【释义】 本条是关于人民检察院直接受理案件中对被拘留人的讯问及一般处理的规定。

2012 年《刑事诉讼法》根据法律严谨的需要，在 1996 年《刑事诉讼法》的基础上删去了“对需要逮捕而证据还不充足的，可以取保候审或者监视居住”。原因在于取保候审和监视居住本为独立的强制措施，有其法定的适用条件，区别于逮捕。对于需要逮捕而证据不足的，即不符合逮捕条件的，不能做“降格化”处理——转处监视居住或取保候审。2018 年《刑事诉讼法》坚持了这一规定。

本条的主要内容具体如下：

1. 讯问。人民检察院对于立案侦查的案件中被拘留的人，应当在拘留后的 24 小时内进行讯问。这样规定，有利于案件证据的及时收集，保证案件得到准确、迅速的处理，防止发生冤假错案；可以避免因错误的拘留给被拘留人带来的不当侵害。

2. 释放。通过讯问，发现犯罪行为不是犯罪嫌疑人所为，或犯罪嫌疑人的行为属于 2018 年《刑事诉讼法》第 16 条规定的不予追究刑事责任的情形之一的，不应当拘留的时候，人民检察院应立即将其释放，并发给释放证明。

第一百六十七条 人民检察院对直接受理的案件中被拘留的人，认为需要逮捕的，应当在十四日以内作出决定。在特殊情况下，决定逮捕的时间可以延长一日至三日。对不需要逮捕的，应当立即释放；对需要继续侦查，并且符合取保候审、监视居住条件的，依法取保候审或者监视居住。

【释义】 本条是关于对人民检察院直接受理案件中被拘留人决定逮捕的时限及相应情况的处理的规定。

本条是 2012 年《刑事诉讼法》对 1996 年《刑事诉讼法》第 134 条的修改，主要修改有两处：一是人民检察院对直接办理的案件中被拘留人需要逮捕的，作出决定的时间由原来的 10 日修改为 14 日，延长了 4 日。二是在特殊情况下，决定逮捕的时间由“可以延长一日至四日”修改为“可以延长一日至三日”，减少了 1 日，这样的规定更符合我国《刑事诉讼法》关于期间设置的习惯。2018 年《刑事诉讼法》坚持了这些规定。

本条的内容主要有以下几个方面：

1. 逮捕。关于人民检察院自行决定的拘留期限，是与公安机关拘留期限不同的。公安机关适用的拘留对犯罪嫌疑人拘留后的最长羁押期限一般为14日，特殊情况下达到37日。而人民检察院对直接受理的案件中被拘留的人，认为需要逮捕的，一般应当在14日以内作出决定。在特殊情况下，决定逮捕的时间可以延长1日至3日。这样的规定意味着，人民检察院直接受理案件中对犯罪嫌疑人拘留后的最长羁押期限将是17日。人民检察院决定拘留的期限不存在37日的情形。

2. 释放。对不需要逮捕的，应当立即释放，不得继续羁押。

3. 采取取保候审、监视居住。对于需要继续侦查，并且符合取保候审、监视居住条件的，依法取保候审或者监视居住。

第一百六十八条 人民检察院侦查终结的案件，应当作出提起公诉、不起诉或者撤销案件的决定。

【释义】本条规定了自侦案件侦查终结的处理。

自侦案件的侦查终结，是指人民检察院侦查部门对于自己立案侦查的案件，经过一系列的侦查活动，根据已查明的事实和证据，依照法律规定，足以对案件作出起诉、不起诉或撤销案件的结论，已无继续侦查的必要，从而决定结束侦查并作出处理决定的一项诉讼活动。

本条的内容如下：

人民检察院侦查终结的案件，根据案件情况可以作出三种决定：

1. 提起公诉。人民检察院侦查部门经过侦查，认为犯罪事实清楚，证据确实、充分，犯罪性质和罪名认定正确，法律手续完备，依法应当判处刑罚的，应当写出侦查终结报告，并制作起诉意见书，由侦查部门负责人审核，主管检察长批准。侦查部门应当将起诉意见书及其他案卷材料一并移送本院公诉部门审查起诉。

2. 不起诉。侦查人员经过侦查，对于犯罪情节轻微，依照《刑法》规定不需要判处刑罚或者免除刑罚的，应当写出侦查终结报告，并且制作不起诉意见书，由侦查部门负责人审核，主管检察长批准。提出不起诉意见的，侦查部门应当将不起诉意见书以及其他案卷材料，一并移送本院审查起诉部门审查。

3. 撤销案件。侦查过程中发现下列情形之一，应当由侦查人员写出撤销案件意见书，经侦查部门负责人审核，报请检察长或检察委员会决定撤销案件：（1）具有2018年《刑事诉讼法》第16条规定不追究刑事责任的情形之一的；（2）没有犯罪事实，或者《刑法》规定不负刑事责任和不认为是犯罪的；（3）虽有犯罪事实，但不是犯罪嫌疑人所为的。

第三章　提起公诉

第一百六十九条　凡需要提起公诉的案件，一律由人民检察院审查决定。

【释义】本条是关于公诉案件审查起诉职权的规定。

提起公诉，是指人民检察院对于监察机关、公安机关等侦查机关移送起诉的案件、自行侦查终结的案件经过审查，认为犯罪事实清楚，证据确实、充分，依法应当追究犯罪嫌疑人刑事责任时，将犯罪嫌疑人依法提交人民法院，请求对其予以定罪和判刑的一种刑事诉讼活动。所谓一律由人民检察院审查决定，是指提起公诉的案件无一例外地要经过人民检察院的审查并由其作出提起公诉的决定，其他任何机关、团体、个人都无权决定是否将犯罪嫌疑人交付人民法院审判。

第一百七十条　人民检察院对于监察机关移送起诉的案件，依照本法和监察法的有关规定进行审查。人民检察院经审查，认为需要补充核实的，应当退回监察机关补充调查，必要时可以自行补充侦查。

对于监察机关移送起诉的已采取留置措施的案件，人民检察院应当对犯罪嫌疑人先行拘留，留置措施自动解除。人民检察院应当在拘留后的十日以内作出是否逮捕、取保候审或者监视居住的决定。在特殊情况下，决定的时间可以延长一日至四日。人民检察院决定采取强制措施的期间不计入审查起诉期限。

【释义】本条是关于人民检察院对于监察机关移送起诉案件进行审查起诉的规定。为保障职务犯罪案件诉讼活动的正常进行，做好与《监察法》相关规定的衔接，2018 年《刑事诉讼法》增加了此内容。

本条的主要内容具体如下：

《监察法》明确了监察机关对于涉嫌职务违法和职务犯罪案件的调查权。根据《监察法》的规定，对涉嫌职务犯罪的，监察机关经调查认为犯罪事实清楚，证据确实、充分的，制作起诉意见书，连同案卷材料、证据一并移送人民检察院，人民检察院依据《刑事诉讼法》和《监察法》的有关规定进行审查。

人民检察院经审查，认为犯罪事实已经查清，证据确实、充分，依法应当追究刑事责任的，应当作出起诉决定。人民检察院经审查，认为需要补充核实的，应当退回监察机关补充调查，必要时可以自行补充侦查。对于补充调查的案件，应当在1个月内补充调查完毕。补充调查以2次为限。

人民检察院对于有2018年《刑事诉讼法》第16条规定的不起诉的情形的，经上一级人民检察院批准，依法作出不起诉的决定。监察机关认为不起诉的决定有错误的，可以向上一级人民检察院提请复议。

本条第2款对监察机关的留置措施与刑事强制措施之间的衔接机制作出了规定。明确人民检察院对于监察机关移送起诉的已采取留置措施的案件，人民检察院应当对犯罪嫌疑人先行拘留，留置措施自动解除，人民检察院应当在10日以内作出是否逮捕、取保候审或者监视居住的决定。从此处可以看出，人民检察院的先行拘留措施是在监察机关将案件移送之后。拘留是一种临时性措施，此次的拘留，决定主体是人民检察院。拘留的期限一般是10日以内，特殊情况下最多可以延长到14日。拘留的时间不计入审查起诉期间。

第一百七十一条 人民检察院审查案件的时候，必须查明：

（一）犯罪事实、情节是否清楚，证据是否确实、充分，犯罪性质和罪名的认定是否正确；

（二）有无遗漏罪行和其他应当追究刑事责任的人；

（三）是否属于不应追究刑事责任的；

（四）有无附带民事诉讼；

（五）侦查活动是否合法。

【释义】本条是关于审查起诉内容的规定。

本条的主要内容具体如下：

1. 犯罪事实、情节是否清楚，证据是否确实、充分，犯罪性质和罪名的认定是否正确。查明犯罪事实、情节是否清楚就是要求对行为人实施犯罪的时间、地点、手段、动机、目的和结果，以及犯罪嫌疑人在共同犯罪中的地位与作用等进行全面审查，判断犯罪事实是否清楚。查明证据是否确实、充分就是要求对案件的证据进行逐条、综合地分析判断，核实这些证据的效力，证据与证据之间是否存在矛盾，它们之间能否形成完整的证据链条。犯罪性质和罪名的认定是否正确就是要求在查明犯罪嫌疑人犯罪行为的基础上，根据《刑法》规定，判断侦查机关认定的犯罪性质与罪名是否成立。

2. 有无遗漏罪行和其他应当追究刑事责任的人。人民检察院不仅是要审查侦查机关已经认定的犯罪嫌疑人及其犯罪事实是否正确，还要审查全部的侦查工作。如果发现遗漏的犯罪行为或犯罪嫌疑人，应加以补正，以准确有效地打击犯罪。

3. 是否属于不应追究刑事责任的。这是指在审查起诉时要根据犯罪事实，判断犯罪嫌疑人的行为是否构成犯罪、有无 2018 年《刑事诉讼法》第 177 条第 1 款、第 2 款规定不予追究刑事责任的情形。

4. 有无附带民事诉讼。这是指在犯罪行为造成公私财产损失的案件中，人民检察院应审查是否已提起附带民事诉讼以及是否应由人民检察院提起附带民事诉讼。

5. 侦查活动是否合法。人民检察院在审查起诉时为履行法律监督职能要审查侦查机关在讯问、搜查、拘留、逮捕等活动中是否存在违法情形，如果存在，立即通知纠正。

第一百七十二条　人民检察院对于监察机关、公安机关移送起诉的案件，应当在一个月以内作出决定，重大、复杂的案件，可以延长十五日；犯罪嫌疑人认罪认罚，符合速裁程序适用条件的，应当在十日以内作出决定，对可能判处的有期徒刑超过一年的，可以延长至十五日。

人民检察院审查起诉的案件，改变管辖的，从改变后的人民检察院收到案件之日起计算审查起诉期限。

【释义】本条是关于人民检察院审查起诉时限的规定。

2018 年《刑事诉讼法》增加了以下内容：（1）人民检察院对于监察机关移送起诉的案件的审查时限。这是与《监察法》的衔接。（2）犯罪嫌疑人认罪认罚，符合速裁程序适用条件的案件的审查时限。即应当在 10 日以内作出决定，对可能判处的有期徒刑超过 1 年的，可以延长至 15 日。这是对认罪认罚从宽制度和速裁程序规定的一项内容。

本条的主要内容如下：

1. 一般时限。人民检察院对于监察机关、公安机关移送起诉的案件应在1个月内作出决定。此处的“公安机关移送起诉的案件”是泛指，具体应包括公安机关、国家安全部门、军队保卫部门、监狱、中国海警局等移送起诉的案件。“一个月以内作出决定”，是指从人民检察院收到移送起诉案件之日，经过审查到作出提起公诉或不起诉决定之日，办案期限不得超过1个月。

2. 特殊时限。如果案件重大、复杂，不能在1个月内审查完毕的，经批准可以延长15日。所谓重大、复杂案件，一般是指案情重大、复杂，涉及诸多方面因素的特殊案件。确认是否属于重大、复杂案件以及可否延长审查起诉期限应由各级人民检察院检察委员会讨论决定。但此处的“可以延长”，属于一项授权性规定，是否延长，要根据案件的难易情况、审查起诉工作的进展状况而定。犯罪嫌疑人认罪认罚，符合速裁程序适用条件的，应当在10日以内作出决定，对可能判处的有期徒刑超过1年的，可以延长至15日。

3. 重新计算时限。人民检察院审查起诉的案件如果改变了管辖，原审查的期限归于无效，有管辖权的人民检察院则要自收到案件之日起重新计算审查起诉期限。这里的改变管辖既包括改变级别管辖，也包括改变地区管辖。

第一百七十三条 人民检察院审查案件，应当讯问犯罪嫌疑人，听取辩护人或者值班律师、被害人及其诉讼代理人的意见，并记录在案。辩护人或者值班律师、被害人及其诉讼代理人提出书面意见的，应当附卷。

犯罪嫌疑人认罪认罚的，人民检察院应当告知其享有的诉讼权利和认罪认罚的法律规定，听取犯罪嫌疑人、辩护人或者值班律师、被害人及其诉讼代理人对下列事项的意见，并记录在案：

（一）涉嫌的犯罪事实、罪名及适用的法律规定；

（二）从轻、减轻或者免除处罚等从宽处罚的建议；

（三）认罪认罚后案件审理适用的程序；

（四）其他需要听取意见的事项。

人民检察院依照前两款规定听取值班律师意见的，应当提前为值班律师了解案件有关情况提供必要的便利。

【释义】本条是关于人民检察院审查起诉程序的规定。

2018年《刑事诉讼法》基于2012年《刑事诉讼法》第170条的内容，

增加了“听取值班律师的意见”的规定。

本条的第 1 款主要是关于审查起诉程序的一般规定：

1. 讯问犯罪嫌疑人。讯问犯罪嫌疑人是人民检察院审查案件的必经程序。因为犯罪嫌疑人的供述与辩解是八种法定证据之一，同时犯罪嫌疑人享有辩护权等一系列诉讼权利，所以，人民检察院在审查起诉时必须讯问犯罪嫌疑人，以查明案件事实真相，监督侦查活动是否合法。

2. 听取辩护人或者值班律师、被害人及其诉讼代理人的意见。辩护人的责任是根据事实和法律，提出证明犯罪嫌疑人无罪、罪轻或者应当从轻或减轻处理的材料和意见，听取其意见有利于全面查清案情。在犯罪嫌疑人没有辩护人的情况下，值班律师承担为犯罪嫌疑人提供法律帮助的职责，所以人民检察院在对案件审查起诉的时候应当听取值班律师关于案件的意见。被害人作为犯罪行为直接侵害的对象，是诉讼中的当事人，案件的认定、处理结果直接关系到被害人本人的利益。同时，被害人直接遭受犯罪的侵害，比较了解案件的情况。因此，听取其意见是必要的。被害人委托的诉讼代理人为维护被害人的合法权益，增强对犯罪行为的指控力度，可以提供证明犯罪嫌疑人有罪和罪重的证据材料和意见，因此，听取其意见也很有必要。

3. 书面意见的附卷。“辩护人或者值班律师、被害人及其诉讼代理人提出书面意见的，应当附卷”是新增加的规定。这样有利于检察机关、审判机关全面客观地查清案件事实，维护当事人的合法权益。此外，这也充分体现了对当事人及其辩护人、诉讼代理人的尊重。

本条的第 2 款是对认罪认罚案件审查起诉程序的特殊规定：

1. 认罪认罚的案件，人民检察院应当告知犯罪嫌疑人享有的诉讼权利和认罪认罚的法律规定。

2. 人民检察院审查认罪认罚的案件应当听取犯罪嫌疑人、辩护人或者值班律师、被害人及其诉讼代理人对下列事项的意见，并将听取上述意见的情况记录在案：

（1）涉嫌的犯罪事实、罪名及适用的法律规定。这是为了确保案件事实和罪名的认定正确、法律依据充分并且准确。

（2）从轻、减轻或者免除处罚等从宽处罚的建议。听取他们对案件从宽处罚的建议有利于人民检察院提出客观公正合理的量刑意见。

（3）认罪认罚后案件审理适用的程序。听取他们关于适用审理程序的意见是为了保障当事人的程序选择权，他们的意见也是检察移送起诉时提出适用速裁程序、简易程序或者当事人和解程序等建议的基础。

（4）其他需要听取意见的事项。这是一个兜底的条款，作为一项立法技术是为了防止法律的不周严性，以及社会情势的变迁性。

本条第3款规定人民检察院依照前两款规定听取值班律师意见的，应当提前为值班律师了解案件有关情况提供必要的便利。因为值班律师只有充分了解案件有关情况，才能切实为犯罪嫌疑人提供法律帮助，因此法律规定人民检察院具有为值班律师提供辩护提供便利的义务。值班律师提供法律帮助包括向犯罪嫌疑人解释认罪认罚的法律规定、协助选择诉讼程序以及向人民检察院提出从宽处理的意见。

第一百七十四条 犯罪嫌疑人自愿认罪，同意量刑建议和程序适用的，应当在辩护人或者值班律师在场的情况下签署认罪认罚具结书。

犯罪嫌疑人认罪认罚，有下列情形之一的，不需要签署认罪认罚具结书：

（一）犯罪嫌疑人是盲、聋、哑人，或者是尚未完全丧失辨认或者控制自己行为能力的精神病人的；

（二）未成年犯罪嫌疑人的法定代理人、辩护人对未成年人认罪认罚有异议的；

（三）其他不需要签署认罪认罚具结书的情形。

【释义】本条是关于对认罪认罚从宽制度有关签署认罪认罚具结书的规定。它是2018年《刑事诉讼法》新增条款。

本条第1款规定，犯罪嫌疑人自愿认罪，又同意量刑建议和程序适用的，应当在辩护人或者值班律师在场的情况下签署认罪认罚具结书。认罪认罚具结书是证明犯罪嫌疑人真诚悔过、愿意承担责任的保证书，同时是其有罪供述的书面记载，具有证明案件事实和从宽依据的作用。犯罪嫌疑人签署认罪认罚具结书时要求辩护人或者值班律师在场是为了确保犯罪嫌疑人是出于真实、自愿的意思而签署的。此种情形的认罪认罚案件很可能进入速裁程序或者简易程序，意味着庭审对案件事实的实质审查减少，通过审查犯罪嫌疑人认罪认罚的自愿性和认罪认罚具结书真实性、合法性的方式代替案情的实质审查，所以此种类型的认罪认罚案件要格外保障犯罪嫌疑人认罪认罚的自愿性和真实性。

本条第2款特别规定了不需要签署认罪认罚具结书的情形，分别是：（1）犯罪嫌疑人是盲、聋、哑人，或者是尚未完全丧失辨认或者控制自己行为能力的精神病人的；（2）未成年犯罪嫌疑人的法定代理人、辩护人对未成年人认罪认罚有异议的；（3）其他不需要签署认罪认罚具结书的情形。（1）和（2）情形由于犯罪嫌疑人认知能力和辩解能力有限，不具备独立判断量刑建议和程序适用的适当与否的能力，故不适宜承认其认罚的效力，尤其是在其辩护人、法定代理人对认罪认罚有异议的情况下，所以不要求他们签署认罪认罚具结书。虽然他们没有签署认罪认罚具结书，但是他们认罪认罚也是可以从宽处理的。

从本条的第2款可以推导出认罪认罚案件原则上都是需要签署具结书的（三种例外情形除外）。认罪认罚具结书既是犯罪嫌疑人自愿认罪认罚和程序选择的书面载体，也是司法机关从宽处理的书面承诺，对司法机关办案具有约束作用，所以认罪认罚案件以签署具结书为原则，不签署为例外。司法机关在办案过程中一般要依据认罪认罚具结书来从宽处理，但对例外情形没有认罪认罚具结书的也可以从宽处理。不签署认罪认罚具结书的认罪认罚案件需要对案情进行实质审查，而不能以审查犯罪嫌疑人认罪认罚的自愿性和认罪认罚具结书真实性、合法性的方式代替案情的实质审查，这是为了慎重保护特殊群体的利益，防止出现不公正的处理。

第一百七十五条　人民检察院审查案件，可以要求公安机关提供法庭审判所必需的证据材料；认为可能存在本法第五十六条规定的以非法方法收集证据情形的，可以要求其对证据收集的合法性作出说明。

人民检察院审查案件，对于需要补充侦查的，可以退回公安机关补充侦查，也可以自行侦查。

对于补充侦查的案件，应当在一个月以内补充侦查完毕。补充侦查以二次为限。补充侦查完毕移送人民检察院后，人民检察院重新计算审查起诉期限。

对于二次补充侦查的案件，人民检察院仍然认为证据不足，不符合起诉条件的，应当作出不起诉的决定。

【释义】本条是关于补充侦查的规定。

2012年《刑事诉讼法》在1996年《刑事诉讼法》第140条的基础上

增加了“认为可能存在本法第五十六条规定的以非法方法收集证据情形的，可以要求其对证据收集的合法性作出说明”的规定。2018 年《刑事诉讼法》坚持这一规定。

为了完成对犯罪的证明责任，人民检察院可以要求公安机关提供法庭审判所必需的证明材料。所谓“必需的证明材料”，是指在法庭调查阶段，负有举证责任的人民检察院，为揭露犯罪、证实犯罪而出示的，证明犯罪事实、情节属实以及侦查、起诉等程序合法的必不可少的证据材料。没有这些证据材料，会造成证据不确实、不充分的后果，不利于指控和支持公诉。如果出现这种情况，就需要公安机关或人民检察院依照法定程序，在原有侦查工作的基础上补充收集证据，即补充侦查。补充侦查由人民检察院决定，公安机关或人民检察院实施。

本条的主要内容如下：

1. 可以要求公安机关提供证据材料。这是为人民检察院在法庭上履行举证责任奠定基础的。

2. 认为可能存在 2018 年《刑事诉讼法》第 56 条规定的以非法方法收集证据情形的，可以要求公安机关对证据收集的合法性作出说明。人民检察院也有排除非法证据的权力，如果发现公安机关在收集证据中存在违法的情况，应该要求公安机关对证据收集的合法性作出说明，以便及时排除以非法手段获取的证据。

3. 补充侦查的条件。并不是每个案件都必须进行补充侦查的，它只适用于事实不清、证据不足或遗漏罪行、遗漏同案犯罪嫌疑人、侦查程序严重违反法律规定的案件。

4. 补充侦查的形式。人民检察院可以将案件退回公安机关补充侦查，也可自行补充侦查，必要时可以要求公安机关提供协助。

在法庭审判过程中，对公诉人在庭审过程中发现案件需要补充侦查而提出延期审理的建议的，合议庭应当同意。

5. 补充侦查的期限和次数。对于退回公安机关补充侦查的案件，应当在 1 个月内完成，补充侦查以两次为限。

6. 补充侦查的案件移送人民检察院后，重新计算侦查羁押期限。

7. 补充侦查后的处理。（1）如果案件经一次补充侦查后，检察机关仍然认为证据不足，不符合起诉条件的，可以作出不起诉的决定。（2）如果案件经两次补充侦查后，检察机关仍然认为证据不足，不符合起诉条件的，应当作出不起诉的决定。这里的“证据不足、不符合起诉条件”主要包括以下情形：据以定罪的证据存在疑问，无法查证属实的；犯罪构成要件事实缺乏必要的证据予以证明；据以定罪的证据之间的矛盾不能合理排除的；根据证据得出的结论具有其他可能性的。

第一百七十六条　人民检察院认为犯罪嫌疑人的犯罪事实已经查清，证据确实、充分，依法应当追究刑事责任的，应当作出起诉决定，按照审判管辖的规定，向人民法院提起公诉，并将案卷材料、证据移送人民法院。

犯罪嫌疑人认罪认罚的，人民检察院应当就主刑、附加刑、是否适用缓刑等提出量刑建议，并随案移送认罪认罚具结书等材料。

【释义】本条是对起诉条件、要求的规定。

2018 年《刑事诉讼法》对 2012 年《刑事诉讼法》第 172 条进行了修改，增加第 2 款，对认罪认罚案件提起公诉时移送的材料作出了规定。

本条第 1 款的主要内容如下：

1. 提起公诉的条件。人民检察院对于监察机关、公安机关移送起诉的案件和自行侦查终结的案件，经审查后，凡是决定提起公诉的案件，必须同时符合以下条件：（1）犯罪嫌疑人的犯罪事实已经查清。犯罪事实是对犯罪嫌疑人准确定罪和量刑的基础。人民检察院确认以下犯罪事实是否查清：确定犯罪嫌疑人实施的行为构成犯罪；确定犯罪嫌疑人是否负刑事责任或者免除刑事责任的事实；确定犯罪嫌疑人有无从轻、减轻或从重处罚的事实。（2）证据确实、充分。证据是认定犯罪事实的客观依据。人民检察院在指控犯罪嫌疑人实施了犯罪行为时，必须要有确实、充分的证据。证据确实是对证据质的要求；证据充分是对证据数量上的限制。对案件事实认定的证据应符合客观事实，而且证据能够从总体上对犯罪事实得出确定的结论。（3）依法应对犯罪嫌疑人追究刑事责任。依照《刑法》规定，人民检察院认为犯罪嫌疑人的行为已经构成犯罪，应当受到刑罚处罚，才能决定提起公诉。

根据管辖的规定，人民检察院应当向同级人民法院提起公诉。

2. 提起公诉的要求。人民检察院对确认符合公诉条件的被告人提起公诉，应制作《起诉书》，并将案卷材料、证据移送同级人民法院。

本条第 2 款规定，认罪认罚案件人民检察院决定移送起诉的，应当就主刑、附加刑、是否适用缓刑等提出量刑建议，并随案移送认罪认罚具结书等材料。因为认罪认罚案件可以从宽处理，而且人民法院的判决原则上与人民检察院的起诉的罪名和量刑意见相同，所以是否从宽处理很大程度上反映在量刑建议中，因此人民检察院移送起诉时量刑建议应当包括主刑、附加刑、是否适用缓刑等。人民法院审理认罪认罚案件必须审查被告人认罪认罚的自愿性和真实性，而被告人认罪认罚具结书等材料就是证明其自愿性和真实性的书面材料，所以人民检察院需要一并随案移送。

第一百七十七条 犯罪嫌疑人没有犯罪事实，或者有本法第十六条规定的情形之一的，人民检察院应当作出不起诉决定。

对于犯罪情节轻微，依照刑法规定不需要判处刑罚或者免除刑罚的，人民检察院可以作出不起诉决定。

人民检察院决定不起诉的案件，应当同时对侦查中查封、扣押、冻结的财物解除查封、扣押、冻结。对被不起诉人需要给予行政处罚、处分或者需要没收其违法所得的，人民检察院应当提出检察意见，移送有关主管机关处理。有关主管机关应当将处理结果及时通知人民检察院。

【释义】 本条规定了不起诉的条件及处理方式。

2018 年《刑事诉讼法》将原条文中的“行政处分”改成“处分”。这主要是考虑到处分除了“行政处分”外还可能对中国共产党党员需要给予“纪律处分”等情况，所以加以修改。

所谓不起诉，是指人民检察院对于监察机关、公安机关移送起诉的案件和自行侦查终结的案件，经审查认为犯罪嫌疑人不构成犯罪，或者依法不应追究刑事责任，或者经过补充侦查仍然认为证据不足，不符合起诉条件的，从而决定不向人民法院起诉的一种诉讼活动。不起诉的决定权属于人民检察院，其他任何机关、团体和个人不得行使。

该条规定了两种不起诉的种类，即法定不起诉和酌定不起诉（刑事诉讼法还规定了其他的不起诉种类，即 2018 年《刑事诉讼法》第 175 条规定的证据不足不起诉、第 182 条规定的不起诉、第 282 条规定的附条件不起诉）。

1. 法定不起诉。犯罪嫌疑人具有 2018 年《刑事诉讼法》第 16 条规定的不追究刑事责任情形之一的，人民检察院应当作出不起诉的决定。法定不起诉有以下六种情形：（1）犯罪嫌疑人实施的行为情节显著轻微，危害不大，不认为是犯罪的；（2）犯罪嫌疑人的犯罪已过追诉期限的；（3）犯罪嫌疑人的犯罪经特赦令免除处罚的；（4）依照刑法告诉才处理的犯罪，没有告诉或撤回告诉的；（5）犯罪嫌疑人、被告人死亡的；（6）其他法律规定免予追究刑事责任的。

2. 酌定不起诉。人民检察院认为犯罪嫌疑人的行为已经构成犯罪，但犯罪情节轻微，依照《刑法》规定不需要判处刑罚或者免除刑罚，可以作出不起诉决定。依照《刑法》规定可以免除刑罚的情形主要包括：（1）犯罪嫌疑人在中华人民共和国领域外犯罪，依照我国《刑法》规定应当负刑事责任的，但在外国已经受过刑事处罚；（2）犯罪嫌疑人又聋又哑，或者是盲人犯罪的；（3）犯罪嫌疑人因正当防卫或紧急避险超过必要限度，并造成不应有危害而犯罪的；（4）为犯罪准备工具，制造条件的；（5）在犯罪过程中自动中止或自动有效地防止犯罪结果发生的；（6）在共同犯罪中，起次要作用或辅助作用的；（7）被胁迫、被诱骗参加犯罪的；（8）犯罪嫌疑人自首或在自首后有立功表现的。

人民检察院对案件作出不起诉决定后，就终止了刑事诉讼，应当同时对侦查中查封、扣押、冻结的财物解除查封、扣押、冻结。如果被不起诉人需要给予行政处罚、处分或者没收其违法所得的，人民检察院应当提出检察意见，连同不起诉决定书一并移送有关主管机关处理。有关主管机关应当将处理结果及时通知人民检察院。

第一百七十八条　不起诉的决定，应当公开宣布，并且将不起诉决定书送达被不起诉人和他的所在单位。如果被不起诉人在押，应当立即释放。

【释义】本条是关于不起诉决定的宣布和送达的规定。

本条的主要内容如下：

1. 不起诉决定的宣布。人民检察院决定不起诉的案件，应当制作《不起诉决定书》，不起诉的决定应当公开宣布，公开宣布的地点、范围，可以根据实际情况的需要确定，但必须有被不起诉人在场。这种规定增加了不起诉决定的透明度，便于诉讼各方对不起诉决定的制约，促使不起诉工作公正、准确地进行。

不起诉决定书一经公开宣布，立即发生法律效力。如果被不起诉人在押，应当立即释放。

2. 不起诉决定的送达。检察机关应将《不起诉决定书》送达被不起诉人和他的所在单位。

第一百七十九条 对于公安机关移送起诉的案件，人民检察院决定不起诉的，应当将不起诉决定书送达公安机关。公安机关认为不起诉的决定有错误的时候，可以要求复议，如果意见不被接受，可以向上一级人民检察院提请复核。

【释义】本条是关于公安机关对不起诉决定的复议、复核程序的规定。

遵循公安机关、人民检察院、人民法院三机关分工负责、互相配合、互相制约的刑事诉讼原则，对于公安机关移送起诉的案件，人民检察院决定不起诉的，公安机关若认为不起诉决定有错误的，可以要求复议、复核。这是对人民检察院不起诉决定的制约，能够保证案件的公正处理。

本条的主要内容如下：

1. 《不起诉决定书》向公安机关的送达。人民检察院对于公安机关移送起诉的案件经过审查后，认为不应当提起公诉而决定不起诉的，应当将《不起诉决定书》送达公安机关。

2. 公安机关要求的复议。公安机关收到人民检察院的《不起诉决定书》后，如果认为人民检察院的不起诉决定错误，应制作《要求复议意见书》，经本机关负责人批准后，提交作出不起诉决定的人民检察院。人民检察院审查起诉部门应当另行指定检察人员进行审查并提出审查意见，经审查起诉部门负责人审核后，报请检察长或检察委员会讨论决定，并将复查决定通知公安机关。

3. 公安机关提请的复核。公安机关在收到同级人民检察院的复议决定书后，发现自己的意见未被接受，还可以制作《提请复核意见书》，提交上一级人民检察院，请求复核。上一级人民检察院收到公安机关提请复核的意见书，应当交由审查起诉部门进行审查，审查起诉部门指定检察人员进行审查并提出审查意见，经审查起诉部门负责人审核后，报请检察长或检察委员会讨论决定，并将复查决定通知下级人民检察院，交由下级人民检察院执行。

公安机关提请复议、复核的，期间不停止对不起诉决定的执行，不能以复议、复核为由继续羁押被不起诉人。

第一百八十条　对于有被害人的案件，决定不起诉的，人民检察院应当将不起诉决定书送达被害人。被害人如果不服，可以自收到决定书后七日以内向上一级人民检察院申诉，请求提起公诉。人民检察院应当将复查决定告知被害人。对人民检察院维持不起诉决定的，被害人可以向人民法院起诉。被害人也可以不经申诉，直接向人民法院起诉。人民法院受理案件后，人民检察院应当将有关案件材料移送人民法院。

【释义】本条是关于被害人对不起诉决定的异议的规定。

被害人是遭受犯罪行为直接侵害的人，人身权利、民主权利与财产权利受到了侵害，有权要求检察机关将犯罪人绳之以法。因此，被害人如果不服人民检察院送达的不起诉决定，有权通过以下途径行使自己的诉讼权利：

1. 申诉。此处的“申诉”，是指被害人对不起诉决定不服，向人民检察院要求重新处理所提出请求的诉讼活动。根据本条规定，如果被害人认为被不起诉人的行为应当被追究刑事责任，人民检察院不起诉决定有错误，可以在收到《不起诉决定书》后7日以内向作出不起诉决定的上一级人民检察院申诉，请求提起公诉。上级人民检察院应当将复查决定告知被害人。

2. 自诉。被害人对人民检察院的不起诉决定不服，可以有两种自行起诉的方式：（1）经过申诉后，对人民检察院维持不起诉决定不服的，可以向有管辖权的人民法院起诉。（2）未经申诉程序，被害人直接向人民法院起诉。

第一百八十一条　对于人民检察院依照本法第一百七十七条第二款规定作出的不起诉决定，被不起诉人如果不服，可以自收到决定书后七日以内向人民检察院申诉。人民检察院应当作出复查决定，通知被不起诉的人，同时抄送公安机关。

【释义】本条是关于被不起诉人对不诉决定的申诉的规定。

本条的主要内容如下：

1. 申诉对象。被不起诉人只能就人民检察院依照2018年《刑事诉讼法》第177条第2款规定作出的不起诉决定（即对酌定不起诉）进行申诉。对其他的不起诉没有授予其申诉的权利。

2. 申诉程序。如果被不起诉人对于人民检察院的酌定不起诉不服，可以在接到不起诉决定书后的7日内向作出不起诉决定的人民检察院提出申诉。

3. 对申诉的处理。人民检察院在收到被起诉人的申诉后，应当结合全案认真、全面审查，作出复查决定，将复查结果通知被不起诉人，同时将复查决定抄送移送起诉的公安机关。

第一百八十二条 犯罪嫌疑人自愿如实供述涉嫌犯罪的事实，有重大立功或者案件涉及国家重大利益的，经最高人民检察院核准，公安机关可以撤销案件，人民检察院可以作出不起诉决定，也可以对涉嫌数罪中的一项或者多项不起诉。

根据前款规定不起诉或者撤销案件的，人民检察院、公安机关应当及时对查封、扣押、冻结的财物及其孳息作出处理。

【释义】本条是关于认罪又有重大立功或涉及国家重大利益案件停止追诉的规定。它是2018年《刑事诉讼法》新增的内容。

本条规定了犯罪嫌疑人在审前阶段自愿如实供述涉嫌犯罪的事实，并有重大立功或案件涉及国家重大利益的，公安机关和人民检察院对案件停止追诉的情形。如果这种情况发生在侦查阶段，经最高人民检察院核准，公安机关可以作撤销案件处理。这实际上突破了原《刑事诉讼法》规定的公安机关撤销案件的范围。如果上述情况发生在审查起诉阶段，经最高人民检察院核准，人民检察院可以作出不起诉或涉数罪中的一项或多项不起诉的决定。原《刑事诉讼法》规定的酌定不起诉情形只适用于犯罪情节轻微，不需要判处刑罚或免除刑罚的情况，因此本条实际是扩大了人民检察院的起诉裁量权。

本条主要有以下内容：

本条第1款规定了适用停止追诉的条件，即必须同时符合下列三个要求：（1）犯罪嫌疑人自愿如实供述涉嫌犯罪的事实；（2）有重大立功或者案件涉及国家重大利益；（3）经最高人民检察院核准。前两个条件旨在鼓励犯罪嫌疑人认罪悔罪、协助打击犯罪、维护国家利益，第三个程序要件主要是为了控制该不起诉决定的适用，经过严格的核准以保证其正确实施。

本条第2款是对停止追诉案件中的涉案财产处理的规定，要求根据前款规定不起诉的人民检察院或者撤销案件的公安机关及时对查封、扣押、冻结的财物及其孳息作出处理。

第三编　审　判

第一章　审判组织

第一百八十三条　基层人民法院、中级人民法院审判第一审案件，应当由审判员三人或者由审判员和人民陪审员共三人或者七人组成合议庭进行，但是基层人民法院适用简易程序、速裁程序的案件可以由审判员一人独任审判。

高级人民法院审判第一审案件，应当由审判员三人至七人或者由审判员和人民陪审员共三人或者七人组成合议庭进行。

最高人民法院审判第一审案件，应当由审判员三人至七人组成合议庭进行。

人民法院审判上诉和抗诉案件，由审判员三人或者五人组成合议庭进行。

合议庭的成员人数应当是单数。

【释义】本条是人民法院对审理案件组成合议庭的规定。2018 年《刑事诉讼法》对本条进行了修改。

本条的主要内容如下：

1. 关于适用合议制审理案件的范围。根据本条第 1、第 2、第 3、第 4 款的规定，除基层人民法院适用简易程序、速裁程序的案件审理的第一审案件外，人民法院审理一、二审案件均应当组成合议庭进行。

合议制是《人民法院组织法》规定的基本的审判方式。就刑事审判而言，除基层人民法院适用简易程序、速裁程序的案件可以由审判员1人独任审判外，其他所有案件均应由合议庭进行审理。与独任制审判相比较而言，合议制体现着司法民主，有利于公民参与司法决策，具有能够集思广益，抑制司法专横和司法腐败等诸多优点，因此，合议制审判是人民法院审理案件的主要方式，是准确查明案件事实，对被告人进行准确定罪，公正量刑的重要保障。当然，基于司法效率的考虑，对于基层人民法院审判的案件如果事实清楚、证据充分，被告人承认自己所犯罪行，对起诉书指控的犯罪事实没有异议，对适用简易程序、速裁程序没有异议的案件可以由审判员1人独任审判。

2. 关于合议庭的组成方式。合议庭的组成方式有两种。一种是由陪审员和审判员组成的合议庭；另外一种是由审判员组成的合议庭。对于一审案件可以采用上述两种方式之任意一种，对于上诉、抗诉案件，则只能由审判员组成合议庭。

与英美法系国家的陪审团审判不同，我国实行的是人民陪审员参与审判制度。人民陪审员参与案件审理，可以克服法官职业思维的局限，增强审判的民主性，提升判决的说服力和公信力，符合司法民主化的潮流。因此，法律规定人民陪审员可以参与一审案件的审判。

上诉、抗诉案件只能由审判员组成合议庭进行审理，体现了法律对于上诉、抗诉案件的特别关注。通常情况下，人民陪审员对法律的理解及适用能力与审判员相比有较大的差距，特别是在抗诉案件中，公诉机关与一审人民法院在事实及法律问题上的认识分歧较大，只有精通法律适用的专业审判人员才能依法作出恰当的裁判。当然，一般情况下，上诉、抗诉审理程序作为二审程序，人民法院审理的焦点多为法律适用问题，由审判员组成合议庭审判更有助于审判目标的实现。

3. 关于合议庭的人数。2012年《刑事诉法讼》规定基层人民法院和中级人民法院审理一审案件组成合议庭的人数只能是3人，2018年《刑事诉讼法》则增加了“由审判员和人民陪审员共三人或者七人组成合议庭进行”的规定。提请注意的是，由3人“或者”7人组成合议庭，这意味不能由5人组成合议庭。

2012年《刑事诉讼法》规定高级人民法院、最高人民法院审理一审案件由 3 人“至”7 人组成合议庭，2018 年《刑事诉讼法》则增加了由审判员和人民陪审员共 3 人或者 7 人组成合议庭进行的规定。这就意味着以前可以由 5 人组成合议庭，现在不可以了。

4. 审判长的产生。审判长，是指在人民法院审判案件所组成的合议庭中，负责组织审判活动的审判人员。审判长在合议庭中处于主导和核心的地位，合议庭的审判活动应当在审判长的组织和指挥下进行。从法律条文的字面理解，审判长不是固定的职称，是为审理某一具体案件而临时设定的。

当前人民法院的院长、庭长办案已呈普遍化和常态化态势，虽然对司法改革和司法运行产生过积极影响，但仍存在院长、庭长办案的形式化倾向。为此，最高人民法院出台《关于完善人民法院司法责任制改革的若干意见》，其中提出把“让审理者裁判、由裁判者负责”作为司法责任制改革的重要目标，以确保法官独立行使审判权与承担司法责任，从而打破过度司法行政化导致的权责不清、冤假错案发生之后难以追责的司法积习。2018 年《刑事诉讼法》删除“合议庭由院长或者庭长指定审判员一人担任审判长。院长或庭长参加审判的时候，自己担任审判长”的规定，正是顺应司法责任制改革所作的制度设计，必将对司法改革产生积极而深远的影响。

第一百八十四条　合议庭进行评议的时候，如果意见分歧，应当按多数人的意见作出决定，但是少数人的意见应当写入笔录。评议笔录由合议庭的组成人员签名。

【释义】本条是关于合议庭评议的规定。

合议庭经开庭审理后，就经法庭审理查明的事实，从实体与程序，事实与法律，定罪与量刑，附带民事诉讼赔偿等方面，进行全面的评议，以得出对被告人的处理意见，这就是合议庭评议。在合议庭评议中，需要注意以下几个问题：

一是合议庭成员充分有效地参与并发表意见。充分有效地参与，以对案件事实和相关证据的全面了解和把握为前提。否则，就有可能出现“陪而不审”、“合而不议”的情况，影响合议庭评议的质量。

二是关于合议庭意见的产生。合议庭进行评议的时候，如果意见分歧，应当按多数人的意见作出决定，但是少数人的意见应写入合议庭笔录，以供二审、再审时参考。

第一百八十五条 合议庭开庭审理并且评议后，应当作出判决。对于疑难、复杂、重大的案件，合议庭认为难以作出决定的，由合议庭提请院长决定提交审判委员会讨论决定。审判委员会的决定，合议庭应当执行。

【释义】本条主要是关于审判委员会讨论案件的规定。

合议庭是最重要也是最常见的审判组织，一般而言，案件经过合议庭开庭审理并评议后，应当作出判决。但是对于拟判处死刑的案件；合议庭成员意见有重大分歧的案件；人民检察院抗诉的案件；在社会上有较大影响的案件等合议庭难以作出决定的疑难、复杂、重大的案件，由院长提交审判委员会讨论决定。理解此条，需要注意以下问题：

一是关于审判管理权与案件决定权的协调问题。案件是否提交审判委员会由院长决定，院长为作出决定势必要对案件的相关情况有所了解。因此，院长的决定如何作出，需要予以关注。最理想的情况就是院长直接作为审判长参与案件审理，在合议庭合议后将案件提交审判委员会讨论。但是，从司法实际情况出发，这种情况只能个别适用。对于大多数需要提交审判委员会讨论的案件，院长往往是通过听取案件承办人汇报的方式了解案情的，这就存在一个汇报者的表达是否准确以及听取汇报者的理解是否到位的问题，同时也赋予了院长对部分案件不提交审判委员会讨论的权利。

二是关于审判委员会讨论案件范围的问题。有观点认为，从法律规定看，即便是疑难、复杂、重大的案件，只要合议庭有能力作出判决，则仍可不经审判委员会讨论而直接作出决定。但从司法解释的规定看，它已将几种类型的案件（拟判处死刑、抗诉案件等）直接界定为疑难、复杂、重大的案件，对于这些案件，即使合议庭事实上有能力作出决定，也必须由院长提交审判委员会讨论决定。

三是关于审判委员会如何讨论案件以及审判委员会决定的体现问题。审判委员会不同于合议庭，它不直接开庭审理案件。审判委员会讨论决定的案件的判决书和裁定书，应当以审理该案件的合议庭成员的名义发布。审判委员会讨论案件，应当在合议庭审理的基础上进行，并且应当充分听取合议庭成员关于审理和评议情况的说明。审判委员会讨论案件时，如果有意见分歧，按照少数服从多数的原则进行表决。少数人的意见，应当记入笔录。审判委员会的决定，合议庭应当执行。

第二章 第一审程序

第一节 公诉案件

第一百八十六条 人民法院对提起公诉的案件进行审查后，对于起诉书中有明确的指控犯罪事实的，应当决定开庭审判。

【释义】本条是关于开庭审理条件的规定。

本条是2012年《刑事诉讼法》在1996年《刑事诉讼法》第150条的基础上修正而来的。2012年《刑事诉讼法》又恢复了1979年《刑事诉讼法》规定的全案移送制度。在起诉制度上，1996年之前的《刑事诉讼法》规定的是全案移送制度，但是，当时学者们普遍的看法是该制度最大的弊端是人民法院先入为主，庭前预断案件。为此，1996年修法时借鉴英美法系国家的“起诉状一本主义”，而创设“起诉复印件主义”。但在实践中，“起诉复印件主义”不仅没有起到预防人民法院先入为主、庭前预断案件的目的，而且还造成了律师“阅卷难”的新问题。因此，2012年修法又将“起诉复印件主义”改回到“全案移送”制度。2018年《刑事诉讼法》坚持了“全案移送”制度。

本条规定了人民法院对于提起公诉的案件审查后，决定开庭审理的条件是起诉书有明确的指控犯罪事实。只要符合这一条件，人民法院就应当开庭审理。

另外，根据最高人民法院《解释》第181条的规定，案件经过审查后，还有其他处理结果。根据其规定，并结合本法的规定，具体处理结果有以下几种：其一，属于告诉才处理的案件，应当退回人民检察院，并告知被害人有权提起自诉；其二，不属于本院管辖或者被告人不在案的，应当退回人民检察院；其三，不符合前条第2项至第8项规定之一，需要补充材料的，应当通知人民检察院在3日内补送；其四，依照《刑事诉讼法》第200条第3项规定宣告被告人无罪后，人民检察院根据新的事实、证据重新起诉的，应当依法受理，等等。

第一百八十七条 人民法院决定开庭审判后，应当确定合议庭的组成人员，将人民检察院的起诉书副本至迟在开庭十日以前送达被告人及其辩护人。

在开庭以前，审判人员可以召集公诉人、当事人和辩护人、诉讼代理人，对回避、出庭证人名单、非法证据排除等与审判相关的问题，了解情况，听取意见。

人民法院确定开庭日期后，应当将开庭的时间、地点通知人民检察院，传唤当事人，通知辩护人、诉讼代理人、证人、鉴定人和翻译人员，传票和通知书至迟在开庭三日以前送达。公开审判的案件，应当在开庭三日以前先期公布案由、被告人姓名、开庭时间和地点。

上述活动情形应当写入笔录，由审判人员和书记员签名。

【释义】本条是关于人民法院决定开庭后，正式开庭前应该做哪些具体工作的规定。

2012 年《刑事诉讼法》在对 1996 年《刑事诉讼法》第 151 条的内容进行相应调整的基础上，增加“在开庭以前，审判人员可以召集公诉人、当事人和辩护人、诉讼代理人，对回避、出庭证人名单、非法证据排除等与审判相关的问题，了解情况，听取意见”作为第 2 款。2018 年《刑事诉讼法》坚持了该规定。

人民法院在正式开庭以前，应该做好以下几点工作，以保证法庭审理的顺利进行。

1. 人民法院在正式开庭前，应做好以下工作：(1) 确定合议庭的组成人员。(2) 将人民检察院的起诉书副本至迟在开庭 10 日以前送达被告人，以利于被告人充分地行使辩护权。(3) 对于被告人未委托辩护人的，应告知被告人可以委托辩护人；对于符合法律援助条件的被告人，要依法通知法律援助机构指派律师为其提供辩护。

2. 在开庭以前，审判人员可以召集公诉人、当事人和辩护人、诉讼代理人，对回避、出庭证人名单、非法证据排除等与审判相关的问题，了解情况，听取意见。这是 2012 年修法新增加的一款，其主要意义在于初步建立了庭前会议制度。庭前会议制度的功能：一是处理证据开示、非法证据排除等和证据有关的问题；二是在开庭前处理一些程序问题，如回避制度、证人出庭作证制度等。2018 年《刑事诉讼法》坚持了该规定。2018

年1月1日开始实施的最高人民法院制定的《人民法院办理刑事案件庭前会议规程（试行）》完善了庭前会议程序，以确保法庭集中持续审理，提高庭审质量和效率。

3. 人民法院确定开庭日期后，应做好以下工作：（1）应当在开庭3日以前将开庭的时间、地点通知人民检察院，以便人民检察院按时派员出庭公诉。（2）应当在开庭3日以前传唤当事人，通知辩护人、诉讼代理人、证人、鉴定人和翻译人员，以便上述诉讼参与人能及时到庭参加诉讼。（3）对于公开审判的案件，应当在开庭3日以前先期公布案由、被告人姓名、开庭时间和地点，以便于群众旁听和记者采访。

上述开庭前的各项准备活动，应该记入笔录，由审判人员和书记员签名，并附卷保存。

第一百八十八条　人民法院审判第一审案件应当公开进行。但是有关国家秘密或者个人隐私的案件，不公开审理；涉及商业秘密的案件，当事人申请不公开审理的，可以不公开审理。

不公开审理的案件，应当当庭宣布不公开审理的理由。

【释义】本条是人民法院审理一审案件，应当公开进行的规定。

2012年《刑事诉讼法》在1996年《刑事诉讼法》第152条的基础上作了两处修改，一是删除了原来的第2款，即未成年人犯罪案件不公开审理的规定，理由是未成年人犯罪案件诉讼程序的有关规定已经作为特别程序中的独立一章。二是增加了涉及商业秘密的案件，当事人申请不公开审理的，可以不公开审理的规定。2018年《刑事诉讼法》坚持了这些规定。

人民法院审理案件，以公开审理为原则，不公开审理为例外。

结合本条和2018年《刑事诉讼法》第285条的规定，不公开审理的情况有：

1. 涉及有关国家秘密的案件；

2. 涉及个人隐私的案件；

3. 审判时被告人未满18周岁的案件。

对以上不公开审理的情形是“应当”不公开。对于上述不公开审理的案件，任何公民都不得旁听，包括与审理案件无关的人民法院人员和被告人的亲属。但是在审理未成年人犯罪案件时，应当通知合适的成年人到场。涉及商业秘密的案件，当事人申请不公开审理的，可以不公开审理。

这里是“可以”，不是“应当”，这就意味着是否公开审理由人民法院决定。

对于上述不公开审理的案件，在开庭时应当当庭宣布不公开审理的理由。

第一百八十九条 人民法院审判公诉案件，人民检察院应当派员出席法庭支持公诉。

【释义】本条是关于人民检察院出庭支持公诉的规定。

2012年《刑事诉讼法》删除了1996年《刑事诉讼法》第153条关于适用简易程序审理案件人民检察院可以不派员出庭的规定，并进而规定，适用简易程序审理公诉案件，人民检察院应当派员出席法庭支持公诉。这意味着人民法院审理公诉案件，人民检察院都应当出庭支持公诉，不管是普通程序还是简易程序。之所以如此规定，是因为人民检察院是公诉机关，属于控辩双方的一方，人民检察院出庭公诉，与辩护方当庭进行辩论、质证，有利于证据的去伪存真和对案件事实的查明。2018年《刑事诉讼法》坚持了这一规定。

第一百九十条 开庭的时候，审判长查明当事人是否到庭，宣布案由；宣布合议庭的组成人员、书记员、公诉人、辩护人、诉讼代理人、鉴定人和翻译人员的名单；告知当事人有权对合议庭组成人员、书记员、公诉人、鉴定人和翻译人员申请回避；告知被告人享有辩护权利。

被告人认罪认罚的，审判长应当告知被告人享有的诉讼权利和认罪认罚的法律规定，审查认罪认罚的自愿性和认罪认罚具结书内容的真实性、合法性。

【释义】本条是关于法庭审理中开庭阶段的程序性问题的规定。2018年《刑事诉讼法》增加被告人认罪认罚案件的特殊告知的规定作为第2款。

本条第1款的主要内容如下：

1. 开庭前，书记官应当依次进行下列工作：（1）查明公诉人、当事人、证人及其他诉讼参与人是否已经到庭；（2）宣读法庭规则；（3）请公诉人、辩护人入庭；（4）请审判长、审判员（人民陪审员）入庭，审判人员入庭的时候，请全体人员起立；（5）审判人员就坐后，当庭向审判长报告开庭前的准备工作已经就绪。

2. 审判长宣布开庭后，传被告人到庭，并查明被告人的基本情况；审判长宣布案件的来源、起诉的理由、附带民事诉讼原告人和被告人的姓名及是否公开审理。对于不公开审理的案件，还应当当庭宣布不公开审理的理由。

3. 宣布合议庭的组成人员、书记员、公诉人、辩护人、诉讼代理人、鉴定人和翻译人员的名单。

4. 审判长分别询问当事人、法定代理人是否申请回避，申请何人回避和申请回避的理由。如果当事人、法定代理人申请审判人员、出庭公诉的人民检察院人员回避，合议庭认为符合法定条件的，应当按照刑事诉讼法相关规定处理；认为不符合法定条件的，应当当庭驳回，继续法庭审理。如果申请回避人当庭申请复议，合议庭应当宣布休庭，待作出复议决定后，决定是否继续法庭审理。同意或者驳回回避申请的决定及复议决定，由审判长宣布，并说明理由；必要时，也可以由院长到庭宣布。

5. 审判长应当告知当事人、法定代理人在法庭审理过程中依法享有下列诉讼权利：（1）可以申请合议庭组成人员、书记员、公诉人、鉴定人和翻译人员回避；（2）可以提出证据，申请通知新的证人到庭、调取新的证据、重新鉴定或者勘验、检查；（3）被告人可以自行辩护；（4）被告人可以在法庭辩论终结后作最后的陈述。

本条第2款针对被告人认罪认罚的案件，特别规定了审判长应当告知被告人享有的诉讼权利和认罪认罚的法律规定，即除告知被告人享有上述的一般诉讼权利外，还应告知被告人关于认罪认罚可以从轻、减轻或免除处罚的法律规定。庭审应着重审查认罪认罚的自愿性和认罪认罚具结书内容的真实性、合法性，即使适用简易程序或者速裁程序也不能省略这一过程。以此保证被告人认罪认罚案件的质量。

第一百九十一条　公诉人在法庭上宣读起诉书后，被告人、被害人可以就起诉书指控的犯罪进行陈述，公诉人可以讯问被告人。

被害人、附带民事诉讼的原告人和辩护人、诉讼代理人，经审判长许可，可以向被告人发问。

审判人员可以讯问被告人。

【释义】本条是关于法庭审理中法庭调查的程序规定。

本条的内容主要如下：

1. 公诉人在法庭上宣读起诉书后，被告人、被害人可以就起诉书指控的犯罪进行陈述，公诉人可以讯问被告人。（1）公诉人宣读起诉书。审判长宣布法庭调查开始后，应当首先由公诉人宣读起诉书；由附带民事诉讼的原告人或者其诉讼代理人宣读附带民事诉状。起诉书指控的被告人的犯罪事实为两起以上的，法庭调查时，一般应就每一犯罪事实分别进行。（2）被告人、被害人陈述。在审判长主持下，被告人、被害人可以就起诉书指控的犯罪事实分别进行陈述。（3）公诉人讯问被告人。在审判长的主持下，公诉人可以就起诉书中指控的犯罪事实讯问被告人。

2. 被害人、附带民事诉讼的原告人和辩护人、诉讼代理人，经审判长许可，可以向被告人发问。被害人及其诉讼代理人经审判长准许，可以就公诉人讯问的情况进行补充性发问；附带民事诉讼的原告人及其法定代理人或者诉讼代理人经审判长许可，可以就附带民事诉讼部分的事实向被告人发问；经审判长许可，被告人的辩护人及法定代理人或者诉讼代理人可以在控诉一方就某一问题讯问完毕后向被告人发问。

3. 审判人员可以讯问被告人。审判人员认为有必要时，可以讯问被告人。

审判长在主持控辩双方的讯问、发问时，需注意以下几点：（1）对于共同犯罪案件中的被告人，应当分别进行讯问。合议庭认为有必要时，可以传唤共同被告人同时到庭对质。（2）审判长对于控辩双方讯问、发问被告人、被害人和附带民事诉讼原告人、被告人的内容与本案无关或者讯问、发问的方式不当的，应当制止。（3）审判人员认为有必要时，可以向被告人、被害人及附带民事诉讼原告人、被告人讯问或者发问。

第一百九十二条　公诉人、当事人或者辩护人、诉讼代理人对证人证言有异议，且该证人证言对案件定罪量刑有重大影响，人民法院认为证人有必要出庭作证的，证人应当出庭作证。

人民警察就其执行职务时目击的犯罪情况作为证人出庭作证，适用前款规定。

公诉人、当事人或者辩护人、诉讼代理人对鉴定意见有异议，人民法院认为鉴定人有必要出庭的，鉴定人应当出庭作证。经人民法院通知，鉴定人拒不出庭作证的，鉴定意见不得作为定案的根据。

【释义】本条确定了重要证人出庭作证制度。

本条是2012年修法增加的条款，确定了重要证人（包括警察）出庭作证制度。1979年和1996年《刑事诉讼法》对此均没有规定，只是在1996年《刑事诉讼法》通过后的相关司法解释中有证人出庭作证的规定，但缺乏可操作性。2018年《刑事诉讼法》坚持了这一规定。

本条的主要内容如下：

1. 根据本条第1款的规定，并不是所有的证人都需要出庭作证，只有重要证人才必须出庭作证。重要证人出庭作证的情况有二：其一，公诉人、当事人或者辩护人、诉讼代理人有异议，且该证人证言对案件定罪量刑有重大影响。何谓"对案件定罪量刑有重大影响"，法条没有进一步的说明，从理论上看，主要包括对犯罪构成要件及对从轻、从重量刑情节有重要影响的证人证言。如何理解"公诉人、当事人或者辩护人、诉讼代理人对该证人证言有异议"，从法条规定来看，控辩双方对该证据的证据能力具有处分权，这意味着，如果控辩双方对该证据的证据能力没有提出异议，那么书面证言是可以采用的。这里的"异议"，从内容上看，可以对证人证言的客观性、关联性和合法性的任何一个方面提出疑问。从方式上看，可以书面提出，也可以口头表示。从提出的时间看，既可以庭审前提出，也可以庭审中提出。其二，人民法院认为证人有必要出庭作证的。这种情况主要指控辩双方对证人证言没有异议，但是人民法院对该证人证言的合法性、客观性和关联性有疑问，需要通知证人出庭。当然，这里的"证人证言"仍然是对定罪量刑有重要影响的证人证言。

2. 根据本条第1款的规定，符合上述两个条件的证人是必须出庭的，也就是说，本条明确了重要证人应当出庭制度。只要符合本条规定的情况，人民法院就有义务通知证人出庭作证。

3. 本条第2款规定了警察作为目击证人出庭作证的情况。这是刑事诉讼法治的一大进步，多年来学界呼吁的警察出庭作证，终于在《刑事诉讼法》中作出了规定。

4. 本条第3款规定了鉴定人出庭作证的情况。鉴定人应当出庭作证的情况有二：一是公诉人、当事人或者辩护人、诉讼代理人对鉴定意见有异议的；二是人民法院认为鉴定人有必要出庭的。只要符合上述两种情况的，人民法院就有义务通知鉴定人出庭作证。如果鉴定人不出庭的话，那么其鉴定意见就不能作为定案的依据。

第一百九十三条 经人民法院通知，证人没有正当理由不出庭作证的，人民法院可以强制其到庭，但是被告人的配偶、父母、子女除外。

证人没有正当理由拒绝出庭或者出庭后拒绝作证的，予以训诫，情节严重的，经院长批准，处以十日以下的拘留。被处罚人对拘留决定不服的，可以向上一级人民法院申请复议。复议期间不停止执行。

【释义】本条是关于强制证人出庭作证以及近亲属拒绝作证制度的规定。

本条的主要内容如下：

1. 经人民法院依法通知，证人没有正当理由不出庭作证的，人民法院可以强制其到庭。

2. 本条规定了强制证人出庭作证的例外情况，即如果证人是被告人的配偶、父母、子女的，他们具有拒绝出庭作证的权利，可以不出庭作证。

3. 证人没有正当理由拒绝出庭或者出庭后拒绝作证的，予以训诫，情节严重的，经院长批准，对其作出10日以下的拘留。如果被处罚人对拘留决定不服，可以向上一级人民法院申请复议，但复议期间不停止执行。

第一百九十四条 证人作证，审判人员应当告知他要如实地提供证言和有意作伪证或者隐匿罪证要负的法律责任。公诉人、当事人和辩护人、诉讼代理人经审判长许可，可以对证人、鉴定人发问。审判长认为发问的内容与案件无关的时候，应当制止。

审判人员可以询问证人、鉴定人。

【释义】本条是关于在法庭审理中如何询问证人、鉴定人的规定。

证人到庭后，审判人员应当先核实证人的身份、与当事人以及本案的关系，告知证人应当如实地提供证言和有意作伪证或者隐匿罪证要负的法律责任。证人作证前，应当在如实作证的保证书上签名。向证人发问，应当先由提请传唤的一方进行；发问完毕后，对方经过审判长准许，也可以发问。

鉴定人应当出庭宣读鉴定意见，但经人民法院准许不出庭的除外。鉴定人到庭后，审判人员应当先核实鉴定人的身份、与当事人及本案的关系，告知鉴定人应当如实地提供鉴定意见和有意作虚假鉴定要负的法律责任。鉴定人说明鉴定意见前，应当在如实说明鉴定意见的保证书上签字。向鉴定人发问，应当先由要求传唤的一方进行；发问完毕后，对方经审判长准许，也可以发问。

审判人员认为有必要时，可以询问证人、鉴定人。

在掌握本条规定时，应注意以下几个问题：（1）审判长对于向证人、鉴定人发问的内容与本案无关或者发问的方式不当的，应当制止。（2）对于控辩双方认为对方发问的内容与本案无关或者发问的方式不当并提出异议的，审判长应当判明情况予以支持或者驳回。（3）向证人和鉴定人发问应当分别进行；证人、鉴定人经控辩双方发问或者审判人员询问后，审判长应当告其退庭，不得旁听对本案的审理。

第一百九十五条 公诉人、辩护人应当向法庭出示物证，让当事人辨认，对未到庭的证人的证言笔录、鉴定人的鉴定意见、勘验笔录和其他作为证据的文书，应当当庭宣读。审判人员应当听取公诉人、当事人和辩护人、诉讼代理人的意见。

【释义】本条是对物证、书证、鉴定意见、勘验笔录及其他作为证据的文书进行举证、质证的规定。

本条的主要内容如下：

1. 控辩双方所收集和掌握的证据，在法庭上应当分别由公诉人、辩护人出示或宣读。

2. 对物证进行举证、质证的方法。首先，应当由出示证据的一方就所出示的证据来源、特征等作必要的说明，然后向法庭出示物证。其次，由另一方进行辨认并发表意见，控辩双方可以互相质问、辩论。

3. 对未到庭的证人的证言笔录等文书的举证、质证的方法。首先，对未到庭的证人的证言笔录、鉴定人的鉴定意见、勘验笔录和其他作为证据的文书，应当当庭宣读。其次，审判人员应当听取公诉人、当事人和辩护人、诉讼代理人的意见。

第一百九十六条 法庭审理过程中，合议庭对证据有疑问的，可以宣布休庭，对证据进行调查核实。

人民法院调查核实证据，可以进行勘验、检查、查封、扣押、鉴定和查询、冻结。

【释义】本条是关于合议庭庭外核实证据以及核实证据的方法的规定。

人民法院在法庭审理过程中，对控辩双方提交的证据，通过当庭辨认、质证仍不能查明的，可以宣布休庭，对有疑问的证据进行调查核实。

当然，这里的合议庭进行证据的调查核实，主要是查证核实人民检察院提交证据的客观性、关联性和合法性，而不是直接收集对被告人不利的证据，否则将违背法官中立的原则。

人民法院调查核实证据，可以进行勘验、检查、查封、扣押、鉴定和查询、冻结，不包括搜查等收集证据的措施。必要时，人民法院可以通知检察人员、辩护人到场。如果控辩双方对调查核实的证据有异议时，应由控辩双方进行质证、辩论之后，才能作为定案的根据。

第一百九十七条 法庭审理过程中，当事人和辩护人、诉讼代理人有权申请通知新的证人到庭，调取新的物证，申请重新鉴定或者勘验。

公诉人、当事人和辩护人、诉讼代理人可以申请法庭通知有专门知识的人出庭，就鉴定人作出的鉴定意见提出意见。

法庭对于上述申请，应当作出是否同意的决定。

第二款规定的有专门知识的人出庭，适用鉴定人的有关规定。

【释义】本条是关于申请获取新证据和对新证据进行审查的规定。

2012 年《刑事诉讼法》在 1996 年《刑事诉讼法》第 159 条的基础上增加了专家辅助人出庭的条文，同时规定了申请专家辅助人的主体，他们是：公诉人、当事人、辩护人和诉讼代理人。2018 年《刑事诉讼法》坚持了这些规定。

所谓专家辅助人，是指在科学、技术以及其他专业知识方面具有特殊的专门知识或经验，帮助法官准确认定事实的人员。由于我国传统的诉讼法理论认为，证人是通过其感知器官感受到案件事实并就此出庭进行陈述的人，证人证言应该是“感知证言”。因此，我国以前并不承认依靠专业知识对案件事实进行分析、推断的专家在诉讼中的独立地位，其往往是作为司法鉴定活动的一部分出现的。

然而，我国在 2001 年最高人民法院颁布的《关于民事诉讼证据的若干规定》中创设了专家辅助人。专家辅助人的出现，较好地解决了对鉴定意见质证等难题。

在法庭审理中，专家辅助人的申请主体与普通证人的申请主体的范围不一样。专家辅助人出庭，是其利用自身专门性知识来保障案件的准确认定，因此，控辩双方在刑事诉讼中如果需要专家辅助人，都可以向法庭进行申请。这样相较于证人，专家辅助人的适用范围更为广泛。

第一百九十八条 法庭审理过程中，对与定罪、量刑有关的事实、证据都应当进行调查、辩论。

经审判长许可，公诉人、当事人和辩护人、诉讼代理人可以对证据和案件情况发表意见并且可以互相辩论。

审判长在宣布辩论终结后，被告人有最后陈述的权利。

【释义】 本条是关于法庭辩论和被告人最后陈述的规定。

2012 年《刑事诉讼法》在 1996 年《刑事诉讼法》第 169 条的基础上增加了法庭审理过程中，对与定罪、量刑有关的事实、证据都应当进行调查、辩论的规定，从而将量刑问题凸显出来，使量刑问题置于与定罪问题同样重要的地位。2018 年《刑事诉讼法》延续了这些规定。

本条的主要内容如下：

1. 对与定罪、量刑有关的事实和证据都应进行调查、辩论。在刑事诉讼活动中，诉讼各方追求的诉讼目的不同，也都分别提出各自的证据、主张，对证据、案件情况发表意见，这是诉讼活动的应有之义。对公诉人而言，对与定罪、量刑相关的证据和事实进行调查并发表意见是公诉权的基本内容，是公诉人代表国家在追诉犯罪的诉讼程序中，请求审判机关对被告人进行定罪、予以刑罚的手段。量刑建议权是 2012 年《刑事诉讼法》增加的内容，公诉权是量刑建议权的依据和基础，二者相互依存，密不可分。公诉人的量刑建议权不具有司法终局性质，但这是检察机关的刑事诉讼监督职能的体现，对法官的自由裁量权也起到一定程度的制约作用。对于当事人、辩护人和诉讼代理人而言，此次修法前，他们在刑事诉讼中对于量刑没有发言权。2012 年修法后，当事人、辩护人和诉讼代理人对与定罪、量刑有关的事实和证据都可以举证、质证，发表意见，并与公诉人进行辩论，这既是被告人在刑事诉讼中能与控诉方平等对抗的程序保障，也是被害人维护其合法权利的手段。

2. 法庭辩论。在刑事诉讼的法庭辩论阶段，控辩双方激烈对抗，对定罪和量刑问题平等地发表意见。公诉人和被告人的这种对抗是社会主体刑事实体利益冲突在诉讼上的延伸。诉讼中控辩双方的关系始终以实体利益冲突为内核，以程序性对抗为表征，两者互相依存，缺一不可。

法庭辩论要求法官保持中立和冷静。在控辩式刑事诉讼模式中，法官的角色应当是消极中立的，其对证据的了解和对事实的判断将主要从控辩双方对事实的陈述和对证据的列举、质疑中获得。一方面，公诉人在法庭上发表较为具体的定罪和量刑意见，另一方面，辩方则针对其意见进行反驳和辩解，这样控辩双方就会形成全面具体的争论，从而使法官对与定罪和量刑有关的事实和证据能有较为全面的了解，做到兼听则明，从而对案件事实形成其自己的判断。

3. 被告人最后陈述。被告人最后陈述是刑事被告人在法庭辩论结束后，表明自己对控告的最后态度并进行最后辩护和陈述的诉讼行为，在整个的刑事诉讼中是一个独立的诉讼环节，同时也是对刑事被告人刑事诉讼中诉讼权利的充分保障。这有利于强化合议庭对辩护的印象，补充法庭调查和法庭辩论中辩护的不足之处。一般来说，在被告人最后陈述时，不许向其提出问题，从而保证其陈述的连贯性。但是，如果被告人陈述时侮辱法庭和参加法庭审理的人员，或者有损害国家利益的情形，或者涉及与案件无关的情况时，法庭有权阻止其陈述。

第一百九十九条 在法庭审判过程中，如果诉讼参与人或者旁听人员违反法庭秩序，审判长应当警告制止。对不听制止的，可以强行带出法庭；情节严重的，处以一千元以下的罚款或者十五日以下的拘留。罚款、拘留必须经院长批准。被处罚人对罚款、拘留的决定不服的，可以向上一级人民法院申请复议。复议期间不停止执行。

对聚众哄闹、冲击法庭或者侮辱、诽谤、威胁、殴打司法工作人员或者诉讼参与人，严重扰乱法庭秩序，构成犯罪的，依法追究刑事责任。

【释义】 本条是关于维护法庭秩序的规定。

对一些扰乱法庭秩序的行为，法庭可以根据其严重程度给予不同的处罚，以保障庭审的顺利进行。对于罚款、拘留的法庭处罚可以向上一级人民法院申请复议，这样可以保证公正地处罚。在复议期间，所作的处罚决定不停止执行。

第二百条 在被告人最后陈述后，审判长宣布休庭，合议庭进行评议，根据已经查明的事实、证据和有关的法律规定，分别作出以下判决：

（一）案件事实清楚，证据确实、充分，依据法律认定被告人有罪的，应当作出有罪判决；

（二）依据法律认定被告人无罪的，应当作出无罪判决；

（三）证据不足，不能认定被告人有罪的，应当作出证据不足、指控的犯罪不能成立的无罪判决。

【释义】本条是关于法庭审理后对案件作出判决的种类的规定。

根据本条的规定，法庭审理结束后，审判长应宣布休庭，由合议庭成员对案件进行评议后，作出判决。本条规定了我国刑事诉讼的三种判决：

1. 有罪判决。经过法庭审理，认为被告人确已构成犯罪的要件事实已经查清，达到证据确实、充分的证明标准，证据之间没有不能排除的疑问，依据法律应认定被告人有罪的，作出有罪判决。

2. 无罪判决。这里的无罪判决，一般是指指控被告人犯罪的事实已经查清，根据《刑法》的规定，不能认定该行为构成犯罪，因而作出无罪判决。

3. 证据不足、指控的犯罪不能成立的无罪判决。对于证据不足、指控的犯罪不能成立的，必须作出无罪判决，保证无罪的人不被追究刑事责任。

第二百零一条　对于认罪认罚案件，人民法院依法作出判决时，一般应当采纳人民检察院指控的罪名和量刑建议，但有下列情形的除外：

（一）被告人的行为不构成犯罪或者不应当追究其刑事责任的；

（二）被告人违背意愿认罪认罚的；

（三）被告人否认指控的犯罪事实的；

（四）起诉指控的罪名与审理认定的罪名不一致的；

（五）其他可能影响公正审判的情形。

人民法院经审理认为量刑建议明显不当，或者被告人、辩护人对量刑建议提出异议的，人民检察院可以调整量刑建议。人民检察院不调整量刑建议或者调整量刑建议后仍然明显不当的，人民法院应当依法作出判决。

【释义】本条对人民法院审理认罪认罚案件的判决作出规定。本条是2018年《刑事诉讼法》新增内容。

本条第1款规定人民法院对认罪认罚的案件的判决以尊重检察机关量刑建议为原则，以不采纳为例外。一是为了保证认罪认罚制度的高效适用，二是使被告人认罪认罚的内容在起诉阶段和审判阶段保持前后一致，否则将可能违背被告人认罪认罚的自愿性和真实性。

本款还规定了五种人民法院可以不采纳人民检察院指控的罪名和量刑建议的情形：（1）被告人的行为不构成犯罪或者不应当追究其刑事责任的。这是因为这类案件根本不存在认罪的基础，所以不能够定罪处罚。

(2) 被告人违背意愿认罪认罚的。这种情形因为欠缺自愿认罪的条件而不属于认罪认罚案件，所以不能按照本条规定判决。(3) 被告人否认指控的犯罪事实的。这也是因为缺少认罪要件，故不能依照认罪认罚案件判决。(4) 起诉指控的罪名与审理认定的罪名不一致的。由于人民法院负有正确适用法律的义务，所以必须依法认定罪名。但在判决之前应当先建议人民检察院变更起诉罪名，如果人民检察院坚持不变更的，人民法院应当依照法定程序根据自己认定的罪名定罪处罚。(5) 其他可能影响公正审判的情形。这一项作为兜底款项旨在保证认罪认罚案件审判活动的公正性，使其判决合乎公正。

本条第 2 款规定了人民法院在审理认罪认罚案件过程中公正量刑的要求。原则上应当与人民检察院的量刑建议保持相同，但当人民法院经审理认为量刑建议明显不当，或者被告人、辩护人对量刑建议提出异议时，人民检察院可以调整量刑建议。如果人民检察院不调整量刑建议或者调整量刑建议后仍然明显不当的，人民法院应当依法作出判决，即人民法院可以不采纳人民检察院指控的量刑建议。

第二百零二条　宣告判决，一律公开进行。

当庭宣告判决的，应当在五日以内将判决书送达当事人和提起公诉的人民检察院；定期宣告判决的，应当在宣告后立即将判决书送达当事人和提起公诉的人民检察院。判决书应当同时送达辩护人、诉讼代理人。

【释义】本条是关于宣告判决和送达判决书的规定。

人民法院对案件的判决要公布于众，以实现其警示、威慑和接受外界监督的作用。所以，本条规定，宣告判决，一律公开进行。当庭宣判之后，需要一定的时间来制作判决书，因此，本条给予了一定的制作时间。定期宣判，即选定一个适当的时候对案件给予宣判，因为它已经有了一定的制作文书的时间，因此，在其宣判时，即应把文书送达。

本条还规定了判决书送达的对象，即当事人、提起公诉的人民检察院、辩护人、诉讼代理人。

第二百零三条　判决书应当由审判人员和书记员署名，并且写明上诉的期限和上诉的法院。

【释义】本条是关于判决书的署名及告知上诉期限、上诉法院的规定。

判决书是合议庭、独任制的审判人员作出判决的载体，由于审判人员要对判决结果负责，所以本条规定审判人员应在判决书上署名。而审判的全过程，由书记员进行记录，因此，书记员应在判决书上署名，以核实其记录内容的真实性。同时，判决书中注明的上诉期限与上诉法院，是对当事人权利的告知。

第二百零四条　在法庭审判过程中，遇有下列情形之一，影响审判进行的，可以延期审理：

（一）需要通知新的证人到庭，调取新的物证，重新鉴定或者勘验的；

（二）检察人员发现提起公诉的案件需要补充侦查，提出建议的；

（三）由于申请回避而不能进行审判的。

【释义】本条是关于法庭审理中延期审理的规定。

法庭审判过程中遇到某些事由会使人民法院的审理无法正常地运行，此事项的出现会导致正在进行的审理中断，并且只有先解决出现的事由才能继续审理。当出现本条规定的三种情况，要对正在进行的法庭审判给予延期。

除了本条规定的三种可以延期的情形外，最高人民法院《解释》还规定了两种情形：第一，由于辩护人依照有关规定当庭拒绝继续为被告人辩护的，合议庭应当准许。如果被告人要求另行委托辩护人，合议庭应当宣布延期审理，由被告人另行委托辩护人或者由人民法院为其另行指定辩护律师。第二，被告人当庭拒绝辩护人为其辩护，要求另行委托辩护人的，应当同意，并宣布延期审理。

第二百零五条　依照本法第二百零四条第二项的规定延期审理的案件，人民检察院应当在1个月以内补充侦查完毕。

【释义】本条是关于人民检察院补充侦查的规定。

人民检察院撤回的补充侦查致使人民法院对案件延期审理，这种延期审理只能是暂时的，人民法院不能长时间地等待人民检察院的补充侦查。因此，本条要求人民检察院应当在一个月以内补充侦查完毕。

第二百零六条　在审判过程中，有下列情形之一，致使案件在较长时间内无法继续审理的，可以中止审理：

（一）被告人患有严重疾病，无法出庭的；

（二）被告人脱逃的；

（三）自诉人患有严重疾病，无法出庭，未委托诉讼代理人出庭的；

（四）由于不能抗拒的原因。

中止审理的原因消失后，应当恢复审理。中止审理的期间不计入审理期限。

【释义】 本条是关于审判过程中中止审理的规定。

在刑事诉讼中，由于发生了影响刑事诉讼正常进行的某种情况，人民法院将暂时停止刑事诉讼，待中止的情况消失后，再恢复刑事诉讼。这种情况在实践中并不少见，此处做了半开式的列举，前两条为公诉中的被告人无法在审判时到庭接受审判与自诉人无法出庭的情况。

首先，除了《刑事诉讼法》第五编第三章规定的符合缺席审判条件以外的案件，被告人若不能在审判时出庭，就要中止审理。其次，有学者认为该条文处于公诉案件的审理程序之下，把自诉人无法出庭的情况也囊括在此，并不适宜。但是，因进入刑事诉讼程序的案件大部分为公诉案件，自诉案件只占其中很小的比例，若为了自诉人再另拟一个条文稍显冗繁，因此，在此处一并予以规定。最后，由于实践中可能出现的妨碍刑事诉讼进行的情况很多，要依靠法律预先都作出规定是不现实的，因此，该条的第3项规定了一个兜底条款。

第二百零七条 法庭审判的全部活动，应当由书记员写成笔录，经审判长审阅后，由审判长和书记员签名。

法庭笔录中的证人证言部分，应当当庭宣读或者交给证人阅读。证人在承认没有错误后，应当签名或者盖章。

法庭笔录应当交给当事人阅读或者向他宣读。当事人认为记载有遗漏或者差错的，可以请求补充或者改正。当事人承认没有错误后，应当签名或者盖章。

【释义】 本条是关于记录法庭审判活动的规定。

法庭审判活动需要有真实的文字记录。笔录中所涉及的相关人员的发言都应有相关的人员予以核对并签名，认为与自己的原意不符合的地方，可进行补充或修改，以达到表述真实。审判长应对笔录予以审阅，并由审判长和书记员签名。与案件审理的所有相关人员都对庭审笔录进行了核对，从而在以后的刑事诉讼中需要使用庭审笔录时就可以认为其是客观、公正的。

第二百零八条 人民法院审理公诉案件，应当在受理后二个月以内宣判，至迟不得超过三个月。对于可能判处死刑的案件或者附带民事诉讼的案件，以及有本法第一百五十八条规定情形之一的，经上一级人民法院批准，可以延长三个月；因特殊情况还需要延长的，报请最高人民法院批准。

人民法院改变管辖的案件，从改变后的人民法院收到案件之日起计算审理期限。

人民检察院补充侦查的案件，补充侦查完毕移送人民法院后，人民法院重新计算审理期限。

【释义】 本条是关于人民法院审理期限和延长审理期限的规定。

2012 年《刑事诉讼法》在 1996 年《刑事诉讼法》第 168 条规定的基础上，对审判期限进行了修改，并增加了“对于可能判处死刑的案件或者附带民事诉讼的案件，以及有本法第一百五十六条规定情形之一的，经上一级人民法院批准，可以延长三个月”，“因特殊情况还需要延长的，报请最高人民法院批准”的规定。在实践中，由于种种原因造成审判时间不够，致使案件在审理的过程中或者草草结案，或者置之不理，或者借其他理由延长审判的时间。2012 年修法延长了人民法院的审理期限。2018 年《刑事诉讼法》坚持了该规定。

该条的主要内容如下：

1. 人民法院审理公诉案件，应当在受理后 2 个月以内宣判，至迟不得超过 3 个月。

2. 对于可能判处死刑的案件或者附带民事诉讼的案件，以及有本法第 158 条规定情形之一的，经上一级人民法院批准，可以延长 3 个月。

3. 因特殊情况还需要延长的，报请最高人民法院批准。

4. 人民法院改变管辖的案件，从改变后的人民法院收到案件之日起计算审理期限。

5. 人民检察院补充侦查的案件，补充侦查完毕移送人民法院后，人民法院重新计算审理期限。

第二百零九条 人民检察院发现人民法院审理案件违反法律规定的诉讼程序，有权向人民法院提出纠正意见。

【释义】 本条是关于人民检察院监督审判的规定。

人民法院的审理过程由人民检察院进行监督。这是人民检察院对刑事诉讼实行法律监督原则的具体体现。这种监督能保证案件的公正处理。

人民检察院在审判活动监督中，如果发现人民法院或者审判人员审理案件违反法律规定的诉讼程序，应当向人民法院提出纠正意见。出席法庭的检察人员发现法庭审判违反法律规定的诉讼程序的，应当在休庭后及时向本院检察长报告；人民检察院对违反程序的庭审活动提出纠正意见，应当由人民检察院在庭审后提出。

第二节　自诉案件

第二百一十条　自诉案件包括下列案件：

（一）告诉才处理的案件；

（二）被害人有证据证明的轻微刑事案件；

（三）被害人有证据证明对被告人侵犯自己人身、财产权利的行为应当依法追究刑事责任，而公安机关或者人民检察院不予追究被告人刑事责任的案件。

【释义】本条是对自诉案件范围的规定。

自诉是一种古老的起诉形式，至今已有数千年的历史，并早于公诉出现在刑事诉讼中。但是，当检察官和检察机关出现，国家公诉制度完全确立以来并在刑事诉讼制度中居于主导地位以后，是否还需要保留被害人或其法定代理人自诉的起诉方式，世界各国对此主要有两种做法：一种采取公诉垄断主义，又称检察官起诉主义，即由专门国家机关统一行使控诉权的诉讼形式；另一种是在专门国家机关对大多数案件进行追诉的同时，兼采被害人追诉主义，即所谓“公诉为主、自诉为辅”的诉讼形式。我国即采取了上述第二种“公诉为主，自诉为辅”的刑事起诉制度，刑法中的大多数犯罪都要求公安机关、人民检察院等专门国家机关主动予以追诉，但同时又允许部分性质轻微或因各种原因未能纳入公诉轨道之案件由自诉人直接向人民法院起诉。这一做法，在保护被害人的合法权益、弥补公权力的不足、合理配置司法资源以及维护司法公正等方面都具有现实的意义。

刑事自诉案件，是指被害人或其法定代理人、近亲属为追究被告人的刑事责任，直接向人民法院提起诉讼，由人民法院受理的刑事案件。根据本条规定，自诉案件包括以下三种：

一是告诉才处理的案件。这类案件是指人民法院根据被害人的告诉，依法直接受理的案件。包括侮辱、诽谤案（《刑法》第246条规定的，但是严重危害社会秩序和国家利益的除外），暴力干涉婚姻自由案（《刑法》第257条第1款规定的），虐待案（《刑法》第260条第1款规定的），侵占案（《刑法》第270条规定的）。

二是被害人有证据证明的轻微刑事案件。这类案件是指被害人有确实、充分的证据证明被告人对自己实施了犯罪行为，依法可能判处3年以下有期徒刑、拘役、管制或者单处罚金的犯罪案件。包括故意伤害案（轻伤），非法侵入住宅案，侵犯通信自由案，重婚案，遗弃案，生产、销售伪劣商品案（但是严重危害社会秩序和国家利益的除外），侵犯知识产权案（但是严重危害社会秩序和国家利益的除外），属于《刑法》分则第四章、第五章规定的对被告人可能判处3年有期徒刑以下刑罚的案件。对上述八种案件，被害人直接向人民法院起诉的，人民法院应当依法受理。对于其中证据不足、可由公安机关受理的，或者认为对被告人可能判处3年有期徒刑以上刑罚的，应当移送公安机关立案侦查。伪证罪、拒不执行判决裁定罪由公安机关立案侦查。

三是被害人有证据证明对被告人侵犯自己人身、财产权利的行为应当依法追究刑事责任，而公安机关或者人民检察院不予追究被告人刑事责任的案件。这类“公诉转自诉”的案件，是指被害人有证据证明对被告人侵犯自己人身、财产权利的行为应当依法追究刑事责任，而公安机关或者人民检察院已作出不予追究被告人刑事责任的决定，如不立案决定、不起诉决定等，被害人即可以向人民法院提起诉讼的案件。规定此类自诉案件，主要是为了解决被害人告状无门的难题，并加强对公安机关和人民检察院不予追究犯罪嫌疑人刑事责任的监督。

第二百一十一条　人民法院对于自诉案件进行审查后，按照下列情形分别处理：

（一）犯罪事实清楚，有足够证据的案件，应当开庭审判；

（二）缺乏罪证的自诉案件，如果自诉人提不出补充证据，应当说服自诉人撤回自诉，或者裁定驳回。

自诉人经两次依法传唤，无正当理由拒不到庭的，或者未经法庭许可中途退庭的，按撤诉处理。

法庭审理过程中，审判人员对证据有疑问，需要调查核实的，适用本法第一百九十六条的规定。

【释义】本条是关于自诉案件的审查处理方式以及调查核实证据的规定。

人民法院接到自诉案件，应当首先审查案件是否符合《刑事诉讼法》第210条规定的自诉案件的受案范围，是否属于本院管辖，是否有明确的被告人、具体的诉讼请求和能够证明被告人实施犯罪行为的证据。人民法院经审查，认为犯罪事实清楚，有足够证据的案件，应当开庭审理。对于自诉案件，人民法院经审查有下列情形之一的，应当说服自诉人撤回起诉，或者裁定驳回起诉：（1）不符合上述自诉案件受理条件的；（2）证据不充分的；（3）犯罪已过追诉时效期限的；（4）被告人死亡的；（5）被告人下落不明的；（6）除因证据不足而撤诉的以外，自诉人撤诉后，就同一事实又告诉的；（7）经人民法院调解结案后，自诉人反悔，就同一事实再行告诉的。

自诉人提起了诉讼，应当正确行使诉讼权利、履行诉讼义务，按时出庭，遵守法庭纪律，积极配合、支持法庭审理。如果自诉人经两次依法传唤，无正当理由拒不到庭的，或者未经法庭许可中途退庭的，庭审就没有了控诉一方，从而无法继续进行。在这种情况下，法庭可以按撤诉处理。

在自诉案件的法庭审理过程中，审判人员对证据有疑问，需要调查核实的，适用2018年《刑事诉讼法》第196条审理第一审公诉案件的规定：可以宣布休庭，对证据进行调查核实。人民法院调查核实证据，可以进行勘验、检查、查封、扣押、鉴定和查询、冻结。人民法院受理自诉案件后，对于当事人因客观原因不能取得并提供有关证据而申请人民法院调取证据，人民法院认为必要的，可以依法调取。

第二百一十二条 人民法院对自诉案件，可以进行调解；自诉人在宣告判决前，可以同被告人自行和解或者撤回自诉。本法第二百零一十条第三项规定的案件不适用调解。

人民法院审理自诉案件的期限，被告人被羁押的，适用本法第二百零八条第一款、第二款的规定；未被羁押的，应当在受理后六个月以内宣判。

【释义】本条是关于自诉案件的调解、和解、撤回自诉的规定。2012

年《刑事诉讼法》在 1996 年《刑事诉讼法》第 172 条的基础上，增加了“人民法院审理自诉案件的期限，被告人被羁押的，适用本法第二百零二条第一款、第二款的规定；未被羁押的，应当在受理后六个月以内宣判”的规定。2018 年《刑事诉讼法》坚持了该规定。

不同于公诉案件，人民法院对自诉案件可以进行调解，人民法院对告诉才处理和被害人有证据证明的轻微刑事案件，可以在查明事实、分清是非的基础上进行调解。调解应当在自愿、合法，不损害国家、集体和其他公民利益的前提下进行。调解达成协议的，人民法院应当制作刑事自诉案件调解书，由审判人员和书记员署名，并加盖人民法院印章。调解书经双方当事人签收后即发生法律效力。调解没有达成协议或者调解书签收前当事人反悔的，人民法院应当进行判决。

自诉人也可以在判决宣告之前，同被告人自行协商取得和解或撤回自诉。对于自诉人要求撤诉的，经人民法院审查认为确属自愿的，应当准许；经审查认为自诉人系被强迫、威吓等，不是出于自愿的，应当不予准许。

但是，由于《刑事诉讼法》第 210 条第 3 项规定的案件是公安机关、人民检察院应当进行侦查、起诉而没有侦查、起诉，从而由被害人或其法定代理人、近亲属直接向人民法院提起诉讼的案件，不能适用调解。这类“公诉转自诉”的案件，在其性质上属于公诉案件的范围，法庭不能进行调解。

该条第 2 款规定了人民法院审理自诉案件的期限：“被告人被羁押的，适用本法第二百零八条第一款、第二款的规定；未被羁押的，应当在受理后六个月以内宣判”。

第二百一十三条　自诉案件的被告人在诉讼过程中，可以对自诉人提起反诉。反诉适用自诉的规定。

【释义】本条是关于自诉案件反诉的规定。

反诉，是被告人作为被害人控告自诉人犯有与本案有关联的罪行，要求人民法院进行审判，追究自诉人刑事责任的诉讼活动。告诉才处理和被害人有证据证明的轻微刑事案件的被告人或者其法定代理人在诉讼过程中，可以对自诉人提起反诉。反诉必须符合下列条件：（1）反诉应由自诉案件中的被告人或者其法定代理人提出；（2）反诉案件必须属于人民法院直接受理的告诉才处理的案件或被害人有证据证明的轻微刑事案件；（3）反诉的对象必须是本案自诉人；（4）反诉的内容必须是与本案有关的行为；（5）反诉提起的时间必须是在人民法院受理自诉案件后、判决宣告前。

人民法院审理反诉案件，适用法律对自诉案件诉讼程序的所有规定，并应当与自诉案件一并审理。自诉人撤诉的，不影响反诉案件的继续审理。

第三节　简易程序

第二百一十四条　基层人民法院管辖的案件，符合下列条件的，可以适用简易程序审判：

（一）案件事实清楚、证据充分的；

（二）被告人承认自己所犯罪行，对指控的犯罪事实没有异议的；

（三）被告人对适用简易程序没有异议的。

人民检察院在提起公诉的时候，可以建议人民法院适用简易程序。

【释义】本条是关于适用简易程序案件范围的规定。

2012 年《刑事诉讼法》改变了原有适用简易程序审理的案件的范围，2018 年《刑事诉讼法》坚持了该规定。

2012 年《刑事诉讼法》修改的主要内容表现在以下三个方面：

一是扩大了适用简易程序的案件范围。1996 年《刑事诉讼法》规定，适用简易程序审理的案件范围为："对依法可能判处三年以下有期徒刑、拘役、管制、单处罚金的公诉案件；告诉才处理的案件；被害人起诉的有证据证明的轻微刑事案件"，适用范围较为狭窄。2012 年修法将适用简易程序范围扩大为整个基层人民法院管辖的案件，这意味着判处无期徒刑以下刑罚的案件都可能适用简易程序，解决了适用简易程序的案件较少的问题，有利于审判资源的优化配置。

二是缩小了人民检察院在决定适用简易程序过程中的作用。1996 年《刑事诉讼法》规定，适用简易程序必须经人民检察院建议或者同意，也就是说，未经人民检察院建议或者同意的，不适用简易程序。这样人民检察院的"建议权"加"同意权"实质上取代了人民法院对适用简易程序的

“决定权”。2012 年修法取消了这一规定，仅赋予人民检察院建议权，不经其同意也可以适用简易程序。这样增加了法官对于适用简易程序的自由裁量权，使简易程序的适用程序更加简便、明晰，在实践中有利于适用简易程序的案件数量的增加。

三是增加了被告人对适用简易程序的选择权和否决权。首先，2012 年修法规定适用简易程序的案件必须是被告人承认自己所犯罪行，对起诉书指控的犯罪事实没有异议的案件。由于被告人认罪的案件，一般都是案情明晰，出现错案、冤案的概率较少的案件，适用简易程序不会对被告人的权利造成实质影响。其次，适用简易程序的案件必须是被告人对适用简易程序没有异议的。这样规定赋予了被告人对程序的选择权和否决权，有利于对被告人权利的保护。

对本条规定可从五个方面理解：

一是根据本条规定，简易程序只能适用于基层人民法院，其他各级人民法院都不适用简易程序。因为案情简单、处刑较轻、影响不大的刑事案件划归基层人民法院管辖，而中级、高级和最高人民法院管辖的案件性质严重、影响较大，不宜适用简易程序。

二是适用简易程序的案件必须事实清楚、证据充分。它是指适用简易程序的案件必须案情清楚明了，证据客观全面。这是由于案情重大复杂、难以认定的刑事案件，如果适用简易程序，会由于程序的简化影响到案件质量。

三是必须是被告人承认自己所犯罪行，对起诉书指控的犯罪事实没有异议的案件。这是本次修法新增加的条款。适用简易程序审理的案件必须是被告人认罪的案件。被告人承认自己所犯罪行，对起诉书指控的犯罪事实没有异议，可以保证简易程序正确、顺利地进行。最高人民法院、最高人民检察院、司法部《关于适用普通程序审理“被告人认罪案件”的若干意见（试行）》规定：“被告人对被指控的基本犯罪事实无异议，并自愿认罪的第一审公诉案件，一般适用本意见审理。”（即普通程序简化审）

四是必须是被告人对适用简易程序没有异议的，即法律赋予了被告人程序选择权。如果被告人反对适用简易程序，则只能适用普通程序审理。这是考虑到适用简易程序将使被告人的某些诉讼权利不能得以行使，因此，在适用时应当尊重被告人的程序性主体地位。

五是对于简易程序的适用，人民检察院有建议的权力。本条第2款仅赋予人民检察院建议权。改变了1996年《刑事诉讼法》适用简易程序需经人民检察院“建议或者同意”的规定，取消了人民检察院对简易程序的实际决定权。

第二百一十五条 有下列情形之一的，不适用简易程序：

（一）被告人是盲、聋、哑人，或者是尚未完全丧失辨认或者控制自己行为能力的精神病人的；

（二）有重大社会影响的；

（三）共同犯罪案件中部分被告人不认罪或者对适用简易程序有异议的；

（四）其他不宜适用简易程序审理的。

【释义】本条是关于不适用简易程序的情形的规定。

简易程序由于设计的程序较为简单，有可能对案件的正确审理以及被告人的权利保护造成影响，因此，对简易程序的适用必须慎重。本条规定的例外情况就是考虑到这几种情况的特殊性，而排除在适用简易程序的情形之外。1996年《刑事诉讼法》第2章第3节“简易程序”中没有对哪些情况不适用简易程序进行规定，而司法解释对此问题进行了规定。2012年修法将有关司法解释的相关规定整合进来，使《刑事诉讼法》更加全面、完善。2018年《刑事诉讼法》坚持了该规定。

本条规定不适用简易程序的主要情形如下：

一是被告人是盲、聋、哑人或者是尚未完全丧失辨认或者控制自己行为能力的精神病人的。盲、聋、哑被告人或者尚未完全丧失辨认或者控制自己行为能力的精神病人在刑事诉讼中维护自己合法权利的能力要弱于正常人，减少对这类被告人的程序保障有可能造成对他们权利的侵害。因此，对这类案件排除在适用简易程序的案件之外。

二是有重大社会影响的。对社会有重大影响案件的审理，承担着对公民进行法制教育的功能，适用简易程序不利于教育功能的发挥，同时也不足以体现审判的权威性。

三是共同犯罪案件中部分被告人不认罪或者对适用简易程序有异议的。在共同犯罪中有的被告人认罪，有的不认罪，有的被告人同意适用简易程序，有的被告人不同意适用简易程序，只要出现这种情况，全案就不能适用简易程序。这体现了适用简易程序的严肃性，目的是维护全体被告人的利益。

四是其他不宜适用简易程序审理的。这是弹性条款，方便人民法院在以后的司法实践中灵活运用简易程序。

第二百一十六条　适用简易程序审理案件，对可能判处三年有期徒刑以下刑罚的，可以组成合议庭进行审判，也可以由审判员一人独任审判；对可能判处的有期徒刑超过三年的，应当组成合议庭进行审判。

适用简易程序审理公诉案件，人民检察院应当派员出席法庭。

【释义】本条是关于适用简易程序审理案件的审判组织及检察院派员出庭的规定。

2012 年《刑事诉讼法》对 1996 年《刑事诉讼法》第 175 条进行了修改，2018 年《刑事诉讼法》坚持了该规定。

2012 年《刑事诉讼法》修改的主要内容如下：一是对审判组织进行了改革。1996 年《刑事诉讼法》规定，适用简易程序由审判员 1 人独任审判。一直以来，适用独任庭是简易程序的重要特点，这对提高诉讼效率、节约司法资源起到了重要作用。但是，随着简易程序适用范围的扩大，适用案件刑期的增长，独任庭已经不能完全适应案件的审理工作。所以 2012 年的修法时对可能判处 3 年以上有期徒刑的，规定应当组成合议庭进行审判。同时，对可能判处 3 年以下有期徒刑的，赋予人民法院选择权，可以灵活地采用审判组织。

二是取消人民检察院可以不派员出席法庭的规定，强调所有公诉案件检察员必须出庭。在 1996 年《刑事诉讼法》实施过程中，人民检察院在绝大多数情况下不派员出庭支持适用简易程序的公诉案件，导致法官中立地位受到质疑，出现了一系列的问题。首先，公诉人的控诉职能由法官代替。由于公诉人的缺席，庭审中只能由法官代替公诉人宣读起诉书、宣读量刑建议，代替公诉人宣读证据等，影响了审判的严肃性，法官的中立性无疑也受到质疑。其次，人民检察院不派员出庭打破了控辩审三方结构，变控辩交锋为审辩交锋。法官对被告人进行审理的同时还进行控诉，剥夺了被告人辩护的权利。最后，人民检察院不派员出庭使审判程序不可预测性增加。在审理过程中，如果被告人提出自首、立功等情节，而公诉人不在，当庭无法询问公诉人意见，就会导致大量案件转入普通程序，影响整个审判的严肃性。因此，规定公诉人出席公诉案件，是保证法官中立，控辩平衡，保障被告人权利的需要。

该条的主要内容如下：

一是将审判组织分两种情况作出规定。对可能判处 3 年以下的轻刑案件，可以由审判员 1 人独任审判，有利于效率的提高，司法资源的节约。在这里要注意本条用的是“可以”而不是“应当”，这表示对可能判处 3 年以下有期徒刑的可以是审判员 1 人独任审判，也可以组成合议庭，赋予了人民法院选择权。对可能判处 3 年以上有期徒刑的案件，对被告人的影响较大，1 人审判不利于审判的正确进行和被告人权利的保护，因此，本条规定应当组成合议庭审判，以保证审判的严肃性。

二是本条强调人民检察院应当派员出庭，这是针对 1996 年《刑事诉讼法》规定人民检察院可以不派员出庭作出的修订。本条规定，对所有适用简易程序的刑事案件，人民检察院必须派员出庭。这有利于维护控辩双方对等，审判中立的审判结构。

第二百一十七条 适用简易程序审理案件，审判人员应当询问被告人对指控的犯罪事实的意见，告知被告人适用简易程序审理的法律规定，确认被告人是否同意适用简易程序审理。

【释义】 本条是对适用简易程序审理案件初始程序的规定。

本条是 2012 年《刑事诉讼法》增加的条文，目的是保证被告人的诉讼主体地位，保障被告人的程序选择权。2018 年《刑事诉讼法》坚持了该规定。

1996 年《刑事诉讼法》规定对适用简易程序人民检察院有“建议权”和“同意权”，人民法院有最终“决定权”，没有规定被告人的选择程序的权利，因此，没有关于告知被告人适用简易程序的规定。

本条规定的适用简易程序审理案件的初始程序有两个方面。一方面，适用简易程序审理案件须询问被告人。另一方面，审判人员审理案件初始程序的具体内容是询问被告人对起诉书指控的犯罪事实的意见；向被告人告知适用简易程序审理的法律规定，确认被告人是否同意适用简易程序审理。如果被告人不认罪，或者不同意适用简易程序，人民法院应及时变更为普通程序审理。

第二百一十八条 适用简易程序审理案件，经审判人员许可，被告人及其辩护人可以同公诉人、自诉人及其诉讼代理人互相辩论。

【释义】本条是关于适用简易程序庭审程序的规定。

1996年《刑事诉讼法》规定，“适用简易程序审理自诉案件，宣读起诉书后，经审判人员许可，被告人及其辩护人可以同自诉人及其诉讼代理人互相辩论。”2012年修法将适用范围由自诉案件扩大为整个适用简易程序的案件。由于1996年《刑事诉讼法》规定，对公诉案件，如适用简易程序，人民检察院可以不派员出庭，也就无法进行辩论。2012年修法要求人民检察院必须派员出庭，使被告人行使辩护权成为可能。2018年《刑事诉讼法》坚持了2012年修法的规定。

在简易程序中，被告人及其辩护人有同公诉人、自诉人的互相辩论的权利，但互相辩论要在审判人员的主持和组织下进行，辩论要经审判人员许可。

第二百一十九条 适用简易程序审理案件，不受本章第一节关于送达期限、讯问被告人、询问证人、鉴定人、出示证据、法庭辩论程序规定的限制。但在判决宣告前应当听取被告人的最后陈述意见。

【释义】本条是关于适用简易程序可以简化的程序的规定。

2012年《刑事诉讼法》在1996年《刑事诉讼法》第177条的基础上增加了简化送达期限的规定。2018年《刑事诉讼法》坚持了这一规定。

本条的主要内容如下：

1. 适用简易程序不受本章第一节关于送达期限、讯问被告人、询问证人、鉴定人、出示证据、法庭辩论程序规定的限制。一审普通程序规定开庭10日前送达起诉书副本，这是为了给控辩双方一定的准备时间，而适用简易程序的案件案情明了，证据确实，简化时间可以缩短诉讼期限，免除讼累，因此，2012年修法规定可以不受送达期限的限制。“不受限制”，是指可以进行某个程序，也可以不进行某个程序。法官可以根据案件具体情况，以及被告人、检察官的请求选择适用。

2. 适用简易程序在判决宣告前应当听取被告人的最后陈述意见。根据本条规定，法庭听取被告人陈述意见是必不可少的程序，是被告人的一项重要诉讼权利。最后陈述应在法庭调查辩论结束后，判决宣告前进行。

第二百二十条 适用简易程序审理案件，人民法院应当在受理后二十日以内审结；对可能判处的有期徒刑超过三年的，可以延长至一个半月。

【释义】本条是关于适用简易程序审理期限的规定。

2012 年《刑事诉讼法》适应《刑事诉讼法》关于适用简易程序案件范围的修改，对审理期限也作出了相应的修订，在 1996 年《刑事诉讼法》的基础上增加了“对于可能判处的有期徒刑超过三年的，可以延长至一个半月”的规定。2012 年修法规定适用简易程序的案件可以扩展到 3 年以上有期徒刑的案件，这种案件相对复杂，要求 20 日审理完毕，可能影响简易程序审理的效果与适用比例，因此，2012 年的修法将审限分为两种情况规定。2018 年《刑事诉讼法》坚持了这一规定。

本条内容有以下两个方面：

1. 对可能判处 3 年以下有期徒刑的，审理期限规定为 20 日。

2. 对可能判处 3 年以上有期徒刑的，审理期限可以延长至一个半月。

不管是 20 日，还是一个半月，相对于普通程序而言，审理期限都是要短一些。这一期间是不变的法定期间，无任何可延长审限的特别规定。这是因为简易程序的特点就在于简化相关程序，从而达到提高效率、节省司法资源的目的。如果程序简化了，案件还是不能及时审结，简易程序就失去了应有的意义。

第二百二十一条 人民法院在审理过程中，发现不宜适用简易程序的，应当按照本章第一节或者第二节的规定重新审理。

【释义】本条是关于简易程序转化为普通程序的规定。

简易程序的转化，是指人民法院对案件按简易程序审理，在审理过程中发现不宜适用简易程序，就将此案变更为适用普通程序重新审理的一种诉讼活动。

本条规定包括两个方面内容：

1. 发现不宜按照简易程序审理的情况有两种。一种情况是发现案件不属于 2018 年《刑事诉讼法》第 214 条规定的可以适用简易程序的案件或者属于 2018 年《刑事诉讼法》第 215 条规定的案件，不应当适用简易程序来审理。例如，发现案件证据不足，案件事实不清楚；被告人当庭翻供、不同意适用简易程序等。另一种情况是在审理过程中案件情况发生某种变化，不宜再适用简易程序来审理，如发现新罪行，需并案处理等情况。是否不宜适用简易程序，应当由人民法院依法作出决定。

2. “应当按照本章第一节或者第二节的规定重新审理”。它是指应按照第一审公诉案件或自诉案件程序的有关规定重新审理。“重新审理”，是指停止适用简易程序，代之以适用第一审公诉案件普通程序或者第一审自诉案件普通程序，重新审理，并从决定转化为普通程序之日起重新计算审限。

第四节 速裁程序

第二百二十二条 基层人民法院管辖的可能判处三年有期徒刑以下刑罚的案件，案件事实清楚，证据确实、充分，被告人认罪认罚并同意适用速裁程序的，可以适用速裁程序，由审判员一人独任审判。

人民检察院在提起公诉的时候，可以建议人民法院适用速裁程序。

【释义】本条是关于速裁程序适用条件、速裁程序的审判组织和检察机关适用速裁程序建议权的规定。它是2018年《刑事诉讼法》新增加的内容。

速裁程序，是指在遵循刑事诉讼程序正义底线标准的基础上，对于案件事实清楚，证据确实充分，犯罪嫌疑人、被告人认罪认罚并对所适用的简化程序无异议，由基层人民法院审理的可能判处3年有期徒刑以下的案件，缩短办案期限，简化审判工作流程的一种快速审判程序。2018年《刑事诉讼法》将速裁程序作为单独一节规定在《刑事诉讼法》第三编第二章中，意味着我国刑事审判一审程序形成了以速裁、简易和普通程序为主的多元化的审判程序。

由于速裁程序是以克减诉讼权利为前提的，因此必须赋予并保障被告人知悉权、律师帮助权等一系列基本的诉讼权利，以达成适用速裁程序的合意。在此基础上，被告人需与控诉方达成三种合意：一是认罪合意，即被告人对检察机关指控的犯罪事实没有异议。二是量刑合意，即被告人对检察机关提出的量刑建议没有异议。三是程序合意，即被告人对适用速裁程序的后果有明确认识且同意适用速裁程序。

根据本条规定，适用速裁程序的条件是：

（1）由基层人民法院管辖。根据本条规定，速裁程序只能适用于基层人民法院，其他各级人民法院都不适用速裁程序。由于速裁程序适用于案情简单、证据充分、处刑较轻、社会影响较小的刑事案件且速裁程序以效率为主要价值取向，而中级人民法院、高级人民法院、最高人民法院管辖的案件多为本辖区内的重大且社会影响较大的刑事案件，不宜适用速裁程序。

（2）可能判处3年有期徒刑以下刑罚的案件。在吸收试点地区刑事速裁程序经验与反思其不足的基础上，本条在速裁程序的适用条件方面对最高人民法院、最高人民检察院、公安部、司法部于2014年8月22日印发的《关于在部分地区开展刑事案件速裁程序试点工作的办法》进行了修改：扩大了速裁程序的适用范围。该试点办法规定，适用速裁程序审理的案件范围为：危险驾驶、交通肇事、盗窃、诈骗、抢夺、寻衅滋事、非法拘禁、毒品犯罪、行贿犯罪、在公共场所实施的扰乱公共秩序的犯罪情节较轻，依法可能判处1年以下有期徒刑、拘役、管制的案件。首先，从该规定来看，适用速裁程序的具体罪名有9个，以及毒品犯罪和扰乱公共秩序犯罪两类案件类型，仅有不超过25个罪名可适用速裁程序。这种以列举式方法列举罪名作为适用速裁程序的依据，虽然能够保证刑事速裁程序适用范围清晰明确，但客观上使大量事实清楚、判刑较轻的案件无法纳入范围，限制了速裁案件的适用比例，缺乏科学性。其次，将刑事案件速裁程序的适用范围上调为3年以下有期徒刑，提高了速裁程序的适用率，使得刑事案件繁简分流更科学，司法资源的流转和配置更合理，进而更有效、更有针对性、更有差别化地确保个案的司法公正。

（3）案件事实清楚、证据确实充分。即适用速裁程序的案件必须案件事实清楚明了，证据客观全面，形成完整的证据链条。若案件事实不清、证据不足，适用速裁程序则是对被告人公正审判权的剥夺，不利于查清案件事实并公正审判，从而也影响了案件的审判质量。

（4）被告人认罪认罚。被告人对指控犯罪事实无异议，对检察机关提出的量刑建议无异议。这样可以保证速裁程序正确、顺利地进行。

（5）被告人同意适用速裁程序。由于速裁程序一定程度上克减了被告人的公正审判权，被告人选择认罪认罚就等于放弃了接受法庭调查、法庭辩论等诉讼权利，所以需被告人明确适用速裁程序的法律后果，同意适用速裁程序。

此外，本条还明确了速裁程序的审判组织适用独任审判，同时赋予检察机关适用速裁程序的建议权。当检察机关认为案件符合速裁程序的适用条件时，可以向人民法院提出适用速裁程序的建议。

第二百二十三条 有下列情形之一的，不适用速裁程序：

（一）被告人是盲、聋、哑人，或者是尚未完全丧失辨认或者控制自己行为能力的精神病人的；

（二）被告人是未成年人的；

（三）案件有重大社会影响的；

（四）共同犯罪案件中部分被告人对指控的犯罪事实、罪名、量刑建议或者适用速裁程序有异议的；

（五）被告人与被害人或者其法定代理人没有就附带民事诉讼赔偿等事项达成调解或者和解协议的；

（六）其他不宜适用速裁程序审理的。

【释义】本条是关于不适用速裁程序情形的规定。它是2018年《刑事诉讼法》新增加的内容。

不适用速裁程序的情形如下：

一是被告人为盲、聋、哑人，或者是尚未完全丧失辨认或者控制自己行为能力的精神病人。该种情形下的被告人由于身体缺陷或者精神智力缺陷，不能充分认识、行使自己的诉讼权利。若对其诉讼程序进行简化，不利于维护其合法权利。

二是被告人是未成年人。未成年人由于心智尚不健全，而速裁程序过于简化，且多采取集中审理的方式，不利于对未成年被告人进行教育、感化和挽救，所以本条规定被告人是未成年人的案件不适用速裁程序。

三是案件有重大影响的。有重大社会影响的案件除了承担惩罚犯罪人、恢复被害人合法权益外，还承担着以案释法的教育功能，有利于及时回应社会关切，弘扬法治精神，取得良好的法律效果和社会效果。若适用速裁程序，不仅不利于教育社会大众，而且难以对案件进行准确裁判，影响司法公正性。

四是共同犯罪案件中部分被告人对指控的犯罪事实、罪名、量刑建议或者适用速裁程序有异议的。共同犯罪案件涉及共犯之间的刑事责任的确定与分担问题，因此，如果共同犯罪案件中有被告人不认罪认罚、对适用速裁程序有异议的，则全案不能适用速裁程序。

五是被告人与被害人或者其法定代理人没有就附带民事诉讼赔偿等事

项达成调解或者和解协议的。刑事附带民事赔偿制度在安抚被害人，保障被害人经济利益不受损害等方面起着重要作用。若当事人在此问题上没有达成调解或和解协议的，不宜适用速裁程序，否则可能侵害被害人的权利，不利于案件的公正审判。

六是其他不宜适用速裁程序审理的案件。此条规定为兜底性条款，有利于司法机关在办理案件时灵活适用。

第二百二十四条 适用速裁程序审理案件，不受本章第一节规定的送达期限的限制，一般不进行法庭调查、法庭辩论，但在判决宣告前应当听取辩护人的意见和被告人的最后陈述意见。

适用速裁程序审理案件，应当当庭宣判。

【释义】本条是关于适用速裁程序可以简化的程序的规定。它是2018年《刑事诉讼法》新增加的内容。

本条的制度设计同2018年《刑事诉讼法》第219条关于简易程序庭审过程的简化规定异曲同工。为了给控辩双方一定的准备时间，一审普通程序规定在开庭10日前送达起诉书副本，而速裁程序案件事实清楚、证据确实充分、被告人已对认定的罪名、量刑建议、适用速裁程序等无异议，法官可以根据案件的具体情况选择性决定是否不受送达期限限制以减少诉讼期限，简轻讼累。刑事速裁程序的设立主要是以优化司法资源配置，提高司法效率为出发点的，因此，速裁程序的主要焦点在于提高司法效率、节约司法资源。从程序流程看，虽然当前我国刑事速裁程序省略了法庭调查、法庭辩论等庭审程序，但仍坚持了刑事诉讼基本结构，即在控、辩、审三角框架中进行，只不过实现了诉讼中心从诉中向诉前转移。

在判决宣告前听取辩护人意见及被告人的最后陈述，体现了诉讼结构的完整性并保证被告人在法庭上的权利得到充分体现。

第二百二十五条 适用速裁程序审理案件，人民法院应当在受理后十日以内审结；对可能判处的有期徒刑超过一年的，可以延长至十五日。

【释义】本条是关于适用速裁程序审理期限的规定。它是2018年《刑事诉讼法》新增加的内容。

本条内容有两个方面：

一是对于适用速裁程序的案件，人民法院应当在10日以内审结；

二是对于可能判处1年以上有期徒刑的，人民法院可在15日内审结。

不论是10日还是15日，与普通程序甚至简易程序的审理期限相比都是极大的缩短。此条规定的期间为法定期间，无任何特别规定。由此形成了以效率为价值导向的速裁程序、兼顾公正与效率的简易程序、追求公正价值目标的普通程序的三元化的刑事诉讼程序，从而实现案件繁简分流，减少诉讼成本，将节省的时间重点攻略疑难案件，实现司法资源的优化配置。

第二百二十六条　人民法院在审理过程中，发现有被告人的行为不构成犯罪或者不应当追究其刑事责任、被告人违背意愿认罪认罚、被告人否认指控的犯罪事实或者其他不宜适用速裁程序审理的情形的，应当按照本章第一节或者第三节的规定重新审理。

【释义】 本条是关于速裁程序转化为普通程序、简易程序的规定。它是2018年《刑事诉讼法》新增加的内容。

本条规定了在什么情况下速裁程序转化为普通程序、简易程序的情形。即：1. 被告人的行为不构成犯罪或者不应当追究其刑事责任。2. 被告人违背意愿认罪认罚。3. 被告人否认指控的犯罪事实。4. 其他不宜适用速裁程序审理的情形。

此外，“按照本章第一节或者第三节的规定重新审理”是指，当出现不宜适用速裁程序审理的案件时，应当停止速裁程序，代之以适用第一审公诉案件或者简易程序的有关规定重新审理，并从决定转化审理程序之日起重新计算审理期限。

第三章　第二审程序

第二百二十七条　被告人、自诉人和他们的法定代理人，不服地方各级人民法院第一审的判决、裁定，有权用书状或者口头向上一级人民法院上诉。被告人的辩护人和近亲属，经被告人同意，可以提出上诉。

附带民事诉讼的当事人和他们的法定代理人，可以对地方各级人民法院第一审的判决、裁定中的附带民事诉讼部分，提出上诉。

对被告人的上诉权，不得以任何借口加以剥夺。

【释义】 本条是关于上诉权的规定。

本条分为3款，对上诉的主体，上诉的方式，上诉权利不被剥夺作出了规定。本条规定的“判决”，是指人民法院对案件实体问题所作的处理决定，包括刑事判决和附带民事诉讼的判决。“裁定”，主要是指人民法院在审理案件过程中对诉讼程序问题所作的决定，如移送案件、驳回自诉等裁定。“上诉”，是指上诉主体不服地方各级人民法院第一审判决、裁定，在法定期限内，以书状或口头的形式向上一级人民法院请求改变原判决、裁定，以保护自己合法权利的诉讼行为。

本条对以下三个方面作出了规定：

1. 关于上诉主体的规定。

（1）被告人、自诉人和他们的法定代理人享有独立的上诉权；附带民事诉讼的当事人和他们的法定代理人对民事部分享有独立的上诉权。被告人、自诉人作为案件的当事人，人民法院的裁判对他们有直接利益关系，所以，法律赋予他们享有独立的上诉权。这种权利他们可以自由处分，可以上诉，也可以不上诉。这些人不需经任何人同意，只要在法定期限内提出上诉，就引起二审程序。

作为未成年人或精神病人不能进行正常诉讼活动，他们的法定代理人是其利益的维护者，法律也赋予他们独立的上诉权，他们的上诉，即使被告人、自诉人不同意，也会引起二审程序。在刑事附带民事诉讼中，被告人、被害人及他们的法定代理人是对附带民事部分享有独立上诉权的当事人。他们对一审的附带民事部分不服，可以提起上诉。但被害人及其法定代理人对人民法院刑事部分的判决没有上诉权，只能依照本法的相关规定请求人民检察院抗诉。当然，如果是刑事被告人同时又是附带民事诉讼的当事人，那么他们可以同时或分别对刑事部分和附带民事部分提出上诉。

（2）被告人的辩护人及其近亲属，上诉须经被告人同意。

被告人的辩护人只是在刑事诉讼中帮助被告人行使辩护权利的人，不是案件的当事人，案件的处理与辩护人没有直接利害关系。他们不得在没有征得被告人同意之前提出上诉，即使是征得被告人同意提起上诉，他们行使的也是被告人的上诉权。

被告人在刑事诉讼中处于被追究刑事责任的特殊地位，为了保护被告人的合法权益，法律允许被告人的近亲属经过被告人同意，可以提起上诉，但他们行使的也是被告人的上诉权。这里所说的近亲属，是指“夫、妻、父、母、子女、同胞兄弟姊妹”。

2. 关于上诉方式的规定。

上诉的方式，是指当事人不服一审判决或裁定，要求第二审人民法院对案件进行重新审理的形式和方法。

根据本条规定，当事人提起上诉有两种形式，一种是书面形式，另一种是口头方式。对于这两种方式人民法院必须全部受理，不能以不提交书面上诉状为由，不予接受。对于口头方式提出上诉的，应当制作笔录并附卷。

3. 对被告人的上诉权，不得以任何借口加以剥夺。我国法律规定二审终审制，赋予被告人上诉权，是为了通过二审程序来保障办案质量，及时纠正错误，减少和杜绝冤、假、错案，如果剥夺了上诉权，就是对二审终审制度的破坏。因此，本条专门用一款规定保障上诉权。不论被告人的罪行有多么严重，上诉是何种目的，人民法院都不能剥夺其上诉权。只要是有上诉权的当事人在法定期限内提出上诉，就必然引起二审程序。

第二百二十八条 地方各级人民检察院认为本级人民法院第一审的判决、裁定确有错误的时候，应当向上一级人民法院提出抗诉。

【释义】本条是关于二审抗诉的规定。

本条是关于二审抗诉的规定。抗诉，是指人民检察院对人民法院作出的确有错误的判决、裁定要求人民法院重新审判予以改判的诉讼活动。根据《刑事诉讼法》的规定，抗诉有两种情形，一是人民检察院对人民法院第一审未生效判决、裁定提出的抗诉；二是人民检察院对人民法院已经发生法律效力的判决、裁定提出的抗诉。本条指的是第一种情况，称为第二审程序抗诉，简称二审抗诉。

二审抗诉有以下几个特点：（1）二审抗诉是针对尚未发生法律效力的判决、裁定提出的。（2）二审抗诉是针对“地方各级人民法院”尚未发生法律效力的判决、裁定提出的。它不能针对最高人民法院作出的第一审裁判，因为最高人民法院作出的第一审裁判一经作出就发生了法律效力。（3）二审抗诉是由与第一审人民法院同级的人民检察院提出的。（4）抗诉是向作出一审判决、裁定的地方各级人民法院的“上一级”人民法院提出的。

第二百二十九条 被害人及其法定代理人不服地方各级人民法院第一

审的判决的，自收到判决书后五日以内，有权请求人民检察院提出抗诉。人民检察院自收到被害人及其法定代理人的请求后五日以内，应当作出是否抗诉的决定并且答复请求人。

【释义】本条是关于公诉案件被害人请求抗诉权的规定。

在刑事诉讼中，被害人是执行控诉职能的刑事当事人，但《刑事诉讼法》并未赋予其独立的上诉权，而是规定了请求抗诉的权利。被害人的请求抗诉，并不能直接引起二审程序，只有经过人民检察院审查并决定提起抗诉的，才能引起第二审程序。

被害人必须自收到判决书后5日以内向人民检察院提出请求。公诉机关必须在5日以内作出是否提出抗诉的决定，如果不提出抗诉，必须向请求人说明理由。

第二百三十条 不服判决的上诉和抗诉的期限为十日，不服裁定的上诉和抗诉的期限为五日，从接到判决书、裁定书的第二日起算。

【释义】本条是关于上诉、抗诉期限的规定。

对于上诉抗诉的期限，本条规定："不服判决的上诉和抗诉期限为十日，不服裁定的上诉和抗诉期限为五日，从接到判决书、裁定书的第二日起算。"提请注意的是，对"判决"和"裁定"规定的上诉和抗诉的期限是不同的，前者是10日，后者是5日。

对附带民事判决或裁定上诉、抗诉的期限，应当按照刑事部分的上诉、抗诉期限确定；如果附带民事诉讼是另行审判的，应当按照《民事诉讼法》规定的期限执行。

本条规定的上诉与抗诉期限，既可保证上诉人和抗诉机关有必要的考虑和准备，从法律制度上保护上诉人和抗诉机关行使上诉权和抗诉权，又可保障第二审人民法院能够及时地进行第二审审判，使一审正确的裁判得到迅速执行，错误的裁判得以及时纠正，防止当事人无理缠讼，影响案件及时终结。因此，在一般情况下不允许逾期上诉或抗诉，如果由于不能抗诉的原因或者其他正当理由耽误了上诉期限的，可以在障碍消除后5日以内，申请继续行使上诉权。是否允许，应由人民法院裁定。逾期而无正当理由的，应予驳回。如果其仍然坚持上诉的，可视为申诉，按照审判监督程序处理。

上诉人在上诉期限内要求撤回上诉的应当允许，并由第一审人民法院通知人民检察院和对方当事人。上诉人在上诉期满后要求撤回上诉的，应当由第二审人民法院进行审查，如果认为原判决认定事实和适用法律正确，量刑适当，应当裁定准许上诉人撤回上诉；如果认为原判决认定事实不清、证据不足或者将无罪判为有罪、轻罪重判等，应不准撤回上诉，由第二审人民法院依照上诉程序进行审理。

第二百三十一条　被告人、自诉人、附带民事诉讼的原告人和被告人通过原审人民法院提出上诉的，原审人民法院应当在三日以内将上诉状连同案卷、证据移送上一级人民法院，同时将上诉状副本送交同级人民检察院和对方当事人。

被告人、自诉人、附带民事诉讼的原告人和被告人直接向第二审人民法院提出上诉的，第二审人民法院应当在三日以内将上诉状交原审人民法院送交同级人民检察院和对方当事人。

【释义】本条是关于向上诉途径、向第二审人民法院移送案卷、上诉状副本送达的规定。

本法规定上诉可以通过原审人民法院提出，也可以直接向第二审人民法院提出，若通过原审人民法院提出上诉的，原审人民法院接到上诉状后，应先审查上诉人是否具有上诉权以及上诉是否逾期。审查后如果认为上诉符合法律规定，应在3日以内将上诉状连同案卷、证据移送上一级人民法院，同时将上诉状副本送交同级人民检察院和对方当事人。

上诉人向第二审人民法院提起上诉的，第二审人民应当在收到上诉状后3日内将上诉状交原审人民法院。原审人民法院应当审查上诉是否符合法律规定。符合法律规定的，应当在接到上诉状后3日以内将上诉状连同案卷、证据移送上一级人民法院，同时将上诉状副本送交同级人民检察院和对方当事人。本条规定将上诉状副本送交同级人民检察院和对方当事人，这样有利于人民检察院和对方当事人及时了解上诉内容，做好出庭准备，使第二审程序顺利进行。

需要注意的是，原审人民法院审查上诉时，只能对上诉人是否具有上诉权及是否已逾期上诉进行审查，审查内容不包括上诉理由。因为我国法律未对上诉理由进行限制，上诉权人对一审判决或裁定在认定事实或适用法律方面有意见，就可以提起上诉，在二审审理过程中，还有权对上诉理由进行补充，提出新的理由。人民法院不得以上诉理由不成立为由，不受理上诉人提出的上诉。

第二百三十二条 地方各级人民检察院对同级人民法院第一审判决、裁定的抗诉，应当通过原审人民法院提出抗诉书，并且将抗诉书抄送上一级人民检察院。原审人民法院应当将抗诉书连同案卷、证据移送上一级人民法院，并且将抗诉书副本送交当事人。

上级人民检察院如果认为抗诉不当，可以向同级人民法院撤回抗诉，并且通知下级人民检察院。

【释义】本条是关于提起抗诉的方式和程序的规定。

本条规定的提起抗诉的方式和程序是：

1. 地方各级人民检察院对同级人民法院第一审判决、裁定的抗诉，应当通过原审人民法院提出抗诉书，并且将抗诉书抄送上一级人民检察院。这里的“地方各级人民检察院”包括县区人民检察院、地市级人民检察院、省（自治区、直辖市）人民检察院，不包括最高人民检察院。因为最高人民法院作出的第一审裁判一经作出就发生了法律效力，最高人民检察院不能针对最高人民法院作出的第一审裁判抗诉，只能对最高人民法院的裁判提出审判监督程序的抗诉。

2. 原审人民法院应当将抗诉书连同案卷、证据移送上一级人民法院，并且将抗诉书副本送交当事人。这是关于原审人民法院移送案卷、送达抗诉书副本的规定。

3. 上级人民检察院如果认为抗诉不当，可以向同级人民法院撤回抗诉，并且通知下级人民检察院。这是关于上级人民检察院在二审抗诉中享有权力的规定。上级人民检察院在二审抗诉中行使权力的程序是：上级人民检察院接到下级人民检察院的抗诉书后，应当对抗诉的理由和依据进行审查，同意抗诉的，在第二审人民法院重新审理案件时，应当派员出庭支持公诉。如果认为抗诉不当，可以向同级人民法院撤回抗诉，并且通知下级人民检察院。

根据司法解释，对人民检察院撤回抗诉的处理程序是：人民检察院在抗诉期间撤回抗诉的，第一审人民法院不再向上级人民法院移送案件，如果是在抗诉期满后第二审人民法院宣告裁判前撤回抗诉的，第二审人民法院可裁定准许，并通知第一审人民法院和当事人。

第二百三十三条 第二审人民法院应当就第一审判决认定的事实和适

用法律进行全面审查，不受上诉或者抗诉范围的限制。

共同犯罪的案件只有部分被告人上诉的，应当对全案进行审查，一并处理。

【释义】本条是关于全面审查原则的规定。

案件进入二审程序后，第二审人民法院要组成合议庭对上诉、抗诉案件进行全面的审查，不受上诉、抗诉范围的限制。

第二审人民法院对案件全面审查，就是不仅要对上诉或者抗诉所提出的内容进行审查，而且要对上诉或者抗诉没有提出的内容也进行审查，如对第一审判决所认定的事实、适用的法律以及审判活动是否遵守了诉讼程序进行审查。

对共同犯罪案件，不仅要审查提出上诉的被告人的部分，也要审查未提出上诉的被告人的部分，即使上诉人死亡，其他被告人没有上诉，也应当对案件进行全面审查。审查后对已死亡的上诉人不构成犯罪的，应当宣告无罪；审查后认为构成犯罪的，应当宣告终止审理。对其他同案被告人仍应当作出判决或裁定。

对附带民事诉讼部分提出上诉的，不仅要审查附带民事诉讼部分，也要审查刑事诉讼部分，以正确确定民事责任。同时，发现刑事部分定罪量刑确有错误的，应通过提起审判监督程序予以改判。

第二百三十四条　第二审人民法院对于下列案件，应当组成合议庭，开庭审理：

（一）被告人、自诉人及其法定代理人对第一审认定的事实、证据提出异议，可能影响定罪量刑的上诉案件；

（二）被告人被判处死刑的上诉案件；

（三）人民检察院抗诉的案件；

（四）其他应当开庭审理的案件。

第二审人民法院决定不开庭审理的，应当讯问被告人，听取其他当事人、辩护人、诉讼代理人的意见。

第二审人民法院开庭审理上诉、抗诉案件，可以到案件发生地或者原审人民法院所在地进行。

【释义】本条是关于第二审案件的审理方式、地点的规定。

2012 年《刑事诉讼法》在 1996 年《刑事诉讼法》的基础上，明确了二审须开庭的四类案件，以及对不开庭案件须讯问被告人，听取其他当事人、辩护人、诉讼代理人的意见。2018 年《刑事诉讼法》坚持了该规定。

1996 年《刑事诉讼法》第 187 条规定："第二审人民法院对上诉案件，应当组成合议庭，开庭审理。合议庭经过阅卷，讯问被告人、听取其他当事人、辩护人、诉讼代理人的意见，对事实清楚的，可以不开庭审理。"从该法条表面上来看，二审原则上应实行开庭审理方式，只有在例外情况下，第二审人民法院才能采取不开庭审理的方式。但是，由于法条规定模糊，在审判实践中，绝大多数二审案件都是通过不开庭而审结的。不开庭审理存在较多弊端：二审人民法院仅通过审查书面材料，讯问被告人，在认定事实方面不大可能比第一审人民法院准确。另外，在不开庭审理的情况下，由于控辩双方无法在诉讼双方同时到场的情况下陈述本方的意见和证据，诉讼一方也无法听取对方经过理性和平等交涉之后产生对案件的新观点，法官也难以抓住对案件具有重大影响的问题，审理往往会流于形式。采取开庭审理的方式，对于当事人来讲，由于参与到二审的具体审理程序当中，会增加对审判的了解，感受到程序的平等性，从而提高审判结果的可接受性。2012 年修法明确了二审必须开庭的几类案件，在一定程度上提高了二审开庭审判的比率，对于改善二审的审判质量具有重要作用。

本条规定了以下主要内容：

1. 四类案件必须开庭。

（1）被告人、自诉人及其法定代理人对第一审判决认定的事实、证据提出异议，第二审人民法院认为可能影响定罪量刑的上诉案件。开庭方式是查清案件事实、证据问题的一种程序保障。

（2）被告人被判处死刑的上诉案件。判处被告人死刑的案件，涉及人的生命，因为人死而不可复生，所以对这类案件的审判必须慎之又慎，对这类案件进行的二审必须开庭审理。对死刑二审案件实行开庭审理，是确保死刑案件审判质量、最大限度地防止发生错判的必要程序。

（3）人民检察院抗诉的案件。检察机关是国家的法律监督机关，应当充分保障其行使法律监督职能。因此，对人民检察院抗诉的案件应当开庭审理。

（4）其他应当开庭审理的案件。本款是兜底条款，除了以上三类案件必须开庭外，人民法院可以自行决定开庭审理其他案件。

2. 不开庭审理的案件的审理程序。对于二审不开庭的案件，要求人民法院讯问被告人，听取其他当事人、辩护人、诉讼代理人的意见。这样有利于避免法官单纯书面审查的弊端，以保障二审的权威性，这样也有利于当事人参与诉讼，使当事人息诉服判。

3. 开庭审理案件的地点。第二审人民法院开庭审理上诉、抗诉案件，可以到案件发生地或者原审人民法院所在地进行。

第二百三十五条　人民检察院提出抗诉的案件或者第二审人民法院开庭审理的公诉案件，同级人民检察院都应当派员出席法庭。第二审人民法院应当在决定开庭审理后及时通知人民检察院查阅案卷。人民检察院应当在一个月以内查阅完毕。人民检察院查阅案卷的时间不计入审理期限。

【释义】本条是关于人民检察院派员出庭及阅卷期限的规定。

2012年的《刑事诉讼法》主要修改有两处：一是改“第二审人民法院必须在开庭十日以前通知人民检察院查阅案卷”为“第二审人民法院应当在决定开庭审理后及时通知人民检察院查阅案卷”。二是增加了“人民检察院应当在一个月以内查阅完毕。人民检察院查阅案卷的时间不计入审理期限”的规定。2018年《刑事诉讼法》坚持了这些规定。

本条的内容有以下三个方面：

1. 明确规定人民检察院派员出庭的范围是抗诉案件和第二审人民法院开庭审理的公诉案件。这样的规定既切合实际，又明确具体，便于掌握和贯彻。

2. 第二审人民法院应当在决定开庭审理后及时通知人民检察院查阅案卷。人民检察院派员出席第二审法庭的审理活动，有利于保障国家法律的正确实施。因此，必须保证人民检察院在开庭前有充分的时间做好出庭的准备工作。本条规定人民法院必须在决定开庭后及时通知人民检察院查阅案卷。

3. 人民检察院应当在1个月以内查阅案卷完毕，人民检察院查阅案卷的时间不计入审理期限。本款是2012年《刑事诉讼法》对1996年《刑事诉讼法》第188条的补充规定。1996年《刑事诉讼法》未对人民检察院的阅卷时间作出规定，造成人民检察院阅卷无时间限制，拖延诉讼的情况时有发生，这也是导致超期羁押的重要原因。同时，为避免由于人民检察院阅卷，致使人民法院的审判时间缩短，难以保障二审审判质量的情况发生，本条规定，人民检察院阅卷时间不计入审理期限。这样规定对整个阅卷、审理期限作了明确规定，弥补了1996年《刑事诉讼法》规定的不足。2018年《刑事诉讼法》延续了该规定。

第二百三十六条 第二审人民法院对不服第一审判决的上诉、抗诉案件，经过审理后，应当按照下列情形分别处理：

（一）原判决认定事实和适用法律正确、量刑适当的，应当裁定驳回上诉或者抗诉，维持原判；

（二）原判决认定事实没有错误，但适用法律有错误，或者量刑不当的，应当改判；

（三）原判决事实不清楚或者证据不足的，可以在查清事实后改判；也可以裁定撤销原判，发回原审人民法院重新审判。

原审人民法院对于依照前款第三项规定发回重新审判的案件作出判决后，被告人提出上诉或者人民检察院提出抗诉的，第二审人民法院应当依法作出判决或者裁定，不得再发回原审人民法院重新审判。

【释义】本条是关于对上诉、抗诉案件的处理、限制发回原审次数的规定。

2012年《刑事诉讼法》在1996年《刑事诉讼法》第189条的基础上增加了一款："原审人民法院对于依照前款第三项规定发回重新审判的案件作出判决后，被告人提出上诉或者人民检察院提出抗诉的，第二审人民法院应当依法作出判决或者裁定，不得再发回原审人民法院重新审判。"2018年《刑事诉讼法》坚持了该规定。

本条的内容有以下两个方面：

1. 第二审人民法院对不服第一审判决或者裁定的上诉、抗诉案件进行审理后，分别作出下列处理：

（1）维持原判。本条第1款第1项规定，对于原判决认定事实和适用法律正确，量刑适当的，应当裁定维持原判，驳回上诉或抗诉。第二审人民法院维持原判的，应当制作裁定书。

当然，维持原判不排除更正原判叙述事实和文字表达上的不准确和错误的地方，但是这些更正不能影响定罪、量刑。

（2）改判。原判决认定事实没有错误，但适用法律有错误或者量刑不当的，应当改判。"适用法律有错误"，是指根据被告人的情况和犯罪事实，一审判决中适用的有关法律不正确、不恰当。“量刑不当”，是指根据犯罪情节、被告人的情况和法律的规定，对被告人判刑过重或过轻。“改判”，是指二审人民法院直接作出判决，改变一审判决的内容。需要提请注意的是，对原判决认定事实没有错误，但适用法律有错误或者量刑不当的，只能改判，不能发回重审。因为一旦发回重审，原审人民法院还要开庭对案件的事实重新进行审理，形成诉讼资源浪费，拖延诉讼时间。

（3）原判决事实不清楚或者证据不足的，可以在查清事实后改判；也可以裁定撤销原判，发回原审人民法院重新审判。“原判决事实不清楚或者证据不足”，主要是指犯罪时间、地点、手段、危害后果等事实没有全部查清，证据不够充分或者遗漏了犯罪事实，原审收集的证据未经调查核实等。在上述情况下，第二审人民法院既可以自己查清事实，直接依法改判；也可以裁定撤销原判，发回原审人民法院重新审判。发回重审的案件，原审人民法院应当另行组成合议庭审理，对其判决、裁定仍可提出上诉或者抗诉。

2. 以事实不清楚或者证据不足发回重审只限于1次。本款强调的是发回重审的规范化，案件不能在一审、二审人民法院之间无限期地来回循环消耗司法资源。案件发回重审1次后，二审人民法院必须履行职责，作出判决。这主要是针对实践中上级人民法院反复发回重审的弊端而作出的规定，以保证诉讼效率，尽早实现司法公正。

第二百三十七条 第二审人民法院审理被告人或者他的法定代理人、辩护人、近亲属上诉的案件，不得加重被告人的刑罚。第二审人民法院发回原审人民法院重新审判的案件，除有新的犯罪事实，人民检察院补充起诉的以外，原审人民法院也不得加重被告人的刑罚。

人民检察院提出抗诉或者自诉人提出上诉的，不受前款规定的限制。

【释义】本条是关于上诉不加刑原则的规定。

2012年《刑事诉讼法》在1996年《刑事诉讼法》第190条的基础上增加了“第二审人民法院发回原审人民法院重新审判的案件，除有新的犯罪事实，人民检察院补充起诉的以外，原审人民法院也不得加重被告人的刑罚”的规定。2018年《刑事诉讼法》坚持了该规定。

本条分为两款。第1款是对上诉不加刑原则的规定，即第二审人民法院审判被告人一方上诉的案件，不得加重被告人的刑罚。按照该原则，对于仅有被告方上诉的案件，二审人民法院审理后，即使认为原判量刑畸轻，也不得加重或者变相加重被告人的刑罚。上诉不加刑原则是为了有效地保障被告人的上诉权，如果辩护方提出了上诉，二审人民法院不仅没有作出其所期待的有利于被告人的判决，反而加重了刑罚，这势必使辩护方懊悔自己行使了上诉权。当面临着对己更加不利的可能性时，辩护方往往心存顾虑，即使对一审人民法院不服也不敢提出上诉。如果这样，法律赋予被告方的上诉权就会形同虚设。

在司法实践中，需要注意上诉不加刑的适用问题。第二审人民法院审判被告人或者他的法定代理人、辩护人、近亲属的上诉的案件，经过审理决定改判的，对被告人只能适用比原判较轻的刑罚，不得加长原判同一刑种的刑期或者增加罚金刑的金额，对被告人判处拘役或者宣告缓刑的，不得撤销原判决宣告的缓刑或者延长缓刑考验期。此外，在司法实践中还应注意，对于共同犯罪案件只有部分被告人上诉的，既不得加重提出上诉的被告人刑罚，也不得加重其他未上诉的同案的被告人的刑罚；对于数罪并罚的案件，既不得加重决定执行的刑罚，也不能在保持决定执行的刑罚不变的情况下，加重数罪中部分罪的刑罚。对事实清楚、证据充分，但判决的刑罚畸轻，或者应当适用附加刑而没有适用的案件，不得撤销第一审判决，直接加重被告人的刑罚或者适用附加刑，也不得以事实不清或者证据不足发回第一审人民法院重新审判。必须依法改判的，应当在第二审判决、裁定生效后，按照审判监督程序重新审判。

2012 年修法增加的“第二审人民法院发回原审人民法院重新审判的案件，除有新的犯罪事实，人民检察院补充起诉的以外，原审人民法院也不得加重被告人的刑罚”的规定，将上诉不加刑原则的约束力延伸到了发回原审人民法院重新审判的案件上，即原审人民法院对发回原审人民法院重新审判的案件也不得加重被告人的刑罚。法律只作了一个例外情况的规定，即有新的犯罪事实，人民检察院补充起诉的案件，可以判处比原判处刑较重的刑罚。

本条第 2 款是对二审程序中不受上诉不加刑原则限制的两种情况的规定。为了保障人民检察院通过抗诉进行法律监督和保护自诉人的合法权益，本款规定，对于人民检察院提出抗诉的案件或者自诉人和他的法定代理人提出上诉的案件，不论被告人或者他的法定代理人、辩护人、近亲属是否提出上诉，均不受前款规定的上诉不加刑的限制。第二审人民法院经过审理，对案件进行全面审查，如果认为原判决确属过轻的，需要改判的，则可以作出比原判决重的刑罚。

第二百三十八条 第二审人民法院发现第一审人民法院的审理有下列违反法律规定的诉讼程序的情形之一的，应当裁定撤销原判，发回原审人民法院重新审判：

（一）违反本法有关公开审判的规定的；

（二）违反回避制度的；

（三）剥夺或者限制了当事人的法定诉讼权利，可能影响公正审判的；

（四）审判组织的组成不合法的；

（五）其他违反法律规定的诉讼程序，可能影响公正审判的。

【释义】本条是对违反诉讼程序的案件撤销原判发回重审的规定。

根据本条规定，第二审人民法院在审理上诉或者抗诉案件过程中，发现第一审人民法院的审理具有违反本条规定的法定的诉讼程序的情形，应当作出裁定，撤销原判决，发回原审人民法院重新审判。

本条规定了违反法定诉讼程序，撤销原判决，发回原审人民法院重新审判的五种情形：

1. 违反本法有关公开审判的规定的，如应公开审判没有公开审判。

2. 违反回避制度的，如应当回避的人员没有回避，等等。

3. 剥夺或者限制了当事人的法定诉讼权利，可能影响公正审判的，如未允许被告人进行辩护或最后陈述等。

4. 审判组织的组成不合法，如组成合议庭的审判员、助理审判员、人民陪审员不具备法定资格。

5. 其他违反法律规定，可能影响公正审判的，如审判委员会讨论案件时违背了按多数人意见决定的原则等。

第二审人民法院如果发现第一审人民法院有上列第1、第2、第4项所规定的违反诉讼程序的行为，不论原实体判决是否正确，都应当发回重审。对第3、第5项所列的情形，如果可能影响公正审判的，应当发回重审，否则不必发回重审。

第二百三十九条 原审人民法院对于发回重新审判的案件，应当另行组成合议庭，依照第一审程序进行审判。对于重新审判后的判决，依照本法第二百二十七条、第二百二十八条、第二百二十九条的规定可以上诉、抗诉。

【释义】本条是关于原审人民法院审判发回重新审判案件的程序的规定。

本条对发回重审案件的审判组织的规定是应当另行组成合议庭。这是因为原合议庭成员由于审理过本案，容易先入为主，既不利于发现错误，更正错误，也不利于保证重新审判的案件质量。

对发回重审案件的审理程序，法律规定按第一审程序进行审判。重审不是二审，而是重新审判，所以，应依第一审程序审理案件。原审人民法院对发回重审案件审理后作出的判决是一审判决，自诉人、被告人和他们的法定代理人，被告人的辩护人和近亲属，附带民事诉讼的当事人和他们的法定代理人有权提起上诉，被害人及其法定代理人有权请求抗诉，地方各级人民检察院可以提起抗诉。地方各级人民检察院也可自行决定抗诉。

第二百四十条 第二审人民法院对不服第一审裁定的上诉或者抗诉，经过审查后，应当参照本法第二百三十六条、第二百三十八条和第二百三十九条的规定，分别情形用裁定驳回上诉、抗诉，或者撤销、变更原裁定。

【释义】本条是关于第二审人民法院审理不服一审裁定的上诉和抗诉案件的规定。

根据本条规定，第二审人民法院对不服第一审“裁定”的上诉和抗诉案件，组成合议庭审查后，应当参照本章关于审理不服第一审“判决”的上诉或者抗诉案件的有关规定，根据不同情形分别处理：

1. 参照2018年《刑事诉讼法》第236条的规定，原裁定认定事实和适用法律正确的，应当裁定驳回上诉或者抗诉，维持原裁定；原裁定认定事实没有错误，但适用法律有错误的，应当以裁定形式变更原裁定；原裁定事实不清楚，也可以撤销原裁定，发回原审人民法院重新审判。

2. 参照2018年《刑事诉讼法》第238条的规定，第二审人民法院发现第一审人民法院的审理有违反本法有关公开审判的规定、违反回避制度、剥夺或者限制了当事人的法定诉讼权利，审判组织的组成不合法或者其他违反法律规定的诉讼程序，可能影响公正审判的情形的，应当裁定撤销原裁定，发回原审人民法院重新审判。

3. 参照2018年《刑事诉讼法》第239条的规定，原审人民法院对于发回重审的案件，应当另行组成合议庭，依照第一审程序进行审判，重新作出裁定。对于重新审判后的裁定，被告人、自诉人、附带民事诉讼的原告和被告可以上诉，同级人民检察院可以抗诉。

第二百四十一条　第二审人民法院发回原审人民法院重新审判的案件，原审人民法院从收到发回的案件之日起，重新计算审理期限。

【释义】本条是关于发回重审案件审限的规定。

审限是人民法院审判案件时必须遵守的法定期限，其目的在于防止审理工作的拖延和案件积压，对督促人民法院提高办案效率、维护当事人合法权益起着重要作用。

根据本条规定，对于发回重审的案件，原审人民法院应当从收到发回的案件之日起，重新计算审限。这是因为发回重审的案件本身就是一审案件，依法按照一审程序审理，审限理应按照一审案件重新计算。另外，由于另行组成合议庭，审判组织成员并不熟悉案件情况，审理发回重审案件和第一次审理在程序上是相同的，上述规定对于保证人民法院依法办案，提高办案质量，保护当事人合法权利起着积极作用。

发回重审案件审限的计算方法是，从收到发回案件之日起计算。收到发回的案件，是指收到二审人民法院撤销原判发回重新审判的裁定书、案卷和本案证据。

第二百四十二条　第二审人民法院审判上诉或者抗诉案件的程序，除本章已有规定的以外，参照第一审程序的规定进行。

【释义】本条是关于审判二审案件适用程序的规定。

第一审程序和第二审程序都是审判程序，既有相同点又有不同点，为了避免立法条文的重复，所以“第二审程序”一章，只规定了二审的特有程序，并用本条规定了凡是第二审程序没有规定的，均可以参照第一审程序的规定进行。这里使用“参照”一词，是因为第二审程序不完全等同于第一审程序，有其自身的特点，因而第二审人民法院在开庭审理第二审案件时，不能完全照搬第一审程序，而应以第一审程序为基准有所变通。例如，第二审程序没有规定法庭审判的具体程序，第二审的法庭审判就应当参照第一审程序中法庭审判程序的规定进行，可以分为开庭、法庭调查、法庭辩论、被告人最后陈述、评议和宣判五个阶段。

第二百四十三条 第二审人民法院受理上诉、抗诉案件，应当在二个月以内审结。对于可能判处死刑的案件或者附带民事诉讼的案件，以及有本法第一百五十八条规定情形之一的，经省、自治区、直辖市高级人民法院批准或者决定，可以延长二个月；因特殊情况还需要延长的，报请最高人民法院批准。

最高人民法院受理上诉、抗诉案件的审理期限，由最高人民法院决定。

【释义】本条是关于第二审审理期限的规定。

2012年《刑事诉讼法》对二审的审理期限的修改共有四处：（1）将第二审人民法院审理上诉、抗诉案件的期限由“至迟不得超过一个半月”改为“应当在二个月以内审结”。（2）对延长审限的情况进行了限定，即“对于可能判处死刑的案件或者附带民事诉讼的案件”等情形，才可以延长，并且将批准或者决定的时间由1个月改为2个月。（3）增加了“因特殊情况还需要延长的，报请最高人民法院批准”的规定。（4）增加了“最高人民法院受理上诉、抗诉案件的审理期限，由最高人民法院决定”的规定。2018年《刑事诉讼法》坚持了这些规定。

本条的主要内容如下：

1. 第二审人民法院审理案件，应当在2个月内审结。考虑到2012年修法要求二审开庭审理的案件增加，为保证案件质量，所以2012年《刑事诉讼法》将人民法院审理二审案件的审限延长到2个月。2018年《刑事诉讼法》延续了这些规定。

2. 有2018年《刑事诉讼法》第158条规定情形之一的，经省、自治区、直辖市高级人民法院批准或者决定，可以再延长2个月，但是最高人民法院受理的上诉、抗诉案件，由最高人民法院决定。

2018年《刑事诉讼法》第158规定的可以延长的四种情形是：（1）交通十分不便的边远地区的重大复杂案件；（2）重大的犯罪集团案件；（3）流窜作案的重大复杂案件；（4）犯罪涉及面广，取证困难的重大复杂案件。

3. 因案件特殊情况还需要延长审理期限的，由最高人民法院批准或者决定。本款是考虑到现实中存在一些疑难复杂案件，在穷尽审限后仍无法查清，为保证案件的公正处理，所作的兜底条款。但为保证案件的及时审结，要从程序上严格限制这类案件，因此，批准延长审理期限的权力授予最高人民法院，以加强程序控制。

第二百四十四条 第二审的判决、裁定和最高人民法院的判决、裁定，都是终审的判决、裁定。

【释义】本条是关于二审判决、裁定和最高人民法院判决、裁定的效力的规定。

我国实行二审终审制度。所谓二审终审制，是指一个案件至多经过两级人民法院审判即宣告终结的制度，即刑事案件经过第二审人民法院的审理，其所经历的审级已经完结，故而第二审的判决、裁定就是终审的判决、裁定。这就意味着被告人、自诉人、附带民事诉讼的原告人或者被告人不能对二审的判决、裁定提出上诉，同级人民检察院也不能对二审的判决、裁定提出抗诉。如果被告人、自诉人、附带民事诉讼的原告人或被告人仍然对二审判决、裁定不服，只能通过申诉的途径申请提起审判监督程序。人民法院对人民检察院通过审判监督程序提出的抗诉，可以对原案件进行提审或者再审。需要指出的是，二审判决、裁定下达后，除死刑案件需要经过死刑复核程序外，普通的刑事案件的二审判决、裁定就立即发生法律效力。

最高人民法院是我国最高的审判机关，由于它的上面再没有设置审判机构，故而最高人民法院的判决、裁定（包括一审案件）是终审的判决、裁定，最高人民法院的判决、裁定一经作出，即发生法律效力。

最高人民法院的判决和裁定包括普通程序的判决和裁定、死刑复核程序的改判判决和核准死刑的裁定，以及撤销原判发回重新审判的裁定。

根据2018年《刑事诉讼法》第259条的规定，判决和裁定在发生法律效力后执行，终审的判决和裁定即为发生法律效力的判决和裁定的一种，是应当执行的判决和裁定。

第二百四十五条 公安机关、人民检察院和人民法院对查封、扣押、冻结的犯罪嫌疑人、被告人的财物及其孳息，应当妥善保管，以供核查，并制作清单，随案移送。任何单位和个人不得挪用或者自行处理。对被害人的合法财产，应当及时返还。对违禁品或者不宜长期保存的物品，应当依照国家有关规定处理。

对作为证据使用的实物应当随案移送，对不宜移送的，应当将其清单、照片或者其他证明文件随案移送。

人民法院作出的判决，应当对查封、扣押、冻结的财物及其孳息作出处理。

人民法院作出的判决生效以后，有关机关应当根据判决对查封、扣押、冻结的财物及其孳息进行处理。对查封、扣押、冻结的赃款赃物及其孳息，除依法返还被害人的以外，一律上缴国库。

司法工作人员贪污、挪用或者私自处理查封、扣押、冻结的财物及其孳息的，依法追究刑事责任；不构成犯罪的，给予处分。

【释义】本条是关于对被扣押、冻结的财物及其孳息如何处理的规定。

案件中的财物及其孳息，往往是作为诉讼证据或者追缴物而存在的，关乎诉讼证明和财产利益保护的问题，因此，有关财物及其孳息的使用、保管等工作需要加以规范，以免出现问题。

本条规定，公安机关、人民检察院和人民法院对于扣押、冻结犯罪嫌疑人、被告人的财物及其孳息，应当妥善保管，以供核查。任何单位和个人不得挪用或者自行处理。

对于被害人的财产，被害人明确的，扣押、冻结机关应当及时返还。但须经拍照、鉴定、作价，并在案卷中注明返还的理由，将原物照片、清单和被害人的领取手续入卷备查。

对于作为证据使用的实物，包括作为物证的货币、有价证券等，应当随案移送。开庭审判时，经向法庭出示、听取意见后交付法庭。休庭或者闭庭时办理证据交接手续，清点、核对无误的，由经手人在清单上签字后予以封存。对因上诉、抗诉引起第二审程序的，第一审人民法院应当将上述证据移送第二审人民法院并办理证据交接手续。

对于不宜移送的实物，如大宗、不便搬运的物品，或者易腐烂、霉变、不易保管的物品，以及违禁品、危险品等，人民法院受理或者审理案件时，应当审查是否附有或者出示了相关证据材料；需要鉴定、估价的，应当附有或者出示鉴定结论，并应随案移送原物照片、清单或其他证明文件。

对于人民法院、人民检察院、公安机关扣押、冻结的赃款、赃物及其孳息，由原审人民法院依照生效的法律文书进行处理。除依法返还被害人的以外，应当一律上缴国库。司法工作人员贪污、挪用或者私自处理被扣押、冻结的赃款及其孳息的，依法追究刑事责任；不构成犯罪的，给予必要的行政处分。

第四章 死刑复核程序

第二百四十六条 死刑由最高人民法院核准。

【释义】本条是关于死刑立即执行核准权的规定。

本条的主要内容是规定死刑立即执行核准权的归属。死刑复核程序是我国刑事诉讼中独立于普通审判程序的一项特别程序，是指由最高人民法院对死刑案件进行专门审查，并作出是否核准死刑的裁判。我国1979年《刑事诉讼法》即规定，死刑由最高人民法院核准。本条规定的死刑，是指死刑立即执行。我国实行“保留死刑，严格控制和慎重适用死刑”的死刑政策，死刑复核制度即是这一政策在程序法上的体现，死刑案件必须经过复核才能生效并进入执行程序。

死刑复核权具有专属性，有权核准死刑立即执行案件的，只有最高人民法院。死刑复核程序由人民法院依职权启动，只要一审后经过法定期限被告人没有上诉、人民检察院没有抗诉，或者二审审理完毕，就应主动将全案层报最高人民法院核准。

1979年以来，我国死刑复核制度的权属曾经历了一个变化过程。1983年修改的《人民法院组织法》规定，最高人民法院在必要的时候，得授权省、自治区、直辖市的高级人民法院核准死刑。随后，最高人民法院先后授权各高级人民法院、解放军军事法院核准杀人、强奸、抢劫、爆炸等严重危害公共安全和社会治安犯罪死刑案件，授权部分高院核准毒品死刑案件。下放死刑核准权是我国为应对特定历史阶段治安形势恶化的权宜之计，但下放死刑复核权与基本法的精神抵触，实践中，高级人民法院通常将死刑复核程序与死刑案件的二审程序合二为一，导致死刑复核程序难以发挥其应有的作用。2006年，十届全国人大常委会修改了《人民法院组织法》，将死刑核准权收归最高人民法院行使。

死刑案件统一由最高人民法院核准，对于保证死刑案件准确地认定事实和适用法律、防止错杀无辜以及死刑案件标准的统一具有重要的意义。

第二百四十七条 中级人民法院判处死刑的第一审案件，被告人不上诉的，应当由高级人民法院复核后，报请最高人民法院核准。高级人民法院不同意判处死刑的，可以提审或者发回重新审判。

高级人民法院判处死刑的第一审案件被告人不上诉的，和判处死刑的第二审案件，都应当报请最高人民法院核准。

【释义】本条是关于死刑案件报请复核的程序的规定。

我国的中级人民法院、高级人民法院、最高人民法院都有权判处死刑。死刑案件除由最高人民法院判决的以外，都应由作出判决的人民法院主动将案件逐级报请最高人民法院核准。

根据最高人民法院《解释》规定，中级人民法院判处死刑的第一审案件，被告人不上诉、人民检察院不抗诉的，在上诉、抗诉期满后3日内报请高级人民法院复核。高级人民法院同意判处死刑的，应当依法作出裁定后，报请最高人民法院核准；不同意判处死刑的，应当提审或者发回重新审判。中级人民法院判处死刑的第一审案件，被告人提出上诉或者人民检察院提出抗诉，高级人民法院终审裁定维持死刑判决的，报请最高人民法院核准。高级人民法院判处死刑的第一审案件，被告人不上诉、人民检察院不抗诉的，在上诉、抗诉期满后3日内报请最高人民法院核准。

被告人被判处死刑的数罪中，如果有应当由最高人民法院核准的，或者共同犯罪案件部分被告人被判处死刑的罪中有应当由最高人民法院核准的，必须将全案报请最高人民法院核准。报请复核死刑（死刑缓期2年执行）案件，应当一案一报。报送的材料应当包括报请复核的报告、死刑（死刑缓期2年执行）案件综合报告和判决书各15份，以及全部诉讼案卷和证据；共同犯罪的案件，应当报送全案的诉讼案卷和证据。

另外，根据最高人民法院《关于报送按照审判监督程序改判死刑、被告人在死缓考验期内故意犯罪应当执行死刑的复核案件的通知》规定，按照审判监督程序改判被告人死刑，以及被告人在死缓考验期内故意犯罪应当执行死刑的死刑复核案件，一律报送最高人民法院核准。

第二百四十八条 中级人民法院判处死刑缓期二年执行的案件，由高级人民法院核准。

【释义】本条是关于判处死刑缓期2年执行案件核准权的规定。

根据本条的规定，死刑缓期2年执行案件的核准权属于高级人民法院。根据最高人民法院《解释》的规定，中级人民法院判处死刑缓期2年执行的第一审案件，被告人不上诉、人民检察院不抗诉的，应当报请高级人民法院核准。高级人民法院对于报请核准的死刑缓期2年执行的案件，同意判处死刑缓期2年执行的，应当裁定予以核准；认为原判事实不清、证据不足的，应当裁定发回重新审判；认为原判量刑过重的，应当依法改判。高级人民法院核准死刑缓期2年执行的案件，不得以提高审级等方式加重被告人的刑罚。

根据本条的规定，死刑缓期2年执行复核案件的审理对象是中级人民法院判处死刑缓期2年执行的案件。而由高级人民法院判处死刑缓期2年执行的二审案件，以及高级人民法院判处死刑缓期2年执行的一审案件，被告人不上诉、人民检察院不抗诉的，不在死刑缓期2年执行复核案件的范围之内，也就是说，这部分案件，不必再经过复核程序。

第二百四十九条 最高人民法院复核死刑案件，高级人民法院复核死刑缓期执行的案件，应当由审判员三人组成合议庭进行。

【释义】本条是关于复核死刑和死缓案件的审判组织的规定。

最高人民法院复核死刑案件，高级人民法院复核死刑缓期执行的案件，必须组成合议庭进行，要求合议庭的人数是3人。由审判员3人组成合议庭复核死刑案件，能够保证审判人员充分地审查案件卷宗，了解案件情况，发现案件中存在的问题，在此基础上，再进行充分、深入地合议，以此保证死刑复核程序起到审查把关的作用，保证死刑案件的质量。

第二百五十条 最高人民法院复核死刑案件，应当作出核准或者不核准死刑的裁定。对于不核准死刑的，最高人民法院可以发回重新审判或者予以改判。

【释义】本条是关于最高人民法院复核死刑立即执行案件后的处理的规定。

本条是2012年《刑事诉讼法》增加的条文。它是将最高人民法院《关于复核死刑案件若干问题的规定》的相关内容进行调整后补充进了《刑事诉讼法》。2018年《刑事诉讼法》坚持了该规定。

本条规定意味着最高人民法院应对报请复核的死刑立即执行案件作出核准或不核准的裁定。对于不核准死刑的，有两种处理结果：一是发回重新审判，由原一审或二审的人民法院在重新审理的基础上作出新的判决；二是予以改判。

第二百五十一条　最高人民法院复核死刑案件，应当讯问被告人，辩护律师提出要求的，应当听取辩护律师的意见。

在复核死刑案件过程中，最高人民检察院可以向最高人民法院提出意见。最高人民法院应当将死刑复核结果通报最高人民检察院。

【释义】本条是关于最高人民法院复核死刑案件的审理方式的规定。

本条是2012年《刑事诉讼法》新增加的内容。本条规定将最高人民法院、最高人民检察院、公安部、司法部于2007年3月11日联合发布的《关于进一步严格依法办案确保办理死刑案件质量的意见》的有关精神纳入了法典，其主要精神是让控诉机关和被告人、辩护人参与到死刑复核程序中。2018年《刑事诉讼法》坚持了该规定。

本条规定在原死刑复核程序的基础上，通过增强被告人及其辩护律师对死刑复核程序的参与，使其充分陈述该方意见，以及设置最高人民检察院向最高人民法院提出意见的程序，从而增强死刑复核程序的对抗性，使死刑复核程序中的控诉、辩护、审判三方关系更多地体现出“诉讼”的特征，从而改变原死刑复核程序过于行政化的特征。

本条的主要内容如下：

1. 最高人民法院复核死刑案件必须讯问被告人。2012年之前，法律没有要求最高人民法院复核死刑案件必须讯问被告人，所以最高人民法院复核死刑案件时，只根据案件的需要才讯问被告人。2012年《刑事诉讼法》给予了被告人见到最高人民法院法官予以辩护的机会，这样的规定一是增加了被判处死刑的被告人的诉讼权利，二是让最高人民法院复核死刑案件的法官通过面见被告人，听取其辩护意见，以确保死刑案件质量。2018年《刑事诉讼法》延续了该规定。

2. 只要辩护律师提出要求的，最高人民法院应当听取辩护律师的意见。2012年之前，辩护律师没有参与最高人民法院复核死刑案件的机会，向最高人民法院递交辩护意见只能通过非诉讼渠道。2012年《刑事诉讼法》给了辩护律师参与最高人民法院复核死刑案件的机会，将对保证死刑案件的质量起到积极作用。2018年《刑事诉讼法》延续了该规定。

3. 在复核死刑案件过程中，最高人民检察院可以向最高人民法院提出意见。在给辩护方参与最高人民法院复核死刑案件机会的同时，也给了控诉方这样的机会，这样可以使最高人民法院能够听取控辩双方的意见，兼听则明。2018年《刑事诉讼法》延续了该规定。

4. 最高人民法院应当将死刑复核结果通报最高人民检察院。这样的规定有利于最高人民检察院对最高人民法院作出的死刑复核结果的监督。

第五章 审判监督程序

第二百五十二条 当事人及其法定代理人、近亲属，对已经发生法律效力的判决、裁定，可以向人民法院或者人民检察院提出申诉，但是不能停止判决、裁定的执行。

【释义】本条是关于不服生效刑事判决、裁定提起申诉的主体范围及申诉效力的规定。

审判监督程序又称再审程序，它适用于已经发生法律效力但确有错误的判决和裁定。当事人及其法定代理人、近亲属的申诉是审判监督程序最主要的材料来源。由于当事人及其法定代理人、近亲属与案件的结局有直接的利害关系，为维护其合法权益，当他们认为人民法院已经发生法律效力的判决、裁定确有错误，法律赋予他们请求人民法院或人民检察院进行审查处理的权利。

申请再审的案件，判决、裁定已经生效，有的处于执行阶段，有的已经执行完毕。为维护判决、裁定的效力，申诉不停止判决、裁定的执行。

当事人及其法定代理人、近亲属提出申诉，应提交申诉状和原一、二审判决书、裁定书或复查、再审的驳回通知书、再审判决书或裁定书。有新的证据证明裁判认定的事实确有错误的，应附有相关证据的复印件或照片，需要人民法院调查取证的，应当附有证据线索。

第二百五十三条 当事人及其法定代理人、近亲属的申诉符合下列情形之一的，人民法院应当重新审判：

（一）有新的证据证明原判决、裁定认定的事实确有错误，可能影响定罪量刑的；

（二）据以定罪量刑的证据不确实、不充分、依法应当予以排除，或者证明案件事实的主要证据之间存在矛盾的；

（三）原判决、裁定适用法律确有错误的；

（四）违反法律规定的诉讼程序，可能影响公正审判的；

（五）审判人员在审理该案件的时候，有贪污受贿，徇私舞弊，枉法裁判行为的。

【释义】本条是关于因申诉人的申诉而引起重新审判的几种具体情形的规定。

本条2012年《刑事诉讼法》对1996年《刑事诉讼法》第204条的修改。主要修改如下：一是在第1项中增加了“可能影响定罪量刑的”的规定。这样修改提高了人民法院提起重新审判的要求，即原裁判认定的事实必须确有错误，且可能影响定罪量刑，才可以提起再审。二是在第2项中增加了“依法应当予以排除”的规定。如发现以应予以排除的证据作为定案依据的，则该案应该重新审理。三是增加第4项内容：违反法律规定的诉讼程序，可能影响公正审判的。加入这一项旨在增强程序的保障功能。2018年《刑事诉讼法》坚持了这些规定。

本条规定了当事人及其法定代理人、近亲属的申诉符合法定情形之一的，人民法院应当重新审判的五种情形。

一是有新的证据证明原判决、裁定认定的事实确有错误的，可能影响定罪量刑的。当事人及其法定代理人、近亲属以原判决、裁定认定的事实确有错误为理由提出申诉，且同时提出新的证据加以证明，如果该事实足以影响定罪量刑，人民法院就应当重新对案件进行审判。

二是据以定罪量刑的证据不确实、不充分、依法应当予以排除，或者证明案件事实的主要证据之间存在矛盾的。人民法院认定案件事实，定罪量刑，必须以证据为根据。证据必须经过查证属实，才能作为定案的根据。如果证据不确实、不充分，那么判决、裁定认定的事实就可能有错误。如果应依法予以排除的证据仍作为定案的依据，由于该证据不具有可信性，据以定案可能出现错误。证明案件事实的主要证据之间存在矛盾，不同证据能够证明的事实情况不一致或正相反，那么判决、裁定认定的事实也可能有错误。因此，当事人及其法定代理人、近亲属的申诉指出证据存在上述问题的，人民法院应当对案件重新审判。

三是原判决、裁定适用法律确有错误的。人民法院的判决、裁定应当正确认定案件事实，正确适用法律。如果原判决、裁定适用法律确有错误，包括确定罪名错误、确定量刑档次错误和具体量刑畸轻畸重，当事人及其法定代理人、近亲属提出申诉的，人民法院也应当重新审判予以纠正。

四是违反法律规定的诉讼程序，可能影响公正审判的。需注意的是，不是所有违反法律规定的诉讼程序审理的案件都需要重新审判，只有违反程序，且由于违反程序可能影响公正审判的，才应当重新审理。

五是审判人员在审理该案件的时候，有贪污受贿，徇私舞弊，枉法裁判行为的。审判人员在审理案件时有贪污受贿，徇私舞弊，枉法裁判行为的，会影响案件结果及判决的公信力。因此，当事人及其法定代理人、近亲属提出申诉指出审判人员有以上行为的，人民法院应当重新审判，纠正原判决、裁定认定事实或适用法律上的错误。

第二百五十四条 各级人民法院院长对本院已经发生法律效力的判决和裁定，如果发现在认定事实上或者在适用法律上确有错误，必须提交审判委员会处理。

最高人民法院对各级人民法院已经发生法律效力的判决和裁定，上级人民法院对下级人民法院已经发生法律效力的判决和裁定，如果发现确有错误，有权提审或者指令下级人民法院再审。

最高人民检察院对各级人民法院已经发生法律效力的判决和裁定，上级人民检察院对下级人民法院已经发生法律效力的判决和裁定，如果发现确有错误，有权按照审判监督程序向同级人民法院提出抗诉。

人民检察院抗诉的案件，接受抗诉的人民法院应当组成合议庭重新审理，对于原判决事实不清楚或者证据不足的，可以指令下级人民法院再审。

【释义】本条是关于提起再审的主体和理由的规定。

为维护生效裁判的稳定性和严肃性，《刑事诉讼法》有必要对有权提起审判监督程序的主体进行限制，不同的主体，其权限也有所不同。根据本条的规定，有权提起审判监督程序的主体及其权限是：

1. 各级人民法院院长和审判委员会。各级人民法院院长对本院已经发生法律效力的判决和裁定，如果发现在认定事实上或者在适用法律上确有错误，必须提交审判委员会处理。审判委员会经过讨论，决定是否提起审判监督程序。提请注意的是，各级人民法院院长和审判委员会都不能单独行使提起审判监督程序的权力，而是共同行使该权力。

2. 最高人民法院和上级人民法院。最高人民法院对各级人民法院已经发生法律效力的判决和裁定，上级人民法院对下级人民法院已经发生法律效力的判决和裁定，如果发现确有错误，有权提审或者指令下级人民法院再审。

3. 最高人民检察院和上级人民检察院。最高人民检察院对各级人民法院已经发生法律效力的判决和裁定，上级人民检察院对下级人民法院已经发生法律效力的判决和裁定，如果发现确有错误，有权按照审判监督程序向同级人民法院提出抗诉。接受抗诉的人民法院应当重新审理。提请注意的是，地方各级人民检察院如果发现同级人民法院已经发生法律效力的判决和裁定确有错误时，无权直接向同级人民法院抗诉，而是必须报上级人民检察院向上级人民法院提起抗诉。这一规定，也是为了维护人民法院判决、裁定的权威性和稳定性。

根据本条规定，提起审判监督程序有如下几种方式：

1. 各级人民法院审判委员会对本院确有错误的判决、裁定决定再审；

2. 最高人民法院对各级人民法院、上级人民法院对下级人民法院确有错误的判决、裁定指令再审或者提审；

3. 最高人民检察院对各级人民法院已经发生法律效力的判决和裁定，上级人民检察院对下级人民法院已经发生法律效力的判决和裁定，发现确有错误时，向同级人民法院提出抗诉。接受抗诉的人民法院应当组成合议庭重新审理。

第二百五十五条 上级人民法院指令下级人民法院再审的，应当指令原审人民法院以外的下级人民法院审理；由原审人民法院审理更为适宜的，也可以指令原审人民法院审理。

【释义】本条是关于上级人民法院指令下级人民法院再审的规定。

本条规定的主要内容是，在审判监督程序中，上级人民法院指令下级人民法院再审的，一般应当指令原审人民法院以外的下级人民法院审理。1996年的《刑事诉讼法》第206条规定，人民法院按照审判监督程序重新审判的案件，应当另行组成合议庭进行。但是在实践中，即使另行组成合议庭，新的合议庭成员与原审法官都是一个单位的同事，有偏袒包庇之嫌。因此，为了确保审判监督程序对确有错误的生效判决、裁定的纠正功能，确保案件质量，维护司法公正，2012年的修法增加了本条规定。然而，一些案件由于原审人民法院更了解案情，从节约司法成本和提高审判效率的角度出发，在能够确保审判公正的前提下，由原审人民法院审理更为适宜的，也可以指令原审人民法院审理。2018 年《刑事诉讼法》延续了该规定。

第二百五十六条 人民法院按照审判监督程序重新审判的案件，由原审人民法院审理的，应当另行组成合议庭进行。如果原来是第一审案件，应当依照第一审程序进行审判，所作的判决、裁定，可以上诉、抗诉；如果原来是第二审案件，或者是上级人民法院提审的案件，应当依照第二审程序进行审判，所作的判决、裁定，是终审的判决、裁定。

人民法院开庭审理的再审案件，同级人民检察院应当派员出席法庭。

【释义】本条是关于再审审理的规定。

2012 年《刑事诉讼法》在 1996 年《刑事诉讼法》第 206 条的规定的基础上，增加了第 2 款的规定，即“人民法院开庭审理的再审案件，同级人民检察院应当派员出席法庭”。2018 年《刑事诉讼法》坚持了该规定。

本条有以下三个方面内容：

一是再审的案件，由原审人民法院审理的，应当另行组成合议庭进行。再审案件由最高人民法院或地方各级人民法院按照权限进行再审立案，立案后，应另行组成合议庭，原合议庭的成员应当回避。

二是再审案件，如果原来是第一审案件，应当依照第一审程序进行审判，所作的判决、裁定，可以上诉、抗诉；如果原来是第二审案件，或者是上级人民法院提审的案件，应当依照第二审程序进行审判，所作的判决、裁定，是终审的判决、裁定。再审案件是对已生效案件的重新审理，已生效案件，可以是第一审案件，也可以是第二审案件或者是上级人民法院提审的案件。如果原案件只经过第一次审理即生效（如判决书送达后，在法定期限内未上诉、抗诉的案件），则提起审判监督程序重新审理后，虽然是第二次审理，仍是第一审案件，可以上诉、抗诉。如果案件原来已经过第二审程序，或者是上级人民法院提审的案件，那么再审是针对终审程序的再审，所作的判决裁定是终审的判决、裁定。

三是人民法院开庭审理的再审案件，同级人民检察院应当派员出席法庭。本条是对再审案件的程序保障。再审案件是对原来裁判的重新审理，地位与程序应与原审的一致。本条规定强化了人民检察院派员出庭的要求，是对实践中再审案件开庭时人民检察院不派员出庭做法的否定。

第二百五十七条 人民法院决定再审的案件，需要对被告人采取强制措施的，由人民法院依法决定；人民检察院提出抗诉的再审案件，需要对被告人采取强制措施的，由人民检察院依法决定。

人民法院按照审判监督程序审判的案件，可以决定中止原判决、裁定的执行。

【释义】本条是关于再审的案件对被告人采取强制措施的规定。它是2012年《刑事诉讼法》新增内容，2018年《刑事诉讼法》坚持了该规定。

有些再审案件需要对被告人采取强制措施的，如对刑罚已经执行完毕的被告人，提起再审程序后，为了防止其逃避再审等，该条明确规定，人民法院决定再审的案件，由人民法院依法决定；人民检察院提出抗诉的再审案件，由人民检察院依法决定。

因为有些再审案件启动再审程序时已发现案件是个冤案，而被告人仍被作为罪犯在服刑，由于人民法院按照审判监督程序纠正该冤案需要一个过程，所以这就需要先中止原判决、裁定的执行，把被告人从监狱里释放出来。因此，本条第2款规定，人民法院按照审判监督程序审判的案件，可以决定中止原判决、裁定的执行。

第二百五十八条 人民法院按照审判监督程序重新审判的案件，应当在作出提审、再审决定之日起三个月以内审结，需要延长期限的，不得超过六个月。

接受抗诉的人民法院按照审判监督程序审判抗诉的案件，审理期限适用前款规定；对需要指令下级人民法院再审的，应当自接受抗诉之日起一个月以内作出决定，下级人民法院审理案件的期限适用前款规定。

【释义】本条是关于再审期限的规定。

本条共分为两款。第1款是关于人民法院根据审判监督程序重新审判案件的审理期限的规定。人民法院依照审判监督程序重新审判的案件包括以下两种情况：一是各级人民法院院长对本院已发生法律效力的判决和裁定，如果发现在认定事实上或者在适用法律上确有错误，按照审判监督程序提交审判委员会处理的案件。对于这类案件，审判委员会决定再审的，应当在作出再审决定之日起3个月以内审结，3个月以内不能审结需要延长审限的，不得超过6个月，即最长期限为6个月。二是最高人民法院对各级人民法院已经发生法律效力的判决和裁定，如果发现确有错误，按照审判监督程序提审或者指令下级人民法院再审的案件。对于这类案件，也应当在人民法院作出提审或者指令再审决定之日起3个月以内审结，需要延长期限的，不得超过6个月。

第2款是关于人民法院对人民检察院按照审判监督程序提出抗诉的案件的审理期限的规定。最高人民检察院对各级人民法院已经发生法律效力的判决和裁定、上级人民检察院对下级人民法院已经发生法律效力的判决和裁定，如果发现确有错误，有权按照审判监督程序向同级人民法院提出抗诉。接受抗诉案件的人民法院应当在接到案件起3个月以内审结，需要延长审限的，不得超过6个月。如人民法院接受案件后，认为需要指令下级人民法院再审的，应在1个月内作出决定。下级人民法院在接受再审指令后，应当另行组成合议庭审理，从上级法院作出指令时起3个月内审结，需要延长审限的，最长不得超过6个月。

第四编　执　行

第二百五十九条　判决和裁定在发生法律效力后执行。

下列判决和裁定是发生法律效力的判决和裁定：

（一）已过法定期限没有上诉、抗诉的判决和裁定；

（二）终审的判决和裁定；

（三）最高人民法院核准的死刑的判决和高级人民法院核准的死刑缓期二年执行的判决。

【释义】本条是关于执行依据的规定。

执行的依据，是指已经发生法律效力的判决和裁定。已经发生法律效力的判决和裁定具体包括三类：

1. 已过法定期限没有上诉、抗诉的判决和裁定。对地方各级人民法院未生效的第一审判决、裁定的上诉或抗诉应在法定期限内提出，根据《刑事诉讼法》第230条的规定，不服判决的上诉和抗诉期限为10日，不服裁定的上诉和抗诉期为5日，从接到判决书、裁定书的第2日起算。若对第一审判决超过10日、第一审裁定超过5日未提出上诉或抗诉，则判决和裁定即发生法律效力。对附带民事诉讼判决、裁定的上诉、抗诉期限，应当按照刑事部分的上诉、抗诉期限确定。如果原审附带民事部分是另行审判的，上诉期限应按照《民事诉讼法》规定的期限执行。

2. 终审的判决和裁定。它包括两种，即第二审人民法院作出的判决、裁定和最高人民法院作出的判决、裁定。（1）我国刑事审判实行的是两审终审制，因此，第二审人民法院的判决和裁定是终审的判决、裁定。（2）最高人民法院是我国的最高审判机关，所以最高人民法院作出的判决、裁定，不论是按照第一审程序还是按照第二审程序进行审理的，裁判一经作出就是终审的判决、裁定，都立即发生法律效力。

2004 年之前，在审判实践中，关于终审的判决和裁定何时发生法律效力存在争议，即到底是送达被告人之日起还是自宣告之日发生法律效力。2004 年 7 月 20 日，最高人民法院审判委员会第 1320 次会议通过了《关于刑事案件终审判决和裁定何时发生法律效力问题的批复》规定终审的判决和裁定自宣告之日起发生法律效力。对于这种发生法律效力的判决、裁定，应当立即依法交付执行。根据我国《刑事诉讼法》的规定，对于已经发生法律效力的判决、裁定，如果该判决、裁定确有错误，不能再按照第二审程序提出上诉、抗诉，只能通过审判监督程序进行纠正。

3. 最高人民法院核准的死刑的判决和高级人民法院核准的死刑缓期 2 年执行的判决。根据 2006 年 10 月 31 日全国人大常委会《关于修改〈中华人民共和国人民法院组织法〉的决定》，自 2007 年 1 月 1 日起，死刑立即执行的，除最高人民法院的判决以外，都应当报请最高人民法院核准，最高人民法院根据全国人民代表大会常务委员有关决定和《人民法院组织法》的规定发布的关于授予高级人民法院和解放军军事法院核准死刑案件的通知，一律予以废止。

根据 2018 年《刑事诉讼法》第 248 条的规定，中级人民法院判处死刑缓期 2 年执行的案件，由高级人民法院核准。对于死刑缓期 2 年执行的判决，由高级人民法院核准。

综上，最高人民法院核准的死刑的判决和高级人民法院核准的死刑缓期 2 年执行的判决是发生法律效力的判决。

第二百六十条　第一审人民法院判决被告人无罪、免除刑事处罚的，如果被告人在押，在宣判后应当立即释放。

【释义】本条是关于无罪和免予刑事处罚判决的执行的规定。

刑事诉讼法的目的是打击犯罪，保障人权。保障人权不仅包括保障被害人的人权，也包括保障被告人的人权，而一部好的刑事诉讼法应更多地体现在对被告人合法权益的保障是否完善上。经过第一审人民法院审理，事实已经查清，被告人无罪或者虽然被告人有罪但免予刑事处罚的判决既然已经作出，这时对被告人继续羁押已经失去了事实和法律上的根据，所以本条规定，人民法院判决被告人无罪、免除刑事处罚的，应当立即释放，这体现了刑事诉讼法对被告人人权的保障。尽管第一审人民法院的判决、裁定只有经过法定期限，被告人未提出上诉，人民检察院未提出抗诉才能生效，但人民法院判决被告人无罪、免除刑事处罚的，如果被告人在押，在宣判后还是应当立即释放。

第二百六十一条 最高人民法院判处和核准的死刑立即执行的判决，应当由最高人民法院院长签发执行死刑的命令。

被判处死刑缓期二年执行的罪犯，在死刑缓期执行期间，如果没有故意犯罪，死刑缓期执行期满，应当予以减刑的，由执行机关提出书面意见，报请高级人民法院裁定；如果故意犯罪，情节恶劣，查证属实，应当执行死刑的，由高级人民法院报请最高人民法院核准；对于故意犯罪未执行死刑的，死刑缓期执行的期间重新计算，并报最高人民法院备案。

【释义】本条是关于执行死刑命令的签发及死缓执行的规定。2018 年《刑事诉讼法》对该条第 2 款作了重大修改。

本条的主要内容如下：

1. 最高人民法院院长签发执行死刑的命令。2007 年死刑核准权统一收回最高人民法院后，执行死刑的命令统一由最高人民法院的院长签发。这一规定体现法律对人生命权的尊重。

2. 在死刑缓期执行期间，如果没有故意犯罪，对被判处死刑缓期 2 年执行的罪犯的执行规定。被判处死刑缓期 2 年执行的罪犯，在死刑缓期执行期间，如果没有故意犯罪，死刑缓期执行期满，应当予以减刑的，由执行机关提出书面意见，报请高级人民法院裁定。

3. 在死刑缓期执行期间，如果故意犯罪，对被判处死刑缓期 2 年执行的罪犯的执行规定。2018 年《刑事诉讼法》将原来的死缓期间故意犯罪一律执行死刑的规定修改为两种情形：一种是执行死刑的情形，一种是不执行死刑的情形。其情形和程序如下：（1）在死刑缓期执行期间，如果故意犯罪，情节恶劣，查证属实，应当执行死刑的，由高级人民法院报请最高人民法院核准。（2）对于故意犯罪未执行死刑的，死刑缓期执行的期间重新计算，并报最高人民法院备案。

2018 年《刑事诉讼法》这一修改是为了与《刑法修正案（九）》相衔接。《刑法修正案（九）》规定，“判处死刑缓期执行的，在死刑缓期执行期间，如果没有故意犯罪，二年期满以后，减为无期徒刑；如果确有重大立功表现，二年期满以后，减为二十五年有期徒刑；如果故意犯罪，情节恶劣的，报请最高人民法院核准后执行死刑；对于故意犯罪未执行死刑的，死刑缓期执行的期间重新计算，并报最高人民法院备案。”2018 年《刑事诉讼法》通过进一步严格死缓犯执行死刑的条件不断完善了死刑立法，体现国家对基本人权的重视与保障。

第二百六十二条 下级人民法院接到最高人民法院执行死刑的命令后，应当在七日以内交付执行。但是发现有下列情形之一的，应当停止执行，并且立即报告最高人民法院，由最高人民法院作出裁定：

（一）在执行前发现判决可能有错误的；

（二）在执行前罪犯揭发重大犯罪事实或者有其他重大立功表现，可能需要改判的；

（三）罪犯正在怀孕。

前款第一项、第二项停止执行的原因消失后，必须报请最高人民法院院长再签发执行死刑的命令才能执行；由于前款第三项原因停止执行的，应当报请最高人民法院依法改判。

【释义】本条是关于交付执行死刑的期限、停止执行死刑的规定。

本条的内容主要有如下四个方面：

1. 死刑执行的时限要求。

死刑执行的时限要求是 7 日，这一时限的计算是从下级人民法院接到最高人民法院执行死刑的命令后开始。执行死刑的命令是最高人民法院院长签发的特别司法文件，是执行死刑的依据。本条明确规定执行死刑的期限，是为了依法及时惩罚犯罪，将实体法的效力落到实处。

2. 应当停止执行死刑的情形。

下级人民法院接到最高人民法院执行死刑的命令后，发现有下列情形之一的，应当停止执行：

（1）在执行前发现判决可能有错误的。这是为了及时发现错误并改正。死刑是以剥夺人的生命为内容的最严厉刑罚，因此，当发现判决可能有错误时必须先停止执行，查明案情。

（2）在执行前罪犯揭发重大犯罪事实或者有其他重大立功表现，可能需要改判的。这是因为，如果罪犯揭发重大犯罪事实或者有其他重大立功表现的，按照法律规定，有可能改判而不再执行死刑。

（3）罪犯正在怀孕。出于人道的考虑，正在怀孕的妇女不应当执行死刑，这也是刑事诉讼的国际惯例。

3. 停止执行死刑的程序。

发现有停止执行死刑的上述情形，应当立即报告最高人民法院，由最高人民法院作出裁定。

4. 停止执行死刑后的处理。

经审查核实，如果认为原判决正确无误，或者罪犯揭发重大犯罪事实不实，或者虽有揭发或其他重大立功表现，但不需要改判的，必须报请最高人民法院院长再签发执行死刑的命令才能执行。相反，如果认为原判决确有错误，或者罪犯揭发重大犯罪事实、有重大立功表现，依法可以从轻的，应当报请最高人民法院依照相关规定重新审判。由于罪犯正在怀孕的原因停止执行的，应当报请最高人民法院依法改判。

第二百六十三条 人民法院在交付执行死刑前，应当通知同级人民检察院派员临场监督。

死刑采用枪决或者注射等方法执行。

死刑可以在刑场或者指定的羁押场所内执行。

指挥执行的审判人员，对罪犯应当验明正身，讯问有无遗言、信札，然后交付执行人员执行死刑。在执行前，如果发现可能有错误，应当暂停执行，报请最高人民法院裁定。

执行死刑应当公布，不应示众。

执行死刑后，在场书记员应当写成笔录。交付执行的人民法院应当将执行死刑情况报告最高人民法院。

执行死刑后，交付执行的人民法院应当通知罪犯家属。

【释义】本条是关于执行死刑的规定。

本条的主要内容如下：

一是关于死刑执行的监督。死刑的执行对于国家刑罚权的实现，惩罚犯罪，保护人民，具有重要的意义。我国法律同时保障被执行死刑人的人格尊严和正当权利。人民检察院依法对执行死刑的程序是否合法进行监督。人民法院将罪犯交付执行死刑前，应当在交付执行 3 日前通知同级人民检察院派员临场监督。

二是执行死刑的方法和场所。我国死刑的执行采用枪决或注射的方法。采用注射方法，体现了我国刑事法治文明的进步。执行死刑可以在刑场或者指定的羁押场所内进行。

三是执行死刑前的程序。执行死刑前，指挥执行的审判人员应对罪犯验明正身，必须确保绝对无误。指挥执行的审判人员应讯问罪犯有无遗言、信札，并制作笔录，这是尊重和保障被执行死刑人人权的体现。执行前如果发现可能有错误，应当暂停执行，报请最高人民法院裁定。

四是执行死刑应当公布，不应示众。这一方面体现了审判公开的原则，另一方面也体现了尊重和保障人权的精神。

五是执行死刑的记录和报告。执行死刑后，在场书记员应当写成笔录。交付执行的人民法院应当将执行死刑情况报告最高人民法院。

六是执行死刑后通知家属的规定。执行死刑后，交付执行的人民法院应当通知罪犯家属，方便家属领取被执行人遗体和遗物。

第二百六十四条　罪犯被交付执行刑罚的时候，应当由交付执行的人民法院在判决生效后十日以内将有关的法律文书送达公安机关、监狱或者其他执行机关。

对被判处死刑缓期二年执行、无期徒刑、有期徒刑的罪犯，由公安机关依法将该罪犯送交监狱执行刑罚。对被判处有期徒刑的罪犯，在被交付执行刑罚前，剩余刑期在三个月以下的，由看守所代为执行。对被判处拘役的罪犯，由公安机关执行。

对未成年犯应当在未成年犯管教所执行刑罚。

执行机关应当将罪犯及时收押，并且通知罪犯家属。

判处有期徒刑、拘役的罪犯，执行期满，应当由执行机关发给释放证明书。

【释义】本条是关于死刑缓期 2 年执行、无期徒刑、有期徒刑、拘役的执行的规定。

本条是 2012 年《刑事诉讼法》对 1996 年《刑事诉讼法》第 213 条的修改，2018 年《刑事诉讼法》坚持了这些规定。2012 年《刑事诉讼法》的修改主要有两处：

一是罪犯被交付执行刑罚的时候，负责交付执行的人民法院送达有关法律文书的机关至公安机关、监狱或者其他执行机关。与 1996 年《刑事诉讼法》相比，2012 年的修法在原有的将法律文书送达监狱或者其他执行机关的基础上增加了送达至公安机关的规定，因为公安机关也是刑罚的执行机关之一，如对于被判处拘役的罪犯，应由公安机关执行。另外，根据《监狱法》及有关司法解释的规定，对判处无期徒刑、有期徒刑的罪犯，交付执行的人民法院应当将执行通知书等有关的法律文书及时送达羁押该罪犯的公安机关，由公安机关将罪犯送往监狱时转交监狱。

二是对于被判处有期徒刑的罪犯，在被交付执行刑罚前，剩余刑期在3个月以下的，由看守所代为执行。2012年修法将1996年《刑事诉讼法》规定的剩余刑期在1年以下的，由看守所代为执行改为剩余刑期在3个月以下的，由看守所代为执行。这在一定程度上减少了本应在监狱服刑但留在看守所服刑的人数，可以减轻看守所的压力，解决看守所场地资源紧张等问题。

本条的主要内容如下：

1. 将死刑缓期2年执行、无期徒刑、有期徒刑、拘役的罪犯交付执行的机关是人民法院。

2. 对判处死刑缓期2年执行、无期徒刑、有期徒刑、拘役的罪犯执行的机关如下：（1）对判处死刑缓期2年执行、无期徒刑、有期徒刑的罪犯，执行机关是监狱。其中，被判处有期徒刑的罪犯，在被交付执行前剩余刑期在3个月以下的，由看守所代为执行。（2）被判处拘役的罪犯，执行机关是公安机关。（3）对未成年犯在未成年犯管教所执行刑罚。因未成年犯年龄较小，心智发育不成熟，可塑性较强，管教所既可以根据未成年犯的特点采取有针对性的教育和改造措施，也可以避免成年犯对未成年犯的不良影响，所以未成年犯在未成年犯管教所执行是必要的。

3. 执行机关在接收罪犯时，有收押审查权。对符合收押条件的，应及时收押，并通知罪犯家属。对不符合收押条件的，执行机关有权拒绝收押。

4. 执行期满，应当由执行机关发给释放证明书。

第二百六十五条 对被判处有期徒刑或者拘役的罪犯，有下列情形之一的，可以暂予监外执行：

（一）有严重疾病需要保外就医的；

（二）怀孕或者正在哺乳自己婴儿的妇女；

（三）生活不能自理，适用暂予监外执行不致危害社会的。

对被判处无期徒刑的罪犯，有前款第二项规定情形的，可以暂予监外执行。

对适用保外就医可能有社会危险性的罪犯，或者自伤自残的罪犯，不得保外就医。

对罪犯确有严重疾病，必须保外就医的，由省级人民政府指定的医院诊断并开具证明文件。

在交付执行前，暂予监外执行由交付执行的人民法院决定；在交付执行后，暂予监外执行由监狱或者看守所提出书面意见，报省级以上监狱管理机关或者设区的市一级以上公安机关批准。

【释义】本条是关于暂予监外执行的条件和执行程序的规定。

本条是2012年《刑事诉讼法》对1996年《刑事诉讼法》第214条的修改，2018年《刑事诉讼法》坚持了这些规定。2012年《刑事诉讼法》的修改主要有三处：

一是明晰了暂予监外执行的适用情形。对暂予监外执行的适用情形由原来的两种变为三种，使适用情形更为科学。

二是扩展了暂予监外执行可以适用的对象。2012年的修法规定对于被判处无期徒刑的罪犯，有前款第2项规定情形的，可以暂予监外执行。将被判处无期徒刑的罪犯中怀孕或者正在哺乳自己婴儿的妇女罪犯纳入可以适用暂予监外执行的范围，是与设计该项制度的精神相一致的。1996年《刑事诉讼法》规定暂予监外执行的适用对象仅限于被判处有期徒刑、拘役的罪犯，从立法上没有授予被判处无期徒刑的罪犯在特定情形下享受暂予监外执行的资格。尽管被判处无期徒刑的罪犯罪行较重，社会危害性较大，但在女罪犯怀孕、正在哺乳自己婴儿时，她们的身体处于虚弱期，可以推断其无犯罪能力或是犯罪能力较弱；监狱的医疗条件有限，让那些怀孕、哺乳自己婴儿的无期徒刑妇女罪犯在社会或家庭中服刑，她们能得到更好的照顾，这体现了人道主义精神。

三是进一步明确了暂予监外执行的决定、批准程序。2012年的修法以交付执行前后时间为界限，确定了具体的决定、批准机关，严格了相关的审批程序。同时，删除了1996年《刑事诉讼法》中“对于暂予监外执行的罪犯，由居住地公安机关执行，执行机关应当对其严格管理监督，基层组织或者罪犯的原所在单位协助进行监督”这一规定，在司法实践中，基层组织较为模糊，而如何严格管理监督、协助监督没有制定统一的规章制度及相关措施，出现问题时往往责任不清。所以，立法规定在实践中成了一纸空文，失去了立法的功能和意义。

暂予监外执行是在刑罚执行过程中，出现了某种特殊情况，需要变更执行方式。该项制度是我国教育改造与惩罚犯罪相结合政策的体现，亦揭示了刑事法律中的人道主义和人文关怀。

本条的主要内容如下：

一是暂予监外执行的适用对象是有期徒刑、拘役、被判处无期徒刑的怀孕或者正在哺乳自己婴儿的罪犯。

二是暂予监外执行适用于三种情形：（1）罪犯有严重疾病需要保外就医，但前提条件是暂予监外执行不致危害社会或没有自伤自残；（2）罪犯怀孕或正在哺乳自己的婴儿；（3）生活不能自理，适用暂予监外执行不致危害社会的。

三是适用的具体程序如下：（1）交付执行前对具备暂予监外执行条件的罪犯，决定适用暂予监外执行的机关是人民法院。（2）交付执行后对具备暂予监外执行条件的罪犯应由监狱或者看守所提出书面意见，批准适用暂予监外执行的机关是省级以上监狱管理机关或者设区的市一级以上公安机关。

第二百六十六条 监狱、看守所提出暂予监外执行的书面意见的，应当将书面意见的副本抄送人民检察院。人民检察院可以向决定或者批准机关提出书面意见。

【释义】本条是对提出暂予监外执行意见的监督的规定。

本条是2012年修法时增加的一条。在司法实践中，存在不符合暂予监外执行条件的罪犯通过贿赂等非法手段被暂予监外执行的现象，而在原暂予监外执行决定程序中，往往由监狱或看守所单独决定，即使《刑事诉讼法》规定暂予监外执行须报省级以上监狱管理机关或者设区的市一级以上公安机关批准，但是上下级监狱管理机关或上下级公安机关属于同一系统内，也存在一定的程序漏洞，而绝对的权力导致绝对的腐败，没有监督的权力容易产生腐败。所以，2012年《刑事诉讼法》新增一条，要求暂予监外执行由监狱或者看守所提出书面意见，报省级以上监狱管理机关或者设区的市一级以上公安机关批准的同时，应当将书面意见副本抄送人民检察院，人民检察院可以向决定或批准机关提出书面意见。这就意味着，提出暂予监外执行的意见时就要接受人民检察院的监督。该条规定在某种程度上健全了对暂予监外执行法律监督的制度，变事后监督为同步监督，增加了监督信息的来源，也增强了监督力度。2018 年《刑事诉讼法》延续了这一规定。

第二百六十七条 决定或者批准暂予监外执行的机关应当将暂予监外执行决定抄送人民检察院。人民检察院认为暂予监外执行不当的，应当自接到通知之日起一个月以内将书面意见送交决定或者批准暂予监外执行的机关，决定或者批准暂予监外执行的机关接到人民检察院的书面意见后，应当立即对该决定进行重新核查。

【释义】本条是对暂予监外执行决定的监督的规定。

2018 年《刑事诉讼法》第 266 规定的是提出暂予监外执行的意见时接受人民检察院的监督，本条规定的是批准、决定暂予监外执行时也要接受人民检察院的监督。人民检察院接到批准或者决定对罪犯暂予监外执行的通知后，应当进行审查。

根据本条规定，批准暂予监外执行的机关应当将批准的暂予监外执行决定书抄送人民检察院。人民检察院认为暂予监外执行条件不当的，应当自接到通知之日起 1 个月以内将书面意见送交批准暂予监外执行的机关，批准暂予监外执行的机关接到人民检察院的书面意见后，应当立即对该决定进行重新核查。

第二百六十八条 对暂予监外执行的罪犯，有下列情形之一的，应当及时收监：

（一）发现不符合暂予监外执行条件的；

（二）严重违反有关暂予监外执行监督管理规定的；

（三）暂予监外执行的情形消失后，罪犯刑期未满的。

对于人民法院决定暂予监外执行的罪犯应当予以收监的，由人民法院作出决定，将有关的法律文书送达公安机关、监狱或者其他执行机关。

不符合暂予监外执行条件的罪犯通过贿赂等非法手段被暂予监外执行的，在监外执行的期间不计入执行刑期。罪犯在暂予监外执行期间脱逃的，脱逃的期间不计入执行刑期。

罪犯在暂予监外执行期间死亡的，执行机关应当及时通知监狱或者看守所。

【释义】本条是关于暂予监外执行的终止的规定。

本条是2012年《刑事诉讼法》对1996年《刑事诉讼法》第216条的修改，2018年《刑事诉讼法》坚持了这一规定。

1996年《刑事诉讼法》关于此项内容规定得较为简单，规定了两款，即暂予监外执行的情形消失后，罪犯刑期未满的，应当及时收监；罪犯在暂予监外执行期间死亡的，应当及时通知监狱。2012年《刑事诉讼法》进一步细化了暂予监外执行的终止的规定，扩充了暂予监外执行的终止的相关内容，完善了暂予监外执行的终止的程序。2018年《刑事诉讼法》延续了这些规定。

本条的内容如下：

一是明确了暂予监外执行的罪犯应当及时收监的具体情形：（1）发现不符合暂予监外执行条件的。即不符合本法适用暂予监外执行的三种情形。（2）严重违反有关暂予监外执行监督管理规定的。关于暂予监外执行监督管理的规定，主要应包括以下几项：遵守国家的法律、行政法规和公安部制定的有关规定；服从监督管理，定期向监督考察部门报告活动情况；离开所居住的区、县（市）或者迁居，应当报区、县（市）公安机关批准；未经执行机关批准，不得组织、发动和参加公民组织的集会、游行、示威活动等规定。（3）暂予监外执行的情形消失后，罪犯刑期未满的。暂予监外执行只是行刑方式暂时变更，并没有改变罪犯的身份。实践中，暂予监外执行的情形消失，包括生活不能自理的罪犯恢复了生活自理能力；怀孕或者正在哺乳自己婴儿的罪犯终止妊娠或婴儿已满1周岁的；有严重疾病的罪犯疾病痊愈或者病情基本好转的。

二是本条第2款明确了人民法院决定暂予监外执行的罪犯应当予以收监的，由人民法院作出决定予以收监。

三是本条第3款是2012年修法增加的内容，2018年《刑事诉讼法》延续了这一规定。在司法实践中，存在通过贿赂等非法手段获取暂予监外执行的现象。由于罪犯在监狱外执行刑罚，其人身自由并未受太大限制，与在监狱内服刑有本质区别，所以有的服刑人用钱买自由，以逃脱在监狱服刑的痛苦。本条规定了不计入刑期的例外情形，对罪犯起到了震慑作用，维护了法律尊严。

四是罪犯在暂予监外执行期间脱逃的，脱逃的期间不计入执行刑期。

五是罪犯在暂予监外执行期间死亡的，执行机关应当及时通知监狱或者看守所。

第二百六十九条　对被判处管制、宣告缓刑、假释或者暂予监外执行的罪犯，依法实行社区矫正，由社区矫正机构负责执行。

【释义】本条是关于对被判处管制、宣告缓刑、假释或者暂予监外执行的罪犯实行社区矫正的规定。

2012年《刑事诉讼法》删除了1996年《刑事诉讼法》第217条的规定，即删去了对于被判处徒刑缓刑的罪犯，由公安机关交所在单位或者基层组织予以考察的规定；对于被假释的罪犯，在假释考验期限内，由公安机关予以监督的规定。

2012年《刑事诉讼法》规定被判处管制、宣告缓刑、假释或者暂予监外执行的罪犯，依法实行社区矫正，由社区矫正机构负责执行。2018年《刑事诉讼法》坚持了这一规定。

社区矫正是将符合社区矫正条件的服刑人员置于社区内，由专门的国家机关在相关社会团体和民间组织以及社会志愿者的协助下，在判决、裁定或决定确定的期限内，矫正其犯罪心理和行为恶习，并促进其顺利回归社会的非监禁刑罚执行活动。社区矫正是探索行刑方式人性化、社会化，落实我国宽严相济的刑事政策的一项重要措施。关于社区矫正，2003年最高人民法院、最高人民检察院、公安部、司法部下发了关于开展社区矫正试点工作的通知，开始积极推进社区矫正的试点工作。2009年又颁布了《关于在全国试行社区矫正工作的意见》等一系列法律文件。自社区矫正工作开展以来，取得了显著成绩，并得到社会多方的理解和接受。2011年颁布的《刑法修正案（八）》中对有些罪犯规定"依法实行社区矫正"，这是社区矫正制度第一次在我国实体法上确立下来。现在社区矫正从无到有，从部分试点到全面试行，我国已初步建立起了体现宽严相济刑事政策的社区矫正工作体系。而本条明确规定社区矫正，与《刑法修正案（八）》中的内容相衔接，在程序法与实体法中共同规定了该项制度。

本条规定的社区矫正与《刑法修正案（八）》相比，扩展了社区矫正可以适用的对象，除了被判处管制、缓刑、假释的罪犯外，增加了暂予监外执行的罪犯。

第二百七十条　对被判处剥夺政治权利的罪犯，由公安机关执行。执行期满，应当由执行机关书面通知本人及其所在单位、居住地基层组织。

【释义】本条是关于剥夺政治权利的执行的规定。

2012 年《刑事诉讼法》对 1996 年《刑事诉讼法》第 218 条作了部分修改，删去了有关管制执行的内容。2012 年《刑事诉讼法》将管制规定为与缓刑、假释、暂予监外执行并列的内容，依法实行社区矫正，与《刑法修正案（八）》相吻合，2018 年《刑事诉讼法》坚持了这一规定。

由于管制、缓刑、假释等属于限制人身自由的刑罚，而剥夺政治权利属于一种资格刑，根据刑罚的性质设定具体条款，使《刑事诉讼法》的体例更为科学。

根据本条规定，被判处剥夺政治权利的罪犯，由人民法院将判决书、执行通知书送交公安机关，由公安机关执行。执行剥夺政治权利时，执行机关应向罪犯所在单位或居住地的有关群众，宣布罪犯的犯罪事实、剥夺政治权利的内容及期限。执行期满，执行机关应当书面通知本人及其所在单位、居住地基层组织。

第二百七十一条 被判处罚金的罪犯，期满不缴纳的，人民法院应当强制缴纳；如果由于遭遇不能抗拒的灾祸等原因缴纳确实有困难的，经人民法院裁定，可以延期缴纳、酌情减少或者免除。

【释义】本条是关于执行罚金刑的规定。

2018 年《刑事诉讼法》对罚金的执行作了修改，增加了如下规定：缴纳确实有困难的，经裁定后可以延期缴纳。一方面，《刑法修正案（九）》在此前已经对有关刑罚制度和刑罚执行程序作了修改，提出“由于遭遇不能抗拒的灾祸等原因缴纳确实有困难的，经人民法院裁定，可以延期缴纳、酌情减少或者免除”。此次修改便是为与《刑法》相衔接。另一方面，增加“经人民法院裁定，可以延期缴纳”是针对我国长期存在的罚金刑执行难的现状所作的制度设计。在罚金执行的过程中，不应一遇到特殊情况就立即减免缴纳罚金，而应经人民法院对缴纳确有困难的情况进行调查核实后作出裁定，确保是由于不能抗拒的灾祸等原因导致缴纳困难，而不是因为游手好闲等非客观因素造成无法缴纳的情况。当前，关于罚金执行的国际化趋势之一是设立罚金缓交制度，增加“延期缴纳”的规定也是顺应国际趋势。

本条主要包括两个方面内容：

一是强制缴纳。一般而言，罪犯应在判决指定的期限内一次缴纳或者分期缴纳罚金。如果罪犯在判决指定的期限内有能力缴纳而不缴纳罚金的，由人民法院强制缴纳，人民法院采取的强制措施包括查封、拍卖犯罪分子的财产，冻结存款，扣留、收缴工资或其他收入等办法，迫使犯罪分子缴纳罚金。

二是延期、减免缴纳。在罚金缴纳期间，罪犯由于遭遇无法抗拒的灾祸，而且缴纳确实有困难的，可以对原判决确定的罚金数额裁定延期缴纳、酌情减少或免除。这里使用裁定，而不是判决的形式。根据最高人民法院《关于适用财产刑若干问题的规定》第 6 条第 1 款的规定，“不能抗拒的灾祸”主要是指因遭受火灾、水灾、地震等灾祸而丧失财产；罪犯因重病、伤残等而丧失劳动能力，或者需要罪犯抚养的近亲属患有重病，需支付巨额医药费等。

第二百七十二条 没收财产的判决，无论附加适用或者独立适用，都由人民法院执行；在必要的时候，可以会同公安机关执行。

【释义】本条是关于没收财产执行的规定。

没收财产是将犯罪分子个人所有财产的一部或者全部强制无偿地收归国有的刑罚方法。没收财产是我国《刑法》规定的附加刑之一，适用于罪行严重的犯罪分子的刑罚方法。根据该条规定，没收财产的执行机关是人民法院。

如果被判处没收财产的犯罪分子，在本地无财产可供执行的，原判人民法院可以委托其财产所在地人民法院代为执行。代为执行的人民法院执行后或者无法执行的，应当将有关情况及时通知委托的人民法院。代为执行的人民法院可以将执行财产刑的财产直接上缴国库；需要退赔的财产，应当由执行的人民法院移交委托人民法院依法退赔。

第二百七十三条 罪犯在服刑期间又犯罪的，或者发现了判决的时候所没有发现的罪行，由执行机关移送人民检察院处理。

被判处管制、拘役、有期徒刑或者无期徒刑的罪犯，在执行期间确有悔改或者立功表现，应当依法予以减刑、假释的时候，由执行机关提出建议书，报请人民法院审核裁定，并将建议书副本抄送人民检察院。人民检察院可以向人民法院提出书面意见。

【释义】本条是关于新罪、漏罪的追诉及减刑、假释的规定。

2012 年《刑事诉讼法》在 1996 年《刑事诉讼法》第 221 条的基础上，增加了“并将建议书副本抄送人民检察院。人民检察院可以向人民法院提出书面意见”的规定。这就意味着，执行机关提出减刑、假释的建议时就要接受人民检察院的监督。司法实践中，存在贿买减刑、假释的现象，为了进一步规范减刑、假释的程序，弥补减刑、假释程序中的漏洞和不足，增加了将建议书副本抄送人民检察院的规定，让人民检察院的监督由事后监督变为事中监督。2018 年《刑事诉讼法》坚持了这一规定。

本条内容如下：

1. 罪犯在服刑期间又犯罪的，或者发现了判决的时候所没有发现的罪行，由执行机关移送人民检察院处理。

2. 罪犯符合减刑、假释条件的，执行机关提出建议书，报请人民法院审核裁定。人民法院受理减刑、假释案件，应当审查执行机关移送的材料是否包括下列内容：减刑、假释建议书；终审法院的判决书、裁定书、历次减刑裁定书的复制件；罪犯确有悔改或者立功、重大立功表现的具体事实的书面证明材料；罪犯评审鉴定表、奖惩审批表等。经审查，如果前款规定的材料齐备的，应当收案；材料不齐备的，应当通知提请减刑、假释的执行机关补送。

3. 执行机关在提出减刑、假释建议书，报请人民法院审核裁定的同时，应将建议书副本抄送人民检察院。人民检察院可以向人民法院提出书面意见。

第二百七十四条 人民检察院认为人民法院减刑、假释的裁定不当，应当在收到裁定书副本后二十日以内，向人民法院提出书面纠正意见。人民法院应当在收到纠正意见后 1 个月以内重新组成合议庭进行审理，作出最终裁定。

【释义】 本条是关于人民检察院对减刑、假释裁定的监督的规定。

减刑、假释两项制度是贯彻我国宽严相济刑事政策的重要体现，合理运用减刑、假释制度有利于改造罪犯，但如果随意运用减刑、假释，会大大削弱这两项制度带来的积极法律后果。近些年，违规使用减刑、假释以及其中的腐败问题，导致人们对法律权威的怀疑。所以，本条对减刑、假释裁定的法律监督作出规定。

本条的主要内容如下：

1. 人民检察院认为人民法院减刑、假释的裁定不当，应当在收到裁定书副本后 20 日以内，向人民法院提出书面纠正意见。

2. 人民法院应当在收到纠正意见后一个月以内重新组成合议庭进行审

理，作出最终裁定。

第二百七十五条 监狱和其他执行机关在刑罚执行中，如果认为判决有错误或者罪犯提出申诉，应当转请人民检察院或者原判人民法院处理。

【释义】本条是对被认为是错误的判决、申诉转请处理的规定。

本条的内容如下：

1. 如果监狱或其他执行机关在刑罚执行中，认为人民法院的判决有错误，监狱和其他执行机关应当向人民检察院或者原判人民法院提出，请求它们处理。

2. 如果当事人及其法定代理人、近亲属，不服发生法律效力的判决、裁定向人民法院或者人民检察院提出申诉的，监狱和其他执行机关应当转请人民检察院或者原判人民法院处理。监狱和其他执行机关不能对申诉置之不理，如扣留申诉状等。

第二百七十六条 人民检察院对执行机关执行刑罚的活动是否合法实行监督。如果发现有违法的情况，应当通知执行机关纠正。

【释义】本条是关于执行监督的规定。

人民检察院是我国的法律监督机关，对刑罚执行进行监督是法律监督职能的重要内容，是检察机关在整个刑事诉讼过程中进行法律监督的最后环节。人民检察院对诉讼活动开展有效的法律监督，是保障法律正确有效实施、确保司法公正的重要手段。

人民检察院执行监督的主要内容如下：（1）对监狱、未成年犯管教所、拘役所、看守所的监督。人民检察院发现监狱、未成年犯管教所、拘役所、看守所对服刑期满或依法应当予以释放的人员没有按期释放，或者对服刑未满又无合法释放根据的罪犯予以释放等违法行为的，应当依法通知纠正。（2）对公安机关的监督。人民检察院发现对被判处剥夺政治权利的罪犯，公安机关监督管理措施没有落实或者监督管理措施不当，执行期满没有通知本人并公开宣布恢复政治权利等违法行为的，应当依法通知纠正。（3）对人民法院的监督。人民检察院发现人民法院对被判处罚金、没收财产的罪犯没有依法予以执行，或者执行不当，或者罚没的财物未及时上缴国库的，应当及时通知纠正。（4）对有关单位的监督。对于被判处拘役、有期徒刑适用缓刑的罪犯、被假释的罪犯和暂予监外执行的罪犯，人民检察院应当监督社区矫正机关对罪犯的监督管理和考察措施是否落实。

第五编　特别程序

第一章　未成年人刑事案件诉讼程序

第二百七十七条　对犯罪的未成年人实行教育、感化、挽救的方针，坚持教育为主、惩罚为辅的原则。

人民法院、人民检察院和公安机关办理未成年人刑事案件，应当保障未成年人行使其诉讼权利，保障未成年人得到法律帮助，并由熟悉未成年人身心特点的审判人员、检察人员、侦查人员承办。

【释义】本条是关于办理未成年人刑事案件实行的原则的规定。

本条是2012年《刑事诉讼法》增加的条文。2012年《刑事诉讼法》新增了未成年人刑事案件特别诉讼程序，这一特别诉讼程序是根据未成年人的身心特点，制定适合未成年犯罪人并贯穿于整个刑事诉讼过程中的特有诉讼制度。2018年《刑事诉讼法》坚持了这一规定。

1979年《刑法》规定的“惩办与宽大相结合”的刑事政策可以说是“教育为主、惩罚为辅”原则的一个雏形。1991年颁布的《未成年人保护法》第一次明确提出了“教育为主、惩罚为辅”原则，从而以法律的形式肯定了“教育为主、惩罚为辅”原则在我国法律体系中的地位。同年，最高人民法院颁发了《关于办理未成年人刑事案件的若干规定（试行）》，最高人民法院、最高人民检察院、公安部、司法部联合下发了《关于办理少年刑事案件建立互相配套工作体系的通知》，最高人民法院、国家教育委员会、共青团中央委员会、中华全国总工会、中华全国妇女联合会联合下发了《关于审理少年刑事案件聘请特邀陪审员的联合通知》。上述的“一规定、两通知”都充分体现了“教育为主、惩罚为辅”原则的主要思想，为“教育为主、惩罚为辅”原则的提出及其法律地位的巩固起到了积极的促进作用。在1995年，最高人民法院《关于办理未成年人刑事案件适用法律的若干问题的解释》、《公安机关办理未成年人刑事案件的规定》、《审查起诉未成年人刑事案件试行细则》的相继出台，进一步将“教育为主、惩罚为辅”原则具体化，为公检法三机关在办理未成年人刑事案件的过程中坚持“教育为主、惩罚为辅”原则作了详细的规定，在立法上为未成年犯罪人提供了强有力的司法保护。1997年《刑法》将“惩办与宽大相结合”的刑事政策删除，代之以处理未成年人犯罪案件的两条重要刑事原则，即“从宽处罚原则”和“不适用死刑原则”，体现了新刑法在对未成年人刑事案件的处理上与“教育为主、惩罚为辅”原则的一致性。1999年颁布实施的《预防未成年人犯罪法》再次将“教育为主、惩罚为辅”原则纳入其中，为“教育为主、惩罚为辅”原则充入了新的功能，使之更全面、更完善。在2001年，最高人民法院《关于审理未成年人刑事案件的若干规定》为人民法院审理未成年人刑事案件作了更加详细的规定，并再次强调了审判未成年人刑事案件必须坚持“教育为主、惩罚为辅”的原则。至此，从我国目前的刑事法律体系来看，“教育为主、惩罚为辅”原则作为一项重要的刑事法律原则的地位已经是不容置疑的了，关键是如何在司法实践中正确理解、适用和完善。

本条规定的主要内容如下：

1. 对犯罪的未成年人，实行“教育、感化、挽救”的方针。“教育、感化、挽救”的方针，是指司法机关应当在进行未成年人刑事诉讼中，对未成年犯罪嫌疑人、被告人、罪犯进行教育、感化、挽救工作。对犯罪的未成年人进行教育、感化、挽救工作，既是刑事诉讼的主要目的，也是全社会的共同职责。在当前未成年人犯罪日趋上升的形势下，对其进行教育、感化、挽救是十分必要的。同时，由于未成年人身心、智力尚未发育成熟，对外界事物重新认识和对内心世界的自我评价具有较大的可塑性，因而对其教育、感化、挽救也是可能的。在具体工作中，司法人员要像父母对待子女、教师对待学生、医生对待病人那样，帮助未成年人分清是非、认清罪责，促使其深刻认识犯罪行为的社会危害性，深入剖析其走上犯罪道路的原因及应吸取的教训。

2. 对犯罪的未成年人，实行“教育为主，惩罚为辅”的原则。“教育为主，惩罚为辅”的原则是指司法机关应当在未成年人刑事诉讼中，始终坚持教育、保护为主，惩罚、打击为辅。古今中外的法治实践证明，治理未成年人犯罪，不能仅靠法律一种武器（或者说仅靠法律武器功效不大），而要情、理、法多管齐下，家庭、学校、社会全方位综合治理，方能取得最佳效果。毕竟，未成年人思想还不理性、人格还不健全、生理还不成熟，他们失足走上犯罪道路，大多出于好奇、模仿或者冲动，并非出自内心的邪恶，他们也是社会不良环境、法制教育缺位、暴力色情影视、网络、游戏等的受害者和牺牲者。对待犯罪未成年人，就应该以无情的目光论事，以慈悲的目光看人。

3. 人民法院、人民检察院和公安机关办理未成年人刑事案件，应当保障未成年人行使其诉讼权利，保障未成年人得到法律帮助。一是让未成年人充分行使《刑事诉讼法》中赋予他们的诉讼权利。二是根据2018年《刑事诉讼法》第278条的规定，未成年犯罪嫌疑人、被告人没有委托辩护人的，人民法院、人民检察院、公安机关应当通知法律援助机构指派律师为其提供辩护。

4. 未成年人刑事案件一般应当由熟悉未成年人身心发展特点、善于做思想教育工作的侦查人员、检察人员、审判人员承办。这些办案人员除应当具备良好的法律知识及办案经验外，还应当具备比较全面的心理学、生理学、社会学等知识。

第二百七十八条 未成年犯罪嫌疑人、被告人没有委托辩护人的，人民法院、人民检察院、公安机关应当通知法律援助机构指派律师为其提供辩护。

【释义】本条是关于对未成年犯罪嫌疑人、被告人进行法律援助的规定。

本条是2012年《刑事诉讼法》增加的条文。1996年《刑事诉讼法》第34条规定的法律援助只适用于人民法院审判阶段。本条的规定将未成年犯罪嫌疑人、被告人的法律援助向前延伸到侦查与审查起诉阶段。2018年《刑事诉讼法》坚持了这一规定。

在侦查阶段、审查起诉阶段和审判阶段凡是未成年犯罪嫌疑人、被告人没有委托辩护人的，公安机关、人民检察院、人民法院必须通知法律援助机构指派律师为其提供辩护。

第二百七十九条　公安机关、人民检察院、人民法院办理未成年人刑事案件，根据情况可以对未成年犯罪嫌疑人、被告人的成长经历、犯罪原因、监护教育等情况进行调查。

【释义】本条是关于未成年人刑事案件特殊调查内容的规定。本条是2012年《刑事诉讼法》增加的条文。2018年《刑事诉讼法》坚持了这一规定。

公安机关、人民检察院、人民法院在办理未成年人刑事案件时，除对案件事实、证据、适用法律进行全面审查外，还应对导致未成年人犯罪之主客观因素及其形成、发展、演变过程，以及对未成年人特殊性格的形成产生过重要影响的人和事件的详细情况进行全面调查，以找出诱发未成年人犯罪的主客观根源，加强对未成年犯罪嫌疑人、被告人教育的针对性，实现办案的法律效果和社会效果的有机统一。

第二百八十条　对未成年犯罪嫌疑人、被告人应当严格限制适用逮捕措施。人民检察院审查批准逮捕和人民法院决定逮捕，应当讯问未成年犯罪嫌疑人、被告人，听取辩护律师的意见。

对被拘留、逮捕和执行刑罚的未成年人与成年人应当分别关押、分别管理、分别教育。

【释义】本条是关于对未成年人适用逮捕措施、关押的规定。本条是2012年《刑事诉讼法》增加的条文。2018年《刑事诉讼法》坚持了这一规定。

本条的主要内容如下：

1. 应严格限制对未成年犯罪嫌疑人、被告人适用逮捕措施，即“以不捕为原则，以逮捕为特例”，可捕可不捕的不捕。符合逮捕条件的，只有在其法定代理人或者其他监护人监护能力不足以防止其发生社会危害性时，人民检察院和人民法院才能批准或者决定逮捕。

2. 应当讯问未成年犯罪嫌疑人、被告人。通过讯问未成年犯罪嫌疑人、被告人，严格审查证据、犯罪事实，考察未成年人的主观恶性和社会危害性，确保对未成年人适用逮捕措施确有必要。

3. 应当听取辩护律师的意见。未成年人心智发育尚不成熟，法律知识欠缺，有时也不能正确表达思想，更难以对自己的行为进行有效的辩解，这就需要律师帮助其行使辩护权，因此，本条规定人民检察院、人民法院适用逮捕措施应听取辩护律师的意见。

4. 在对未成年人采取了拘留、逮捕措施和执行刑罚时，应当与成年人分别关押，避免“交叉感染”。

第二百八十一条 对于未成年人刑事案件，在讯问和审判的时候，应当通知未成年犯罪嫌疑人、被告人的法定代理人到场。无法通知、法定代理人不能到场或者法定代理人是共犯的，也可以通知未成年犯罪嫌疑人、被告人的其他成年亲属，所在学校、单位、居住地基层组织或者未成年人保护组织的代表到场，并将有关情况记录在案。到场的法定代理人可以代为行使未成年犯罪嫌疑人、被告人的诉讼权利。

到场的法定代理人或者其他人员认为办案人员在讯问、审判中侵犯未成年人合法权益的，可以提出意见。讯问笔录、法庭笔录应当交给到场的法定代理人或者其他人员阅读或者向他宣读。

讯问女性未成年犯罪嫌疑人，应当有女工作人员在场。

审判未成年人刑事案件，未成年被告人最后陈述后，其法定代理人可以进行补充陈述。

询问未成年被害人、证人，适用第一款、第二款、第三款的规定。

【释义】本条是关于对未成年人讯问、询问和审判的规定。

本条是2012年《刑事诉讼法》增加的条文。本条将1996年《刑事诉讼法》第14条的有关规定转移到了本条中。2018年《刑事诉讼法》坚持了这一规定。

本条的主要内容如下：

1. 对于未成年人刑事案件，在讯问和审判时，应当通知犯罪嫌疑人、被告人的法定代理人到场。2012年《刑事诉讼法》把1996年《刑事诉讼法》第14条中的“可以”修改为“应当”通知犯罪嫌疑人、被告人的法定代理人到场，与《未成年人保护法》接轨，凸显对未成年人权益的保障。这就意味着，对于未成年人刑事案件，若没有通知法定代理人到场即进行讯问和审判，应当视为非法讯问与违法审判。当然，本条规定也考虑到对“无法通知、法定代理人不能到场和法定代理人是共犯不宜通知到场”的情况的处理，即可以“通知犯罪嫌疑人、被告人的其他成年亲属，所在学校、单位、居住地基层组织或者未成年人保护组织的代表到场”。

2. 为了确保上述规定的实现，必须将通知犯罪嫌疑人、被告人的法定代理人到场的情况在讯问笔录中注明。

3. 到场的法定代理人可以代为行使犯罪嫌疑人、被告人的诉讼权利。无需犯罪嫌疑人、被告人的授权，法定代理人就可以行使犯罪嫌疑人、被告人的诉讼权利。

4. 到场的法定代理人或者其他人员认为办案人员在讯问、审判中侵犯未成年人合法权益的，可以提出意见。这是赋予到场的法定代理人或者其他人员监督讯问、审判工作，以保护未成年人权利的一项权利。

5. 讯问笔录、法庭笔录应当交给到场的法定代理人或者其他人员阅读或者向他宣读。这也是为监督侦查人员、检察人员和审判人员的讯问、审判，以保护未成年人权利设置的一项措施。

6. 讯问女性未成年犯罪嫌疑人，应当有女工作人员在场。这有利于保护女性未成年犯罪嫌疑人的权益。

7. 审判未成年人犯罪案件，未成年被告人最后陈述后，其法定代理人可以进行补充陈述。本条对未成年被告人在法庭审判中行使最后陈述权增加了“其法定代理人可以进行补充陈述”的规定，这是考虑到有些未成年人可能会因智力发展不成熟而不能准确表达自己的意见而设置的。

8. 询问未成年被害人、证人，适用上述规定。本条对询问未成年被害人、证人的程序规定采用了授权式的立法技术，以减少条文的数量。

第二百八十二条　对于未成年人涉嫌刑法分则第四章、第五章、第六章规定的犯罪，可能判处一年有期徒刑以下刑罚，符合起诉条件，但有悔罪表现的，人民检察院可以作出附条件不起诉的决定。人民检察院在作出附条件不起诉的决定以前，应当听取公安机关、被害人的意见。

对附条件不起诉的决定，公安机关要求复议、提请复核或者被害人申诉的，适用本法第一百七十九条、第一百八十条的规定。

未成年犯罪嫌疑人及其法定代理人对人民检察院决定附条件不起诉有异议的，人民检察院应当作出起诉的决定。

【释义】本条是关于未成年人附条件不起诉的规定。本条是2012年《刑事诉讼法》增加的条文。2018年《刑事诉讼法》坚持了这一规定。

附条件不起诉，又称暂缓起诉，是指检察机关在审查起诉阶段，根据案件性质和情节、犯罪嫌疑人的年龄、一贯表现及其犯罪后的悔过态度等，认为暂不提起公诉有利于矫正犯罪嫌疑人、使其早日回归社会，同时也有利于被害人在物质方面得到补偿、使其被侵害的权益得到修复，则对该犯罪嫌疑人设置一定的条件，如果在法定的期限内，被告人履行了相关的义务，检察机关就作出不起诉的决定。附条件不起诉制度是介于起诉与不起诉之间的一种制度，能够灵活地处理好犯罪嫌疑人与被害人、惩罚犯罪与矫正罪犯、诉讼效率与公平正义之间的关系，实现了法律效果和社会效果的统一，2012 年《刑事诉讼法》在第五编特别程序的第一章“未成年人刑事案件诉讼程序”中首次规定了未成年人附条件不起诉制度，具有重要的社会意义和法律意义。2018 年《刑事诉讼法》延续了这一规定。

本条的主要内容如下：

1. 对于未成年人的某些犯罪赋予人民检察院作出附条件不起诉的权力。人民检察院对是否作出附条件不起诉具有自由裁量权。

2. 规定了附条件不起诉的条件。即（1）犯罪嫌疑人实施犯罪行为时是未成年人。（2）涉嫌刑法分则第四章、第五章、第六章规定的犯罪。（3）可能判处 1 年有期徒刑以下刑罚。（4）犯罪事实清楚，证据确实、充分，符合起诉条件。（5）犯罪嫌疑人具有悔罪表现。

根据最高人民检察院与2017 年3 月印发的《未成年人刑事检察工作指引（试行）》，具有以下情形之一的，一般认为具有悔罪表现：（1）犯罪嫌疑人认罪认罚的；（2）向被害人赔礼道歉、积极退赃、尽力减少或赔偿损失的；（3）取得被害人谅解的；（4）具有自首或立功表现的；（5）犯罪中止的；（6）其他具有悔罪表现的情形。

3. 对作出附条件不起诉的程序要求。

（1）人民检察院在作出附条件不起诉的决定以前，应当听取公安机关的意见。对公安机关应当采用书面征求意见的方式听取意见，并要求公安机关书面反馈意见。

（2）人民检察院在作出附条件不起诉的决定以前，应当听取被害人及其法定代理人、诉讼代理人的意见。

（3）对于公安机关或者被害人对于附条件不起诉有异议，或者案件争议、社会影响较大的，人民检察院可以举行不公开听证会。

（4）对附条件不起诉的决定，公安机关可以要求复议、提请复核。即公安机关认为作出附条件不起诉的决定有错误的时候，可以向同级人民检察院要求复议。人民检察院应当另行指定检察人员进行审查并提出审查意见，报请检察长或检查委员会决定。人民检察院应当在收到要求复议的意见书后30日内作出复议决定，并通知公安机关。公安机关对于复议结果不服的，可以向上一级人民检察院提请复核。上一级人民检察院收到公安机关对附条件不起诉决定提请复核的意见书后，应当交由未成年人检察部门办理。未成年人检察部门应当指定检察人员进行审查并提出审查意见，报请检察长或者检察委员会决定。上一级人民检察院应当在收到提请复核意见书后的30日内作出决定，制作复核决定书送交提请复核的公安机关和下级人民检察院。经复核改变下级人民检察院附条件不起诉决定的，应当撤销下级人民检察院作出的附条件不起诉决定，交由下级人民检察院执行。

（5）被害人如果对附条件不起诉决定不服，可以自收到决定书后7日进行申诉，申诉由作出附条件不起诉决定的人民检察院的上一级人民检察院立案复查。被害人向作出附条件不起诉决定的人民检察院提出申诉的，作出决定的人民检察院应当将申诉材料连同案卷一并报送上一级人民检察院受理。上述申诉的审查由未成年人检察部门负责。承办人员审查后应当提出意见，报请检察长决定后制作复查决定书。复查决定书应当送达被害人、被附条件不起诉的未成年犯罪嫌疑人及其法定代理人和作出附条件不起诉决定的人民检察院。被害人不服附条件不起诉决定的，不能向人民法院提起自诉。

（6）对于未成年犯罪嫌疑人及其法定代理人对附条件不起诉决定提出异议的，应当区别对待：①未成年犯罪嫌疑人及其法定代理人对于犯罪事实认定、法律适用有异议并提出无罪意见或辩解的，人民检察院应当认真审查后依法提起公诉。②未成年犯罪嫌疑人及其法定代理人对案件作附条件不起诉处理没有异议，仅对所附条件及考验期有异议的，人民检察院可以依法采纳其合理的意见，对考察的内容、方式、时间等进行调整。但其意见不利于对未成年犯罪嫌疑人帮教的，应当进行耐心的释法说理工作。经说理解释后，若未成年犯罪嫌疑人及其法定代理人仍有异议坚持要起诉的，应当提起公诉。③未成年犯罪嫌疑人及其法定代理人对于适用附条件不起诉有异议的，应当审查后决定是否起诉。人民检察院作出起诉决定前，未成年犯罪嫌疑人及其法定代理人可以撤回异议。撤回异议的，应当制作笔录附卷，由未成年犯罪嫌疑人及其法定代理人签字确认。

第二百八十三条 在附条件不起诉的考验期内，由人民检察院对被附条件不起诉的未成年犯罪嫌疑人进行监督考察。未成年犯罪嫌疑人的监护人，应当对未成年犯罪嫌疑人加强管教，配合人民检察院做好监督考察工作。

附条件不起诉的考验期为六个月以上一年以下，从人民检察院作出附条件不起诉的决定之日起计算。

被附条件不起诉的未成年犯罪嫌疑人，应当遵守下列规定：

（一）遵守法律法规，服从监督；

（二）按照考察机关的规定报告自己的活动情况；

（三）离开所居住的市、县或者迁居，应当报经考察机关批准；

（四）按照考察机关的要求接受矫治和教育。

【释义】本条是关于对附条件不起诉的未成年人监督考察的规定。本条是2012年《刑事诉讼法》增加的条文。2018年《刑事诉讼法》坚持了这一规定。

本条的主要内容如下：

1. 人民检察院是对被附条件不起诉的犯罪嫌疑人进行监督考察的机关。在附条件不起诉的考验期内，人民检察院应当对被附条件不起诉的未成年犯罪嫌疑人进行监督考察。监督未成年犯罪嫌疑人履行义务、接受帮教的情况，并督促未成年犯罪嫌疑人的监护人对未成年犯罪嫌疑人加强管教，配合人民检察院做好监督考察工作。人民检察院可以会同司法社工、社会观护基地、公益组织或者未成年犯罪嫌疑人所在学校、单位、居住地的村民委员会、居民委员会、未成年人保护组织等相关机构成立考察帮教小组，明确分工及职责，定期进行考察、教育，实施跟踪帮教。

2. 要求犯罪嫌疑人的监护人，应当对犯罪嫌疑人加强管教，配合人民检察院做好监督考察工作。

3. 规定了附条件不起诉的考验期。附条件不起诉的考验期为6个月以上1年以下。考验期的长短应当与未成年犯罪嫌疑人所犯罪行的性质、情节和主观恶性的大小相适应。可能判处的刑罚在6个月以下的，一般应当将考验期限确定为6个月；可能判处的刑罚在6个月以上的，可以参考未成年犯罪嫌疑人可能判处的刑期确定具体考察期限。考验期从人民检察院作出附条件不起诉的决定之日起计算。考验期不计入审查起诉期限。在考验期的前两个月要密切关注被附条件不起诉的未成年犯罪嫌疑人的表现，帮助、督促其改正不良行为，形成良好习惯。根据未成年犯罪嫌疑人在考验期内的表现和教育挽救的需要，人民检察院作出决定后可以在法定期限范围内适当缩短或延长考验期。

4. 作出了被附条件不起诉的犯罪嫌疑人在考验期内应遵守的规定：（1）遵守法律法规，服从监督；（2）按照考察机关的规定报告自己的活动情况；（3）离开所居住的市、县或者迁居，应当报经考察机关批准；（4）按照考察机关的要求接受矫治和教育。

根据《未成年人刑事检察工作指引（试行）》规定，“按照考察机关的要求接受矫治和教育”包括以下内容：（1）完成戒瘾治疗、心理辅导或者其他适当的处遇措施；（2）向社区或者公益团体提供公益劳动；（3）不得进入特定场所、与特定的人员会见或者通信、从事特定的活动；（4）向被害人赔偿损失、赔礼道歉等；（5）接受相关教育；（6）遵守其他保护被害人安全以及预防再犯的禁止性规定。

此外，检察机关在确定所附条件时应当有针对性，注意考虑未成年犯罪嫌疑人的特殊需求，尤其避免对其就学、就业和正常生活造成负面影响。

第二百八十四条　被附条件不起诉的未成年犯罪嫌疑人，在考验期内有下列情形之一的，人民检察院应当撤销附条件不起诉的决定，提起公诉：

（一）实施新的犯罪或者发现决定附条件不起诉以前还有其他犯罪需要追诉的；

（二）违反治安管理规定或者考察机关有关附条件不起诉的监督管理规定，情节严重的。

被附条件不起诉的未成年犯罪嫌疑人，在考验期内没有上述情形，考验期满的，人民检察院应当作出不起诉的决定。

【释义】本条是关于撤销附条件不起诉条件的规定。本条是 2012 年《刑事诉讼法》增加的条文。2018 年《刑事诉讼法》坚持了这一规定。

附条件不起诉决定是效力待定的决定，最后将导致两种结果：一是撤销附条件不起诉的决定，二是作出不起诉的决定。

本条的主要内容如下：

1. 撤销附条件不起诉的决定。如果犯罪人不遵守法律规定，不履行法定义务，最终会被提起公诉。如果具备下列条件应当撤销附条件不起诉的决定，提起公诉：（1）实施新的犯罪或者发现决定附条件不起诉以前还有其他犯罪需要追诉的；（2）违反治安管理规定或者考察机关有关附条件不起诉的监督管理规定，情节严重的。

2. 被附条件不起诉的犯罪嫌疑人，在考验期内没有上述情形，考验期满的，人民检察院应当作出不起诉的决定。

第二百八十五条 审判的时候被告人不满十八周岁的案件，不公开审理。但是，经未成年被告人及其法定代理人同意，未成年被告人所在学校和未成年人保护组织可以派代表到场。

【释义】本条是关于不公开审理被告人不满18周岁案件的规定。

1996年《刑事诉讼法》第152条对未成年人不公开审理的情形分为两种情况：（1）对审判时已满14岁不满16岁的未成年人犯罪案件，一律不公开审理，即不能公开；（2）对审判时已满16岁不满18岁的未成年人案件，一般不公开审理，即可以公开，也可以不公开，是否公开由人民法院决定。2012年《刑事诉讼法》则要求对审判的时候被告人不满18周岁的案件，一律不公开审理，不再区别对待了。2018年《刑事诉讼法》坚持了这一规定。

2012年《刑事诉讼法》增加了“经未成年被告人及其法定代理人同意，未成年被告人所在学校和未成年人保护组织可以派代表到场”的规定，这是为贯彻教育、感化、挽救的方针而设立的。但在程序上对未成年被告人所在学校和未成年人保护组织派代表到场有限制性规定，即须经未成年被告人及其法定代理人同意。2018年《刑事诉讼法》坚持了这一规定。

第二百八十六条 犯罪的时候不满十八周岁，被判处五年有期徒刑以下刑罚的，应当对相关犯罪记录予以封存。

犯罪记录被封存的，不得向任何单位和个人提供，但司法机关为办案需要或者有关单位根据国家规定进行查询的除外。依法进行查询的单位，应当对被封存的犯罪记录的情况予以保密。

【释义】本条是关于对未成年人犯罪记录封存的规定。本条是2012年《刑事诉讼法》增加的条文。2018年《刑事诉讼法》坚持了这一规定。

本条确立了犯罪记录封存制度，它又被称为“前科封存”制度。该制度旨在消除先前定罪记录对于未成年犯罪人回归社会的消极影响。可以说，犯罪记录封存制度鲜明地体现了我国对于未成年犯罪人一贯坚持的“挽救”方针。

本条的主要内容如下：

1. 适用的对象。一是犯罪的时候不满18周岁，二是被判处5年有期徒刑以下刑罚的。具备这两个条件，办案部门必须对相关犯罪记录予以封存。

2. 对被封存的犯罪记录的适用要求。未成年人犯罪记录被封存后，没有法定事由、未经法定程序不得解封。除司法机关为办案需要或者有关单位根据国家规定进行查询的以外，人民检察院不得向任何单位和个人提供封存的犯罪记录，并不得提供未成年人有犯罪记录的证明。这里的“国家规定”，是指全国人民代表大会及其常务委员会制定的法律和决定，国务院制定的行政法规、规定的行政措施、发布的决定和命令。

3. 对依法进行查询的单位保密的要求。依法进行查询的单位必须对被封存的犯罪记录的情况予以保密。具体来说，人民检察院应当告知查询犯罪记录的单位及相关人员严格按照查询目的和使用范围使用有关信息，严格遵守保密义务，并要求其签署保密承诺书。不按规定使用所查询的犯罪记录或者违反规定泄露相关信息，情节严重或者造成严重后果的，应当依法追究相关人员的责任。

第二百八十七条　办理未成年人刑事案件，除本章已有规定的以外，按照本法的其他规定进行。

【释义】本条是关于办理未成年人刑事案件应遵守的程序的规定。本条是2012年《刑事诉讼法》增加的条文。2018年《刑事诉讼法》坚持了这一规定。

这是一个授权性条文。本条要求办理未成年人刑事案件，首先必须遵守本章已有规定。如果本章没有规定的，再按照本法的其他规定进行。

第二章　当事人和解的公诉案件诉讼程序

第二百八十八条　下列公诉案件，犯罪嫌疑人、被告人真诚悔罪，通过向被害人赔偿损失、赔礼道歉等方式获得被害人谅解，被害人自愿和解的，双方当事人可以和解：

（一）因民间纠纷引起，涉嫌刑法分则第四章、第五章规定的犯罪案件，可能判处三年有期徒刑以下刑罚的；

（二）除渎职犯罪以外的可能判处七年有期徒刑以下刑罚的过失犯罪案件。

犯罪嫌疑人、被告人在五年以内曾经故意犯罪的，不适用本章规定的程序。

【释义】本条是关于公诉案件适用和解的范围的限定。本条是 2012 年《刑事诉讼法》增加的条文。2018 年《刑事诉讼法》坚持了这一规定。

刑事和解制度，是指在刑事诉讼过程中，犯罪嫌疑人、被告人自愿真诚悔罪，通过向被害人赔偿损失、赔礼道歉等方式获得被害人谅解，进而与被害人达成和解，国家专门机关对犯罪嫌疑人、被告人从宽处理，不追究刑事责任、免除处罚、减轻或从轻处罚的诉讼制度。1996 年《刑事诉讼法》对自诉案件的和解进行了规定，在化解矛盾纠纷、保护被害人权益、提高诉讼效率、维护社会稳定等方面都起到了积极作用。现阶段，在构建社会主义和谐社会和贯彻宽严相济刑事政策的需求下，2012 年的修法将部分公诉案件纳入和解程序，进一步扩大了刑事诉讼和解程序的适用范围。2018 年《刑事诉讼法》延续了这一规定。

本条的主要内容如下：

1. 适用和解的前提条件。一是犯罪嫌疑人、被告人自愿真诚悔罪；二是通过向被害人赔偿损失、赔礼道歉等方式获得被害人谅解，被害人自愿和解的。

2. 适用和解的案件范围。考虑到公诉案件的国家追诉性质和刑罚的严肃性，为防止适用这一程序出现新的不公正，出现以钱买刑的情况，本条将公诉案件适用和解程序的范围限定为：

（1）因民间纠纷引起，涉嫌刑法分则第四章、第五章规定的犯罪案件，可能判处3年有期徒刑以下刑罚的。将刑事和解程序的适用限定于民间纠纷引起的轻罪，是因为在这类案件中，国家利益、社会公共利益所受损害较小，犯罪嫌疑人、被告人主观恶性较小、危害程度较轻，适用和解程序，不至于严重危害国家利益、公共利益和被害人的合法权益。

（2）除渎职犯罪以外的可能判处7年有期徒刑以下刑罚的过失犯罪案件。在一般情况下，过失犯罪只有在造成了严重危害社会的结果时，《刑法》才将其规定为犯罪，行为人才承担刑事责任。同时，《刑事诉讼法》又将适用和解的案件范围限定为"可能判处七年有期徒刑以下刑罚的"过失犯罪，此类犯罪的嫌疑人、被告人的主观恶性较小、危害程度较轻，适用和解制度，不至于危害国家利益、公共利益和被害人的合法权益。本条将渎职犯罪排除在适用刑事和解程序的范围之外，是因为渎职犯罪是侵犯国家利益的性质严重的犯罪行为，虽然也存在少量过失犯罪，但是行为人主观恶性较大，犯罪后果较重。

3. 适用和解案件的例外情况。犯罪嫌疑人、被告人在5年以内曾经故意犯罪的，不适用和解程序。在5年之内连续犯罪，说明其有相当大主观恶性，就应该充分发挥刑罚的惩罚功能，依法加以严惩，因此，不能对其适用刑事和解程序。

第二百八十九条　双方当事人和解的，公安机关、人民检察院、人民法院应当听取当事人和其他有关人员的意见，对和解的自愿性、合法性进行审查，并主持制作和解协议书。

【释义】本条是关于对和解协议审查的规定。本条是2012年《刑事诉讼法》增加的条文。2018年《刑事诉讼法》坚持了这一规定。

本条的主要内容如下：

1. 对和解协议的自愿性、合法性进行审查。（1）不管是在刑事诉讼的侦查、审查起诉还是审判阶段，公安机关、人民检察院、人民法院都可允许和解，并进行审查。（2）公安机关、人民检察院、人民法院在审查中要听取当事人和其他有关人员的意见。（3）审查的重点是和解的自愿性、合法性。如果存在强迫和解、和解协议的内容违法的情况，公安机关、人民检察院、人民法院不应同意和解，继续进行追诉。

2. 审查后的处理。经过审查，发现双方当事人的自行和解存在违反自愿性、合法性之情形的，案件恢复普通的刑事诉讼程序或重新达成和解；发现无违反自愿性、合法性之情形的，上述机关应当主持制作和解协议书。

第二百九十条 对于达成和解协议的案件，公安机关可以向人民检察院提出从宽处理的建议。人民检察院可以向人民法院提出从宽处罚的建议；对于犯罪情节轻微，不需要判处刑罚的，可以作出不起诉的决定。人民法院可以依法对被告人从宽处罚。

【释义】 本条是关于对达成和解协议的案件从宽处理的规定。本条是2012年《刑事诉讼法》增加的条文。2018年《刑事诉讼法》坚持了这一规定。

本条的主要内容如下：

1. 公安机关提出从宽处理的建议权。本条规定，对于当事人之间达成和解协议的案件，在移送审查起诉时，公安机关可以向人民检察院提出从宽处理的建议。由此可以看出，本条没有对公安机关作出从宽处理的决定权，只规定它有提出从宽处理的建议权。

2. 人民检察院既有从宽处罚建议权，又有从宽处罚决定权。根据本条规定，人民检察院在提起公诉时以及审判过程中，可以向人民法院提出从宽处罚的建议；对于犯罪情节轻微，不需要判处刑罚的，人民检察院还可以直接作出不起诉的决定，而不再将其送交由法庭审判。

3. 人民法院具有从宽处理的决定权。在审判阶段，人民法院可以依法对被告人从宽处理。

第三章 缺席审判程序

第二百九十一条 对于贪污贿赂犯罪案件，以及需要及时进行审判，经最高人民检察院核准的严重危害国家安全犯罪、恐怖活动犯罪案件，犯罪嫌疑人、被告人在境外，监察机关、公安机关移送起诉，人民检察院认为犯罪事实已经查清，证据确实、充分，依法应当追究刑事责任的，可以向人民法院提起公诉。人民法院进行审查后，对于起诉书中有明确的指控犯罪事实，符合缺席审判程序适用条件的，应当决定开庭审判。

前款案件，由犯罪地、被告人离境前居住地或者最高人民法院指定的中级人民法院组成合议庭进行审理。

【释义】本条是关于缺席审判程序的适用条件和管辖的规定。缺席审判程序是2018年《刑事诉讼法》新增加的内容。

缺席审判制度在2018年《刑事诉讼法》修订中顺利通过，可以说是填补了我国针对外逃腐败分子和极度危险的犯罪分子接受司法审判法律制度上的空白，也是我国在立法技术上的一大进步，为公安、司法机关追缴脏款，缉捕逃往境外的犯罪分子提供了有力的法律依据和制度保障。这样的规定将大大提高司法机关对于此类特殊案件的审理、结案的效率，同时在一定程度上避免我国司法机关因不能及时控制境外在逃犯罪嫌疑人而导致的案件拖延和长期的搁置、积压的问题。

要求被告人出席庭审的主要目的在于保护被告人依法所享有的法律权利，同时当事人的参与也有利于查清事实真相，避免冤假错案的发生。但是，针对一些特殊的案件，强求被告人出庭就无法达到惩治犯罪的目的，反而使犯罪分子钻法律的空子，逃避司法审判。2012年的《刑事诉讼法》修改后，新增了犯罪嫌疑人、被告人逃匿、死亡案件违法所得的没收程序。在此项规定的特殊情况下，没收犯罪嫌疑人违法所得及其他涉案财产就有了法律上的依据。但是，该项特殊程序也同样存在许多的不完善之处，如适用范围较小、限制条件较多，等等。

本条的主要内容如下：

1. 缺席审判程序的适用条件。具体来说有以下几点：

（1）关于适用缺席审判的案件范围，在2018年修法的过程中得到了扩大。2018年的刑事诉讼法修改草案第24条规定，缺席审判适用于犯罪嫌疑人、被告人潜逃境外的贪污贿赂犯罪案件。在该草案征求意见中，一些人建议根据实际需要，适当扩大缺席审判的适用范围。全国人大宪法和法律委员会、法律工作委员会会同有关部门进行研究认为，建立缺席审判制度是从反腐败追逃追赃的角度提出的，但可不仅限于贪污贿赂犯罪案件，其他重大案件确有必要及时追究的，在充分保障诉讼权利的前提下，也可以进行缺席审判。但考虑到这是一项新的制度，尚缺乏实践，且有的缺席审判案件，文书送达和判决执行可能需要外国协助，在制度设计上需考虑到国际影响和外国通行做法，对于贪污贿赂之外的其他案件，还是应该严格限制范围并规定严格的核准程序，根据国内国际大局和个案情况灵活掌握，稳妥实施。因此，立法最终将缺席审判程序的适用范围扩大至“贪污贿赂犯罪案件，以及需要及时进行审判，经最高人民检察院核准的严重危害国家安全犯罪、恐怖活动犯罪案件”。

（2）犯罪嫌疑人、被告人在境外。建立缺席审判制度是从反腐败追逃追赃的角度提出的，主要目的也是为了解决无法抓获境外在逃犯罪嫌疑人而导致的案件拖延和长期的搁置、积压的问题。

（3）监察机关、公安机关移送起诉。

（4）人民检察院认为犯罪事实已经查清，证据确实充分，依法应当追究刑事责任，提起公诉。

2. 人民法院决定开庭审判的条件。缺席审判是刑事诉讼中的特别程序，人民法院在案件入口审查时应当严格把关，不仅要审查起诉书是否具有明确的指控犯罪事实，还应对是否符合缺席审判程序的适用条件进行审查。

3. 缺席审判案件的管辖法院。（1）对此类案件的级别管辖。该类案件统一由中级人民法院管辖。这是对人民法院审判力量的考量，因为中级人民法院的法官与基层人民法院的法官相比水平相对较高。（2）对此类案件的地区管辖。本条规定，此类案件由犯罪地、被告人离境前居住地或者最高人民法院指定的中级人民法院管辖。

4. 缺席审判案件的审判组织。对此类案件的审判必须组成合议庭进行，不能采用独任制。

第二百九十二条 人民法院应当通过有关国际条约规定的或者外交途径提出的司法协助方式，或者被告人所在地法律允许的其他方式，将传票和人民检察院的起诉书副本送达被告人。传票和起诉书副本送达后，被告人未按要求到案的，人民法院应当开庭审理，依法作出判决，并对违法所得及其他涉案财产作出处理。

【释义】本条是关于缺席审判程序诉讼文书送达方式的规定。它是2018年《刑事诉讼法》新增加的内容。

本条的主要内容如下：

1. 将传票和起诉书副本送达被告人。

被告人的知情权必须依法得到保障。被告人有权知悉其可能被判处的罪名、享有的诉讼权利、开庭的时间、地点等必要事项，人民法院也负有告知相对人的义务。因此，应该通过司法协助等方式将传票和起诉书副本送达被告人。将传票和起诉书副本送达被告人是缺席审判程序得以进行的必要前提条件之一，也是缺席审判制度具备合法性的基础。

2. 向被告人送达诉讼文书的方式。

本条规定了向境外送达诉讼文书的方式：（1）有国际条约的，按照国际条约规定的司法协助方式送达；（2）没有国际条约的，通过外交途径提出的司法协助方式送达；（3）被告人所在地法律允许的其他方式送达。此外，根据2018年10月26日第十三届全国人民代表大会常务委员会第六次会议通过的《中华人民共和国国际刑事司法协助法》的第9条的规定，办案机关需要向外国请求刑事司法协助的，应当制作刑事司法协助请求书并附相关材料，经所属主管机关审核同意后，由对外联系机关及时向外国提出请求。

3. 被告人未按要求到案的后果。

若被告人在收到传票和起诉状副本后，被告人未按要求到案的，可以视为被告人放弃了出庭的权利，人民法院应当开庭审理，并依法作出判决。

第二百九十三条　人民法院缺席审判案件，被告人有权委托辩护人，被告人的近亲属可以代为委托辩护人。被告人及其近亲属没有委托辩护人的，人民法院应当通知法律援助机构指派律师为其提供辩护。

【释义】本条是关于缺席审判中委托、指定辩护人的规定。它是2018年《刑事诉讼法》新增加的内容。

本条的主要内容如下：

1. 人民法院缺席审判案件，被告人有权委托辩护人，被告人的近亲属可以代为委托辩护人。辩护权是刑事诉讼中的一项基础性权利，是被告人保护自身利益的最直接、最有效的法律手段之一。保障缺席被告人的辩护权，符合法律公平正义的基本要求，也是判决的合法性能够得到普遍认可和被告人所在国之法律承认的基础。

2. 被告人及其近亲属没有委托辩护人的，人民法院应当通知法律援助机构指派律师为其提供辩护。按照本条规定，缺席审判的案件必须有辩护人参与。辩护人的来源有委托和指定两种方式。如果被告人及其近亲属没有委托辩护人的，人民法院应当通知法律援助机构指派律师为其提供辩护。

关于是否需要指定辩护，在2018年刑事诉讼法修改草案讨论的过程中是存在争议的，有人认为"外逃人员不属于法律援助的对象"，因此对此类案件的指定辩护持否定态度。然而，被告人获得辩护关系到被告人人权的保障以及外国对裁判文书的承认，而且法律援助对象的扩大也是历史的必然趋势，因此，2018年《刑事诉讼法》仍然规定对该类案件适用指定辩护。

第二百九十四条 人民法院应当将判决书送达被告人及其近亲属、辩护人。被告人或者其近亲属不服判决的，有权向上一级人民法院上诉。辩护人经被告人或者其近亲属同意，可以提出上诉。

人民检察院认为人民法院的判决确有错误的，应当向上一级人民法院提出抗诉。

【释义】 本条是关于判决书的送达以及上诉和抗诉的规定。它是2018年《刑事诉讼法》新增加的内容。

缺席判决制度是在被告人未到庭的情况下作出的判决，在此种特殊情形下，被告人的辩护权并没有得到充分行使，作出的判决结果很有可能引起缺席被告人的抗议。为了减少和避免不公正的审判，保证控辩双方法律地位的平等，应该充分保障被告人的救济权利，因此，与普通诉讼程序中的对席判决相比，缺席审判的判决书送达对象和有权提起上诉的主体有所不同。

本条的主要内容如下：

1. 人民法院应当将判决书送达被告人及其近亲属、辩护人。对席审判中被告人及其辩护人是判决书"应当"送达的对象（2018年《刑事诉讼法》第202条的规定），被告人的近亲属是判决书"可以"送达的对象，即可以送达，也可以不送达。而在缺席审判程序中，被告人的近亲属是判决书"应当"送达的对象。

2. 被告人或者其近亲属不服判决的，有权向上一级人民法院上诉。对席审判被告人的近亲属不享有独立的上诉权，而在缺席审判程序中，被告人的近亲属可以直接向上一级人民法院提起上诉，即享有独立的上诉权。

3. 被告人的辩护人，可以在获得被告人或者被告人的近亲属的同意的条件下，向上一级人民法院提起上诉。在对席判决中，辩护人只有经“被告人”的同意可以提出上诉，而在缺席审判中辩护人除经“被告人”的同意外，经被告人“近亲属”的同意也可以提出上诉。

4. 人民检察院对缺席判决享有抗诉权。人民检察院在缺席审判中有权利和义务进行审判监督，人民检察院认为人民法院的判决确有错误的，应当向上一级人民法院提出抗诉。

第二百九十五条　在审理过程中，被告人自动投案或者被抓获的，人民法院应当重新审理。

罪犯在判决、裁定发生法律效力后到案的，人民法院应当将罪犯交付执行刑罚。交付执行刑罚前，人民法院应当告知罪犯有权对判决、裁定提出异议。罪犯对判决、裁定提出异议的，人民法院应当重新审理。

依照生效判决、裁定对罪犯的财产进行的处理确有错误的，应当予以返还、赔偿。

【释义】本条是关于缺席审判程序中被告人到案后的处理程序、错误处理罪犯财产予以返还、赔偿的规定。它是2018年《刑事诉讼法》新增加的内容。

本条的主要内容如下：

1. 在审理过程中，被告人自动投案或者被抓获的，人民法院应当重新审理。若缺席审判活动尚未终结，被告人自动投案或者处于公安、司法机关的有效控制之下，此时就无须继续进行缺席审判程序，而应该将缺席审判程序变更为对席审判程序，重新开庭审理。

2. 罪犯在判决、裁定发生法律效力后到案的，人民法院应当将罪犯交付执行刑罚。罪犯在判决、裁定发生法律效力后到案的，如果归案的罪犯对判决无异议的，人民法院可直接依据相关法律程序将其移交至执行机关，使其接受相应的刑罚。

3. 交付执行刑罚前，人民法院应当告知罪犯有权对判决、裁定提出异议。罪犯对判决、裁定提出异议的，人民法院应当重新审理。该条规定了人民法院应当告知罪犯有权对判决、裁定提出异议的义务。如果归案的被告人对判决提出异议的，人民法院应当对此案重新审理。

4. 依照生效判决、裁定对罪犯的财产进行的处理确有错误的，应当予以返还、赔偿。这一规定有利于保护罪犯的财产权利。

第二百九十六条 因被告人患有严重疾病无法出庭，中止审理超过六个月，被告人仍无法出庭，被告人及其法定代理人、近亲属申请或者同意恢复审理的，人民法院可以在被告人不出庭的情况下缺席审理，依法作出判决。

【释义】本条是对因病无法出席法庭的被告人缺席审判的规定。它是2018年《刑事诉讼法》新增加的内容。

本条的主要内容如下：

1. 本条确立了因病无法出席法庭的缺席审判形式。

2. 因病无法出席法庭而进行缺席审判的条件是：

（1）被告人患有严重疾病。本条中的“严重疾病”主要包括以下情况，一是患有严重疾病，离开诊疗机构可能危及生命；二是患精神病，无行为能力的等。

（2）宽限期限为6个月。之所以规定6个月的宽限期，一是给有恢复可能的被告人一定的“等待期”；二是为患有精神病的人确定法定代理人需要时间。

（3）被告人及法定代理人、近亲属申请或同意恢复审理。此条所指的被告人包括公诉案件和自诉案件两种情况。本条立法主要基于两个因素的考量：第一，被告人权利保护；第二，审判效率。而这两者之中，权利保护则显得更为基础和必要。因此，只有在取得被告人及其法定代理人、近亲属的申请或者同意的前提下，人民法院才能对此类案件进行缺席审判，彰显了立法者对被告人的尊重和权利保护。

第二百九十七条 被告人死亡的，人民法院应当裁定终止审理，但有证据证明被告人无罪，人民法院经缺席审理确认无罪的，应当依法作出判决。

人民法院按照审判监督程序重新审判的案件，被告人死亡的，人民法院可以缺席审理，依法作出判决。

【释义】本条是关于被告人死亡的缺席审判。它是2018年《刑事诉讼法》新增加的内容。

有些案件有证据证明被告人无罪，如果不判决宣告其无罪，有违法律公平正义的精神，有可能导致已经死亡的被告人的人格利益无法得到应有的法律保护，也不利于有些民事程序的进行。因此，2018年修法确立了被告人死亡的缺席审判。

本条的主要内容如下：

1. 本条确立了被告人死亡的缺席审判形式。根据本条规定，审判过程中被告人死亡的，人民法院一般应裁定终止审理，但有证据证明被告人无罪，人民法院经审理确认无罪的，应作无罪判决。

2. 本条规定了审判监督程序中的缺席审判。在审判监督程序中，被告人死亡的，人民法院可以缺席审判。

第四章　犯罪嫌疑人、被告人逃匿、死亡案件违法所得的没收程序

第二百九十八条　对于贪污贿赂犯罪、恐怖活动犯罪等重大犯罪案件，犯罪嫌疑人、被告人逃匿，在通缉一年后不能到案，或者犯罪嫌疑人、被告人死亡，依照刑法规定应当追缴其违法所得及其他涉案财产的，人民检察院可以向人民法院提出没收违法所得的申请。

公安机关认为有前款规定情形的，应当写出没收违法所得意见书，移送人民检察院。

没收违法所得的申请应当提供与犯罪事实、违法所得相关的证据材料，并列明财产的种类、数量、所在地及查封、扣押、冻结的情况。

人民法院在必要的时候，可以查封、扣押、冻结申请没收的财产。

【释义】本条是对犯罪嫌疑人、被告人逃匿、死亡案件违法所得没收程序的适用范围等相关内容的规定。本条是2012年《刑事诉讼法》增加的条文。2018年《刑事诉讼法》坚持了这些规定。

长期以来，我国存在贪官携巨款潜逃境外，或者因犯罪嫌疑人、被告人死亡而造成的诉讼程序无法继续进行、其犯罪所得巨额财产长期无法追缴的情况，为严厉打击腐败犯罪、恐怖活动犯罪，保护国家利益和被害人的合法权益，对犯罪所得及时采取冻结、追缴措施，并与我国已经加入的联合国反腐败公约及有关反恐怖问题决议的要求相衔接，2012年《刑事诉讼法》增加对犯罪嫌疑人、被告人逃匿、死亡案件违法所得的没收程序。2018年《刑事诉讼法》坚持了这一程序。

本条的主要内容如下：

1. 对该程序适用的案件范围进行了规定。适用该程序的案件必须具备以下条件：一是贪污贿赂犯罪、恐怖活动犯罪等重大犯罪案件，二是上述案件的犯罪嫌疑人、被告人在通缉1年后不能到案，或者犯罪嫌疑人、被告人死亡，依照《刑法》规定应当追缴其违法所得及其他涉案财产的。

2. 规定了启动该程序的主体。授权人民检察院可以向人民法院提出没收违法所得的申请，予以启动该程序。公安机关认为有前款规定情形的，应当写出没收违法所得意见书，移送人民检察院。

3. 规定了启动该程序申请书的内容。没收违法所得的申请应为书面申请，应当列明财产的种类、数量、所在地以及查封、扣押、冻结的情况。

4. 要求申请时要附有相关证据材料。人民法院作出裁定的基础是证据，而举证责任应由人民检察院承担，所以人民检察院向人民法院提出没收违法所得的申请时必须提供证据材料。

5. 人民法院是最后处理的机关，并赋予其查封、扣押、冻结权。人民法院接到人民检察院递交的没收违法所得的申请，在进行审查后，认为在必要的时候，可以查封、扣押、冻结申请没收的财产。所谓“在必要的时候”，是指违法所得及其他涉案财产可能被涉案人挥霍、非法转移，或有毁损、灭失等现实可能性，给今后的追缴工作带来困难或障碍的情况。

第二百九十九条 没收违法所得的申请，由犯罪地或者犯罪嫌疑人、被告人居住地的中级人民法院组成合议庭进行审理。

人民法院受理没收违法所得的申请后，应当发出公告。公告期间为六个月。犯罪嫌疑人、被告人的近亲属和其他利害关系人有权申请参加诉讼，也可以委托诉讼代理人参加诉讼。

人民法院在公告期满后对没收违法所得的申请进行审理。利害关系人参加诉讼的，人民法院应当开庭审理。

【释义】本条关于犯罪嫌疑人、被告人逃匿、死亡案件没收违法所得审理程序的规定。本条是2012年《刑事诉讼法》增加的条文。2018年《刑事诉讼法》坚持了这些规定。

本条的主要内容如下：

1. 关于地区管辖和级别管辖的规定。没收违法所得的申请，应由犯罪地或者犯罪嫌疑人、被告人居住地的人民法院审理，这是对审理该类案件的地区管辖的规定。本条规定此类案件由中级人民法院审理，这是对审理该类案件的级别管辖的规定。这就意味着，基层人民法院不能审理该类案件。

2. 关于审判组织的规定。由犯罪地或者犯罪嫌疑人、被告人居住地的中级人民法院组成合议庭进行审判，不允许实行独任制。

3. 关于审理程序的规定。（1）要求发出没收犯罪嫌疑人、被告人违法所得的公告。公告期为6个月。（2）人民法院在公告期满后对没收违法所得的申请进行审理。审理中，犯罪嫌疑人、被告人的近亲属和其他利害关系人有权申请参加诉讼，也可以委托诉讼代理人参加诉讼。（3）审理该类案件中如果利害关系人参加诉讼的，人民法院应当开庭审理。这也意味着人民法院对没收违法所得的申请进行审理，以不开庭审理为常态，只有在利害关系人参加诉讼的时候，人民法院才应当开庭审理。

第三百条 人民法院经审理，对经查证属于违法所得及其他涉案财产，除依法返还被害人的以外，应当裁定予以没收；对不属于应当追缴的财产的，应当裁定驳回申请，解除查封、扣押、冻结措施。

对于人民法院依照前款规定作出的裁定，犯罪嫌疑人、被告人的近亲属和其他利害关系人或者人民检察院可以提出上诉、抗诉。

【释义】本条对审理犯罪嫌疑人、被告人逃匿、死亡而须没收其违法所得案件处理方式的规定。它是2012年《刑事诉讼法》增加的内容。2018年《刑事诉讼法》坚持了这些规定。

本条的主要内容如下：

1. 对于经查证属于违法所得的财产及其他涉案财产，应当裁定予以没收。依法应当返还被害人的，首先应返还被害人。

2. 人民法院经审理对不属于应当追缴的财产的，应当裁定驳回申请，解除查封、扣押、冻结措施。

3. 对于人民法院对涉案财产作出的裁定，犯罪嫌疑人、被告人的近亲属和其他利害关系人可以提出上诉，人民检察院可以提出抗诉。由于犯罪嫌疑人、被告人逃匿、死亡案件违法所得的没收程序，是在犯罪嫌疑人、被告人不在案的情况下，依法处置其财产，因此，本条规定了在人民法院经审理依法对涉案财产作出裁定后的上诉、抗诉程序，对犯罪嫌疑人、被告人及利害关系人的合法权益给予充分的保障。

第三百零一条 在审理过程中，在逃的犯罪嫌疑人、被告人自动投案或者被抓获的，人民法院应当终止审理。

没收犯罪嫌疑人、被告人财产确有错误的，应当予以返还、赔偿。

【释义】本条对犯罪嫌疑人、被告人逃匿、死亡案件没收违法所得的救济程序的规定。它是2012年《刑事诉讼法》增加的内容。2018年《刑事诉讼法》坚持了这些规定。

本条的主要内容如下：

1. 关于审理该类案件的终止审理的规定。在审理该类案件过程中，在逃的犯罪嫌疑人、被告人自动投案或者被抓获的，人民法院应当终止审理。终止审理，是指人民法院在审判案件的过程中，遇有法律规定的情形，使审判不应当或者不需要继续进行而终结诉讼程序的活动。在逃的犯罪嫌疑人、被告人在审理过程中自动投案或者被抓获的，其可以亲自参与到刑事诉讼中来，法庭就可以按照普通程序对其进行审判，并在此基础上对其违法所得一并进行处理，而不需要再适用犯罪嫌疑人、被告人逃匿、死亡案件没收违法所得的特别程序了。

2. 关于返还、赔偿财产的规定。在作出没收犯罪嫌疑人、被告人财产的裁定生效后，在逃的犯罪嫌疑人、被告人自动投案或者被抓获后经其供述、辩解、提交证据后发现，或者公安机关、人民检察院、人民法院等国家专门机关通过其他途径发现犯罪嫌疑人、被告人的财产不是非法所得，没收财产确有错误的，应当依法撤销原裁定，并作出新的裁判，将犯罪嫌疑人、被告人的财产予以返还、赔偿。

第五章　依法不负刑事责任的精神病人的强制医疗程序

第三百零二条 实施暴力行为，危害公共安全或者严重危害公民人身安全，经法定程序鉴定依法不负刑事责任的精神病人，有继续危害社会可能的，可以予以强制医疗。

【释义】本条是对强制医疗程序的强制对象的规定。它是2012年《刑事诉讼法》增加的内容。2018年《刑事诉讼法》坚持了这一程序。

强制医疗拥有保障公众安全、维护社会稳定以及帮助精神病人重新回归社会两大价值目标。但是，长久以来在我国未能建立起完善的强制医疗制度，制度的缺位导致在司法实践中的矛盾凸显，“被精神病”的案例时有发生。对实施暴力行为，危害公共安全或者严重危害公民人身安全的精神病人实施强制医疗程序，就是要求判断当事人究竟是否患有精神病，必须经法定程序鉴定其依法不负刑事责任，并且有继续危害社会可能，还需经人民法院依法审理并作出决定，确定被申请人或被告人患有精神病时，才能将其送入强制医疗机构进行强制医疗。

法律规定，对依法不负刑事责任的精神病人实施强制医疗需经法定程序鉴定确认，精神病人实施暴力行为，危害公共安全或者严重危害公民人身安全，有继续危害社会可能的，人民法院才可以决定强制医疗。关于何为“法定鉴定程序”，《刑事诉讼法》目前并没有作出进一步规定，但2018年修正的《中华人民共和国精神卫生法》（以下简称《精神卫生法》）对精神病人的鉴定程序有所涉及。根据《精神卫生法》规定，疑似精神障碍患者发生伤害自身、危害他人安全的行为，或者有伤害自身、危害他人安全的危险的，其近亲属、所在单位、当地公安机关应当立即采取措施予以制止，并将其送往医疗机构进行精神障碍诊断。医疗机构接到送诊的疑似精神障碍患者，不得拒绝为其作出诊断。精神障碍的诊断应当由精神科执业医师作出。医疗机构接到疑似精神障碍患者发生伤害自身、危害他人安全的行为，或者有伤害自身、危害他人安全的危险的患者，应当将其留院，立即指派精神科执业医师进行诊断，并及时出具诊断结论。

《精神卫生法》还规定，诊断结论、病情评估表明，就诊者为严重精神障碍患者并已经发生伤害他人安全或自身的行为，或者有危害他人安全或伤害自身的危险的，应当对其实施住院治疗。在这种情况下，患者或者其监护人对需要住院治疗的诊断结论有异议，不同意对患者实施住院治疗的，可以要求再次诊断和鉴定。要求再次诊断的，应当自收到诊断结论之日起3日内向原医疗机构或者其他具有合法资质的医疗机构提出。承担再次诊断的医疗机构应当在接到再次诊断要求后指派2名初次诊断医师以外的精神科执业医师进行再次诊断，并及时出具再次诊断结论。承担再次诊断的执业医师应当到收治患者的医疗机构面见、询问患者，该医疗机构应当予以配合。对再次诊断结论有异议的，可以自主委托依法取得执业资质的鉴定机构进行精神障碍医学鉴定；医疗机构应当公示经公告的鉴定机构名单和联系方式。接受委托的鉴定机构应当指定本机构具有该鉴定事项执业资格的2名以上鉴定人共同进行鉴定，并及时出具鉴定报告。鉴定人应当到收治精神障碍患者的医疗机构面见、询问患者，该医疗机构应当予以配合。鉴定人本人或者其近亲属与鉴定事项有利害关系，可能影响其独立、客观、公正进行鉴定的，应当回避。最后，鉴定人应当对鉴定过程进行实时记录并签名。记录的内容应当真实、客观、准确、完整，记录的文本或者声像载体应当妥善保存。

本条的主要内容如下：

1. 关于强制医疗对象的规定。强制医疗对象是：实施暴力行为，危害公共安全或者严重危害公民人身安全，经法定程序鉴定依法不负刑事责任的精神病人，有继续危害社会可能的精神病人。

2. 关于决定强制医疗必须经过鉴定的规定。对行为人决定实施强制医疗的前提是必须通过法定程序鉴定确认。经法定程序鉴定确认，对依法不负刑事责任，有继续危害社会可能的精神病人，才能强制医疗。

第三百零三条 根据本章规定对精神病人强制医疗的，由人民法院决定。

公安机关发现精神病人符合强制医疗条件的，应当写出强制医疗意见书，移送人民检察院。对于公安机关移送的或者在审查起诉过程中发现的精神病人符合强制医疗条件的，人民检察院应当向人民法院提出强制医疗的申请。人民法院在审理案件过程中发现被告人符合强制医疗条件的，可以作出强制医疗的决定。

对实施暴力行为的精神病人，在人民法院决定强制医疗前，公安机关可以采取临时的保护性约束措施。

【释义】本条是对依法不负刑事责任的精神病人强制医疗程序的启动主体、决定主体的规定。它是2012年《刑事诉讼法》增加的内容。2018年《刑事诉讼法》坚持了这些规定。

首先，本条对依法不负刑事责任的精神病人强制医疗程序的决定主体进行了规定，只有人民法院才能对精神病人决定强制医疗。《刑法》第18条规定："精神病人在不能辨认或者不能控制自己行为的时候造成危害结果，经法定程序鉴定确认的，不负刑事责任，但是应当责令他的家属或者监护人严加看管和医疗；在必要的时候，由政府强制医疗。"长期以来，

“政府”和“公安机关”等行政部门，实际上成为对精神病人实施强制医疗的主体。而且，何为“在必要的时候”，即“必要”的认定标准是什么；谁来认定“在必要的时候”，即“必要性”的认定主体是谁，却没有更加明确和清晰的法律规定来支撑。2012 年《刑事诉讼法》首次明确规定了“根据本章规定对精神病人强制医疗的，由人民法院决定”，将强制医疗的决定权力集中于人民法院，明确了人民法院这一中立机构作为强制医疗决定主体的地位，同时也统一了强制医疗的决定标准，即由人民法院按照统一的程序、依照统一的标准，对于是否对精神病人实施强制医疗作出最终决定。

《刑事诉讼法》对强制医疗启动主体的规定有三类。一是公安机关发现精神病人符合强制医疗条件的，应当写出强制医疗意见书，移送人民检察院。这是指公安机关在办案过程中，发现精神病人有实施暴力行为，危害公共安全或者严重危害公民人身安全，继续危害社会可能之情形的，应当根据实际情况制作强制医疗意见书，移送人民检察院，提请人民检察院向人民法院提出强制医疗的申请。二是除了公安机关移送的案件以外，人民检察院在审查起诉过程中发现的精神病人符合强制医疗条件的，应当向人民法院提出强制医疗的申请。这说明人民检察院向人民法院提出强制医疗申请的案件有两个来源：公安机关在办案过程中发现并移送的案件和人民检察院在审查起诉过程中发现的案件。三是人民法院在审理案件过程中发现被告人符合强制医疗条件的，经法定程序鉴定确认，可以直接作出强制医疗的决定，即人民法院在审判过程中发现被告人符合强制医疗的条件时，主动启动强制医疗程序。由此可见，启动强制医疗程序的主体为司法机关，法律并未赋予申请人或者被告人、申请人或者被告人的法定代理人，以及其他有关单位和个人启动强制医疗程序的权利。

对实施暴力行为的精神病人，在人民法院决定强制医疗前，公安机关可以采取临时的保护性约束措施，即将采取临时保护性约束措施的主体限定为公安机关，人民法院、人民检察院以及其他机构和个人均无权实施。公安机关实施的临时保护性约束措施，属于行政强制措施。《人民警察法》对此是有规定的，即公安机关的人民警察对严重危害公共安全或者他人人身安全的精神病人，可以采取保护性约束措施。这样的规定，一是可以防止实施暴力行为的精神病人继续危害社会，二是可以保护这类人免受伤害。

第三百零四条 人民法院受理强制医疗的申请后，应当组成合议庭进行审理。

人民法院审理强制医疗案件，应当通知被申请人或者被告人的法定代理人到场。被申请人或者被告人没有委托诉讼代理人的，人民法院应当通知法律援助机构指派律师为其提供法律帮助。

【释义】 本条是对人民法院审理强制医疗案件的程序的规定。它是2012年《刑事诉讼法》增加的内容。2018年《刑事诉讼法》坚持了这些规定。

人民法院受理人民检察院提出的强制医疗的申请后，应当组成合议庭进行审理，不允许审判员一人独任审判，对于被申请人、被告人符合强制医疗条件的，经法定程序鉴定确认，可以作出强制医疗的决定。

人民法院审理强制医疗案件，应当通知被申请人或者被告人的法定代理人到场。这一规定旨在合议庭在庭审过程中可以充分听取被申请人、被告人一方的意见，从而作出是否采取强制医疗的正确决定，维护当事人的合法权益。

2018年《刑事诉讼法》第35条第2款规定，犯罪嫌疑人、被告人是盲、聋、哑人，或者是尚未完全丧失辨认或者控制自己行为能力的精神病人，没有委托辩护人的，人民法院、人民检察院和公安机关应当通知法律援助机构指派律师为其提供辩护。法律援助是一项扶助贫弱、保障社会弱势群体合法权益的社会公益事业，也是我国实践依法治国方略有效路径。强制医疗程序的被申请人或者被告人可能是依法不负刑事责任的精神病人，由于精神状态不佳而难以像正常人那样化解社会问题造成的压力，因此，在法庭审理过程中处于相对不利的地位。当他们没有委托诉讼代理人的时候，人民法院应当通知法律援助机构指派律师为其提供法律帮助，通过向这些处于弱势群体的当事人提供法律援助，使他们能够平等地接受法律保护。

第三百零五条 人民法院经审理，对于被申请人或者被告人符合强制医疗条件的，应当在一个月以内作出强制医疗的决定。

被决定强制医疗的人、被害人及其法定代理人、近亲属对强制医疗决定不服的，可以向上一级人民法院申请复议。

【释义】 本条是对人民法院审理强制医疗案件的期限和救济程序的规

定。它是2012年《刑事诉讼法》增加的内容。2018年《刑事诉讼法》坚持了这些规定。

依法不负刑事责任的精神病人的强制医疗程序属于《刑事诉讼法》的特别程序，对于人民法院审理强制医疗案件的期限，法律作出特别规定，要求人民法院应当在受理案件后1个月以内作出是否对被申请人、被告人实施强制医疗的决定。

人民法院决定强制医疗的标准为：一是被申请人、被告人实施暴力行为，危害公共安全或者严重危害公民人身安全，即行为人具有较高的社会危险性，不实施强制医疗不足以防止危险后果发生的；二是经法定程序鉴定确认，依法不负刑事责任，有继续危害社会可能的，即对行为人决定实施强制医疗的前提必须是通过法定程序鉴定确认。

被决定强制医疗的人、被害人及其法定代理人、近亲属对强制医疗决定不服的，可以向上一级人民法院申请复议。法律规定的这一司法救济途径，将申请复议的主体限于被决定强制医疗的人、被害人及其法定代理人、近亲属，没有赋予人民检察院提出抗诉、申请复议的权利。

第三百零六条　强制医疗机构应当定期对被强制医疗的人进行诊断评估。对于已不具有人身危险性，不需要继续强制医疗的，应当及时提出解除意见，报决定强制医疗的人民法院批准。

被强制医疗的人及其近亲属有权申请解除强制医疗。

【释义】本条是对依法不负刑事责任的精神病人的强制医疗程序的解除程序的规定。它是2012年《刑事诉讼法》增加的内容。2018年《刑事诉讼法》坚持了这些规定。

《刑事诉讼法》对强制医疗的解除程序进行了规定，共有两种方式。一是被强制医疗的人及其近亲属有权申请解除强制医疗，被强制医疗的人对自身的精神状态有最直接的认识，而且强制医疗的结果对其有直接的利害关系，因此，被强制医疗的人及其近亲属当然有申请解除强制医疗的权利。二是强制医疗机构应当定期对被强制医疗的人进行诊断评估，对于已不具有人身危险性，不需要继续强制医疗的，应当及时提出解除意见，报决定强制医疗的人民法院批准。在此种情况下，启动强制医疗解除程序的权力在于强制医疗机构，若被强制医疗者不再具有人身危险性，不需要继续强制医疗的，但强制医疗机构因为各种原因未能及时提出解除意见，报决定强制医疗的人民法院批准的，人民法院也就无法通过强制医疗机构提意见的途径启动解除程序，而只能依靠被强制医疗的人及其近亲属向人民法院提出解除申请了。

第三百零七条 人民检察院对强制医疗的决定和执行实行监督。

【释义】本条是关于对强制医疗机构的决定和执行活动进行监督的规定。它是2012年《刑事诉讼法》增加的内容。2018年《刑事诉讼法》坚持了这些规定。

根据本条规定，人民检察院是对强制医疗机构的执行活动是否合法实行监督的主体。人民检察院对强制医疗机构的决定和执行活动是否合法实行监督是必要的，这是因为人民法院在决定强制医疗中存在将不应该被强制医疗的人予以强制医疗、强制医疗机构对被强制医疗的人不进行有效的治疗、虐待被强制医疗的人的问题，这些都需要监督。由人民检察院对强制医疗机构的决定和执行活动实行监督也是合适的，因为这是人民检察院对刑事诉讼实行法律监督职责的应有之义。

附　则

第三百零八条　军队保卫部门对军队内部发生的刑事案件行使侦查权。

中国海警局履行海上维权执法职责，对海上发生的刑事案件行使侦查权。

对罪犯在监狱内犯罪的案件由监狱进行侦查。

军队保卫部门、中国海警局、监狱办理刑事案件，适用本法的有关规定。

【释义】本条是关于军队保卫部门、中国海警局、监狱对特定刑事案件行使侦查权的规定。2018 年《刑事诉讼法》增加了关于中国海警局对海上发生的刑事案件行使侦查权的规定。

本条的主要内容如下：

1. 明确授予军队保卫部门对军队内部发生的刑事案件、监狱对罪犯在监狱内犯罪的案件行使刑事侦查的权力。这种授权主要是基于军队和监狱的特殊性所作出的。

在附则中规定军队保卫部门和监狱对特定刑事案件享有侦查权，对于明确军队保卫部门和监狱在刑事诉讼中的地位，规范军队保卫部门和监狱对特定刑事案件的侦查活动，具有重要意义。

军队保卫部门、监狱对特定刑事案件的侦查工作，同公安机关对刑事案件的侦查工作性质是相同的，因此，军队保卫部门、监狱办理刑事案件，适用《刑事诉讼法》的有关规定。军队保卫部门、监狱办理刑事案件，一方面享有公安机关、检察机关侦查刑事案件的职权；另一方面应当遵守《刑事诉讼法》关于侦查的有关规定，不得侵犯犯罪嫌疑人的诉讼权利及其他合法权益。

2. 为适应国家机构改革的需要，本条增加了中国海警局对海上发生的刑事案件的侦查权。具体可以理解为：中国海警局执行打击海上犯罪活动等任务，行使法律规定的公安机关相应刑事执法权。

2018 年 6 月全国人民代表大会常务委员会通过的《关于中国海警局行使海上维权执法职权的决定》提出，“中国海警局执行打击海上违法犯罪活动、维护海上治安和安全保卫等任务，行使法律规定的公安机关相应执法职权；执行海洋资源开发利用、海洋生态环境保护、海洋渔业管理、海上缉私等方面的执法任务，行使法律规定的有关行政机关相应执法职权。中国海警局与公安机关、有关行政机关建立执法协作机制”。为与该决定相衔接，2018 年《刑事诉讼法》在附则中增加此规定，即中国海警局履行海上维权执法职责，对海上发生的刑事案件行使侦查权。中国海警局办理刑事案件，适用《刑事诉讼法》的有关规定。

附录：

《中华人民共和国刑事诉法》修正前后对照表

（条文中黑体字部分是对原法条文所作的修改或补充内容）

修正前	修正后
第一编　总则	**第一编　总则**
第一章　任务和基本原则	第一章　任务和基本原则
第一条　为了保证刑法的正确实施，惩罚犯罪，保护人民，保障国家安全和社会公共安全，维护社会主义社会秩序，根据宪法，制定本法。	第一条　为了保证刑法的正确实施，惩罚犯罪，保护人民，保障国家安全和社会公共安全，维护社会主义社会秩序，根据宪法，制定本法。
第二条　中华人民共和国刑事诉讼法的任务，是保证准确、及时地查明犯罪事实，正确应用法律，惩罚犯罪分子，保障无罪的人不受刑事追究，教育公民自觉遵守法律，积极同犯罪行为作斗争，维护社会主义法制，尊重和保障人权，保护公民的人身权利、财产权利、民主权利和其他权利，保障社会主义建设事业的顺利进行。	第二条　中华人民共和国刑事诉讼法的任务，是保证准确、及时地查明犯罪事实，正确应用法律，惩罚犯罪分子，保障无罪的人不受刑事追究，教育公民自觉遵守法律，积极同犯罪行为作斗争，维护社会主义法制，尊重和保障人权，保护公民的人身权利、财产权利、民主权利和其他权利，保障社会主义建设事业的顺利进行。

第三条　对刑事案件的侦查、拘留、执行逮捕、预审，由公安机关负责。检察、批准逮捕、检察机关直接受理的案件的侦查、提起公诉，由人民检察院负责。审判由人民法院负责。除法律特别规定的以外，其他任何机关、团体和个人都无权行使这些权力。

第四条　国家安全机关依照法律规定，办理危害国家安全的刑事案件，行使与公安机关相同的职权。

第五条　人民法院依照法律规定独立行使审判权，人民检察院依照法律规定独立行使检察权，不受行政机关、社会团体和个人的干涉。

第六条　人民法院、人民检察院和公安机关进行刑事诉讼，必须依靠群众，必须以事实为根据，以法律为准绳。对于一切公民，在适用法律上一律平等，在法律面前，不允许有任何特权。

第七条　人民法院、人民检察院和公安机关进行刑事诉讼，应当分工负责，互相配合，互相制约，以保证准确有效地执行法律。

第八条　人民检察院依法对刑事诉讼实行法律监督。

第九条　各民族公民都有用本民族语言文字进行诉讼的权利。人民法院、人民检察院和公安机关对于不通晓当地通用的语言文字的诉讼参与人，应当为他们翻译。

在少数民族聚居或者多民族杂居的地区，应当用当地通用的语言进行审讯，用当地通用的文字发布判决书、布告和其他

第三条　对刑事案件的侦查、拘留、执行逮捕、预审，由公安机关负责。检察、批准逮捕、检察机关直接受理的案件的侦查、提起公诉，由人民检察院负责。审判由人民法院负责。除法律特别规定的以外，其他任何机关、团体和个人都无权行使这些权力。

第四条　国家安全机关依照法律规定，办理危害国家安全的刑事案件，行使与公安机关相同的职权。

第五条　人民法院依照法律规定独立行使审判权，人民检察院依照法律规定独立行使检察权，不受行政机关、社会团体和个人的干涉。

第六条　人民法院、人民检察院和公安机关进行刑事诉讼，必须依靠群众，必须以事实为根据，以法律为准绳。对于一切公民，在适用法律上一律平等，在法律面前，不允许有任何特权。

第七条　人民法院、人民检察院和公安机关进行刑事诉讼，应当分工负责，互相配合，互相制约，以保证准确有效地执行法律。

第八条　人民检察院依法对刑事诉讼实行法律监督。

第九条　各民族公民都有用本民族语言文字进行诉讼的权利。人民法院、人民检察院和公安机关对于不通晓当地通用的语言文字的诉讼参与人，应当为他们翻译。

在少数民族聚居或者多民族杂居的地区，应当用当地通用的语言进行审讯，用当地通用的文字发布判决书、布告和其他

文件。

第十条　人民法院审判案件，实行两审终审制。

第十一条　人民法院审判案件，除本法另有规定的以外，一律公开进行。被告人有权获得辩护，人民法院有义务保证被告人获得辩护。

第十二条　未经人民法院依法判决，对任何人都不得确定有罪。

第十三条　人民法院审判案件，依照本法实行人民陪审员陪审的制度。

第十四条　人民法院、人民检察院和公安机关应当保障犯罪嫌疑人、被告人和其他诉讼参与人依法享有的辩护权和其他诉讼权利。

诉讼参与人对于审判人员、检察人员和侦查人员侵犯公民诉讼权利和人身侮辱的行为，有权提出控告。

第十五条　有下列情形之一的，不追究刑事责任，已经追究的，应当撤销案件，或者不起诉，或者终止审理，或者宣告无罪：

（一）情节显著轻微、危害不大，不认为是犯罪的；

（二）犯罪已过追诉时效期限的；

（三）经特赦令免除刑罚的；

（四）依照刑法告诉才处理的犯罪，没有告诉或者撤回告诉的；

（五）犯罪嫌疑人、被告人死亡的；

文件。

第十条　人民法院审判案件，实行两审终审制。

第十一条　人民法院审判案件，除本法另有规定的以外，一律公开进行。被告人有权获得辩护，人民法院有义务保证被告人获得辩护。

第十二条　未经人民法院依法判决，对任何人都不得确定有罪。

第十三条　人民法院审判案件，依照本法实行人民陪审员陪审的制度。

第十四条　人民法院、人民检察院和公安机关应当保障犯罪嫌疑人、被告人和其他诉讼参与人依法享有的辩护权和其他诉讼权利。

诉讼参与人对于审判人员、检察人员和侦查人员侵犯公民诉讼权利和人身侮辱的行为，有权提出控告。

第十五条　犯罪嫌疑人、被告人自愿如实供述自己的罪行，承认指控的犯罪事实，愿意接受处罚的，可以依法从宽处理。

第十六条　有下列情形之一的，不追究刑事责任，已经追究的，应当撤销案件，或者不起诉，或者终止审理，或者宣告无罪：

（一）情节显著轻微、危害不大，不认为是犯罪的；

（二）犯罪已过追诉时效期限的；

（三）经特赦令免除刑罚的；

（四）依照刑法告诉才处理的犯罪，没有告诉或者撤回告诉的；

（五）犯罪嫌疑人、被告人死亡的；

（六）其他法律规定免予追究刑事责任的。

第十六条　对于外国人犯罪应当追究刑事责任的，适用本法的规定。

对于享有外交特权和豁免权的外国人犯罪应当追究刑事责任的，通过外交途径解决。

第十七条　根据中华人民共和国缔结或者参加的国际条约，或者按照互惠原则，我国司法机关和外国司法机关可以相互请求刑事司法协助。

第二章　管辖

第十八条　刑事案件的侦查由公安机关进行，法律另有规定的除外。

贪污贿赂犯罪，国家工作人员的渎职犯罪，国家机关工作人员利用职权实施的非法拘禁、刑讯逼供、报复陷害、非法搜查的侵犯公民人身权利的犯罪以及侵犯公民民主权利的犯罪，由人民检察院立案侦查。对于国家机关工作人员利用职权实施的其他重大的犯罪案件，需要由人民检察院直接受理的时候，经省级以上人民检察院决定，可以由人民检察院立案侦查。

自诉案件，由人民法院直接受理。

第十九条　基层人民法院管辖第一审普通刑事案件，但是依照本法由上级人民法院管辖的除外。

第二十条　中级人民法院管辖下列第一审刑事案件：

（一）危害国家安全、恐怖活动案件；

（二）可能判处无期徒刑、死刑的案件。

第二十一条　高级人民法院管辖的第

（六）其他法律规定免予追究刑事责任的。

第十七条　对于外国人犯罪应当追究刑事责任的，适用本法的规定。

对于享有外交特权和豁免权的外国人犯罪应当追究刑事责任的，通过外交途径解决。

第十八条　根据中华人民共和国缔结或者参加的国际条约，或者按照互惠原则，我国司法机关和外国司法机关可以相互请求刑事司法协助。

第二章　管辖

第十九条　刑事案件的侦查由公安机关进行，法律另有规定的除外。

人民检察院在对诉讼活动实行法律监督中发现的司法工作人员利用职权实施的非法拘禁、刑讯逼供、非法搜查等侵犯公民权利、损害司法公正的犯罪，可以由人民检察院立案侦查。对于公安机关管辖的国家机关工作人员利用职权实施的重大犯罪案件，需要由人民检察院直接受理的时候，经省级以上人民检察院决定，可以由人民检察院立案侦查。

自诉案件，由人民法院直接受理。

第二十条　基层人民法院管辖第一审普通刑事案件，但是依照本法由上级人民法院管辖的除外。

第二十一条　中级人民法院管辖下列第一审刑事案件：

（一）危害国家安全、恐怖活动案件；

（二）可能判处无期徒刑、死刑的案件。

第二十二条　高级人民法院管辖的第

一审刑事案件，是全省（自治区、直辖市）性的重大刑事案件。

第二十二条　最高人民法院管辖的第一审刑事案件，是全国性的重大刑事案件。

第二十三条　上级人民法院在必要的时候，可以审判下级人民法院管辖的第一审刑事案件；下级人民法院认为案情重大、复杂需要由上级人民法院审判的第一审刑事案件，可以请求移送上一级人民法院审判。

第二十四条　刑事案件由犯罪地的人民法院管辖。如果由被告人居住地的人民法院审判更为适宜的，可以由被告人居住地的人民法院管辖。

第二十五条　几个同级人民法院都有权管辖的案件，由最初受理的人民法院审判。在必要的时候，可以移送主要犯罪地的人民法院审判。

第二十六条　上级人民法院可以指定下级人民法院审判管辖不明的案件，也可以指定下级人民法院将案件移送其他人民法院审判。

第二十七条　专门人民法院案件的管辖另行规定。

第三章　回避

第二十八条　审判人员、检察人员、侦查人员有下列情形之一的，应当自行回避，当事人及其法定代理人也有权要求他们回避：

（一）是本案的当事人或者是当事人的近亲属的；

（二）本人或者他的近亲属和本案有

一审刑事案件，是全省（自治区、直辖市）性的重大刑事案件。

第二十三条　最高人民法院管辖的第一审刑事案件，是全国性的重大刑事案件。

第二十四条　上级人民法院在必要的时候，可以审判下级人民法院管辖的第一审刑事案件；下级人民法院认为案情重大、复杂需要由上级人民法院审判的第一审刑事案件，可以请求移送上一级人民法院审判。

第二十五条　刑事案件由犯罪地的人民法院管辖。如果由被告人居住地的人民法院审判更为适宜的，可以由被告人居住地的人民法院管辖。

第二十六条　几个同级人民法院都有权管辖的案件，由最初受理的人民法院审判。在必要的时候，可以移送主要犯罪地的人民法院审判。

第二十七条　上级人民法院可以指定下级人民法院审判管辖不明的案件，也可以指定下级人民法院将案件移送其他人民法院审判。

第二十八条　专门人民法院案件的管辖另行规定。

第三章　回避

第二十九条　审判人员、检察人员、侦查人员有下列情形之一的，应当自行回避，当事人及其法定代理人也有权要求他们回避：

（一）是本案的当事人或者是当事人的近亲属的；

（二）本人或者他的近亲属和本案有

利害关系的；

（三）担任过本案的证人、鉴定人、辩护人、诉讼代理人的；

（四）与本案当事人有其他关系，可能影响公正处理案件的。

第二十九条　审判人员、检察人员、侦查人员不得接受当事人及其委托的人的请客送礼，不得违反规定会见当事人及其委托的人。

审判人员、检察人员、侦查人员违反前款规定的，应当依法追究法律责任。当事人及其法定代理人有权要求他们回避。

第三十条　审判人员、检察人员、侦查人员的回避，应当分别由院长、检察长、公安机关负责人决定；院长的回避，由本院审判委员会决定；检察长和公安机关负责人的回避，由同级人民检察院检察委员会决定。

对侦查人员的回避作出决定前，侦查人员不能停止对案件的侦查。

对驳回申请回避的决定，当事人及其法定代理人可以申请复议一次。

第三十一条　本章关于回避的规定适用于书记员、翻译人员和鉴定人。

辩护人、诉讼代理人可以依照本章的规定要求回避、申请复议。

第四章　辩护与代理

第三十二条　犯罪嫌疑人、被告人除自己行使辩护权以外，还可以委托一至二人作为辩护人。下列的人可以被委托为辩护人：

（一）律师；

（二）人民团体或者犯罪嫌疑人、被

利害关系的；

（三）担任过本案的证人、鉴定人、辩护人、诉讼代理人的；

（四）与本案当事人有其他关系，可能影响公正处理案件的。

第三十条　审判人员、检察人员、侦查人员不得接受当事人及其委托的人的请客送礼，不得违反规定会见当事人及其委托的人。

审判人员、检察人员、侦查人员违反前款规定的，应当依法追究法律责任。当事人及其法定代理人有权要求他们回避。

第三十一条　审判人员、检察人员、侦查人员的回避，应当分别由院长、检察长、公安机关负责人决定；院长的回避，由本院审判委员会决定；检察长和公安机关负责人的回避，由同级人民检察院检察委员会决定。

对侦查人员的回避作出决定前，侦查人员不能停止对案件的侦查。

对驳回申请回避的决定，当事人及其法定代理人可以申请复议一次。

第三十二条　本章关于回避的规定适用于书记员、翻译人员和鉴定人。

辩护人、诉讼代理人可以依照本章的规定要求回避、申请复议。

第四章　辩护与代理

第三十三条　犯罪嫌疑人、被告人除自己行使辩护权以外，还可以委托一至二人作为辩护人。下列的人可以被委托为辩护人：

（一）律师；

（二）人民团体或者犯罪嫌疑人、被

告人所在单位推荐的人；

（三）犯罪嫌疑人、被告人的监护人、亲友。

正在被执行刑罚或者依法被剥夺、限制人身自由的人，不得担任辩护人。

第三十三条　犯罪嫌疑人自被侦查机关第一次讯问或者采取强制措施之日起，有权委托辩护人；在侦查期间，只能委托律师作为辩护人。被告人有权随时委托辩护人。

侦查机关在第一次讯问犯罪嫌疑人或者对犯罪嫌疑人采取强制措施的时候，应当告知犯罪嫌疑人有权委托辩护人。人民检察院自收到移送审查起诉的案件材料之日起三日以内，应当告知犯罪嫌疑人有权委托辩护人。人民法院自受理案件之日起三日以内，应当告知被告人有权委托辩护人。犯罪嫌疑人、被告人在押期间要求委托辩护人的，人民法院、人民检察院和公安机关应当及时转达其要求。

犯罪嫌疑人、被告人在押的，也可以由其监护人、近亲属代为委托辩护人。

辩护人接受犯罪嫌疑人、被告人委托后，应当及时告知办理案件的机关。

第三十四条　犯罪嫌疑人、被告人因经济困难或者其他原因没有委托辩护人的，本人及其近亲属可以向法律援助机构提出申请。对符合法律援助条件的，法律援助机构应当指派律师为其提供辩护。

告人所在单位推荐的人；

（三）犯罪嫌疑人、被告人的监护人、亲友。

正在被执行刑罚或者依法被剥夺、限制人身自由的人，不得担任辩护人。

被开除公职和被吊销律师、公证员执业证书的人，不得担任辩护人，但系犯罪嫌疑人、被告人的监护人、近亲属的除外。

第三十四条　犯罪嫌疑人自被侦查机关第一次讯问或者采取强制措施之日起，有权委托辩护人；在侦查期间，只能委托律师作为辩护人。被告人有权随时委托辩护人。

侦查机关在第一次讯问犯罪嫌疑人或者对犯罪嫌疑人采取强制措施的时候，应当告知犯罪嫌疑人有权委托辩护人。人民检察院自收到移送审查起诉的案件材料之日起三日以内，应当告知犯罪嫌疑人有权委托辩护人。人民法院自受理案件之日起三日以内，应当告知被告人有权委托辩护人。犯罪嫌疑人、被告人在押期间要求委托辩护人的，人民法院、人民检察院和公安机关应当及时转达其要求。

犯罪嫌疑人、被告人在押的，也可以由其监护人、近亲属代为委托辩护人。

辩护人接受犯罪嫌疑人、被告人委托后，应当及时告知办理案件的机关。

第三十五条　犯罪嫌疑人、被告人因经济困难或者其他原因没有委托辩护人的，本人及其近亲属可以向法律援助机构提出申请。对符合法律援助条件的，法律援助机构应当指派律师为其提供辩护。

犯罪嫌疑人、被告人是盲、聋、哑人，或者是尚未完全丧失辨认或者控制自己行为能力的精神病人，没有委托辩护人的，人民法院、人民检察院和公安机关应当通知法律援助机构指派律师为其提供辩护。	犯罪嫌疑人、被告人是盲、聋、哑人，或者是尚未完全丧失辨认或者控制自己行为能力的精神病人，没有委托辩护人的，人民法院、人民检察院和公安机关应当通知法律援助机构指派律师为其提供辩护。
犯罪嫌疑人、被告人可能被判处无期徒刑、死刑，没有委托辩护人的，人民法院、人民检察院和公安机关应当通知法律援助机构指派律师为其提供辩护。	犯罪嫌疑人、被告人可能被判处无期徒刑、死刑，没有委托辩护人的，人民法院、人民检察院和公安机关应当通知法律援助机构指派律师为其提供辩护。
	第三十六条　法律援助机构可以在人民法院、看守所等场所派驻值班律师。犯罪嫌疑人、被告人没有委托辩护人，法律援助机构没有指派律师为其提供辩护的，由值班律师为犯罪嫌疑人、被告人提供法律咨询、程序选择建议、申请变更强制措施、对案件处理提出意见等法律帮助。
	人民法院、人民检察院、看守所应当告知犯罪嫌疑人、被告人有权约见值班律师，并为犯罪嫌疑人、被告人约见值班律师提供便利。
第三十五条　辩护人的责任是根据事实和法律，提出犯罪嫌疑人、被告人无罪、罪轻或者减轻、免除其刑事责任的材料和意见，维护犯罪嫌疑人、被告人的诉讼权利和其他合法权益。	第三十七条　辩护人的责任是根据事实和法律，提出犯罪嫌疑人、被告人无罪、罪轻或者减轻、免除其刑事责任的材料和意见，维护犯罪嫌疑人、被告人的诉讼权利和其他合法权益。
第三十六条　辩护律师在侦查期间可以为犯罪嫌疑人提供法律帮助；代理申诉、控告；申请变更强制措施；向侦查机关了解犯罪嫌疑人涉嫌的罪名和案件有关情况，提出意见。	第三十八条　辩护律师在侦查期间可以为犯罪嫌疑人提供法律帮助；代理申诉、控告；申请变更强制措施；向侦查机关了解犯罪嫌疑人涉嫌的罪名和案件有关情况，提出意见。
第三十七条　辩护律师可以同在押的犯罪嫌疑人、被告人会见和通信。其他辩	第三十九条　辩护律师可以同在押的犯罪嫌疑人、被告人会见和通信。其他辩

护人经人民法院、人民检察院许可，也可以同在押的犯罪嫌疑人、被告人会见和通信。

辩护律师持律师执业证书、律师事务所证明和委托书或者法律援助公函要求会见在押的犯罪嫌疑人、被告人的，看守所应当及时安排会见，至迟不得超过四十八小时。

危害国家安全犯罪、恐怖活动犯罪、特别重大贿赂犯罪案件，在侦查期间辩护律师会见在押的犯罪嫌疑人，应当经侦查机关许可。上述案件，侦查机关应当事先通知看守所。

辩护律师会见在押的犯罪嫌疑人、被告人，可以了解案件有关情况，提供法律咨询等；自案件移送审查起诉之日起，可以向犯罪嫌疑人、被告人核实有关证据。辩护律师会见犯罪嫌疑人、被告人时不被监听。

辩护律师同被监视居住的犯罪嫌疑人、被告人会见、通信，适用第一款、第三款、第四款的规定。

第三十八条　辩护律师自人民检察院对案件审查起诉之日起，可以查阅、摘抄、复制本案的案卷材料。其他辩护人经人民法院、人民检察院许可，也可以查阅、摘抄、复制上述材料。

第三十九条　辩护人认为在侦查、审查起诉期间公安机关、人民检察院收集的证明犯罪嫌疑人、被告人无罪或者罪轻的证据材料未提交的，有权申请人民检察院、人民法院调取。

第四十条　辩护人收集的有关犯罪嫌

护人经人民法院、人民检察院许可，也可以同在押的犯罪嫌疑人、被告人会见和通信。

辩护律师持律师执业证书、律师事务所证明和委托书或者法律援助公函要求会见在押的犯罪嫌疑人、被告人的，看守所应当及时安排会见，至迟不得超过四十八小时。

危害国家安全犯罪、恐怖活动犯罪案件，在侦查期间辩护律师会见在押的犯罪嫌疑人，应当经侦查机关许可。上述案件，侦查机关应当事先通知看守所。

辩护律师会见在押的犯罪嫌疑人、被告人，可以了解案件有关情况，提供法律咨询等；自案件移送审查起诉之日起，可以向犯罪嫌疑人、被告人核实有关证据。辩护律师会见犯罪嫌疑人、被告人时不被监听。

辩护律师同被监视居住的犯罪嫌疑人、被告人会见、通信，适用第一款、第三款、第四款的规定。

第四十条　辩护律师自人民检察院对案件审查起诉之日起，可以查阅、摘抄、复制本案的案卷材料。其他辩护人经人民法院、人民检察院许可，也可以查阅、摘抄、复制上述材料。

第四十一条　辩护人认为在侦查、审查起诉期间公安机关、人民检察院收集的证明犯罪嫌疑人、被告人无罪或者罪轻的证据材料未提交的，有权申请人民检察院、人民法院调取。

第四十二条　辩护人收集的有关犯罪

疑人不在犯罪现场、未达到刑事责任年龄、属于依法不负刑事责任的精神病人的证据，应当及时告知公安机关、人民检察院。

第四十一条 辩护律师经证人或者其他有关单位和个人同意，可以向他们收集与本案有关的材料，也可以申请人民检察院、人民法院收集、调取证据，或者申请人民法院通知证人出庭作证。

辩护律师经人民检察院或者人民法院许可，并且经被害人或者其近亲属、被害人提供的证人同意，可以向他们收集与本案有关的材料。

第四十二条 辩护人或者其他任何人，不得帮助犯罪嫌疑人、被告人隐匿、毁灭、伪造证据或者串供，不得威胁、引诱证人作伪证以及进行其他干扰司法机关诉讼活动的行为。

违反前款规定的，应当依法追究法律责任，辩护人涉嫌犯罪的，应当由办理辩护人所承办案件的侦查机关以外的侦查机关办理。辩护人是律师的，应当及时通知其所在的律师事务所或者所属的律师协会。

第四十三条 在审判过程中，被告人可以拒绝辩护人继续为他辩护，也可以另行委托辩护人辩护。

第四十四条 公诉案件的被害人及其法定代理人或者近亲属，附带民事诉讼的当事人及其法定代理人，自案件移送审查起诉之日起，有权委托诉讼代理人。自诉案件的自诉人及其法定代理人，附带民事诉讼的当事人及其法定代理人，有权随时

嫌疑人不在犯罪现场、未达到刑事责任年龄、属于依法不负刑事责任的精神病人的证据，应当及时告知公安机关、人民检察院。

第四十三条 辩护律师经证人或者其他有关单位和个人同意，可以向他们收集与本案有关的材料，也可以申请人民检察院、人民法院收集、调取证据，或者申请人民法院通知证人出庭作证。

辩护律师经人民检察院或者人民法院许可，并且经被害人或者其近亲属、被害人提供的证人同意，可以向他们收集与本案有关的材料。

第四十四条 辩护人或者其他任何人，不得帮助犯罪嫌疑人、被告人隐匿、毁灭、伪造证据或者串供，不得威胁、引诱证人作伪证以及进行其他干扰司法机关诉讼活动的行为。

违反前款规定的，应当依法追究法律责任，辩护人涉嫌犯罪的，应当由办理辩护人所承办案件的侦查机关以外的侦查机关办理。辩护人是律师的，应当及时通知其所在的律师事务所或者所属的律师协会。

第四十五条 在审判过程中，被告人可以拒绝辩护人继续为他辩护，也可以另行委托辩护人辩护。

第四十六条 公诉案件的被害人及其法定代理人或者近亲属，附带民事诉讼的当事人及其法定代理人，自案件移送审查起诉之日起，有权委托诉讼代理人。自诉案件的自诉人及其法定代理人，附带民事诉讼的当事人及其法定代理人，有权随时

委托诉讼代理人。

人民检察院自收到移送审查起诉的案件材料之日起三日以内，应当告知被害人及其法定代理人或者其近亲属、附带民事诉讼的当事人及其法定代理人有权委托诉讼代理人。人民法院自受理自诉案件之日起三日以内，应当告知自诉人及其法定代理人、附带民事诉讼的当事人及其法定代理人有权委托诉讼代理人。

第四十五条　委托诉讼代理人，参照本法第三十二条的规定执行。

第四十六条　辩护律师对在执业活动中知悉的委托人的有关情况和信息，有权予以保密。但是，辩护律师在执业活动中知悉委托人或者其他人，准备或者正在实施危害国家安全、公共安全以及严重危害他人人身安全的犯罪的，应当及时告知司法机关。

第四十七条　辩护人、诉讼代理人认为公安机关、人民检察院、人民法院及其工作人员阻碍其依法行使诉讼权利的，有权向同级或者上一级人民检察院申诉或者控告。人民检察院对申诉或者控告应当及时进行审查，情况属实的，通知有关机关予以纠正。

第五章　证据

第四十八条　可以用于证明案件事实的材料，都是证据。

证据包括：

（一）物证；

（二）书证；

（三）证人证言；

（四）被害人陈述；

委托诉讼代理人。

人民检察院自收到移送审查起诉的案件材料之日起三日以内，应当告知被害人及其法定代理人或者其近亲属、附带民事诉讼的当事人及其法定代理人有权委托诉讼代理人。人民法院自受理自诉案件之日起三日以内，应当告知自诉人及其法定代理人、附带民事诉讼的当事人及其法定代理人有权委托诉讼代理人。

第四十七条　委托诉讼代理人，参照本法第三十三条的规定执行。

第四十八条　辩护律师对在执业活动中知悉的委托人的有关情况和信息，有权予以保密。但是，辩护律师在执业活动中知悉委托人或者其他人，准备或者正在实施危害国家安全、公共安全以及严重危害他人人身安全的犯罪的，应当及时告知司法机关。

第四十九条　辩护人、诉讼代理人认为公安机关、人民检察院、人民法院及其工作人员阻碍其依法行使诉讼权利的，有权向同级或者上一级人民检察院申诉或者控告。人民检察院对申诉或者控告应当及时进行审查，情况属实的，通知有关机关予以纠正。

第五章　证据

第五十条　可以用于证明案件事实的材料，都是证据。

证据包括：

（一）物证；

（二）书证；

（三）证人证言；

（四）被害人陈述；

（五）犯罪嫌疑人、被告人供述和辩解；

（六）鉴定意见；

（七）勘验、检查、辨认、侦查实验等笔录；

（八）视听资料、电子数据。

证据必须经过查证属实，才能作为定案的根据。

第四十九条　公诉案件中被告人有罪的举证责任由人民检察院承担，自诉案件中被告人有罪的举证责任由自诉人承担。

第五十条　审判人员、检察人员、侦查人员必须依照法定程序，收集能够证实犯罪嫌疑人、被告人有罪或者无罪、犯罪情节轻重的各种证据。严禁刑讯逼供和以威胁、引诱、欺骗以及其他非法方法收集证据，不得强迫任何人证实自己有罪。必须保证一切与案件有关或者了解案情的公民，有客观地充分地提供证据的条件，除特殊情况外，可以吸收他们协助调查。

第五十一条　公安机关提请批准逮捕书、人民检察院起诉书、人民法院判决书，必须忠实于事实真相。故意隐瞒事实真相的，应当追究责任。

第五十二条　人民法院、人民检察院和公安机关有权向有关单位和个人收集、调取证据。有关单位和个人应当如实提供证据。

行政机关在行政执法和查办案件过程中收集的物证、书证、视听资料、电子数据等证据材料，在刑事诉讼中可以作为证据使用。

对涉及国家秘密、商业秘密、个人隐

（五）犯罪嫌疑人、被告人供述和辩解；

（六）鉴定意见；

（七）勘验、检查、辨认、侦查实验等笔录；

（八）视听资料、电子数据。

证据必须经过查证属实，才能作为定案的根据。

第五十一条　公诉案件中被告人有罪的举证责任由人民检察院承担，自诉案件中被告人有罪的举证责任由自诉人承担。

第五十二条　审判人员、检察人员、侦查人员必须依照法定程序，收集能够证实犯罪嫌疑人、被告人有罪或者无罪、犯罪情节轻重的各种证据。严禁刑讯逼供和以威胁、引诱、欺骗以及其他非法方法收集证据，不得强迫任何人证实自己有罪。必须保证一切与案件有关或者了解案情的公民，有客观地充分地提供证据的条件，除特殊情况外，可以吸收他们协助调查。

第五十三条　公安机关提请批准逮捕书、人民检察院起诉书、人民法院判决书，必须忠实于事实真相。故意隐瞒事实真相的，应当追究责任。

第五十四条　人民法院、人民检察院和公安机关有权向有关单位和个人收集、调取证据。有关单位和个人应当如实提供证据。

行政机关在行政执法和查办案件过程中收集的物证、书证、视听资料、电子数据等证据材料，在刑事诉讼中可以作为证据使用。

对涉及国家秘密、商业秘密、个人隐

私的证据，应当保密。

凡是伪造证据、隐匿证据或者毁灭证据的，无论属于何方，必须受法律追究。

第五十三条　对一切案件的判处都要重证据，重调查研究，不轻信口供。只有被告人供述，没有其他证据的，不能认定被告人有罪和处以刑罚；没有被告人供述，证据确实、充分的，可以认定被告人有罪和处以刑罚。

证据确实、充分，应当符合以下条件：

（一）定罪量刑的事实都有证据证明；

（二）据以定案的证据均经法定程序查证属实；

（三）综合全案证据，对所认定事实已排除合理怀疑。

第五十四条　采用刑讯逼供等非法方法收集的犯罪嫌疑人、被告人供述和采用暴力、威胁等非法方法收集的证人证言、被害人陈述，应当予以排除。收集物证、书证不符合法定程序，可能严重影响司法公正的，应当予以补正或者作出合理解释；不能补正或者作出合理解释的，对该证据应当予以排除。

在侦查、审查起诉、审判时发现有应当排除的证据的，应当依法予以排除，不得作为起诉意见、起诉决定和判决的依据。

第五十五条　人民检察院接到报案、控告、举报或者发现侦查人员以非法方法收集证据的，应当进行调查核实。对于确有以非法方法收集证据情形的，应当提出纠正意见；构成犯罪的，依法追究刑事

私的证据，应当保密。

凡是伪造证据、隐匿证据或者毁灭证据的，无论属于何方，必须受法律追究。

第五十五条　对一切案件的判处都要重证据，重调查研究，不轻信口供。只有被告人供述，没有其他证据的，不能认定被告人有罪和处以刑罚；没有被告人供述，证据确实、充分的，可以认定被告人有罪和处以刑罚。

证据确实、充分，应当符合以下条件：

（一）定罪量刑的事实都有证据证明；

（二）据以定案的证据均经法定程序查证属实；

（三）综合全案证据，对所认定事实已排除合理怀疑。

第五十六条　采用刑讯逼供等非法方法收集的犯罪嫌疑人、被告人供述和采用暴力、威胁等非法方法收集的证人证言、被害人陈述，应当予以排除。收集物证、书证不符合法定程序，可能严重影响司法公正的，应当予以补正或者作出合理解释；不能补正或者作出合理解释的，对该证据应当予以排除。

在侦查、审查起诉、审判时发现有应当排除的证据的，应当依法予以排除，不得作为起诉意见、起诉决定和判决的依据。

第五十七条　人民检察院接到报案、控告、举报或者发现侦查人员以非法方法收集证据的，应当进行调查核实。对于确有以非法方法收集证据情形的，应当提出纠正意见；构成犯罪的，依法追究刑事

责任。	责任。
第五十六条　法庭审理过程中，审判人员认为可能存在本法第五十四条规定的以非法方法收集证据情形的，应当对证据收集的合法性进行法庭调查。	第五十八条　法庭审理过程中，审判人员认为可能存在本法第五十六条规定的以非法方法收集证据情形的，应当对证据收集的合法性进行法庭调查。
当事人及其辩护人、诉讼代理人有权申请人民法院对以非法方法收集的证据依法予以排除。申请排除以非法方法收集的证据的，应当提供相关线索或者材料。	当事人及其辩护人、诉讼代理人有权申请人民法院对以非法方法收集的证据依法予以排除。申请排除以非法方法收集的证据的，应当提供相关线索或者材料。
第五十七条　在对证据收集的合法性进行法庭调查的过程中，人民检察院应当对证据收集的合法性加以证明。	第五十九条　在对证据收集的合法性进行法庭调查的过程中，人民检察院应当对证据收集的合法性加以证明。
现有证据材料不能证明证据收集的合法性的，人民检察院可以提请人民法院通知有关侦查人员或者其他人员出庭说明情况；人民法院可以通知有关侦查人员或者其他人员出庭说明情况。有关侦查人员或者其他人员也可以要求出庭说明情况。经人民法院通知，有关人员应当出庭。	现有证据材料不能证明证据收集的合法性的，人民检察院可以提请人民法院通知有关侦查人员或者其他人员出庭说明情况；人民法院可以通知有关侦查人员或者其他人员出庭说明情况。有关侦查人员或者其他人员也可以要求出庭说明情况。经人民法院通知，有关人员应当出庭。
第五十八条　对于经过法庭审理，确认或者不能排除存在本法第五十四条规定的以非法方法收集证据情形的，对有关证据应当予以排除。	第六十条　对于经过法庭审理，确认或者不能排除存在本法第五十六条规定的以非法方法收集证据情形的，对有关证据应当予以排除。
第五十九条　证人证言必须在法庭上经过公诉人、被害人和被告人、辩护人双方质证并且查实以后，才能作为定案的根据。法庭查明证人有意作伪证或者隐匿罪证的时候，应当依法处理。	第六十一条　证人证言必须在法庭上经过公诉人、被害人和被告人、辩护人双方质证并且查实以后，才能作为定案的根据。法庭查明证人有意作伪证或者隐匿罪证的时候，应当依法处理。
第六十条　凡是知道案件情况的人，都有作证的义务。	第六十二条　凡是知道案件情况的人，都有作证的义务。
生理上、精神上有缺陷或者年幼，不能辨别是非、不能正确表达的人，不能作证人。	生理上、精神上有缺陷或者年幼，不能辨别是非、不能正确表达的人，不能作证人。

第六十一条　人民法院、人民检察院和公安机关应当保障证人及其近亲属的安全。

对证人及其近亲属进行威胁、侮辱、殴打或者打击报复，构成犯罪的，依法追究刑事责任；尚不够刑事处罚的，依法给予治安管理处罚。

第六十二条　对于危害国家安全犯罪、恐怖活动犯罪、黑社会性质的组织犯罪、毒品犯罪等案件，证人、鉴定人、被害人因在诉讼中作证，本人或者其近亲属的人身安全面临危险的，人民法院、人民检察院和公安机关应当采取以下一项或者多项保护措施：

（一）不公开真实姓名、住址和工作单位等个人信息；

（二）采取不暴露外貌、真实声音等出庭作证措施；

（三）禁止特定的人员接触证人、鉴定人、被害人及其近亲属；

（四）对人身和住宅采取专门性保护措施；

（五）其他必要的保护措施。

证人、鉴定人、被害人认为因在诉讼中作证，本人或者其近亲属的人身安全面临危险的，可以向人民法院、人民检察院、公安机关请求予以保护。

人民法院、人民检察院、公安机关依法采取保护措施，有关单位和个人应当配合。

第六十三条　证人因履行作证义务而支出的交通、住宿、就餐等费用，应当给予补助。证人作证的补助列入司法机关业

第六十三条　人民法院、人民检察院和公安机关应当保障证人及其近亲属的安全。

对证人及其近亲属进行威胁、侮辱、殴打或者打击报复，构成犯罪的，依法追究刑事责任；尚不够刑事处罚的，依法给予治安管理处罚。

第六十四条　对于危害国家安全犯罪、恐怖活动犯罪、黑社会性质的组织犯罪、毒品犯罪等案件，证人、鉴定人、被害人因在诉讼中作证，本人或者其近亲属的人身安全面临危险的，人民法院、人民检察院和公安机关应当采取以下一项或者多项保护措施：

（一）不公开真实姓名、住址和工作单位等个人信息；

（二）采取不暴露外貌、真实声音等出庭作证措施；

（三）禁止特定的人员接触证人、鉴定人、被害人及其近亲属；

（四）对人身和住宅采取专门性保护措施；

（五）其他必要的保护措施。

证人、鉴定人、被害人认为因在诉讼中作证，本人或者其近亲属的人身安全面临危险的，可以向人民法院、人民检察院、公安机关请求予以保护。

人民法院、人民检察院、公安机关依法采取保护措施，有关单位和个人应当配合。

第六十五条　证人因履行作证义务而支出的交通、住宿、就餐等费用，应当给予补助。证人作证的补助列入司法机关业

务经费，由同级政府财政予以保障。

有工作单位的证人作证，所在单位不得克扣或者变相克扣其工资、奖金及其他福利待遇。

第六章　强制措施

第六十四条　人民法院、人民检察院和公安机关根据案件情况，对犯罪嫌疑人、被告人可以拘传、取保候审或者监视居住。

第六十五条　人民法院、人民检察院和公安机关对有下列情形之一的犯罪嫌疑人、被告人，可以取保候审：

（一）可能判处管制、拘役或者独立适用附加刑的；

（二）可能判处有期徒刑以上刑罚，采取取保候审不致发生社会危险性的；

（三）患有严重疾病、生活不能自理，怀孕或者正在哺乳自己婴儿的妇女，采取取保候审不致发生社会危险性的；

（四）羁押期限届满，案件尚未办结，需要采取取保候审的。

取保候审由公安机关执行。

第六十六条　人民法院、人民检察院和公安机关决定对犯罪嫌疑人、被告人取保候审，应当责令犯罪嫌疑人、被告人提出保证人或者交纳保证金。

第六十七条　保证人必须符合下列条件：

（一）与本案无牵连；

（二）有能力履行保证义务；

（三）享有政治权利，人身自由未受到限制；

（四）有固定的住处和收入。

务经费，由同级政府财政予以保障。

有工作单位的证人作证，所在单位不得克扣或者变相克扣其工资、奖金及其他福利待遇。

第六章　强制措施

第六十六条　人民法院、人民检察院和公安机关根据案件情况，对犯罪嫌疑人、被告人可以拘传、取保候审或者监视居住。

第六十七条　人民法院、人民检察院和公安机关对有下列情形之一的犯罪嫌疑人、被告人，可以取保候审：

（一）可能判处管制、拘役或者独立适用附加刑的；

（二）可能判处有期徒刑以上刑罚，采取取保候审不致发生社会危险性的；

（三）患有严重疾病、生活不能自理，怀孕或者正在哺乳自己婴儿的妇女，采取取保候审不致发生社会危险性的；

（四）羁押期限届满，案件尚未办结，需要采取取保候审的。

取保候审由公安机关执行。

第六十八条　人民法院、人民检察院和公安机关决定对犯罪嫌疑人、被告人取保候审，应当责令犯罪嫌疑人、被告人提出保证人或者交纳保证金。

第六十九条　保证人必须符合下列条件：

（一）与本案无牵连；

（二）有能力履行保证义务；

（三）享有政治权利，人身自由未受到限制；

（四）有固定的住处和收入。

第六十八条　保证人应当履行以下义务：

（一）监督被保证人遵守本法第六十九条的规定；

（二）发现被保证人可能发生或者已经发生违反本法第六十九条规定的行为的，应当及时向执行机关报告。

被保证人有违反本法第六十九条规定的行为，保证人未履行保证义务的，对保证人处以罚款，构成犯罪的，依法追究刑事责任。

第六十九条　被取保候审的犯罪嫌疑人、被告人应当遵守以下规定：

（一）未经执行机关批准不得离开所居住的市、县；

（二）住址、工作单位和联系方式发生变动的，在二十四小时以内向执行机关报告；

（三）在传讯的时候及时到案；

（四）不得以任何形式干扰证人作证；

（五）不得毁灭、伪造证据或者串供。

人民法院、人民检察院和公安机关可以根据案件情况，责令被取保候审的犯罪嫌疑人、被告人遵守以下一项或者多项规定：

（一）不得进入特定的场所；

（二）不得与特定的人员会见或者通信；

（三）不得从事特定的活动；

（四）将护照等出入境证件、驾驶证件交执行机关保存。

被取保候审的犯罪嫌疑人、被告人违反前两款规定，已交纳保证金的，没收部

第七十条　保证人应当履行以下义务：

（一）监督被保证人遵守本法第七十一条的规定；

（二）发现被保证人可能发生或者已经发生违反本法第七十一条规定的行为的，应当及时向执行机关报告。

被保证人有违反本法第七十一条规定的行为，保证人未履行保证义务的，对保证人处以罚款，构成犯罪的，依法追究刑事责任。

第七十一条　被取保候审的犯罪嫌疑人、被告人应当遵守以下规定：

（一）未经执行机关批准不得离开所居住的市、县；

（二）住址、工作单位和联系方式发生变动的，在二十四小时以内向执行机关报告；

（三）在传讯的时候及时到案；

（四）不得以任何形式干扰证人作证；

（五）不得毁灭、伪造证据或者串供。

人民法院、人民检察院和公安机关可以根据案件情况，责令被取保候审的犯罪嫌疑人、被告人遵守以下一项或者多项规定：

（一）不得进入特定的场所；

（二）不得与特定的人员会见或者通信；

（三）不得从事特定的活动；

（四）将护照等出入境证件、驾驶证件交执行机关保存。

被取保候审的犯罪嫌疑人、被告人违反前两款规定，已交纳保证金的，没收部

分或者全部保证金，并且区别情形，责令犯罪嫌疑人、被告人具结悔过，重新交纳保证金、提出保证人，或者监视居住、予以逮捕。

对违反取保候审规定，需要予以逮捕的，可以对犯罪嫌疑人、被告人先行拘留。

第七十条　取保候审的决定机关应当综合考虑保证诉讼活动正常进行的需要，被取保候审人的社会危险性，案件的性质、情节，可能判处刑罚的轻重，被取保候审人的经济状况等情况，确定保证金的数额。

提供保证金的人应当将保证金存入执行机关指定银行的专门账户。

第七十一条　犯罪嫌疑人、被告人在取保候审期间未违反本法第六十九条规定的，取保候审结束的时候，凭解除取保候审的通知或者有关法律文书到银行领取退还的保证金。

第七十二条　人民法院、人民检察院和公安机关对符合逮捕条件，有下列情形之一的犯罪嫌疑人、被告人，可以监视居住：

（一）患有严重疾病、生活不能自理的；

（二）怀孕或者正在哺乳自己婴儿的妇女；

（三）系生活不能自理的人的唯一扶养人；

（四）因为案件的特殊情况或者办理案件的需要，采取监视居住措施更为适宜的；

分或者全部保证金，并且区别情形，责令犯罪嫌疑人、被告人具结悔过，重新交纳保证金、提出保证人，或者监视居住、予以逮捕。

对违反取保候审规定，需要予以逮捕的，可以对犯罪嫌疑人、被告人先行拘留。

第七十二条　取保候审的决定机关应当综合考虑保证诉讼活动正常进行的需要，被取保候审人的社会危险性，案件的性质、情节，可能判处刑罚的轻重，被取保候审人的经济状况等情况，确定保证金的数额。

提供保证金的人应当将保证金存入执行机关指定银行的专门账户。

第七十三条　犯罪嫌疑人、被告人在取保候审期间未违反本法第七十一条规定的，取保候审结束的时候，凭解除取保候审的通知或者有关法律文书到银行领取退还的保证金。

第七十四条　人民法院、人民检察院和公安机关对符合逮捕条件，有下列情形之一的犯罪嫌疑人、被告人，可以监视居住：

（一）患有严重疾病、生活不能自理的；

（二）怀孕或者正在哺乳自己婴儿的妇女；

（三）系生活不能自理的人的唯一扶养人；

（四）因为案件的特殊情况或者办理案件的需要，采取监视居住措施更为适宜的；

（五）羁押期限届满，案件尚未办结，需要采取监视居住措施的。

对符合取保候审条件，但犯罪嫌疑人、被告人不能提出保证人，也不交纳保证金的，可以监视居住。

监视居住由公安机关执行。

第七十三条　监视居住应当在犯罪嫌疑人、被告人的住处执行；无固定住处的，可以在指定的居所执行。**对于涉嫌危害国家安全犯罪、恐怖活动犯罪、特别重大贿赂犯罪**，在住处执行可能有碍侦查的，**经上一级人民检察院或者公安机关批准**，也可以在指定的居所执行。但是，不得在羁押场所、专门的办案场所执行。

指定居所监视居住的，除无法通知的以外，应当在执行监视居住后二十四小时以内，通知被监视居住人的家属。

被监视居住的犯罪嫌疑人、被告人委托辩护人，适用本法第三十三条的规定。

人民检察院对指定居所监视居住的决定和执行是否合法实行监督。

第七十四条　指定居所监视居住的期限应当折抵刑期。被判处管制的，监视居住一日折抵刑期一日；被判处拘役、有期徒刑的，监视居住二日折抵刑期一日。

第七十五条　被监视居住的犯罪嫌疑人、被告人应当遵守以下规定：

（一）未经执行机关批准不得离开执行监视居住的处所；

（二）未经执行机关批准不得会见他人或者通信；

（三）在传讯的时候及时到案；

（四）不得以任何形式干扰证人作证；

（五）羁押期限届满，案件尚未办结，需要采取监视居住措施的。

对符合取保候审条件，但犯罪嫌疑人、被告人不能提出保证人，也不交纳保证金的，可以监视居住。

监视居住由公安机关执行。

第七十五条　监视居住应当在犯罪嫌疑人、被告人的住处执行；无固定住处的，可以在指定的居所执行。**对于涉嫌危害国家安全犯罪、恐怖活动犯罪**，在住处执行可能有碍侦查的，**经上一级公安机关批准**，也可以在指定的居所执行。但是，不得在羁押场所、专门的办案场所执行。

指定居所监视居住的，除无法通知的以外，应当在执行监视居住后二十四小时以内，通知被监视居住人的家属。

被监视居住的犯罪嫌疑人、被告人委托辩护人，适用本法第三十三条的规定。

人民检察院对指定居所监视居住的决定和执行是否合法实行监督。

第七十六条　指定居所监视居住的期限应当折抵刑期。被判处管制的，监视居住一日折抵刑期一日；被判处拘役、有期徒刑的，监视居住二日折抵刑期一日。

第七十七条　被监视居住的犯罪嫌疑人、被告人应当遵守以下规定：

（一）未经执行机关批准不得离开执行监视居住的处所；

（二）未经执行机关批准不得会见他人或者通信；

（三）在传讯的时候及时到案；

（四）不得以任何形式干扰证人作证；

（五）不得毁灭、伪造证据或者串供；

（六）将护照等出入境证件、身份证件、驾驶证件交执行机关保存。

被监视居住的犯罪嫌疑人、被告人违反前款规定，情节严重的，可以予以逮捕；需要予以逮捕的，可以对犯罪嫌疑人、被告人先行拘留。

第七十六条　执行机关对被监视居住的犯罪嫌疑人、被告人，可以采取电子监控、不定期检查等监视方法对其遵守监视居住规定的情况进行监督；在侦查期间，可以对被监视居住的犯罪嫌疑人的通信进行监控。

第七十七条　人民法院、人民检察院和公安机关对犯罪嫌疑人、被告人取保候审最长不得超过十二个月，监视居住最长不得超过六个月。

在取保候审、监视居住期间，不得中断对案件的侦查、起诉和审理。对于发现不应当追究刑事责任或者取保候审、监视居住期限届满的，应当及时解除取保候审、监视居住。解除取保候审、监视居住，应当及时通知被取保候审、监视居住人和有关单位。

第七十八条　逮捕犯罪嫌疑人、被告人，必须经过人民检察院批准或者人民法院决定，由公安机关执行。

第七十九条　对有证据证明有犯罪事实，可能判处徒刑以上刑罚的犯罪嫌疑人、被告人，采取取保候审尚不足以防止发生下列社会危险性的，应当予以逮捕：

（一）可能实施新的犯罪的；

（二）有危害国家安全、公共安全或

（五）不得毁灭、伪造证据或者串供；

（六）将护照等出入境证件、身份证件、驾驶证件交执行机关保存。

被监视居住的犯罪嫌疑人、被告人违反前款规定，情节严重的，可以予以逮捕；需要予以逮捕的，可以对犯罪嫌疑人、被告人先行拘留。

第七十八条　执行机关对被监视居住的犯罪嫌疑人、被告人，可以采取电子监控、不定期检查等监视方法对其遵守监视居住规定的情况进行监督；在侦查期间，可以对被监视居住的犯罪嫌疑人的通信进行监控。

第七十九条　人民法院、人民检察院和公安机关对犯罪嫌疑人、被告人取保候审最长不得超过十二个月，监视居住最长不得超过六个月。

在取保候审、监视居住期间，不得中断对案件的侦查、起诉和审理。对于发现不应当追究刑事责任或者取保候审、监视居住期限届满的，应当及时解除取保候审、监视居住。解除取保候审、监视居住，应当及时通知被取保候审、监视居住人和有关单位。

第八十条　逮捕犯罪嫌疑人、被告人，必须经过人民检察院批准或者人民法院决定，由公安机关执行。

第八十一条　对有证据证明有犯罪事实，可能判处徒刑以上刑罚的犯罪嫌疑人、被告人，采取取保候审尚不足以防止发生下列社会危险性的，应当予以逮捕：

（一）可能实施新的犯罪的；

（二）有危害国家安全、公共安全或

者社会秩序的现实危险的；

（三）可能毁灭、伪造证据，干扰证人作证或者串供的；

（四）可能对被害人、举报人、控告人实施打击报复的；

（五）企图自杀或者逃跑的。

对有证据证明有犯罪事实，可能判处十年有期徒刑以上刑罚的，或者有证据证明有犯罪事实，可能判处徒刑以上刑罚，曾经故意犯罪或者身份不明的，应当予以逮捕。

被取保候审、监视居住的犯罪嫌疑人、被告人违反取保候审、监视居住规定，情节严重的，可以予以逮捕。

第八十条　公安机关对于现行犯或者重大嫌疑分子，如果有下列情形之一的，可以先行拘留：

（一）正在预备犯罪、实行犯罪或者在犯罪后即时被发觉的；

（二）被害人或者在场亲眼看见的人指认他犯罪的；

（三）在身边或者住处发现有犯罪证据的；

（四）犯罪后企图自杀、逃跑或者在逃的；

（五）有毁灭、伪造证据或者串供可能的；

（六）不讲真实姓名、住址，身份不明的；

者社会秩序的现实危险的；

（三）可能毁灭、伪造证据，干扰证人作证或者串供的；

（四）可能对被害人、举报人、控告人实施打击报复的；

（五）企图自杀或者逃跑的。

批准或者决定逮捕，应当将犯罪嫌疑人、被告人涉嫌犯罪的性质、情节，认罪认罚等情况，作为是否可能发生社会危险性的考虑因素。

对有证据证明有犯罪事实，可能判处十年有期徒刑以上刑罚的，或者有证据证明有犯罪事实，可能判处徒刑以上刑罚，曾经故意犯罪或者身份不明的，应当予以逮捕。

被取保候审、监视居住的犯罪嫌疑人、被告人违反取保候审、监视居住规定，情节严重的，可以予以逮捕。

第八十二条　公安机关对于现行犯或者重大嫌疑分子，如果有下列情形之一的，可以先行拘留：

（一）正在预备犯罪、实行犯罪或者在犯罪后即时被发觉的；

（二）被害人或者在场亲眼看见的人指认他犯罪的；

（三）在身边或者住处发现有犯罪证据的；

（四）犯罪后企图自杀、逃跑或者在逃的；

（五）有毁灭、伪造证据或者串供可能的；

（六）不讲真实姓名、住址，身份不明的；

（七）有流窜作案、多次作案、结伙作案重大嫌疑的。

第八十一条　公安机关在异地执行拘留、逮捕的时候，应当通知被拘留、逮捕人所在地的公安机关，被拘留、逮捕人所在地的公安机关应当予以配合。

第八十二条　对于有下列情形的人，任何公民都可以立即扭送公安机关、人民检察院或者人民法院处理：

（一）正在实行犯罪或者在犯罪后即时被发觉的；

（二）通缉在案的；

（三）越狱逃跑的；

（四）正在被追捕的。

第八十三条　公安机关拘留人的时候，必须出示拘留证。

拘留后，应当立即将被拘留人送看守所羁押，至迟不得超过二十四小时。除无法通知或者涉嫌危害国家安全犯罪、恐怖活动犯罪通知可能有碍侦查的情形以外，应当在拘留后二十四小时以内，通知被拘留人的家属。有碍侦查的情形消失以后，应当立即通知被拘留人的家属。

第八十四条　公安机关对被拘留的人，应当在拘留后的二十四小时以内进行讯问。在发现不应当拘留的时候，必须立即释放，发给释放证明。

第八十五条　公安机关要求逮捕犯罪嫌疑人的时候，应当写出提请批准逮捕书，连同案卷材料、证据，一并移送同级人民检察院审查批准。必要的时候，人民检察院可以派人参加公安机关对于重大案件的讨论。

（七）有流窜作案、多次作案、结伙作案重大嫌疑的。

第八十三条　公安机关在异地执行拘留、逮捕的时候，应当通知被拘留、逮捕人所在地的公安机关，被拘留、逮捕人所在地的公安机关应当予以配合。

第八十四条　对于有下列情形的人，任何公民都可以立即扭送公安机关、人民检察院或者人民法院处理：

（一）正在实行犯罪或者在犯罪后即时被发觉的；

（二）通缉在案的；

（三）越狱逃跑的；

（四）正在被追捕的。

第八十五条　公安机关拘留人的时候，必须出示拘留证。

拘留后，应当立即将被拘留人送看守所羁押，至迟不得超过二十四小时。除无法通知或者涉嫌危害国家安全犯罪、恐怖活动犯罪通知可能有碍侦查的情形以外，应当在拘留后二十四小时以内，通知被拘留人的家属。有碍侦查的情形消失以后，应当立即通知被拘留人的家属。

第八十六条　公安机关对被拘留的人，应当在拘留后的二十四小时以内进行讯问。在发现不应当拘留的时候，必须立即释放，发给释放证明。

第八十七条　公安机关要求逮捕犯罪嫌疑人的时候，应当写出提请批准逮捕书，连同案卷材料、证据，一并移送同级人民检察院审查批准。必要的时候，人民检察院可以派人参加公安机关对于重大案件的讨论。

第八十六条　人民检察院审查批准逮捕，可以讯问犯罪嫌疑人；有下列情形之一的，应当讯问犯罪嫌疑人：

（一）对是否符合逮捕条件有疑问的；

（二）犯罪嫌疑人要求向检察人员当面陈述的；

（三）侦查活动可能有重大违法行为的。

人民检察院审查批准逮捕，可以询问证人等诉讼参与人，听取辩护律师的意见；辩护律师提出要求的，应当听取辩护律师的意见。

第八十七条　人民检察院审查批准逮捕犯罪嫌疑人由检察长决定。重大案件应当提交检察委员会讨论决定。

第八十八条　人民检察院对于公安机关提请批准逮捕的案件进行审查后，应当根据情况分别作出批准逮捕或者不批准逮捕的决定。对于批准逮捕的决定，公安机关应当立即执行，并且将执行情况及时通知人民检察院。对于不批准逮捕的，人民检察院应当说明理由，需要补充侦查的，应当同时通知公安机关。

第八十九条　公安机关对被拘留的人，认为需要逮捕的，应当在拘留后的三日以内，提请人民检察院审查批准。在特殊情况下，提请审查批准的时间可以延长一日至四日。

对于流窜作案、多次作案、结伙作案的重大嫌疑分子，提请审查批准的时间可以延长至三十日。

人民检察院应当自接到公安机关提请批准逮捕书后的七日以内，作出批准逮捕

第八十八条　人民检察院审查批准逮捕，可以讯问犯罪嫌疑人；有下列情形之一的，应当讯问犯罪嫌疑人：

（一）对是否符合逮捕条件有疑问的；

（二）犯罪嫌疑人要求向检察人员当面陈述的；

（三）侦查活动可能有重大违法行为的。

人民检察院审查批准逮捕，可以询问证人等诉讼参与人，听取辩护律师的意见；辩护律师提出要求的，应当听取辩护律师的意见。

第八十九条　人民检察院审查批准逮捕犯罪嫌疑人由检察长决定。重大案件应当提交检察委员会讨论决定。

第九十条　人民检察院对于公安机关提请批准逮捕的案件进行审查后，应当根据情况分别作出批准逮捕或者不批准逮捕的决定。对于批准逮捕的决定，公安机关应当立即执行，并且将执行情况及时通知人民检察院。对于不批准逮捕的，人民检察院应当说明理由，需要补充侦查的，应当同时通知公安机关。

第九十一条　公安机关对被拘留的人，认为需要逮捕的，应当在拘留后的三日以内，提请人民检察院审查批准。在特殊情况下，提请审查批准的时间可以延长一日至四日。

对于流窜作案、多次作案、结伙作案的重大嫌疑分子，提请审查批准的时间可以延长至三十日。

人民检察院应当自接到公安机关提请批准逮捕书后的七日以内，作出批准逮捕

或者不批准逮捕的决定。人民检察院不批准逮捕的，公安机关应当在接到通知后立即释放，并且将执行情况及时通知人民检察院。对于需要继续侦查，并且符合取保候审、监视居住条件的，依法取保候审或者监视居住。

第九十条　公安机关对人民检察院不批准逮捕的决定，认为有错误的时候，可以要求复议，但是必须将被拘留的人立即释放。如果意见不被接受，可以向上一级人民检察院提请复核。上级人民检察院应当立即复核，作出是否变更的决定，通知下级人民检察院和公安机关执行。

第九十一条　公安机关逮捕人的时候，必须出示逮捕证。

逮捕后，应当立即将被逮捕人送看守所羁押。除无法通知的以外，应当在逮捕后二十四小时以内，通知被逮捕人的家属。

第九十二条　人民法院、人民检察院对于各自决定逮捕的人，公安机关对于经人民检察院批准逮捕的人，都必须在逮捕后的二十四小时以内进行讯问。在发现不应当逮捕的时候，必须立即释放，发给释放证明。

第九十三条　犯罪嫌疑人、被告人被逮捕后，人民检察院仍应当对羁押的必要性进行审查。对不需要继续羁押的，应当建议予以释放或者变更强制措施。有关机关应当在十日以内将处理情况通知人民检察院。

第九十四条　人民法院、人民检察院和公安机关如果发现对犯罪嫌疑人、被告

或者不批准逮捕的决定。人民检察院不批准逮捕的，公安机关应当在接到通知后立即释放，并且将执行情况及时通知人民检察院。对于需要继续侦查，并且符合取保候审、监视居住条件的，依法取保候审或者监视居住。

第九十二条　公安机关对人民检察院不批准逮捕的决定，认为有错误的时候，可以要求复议，但是必须将被拘留的人立即释放。如果意见不被接受，可以向上一级人民检察院提请复核。上级人民检察院应当立即复核，作出是否变更的决定，通知下级人民检察院和公安机关执行。

第九十三条　公安机关逮捕人的时候，必须出示逮捕证。

逮捕后，应当立即将被逮捕人送看守所羁押。除无法通知的以外，应当在逮捕后二十四小时以内，通知被逮捕人的家属。

第九十四条　人民法院、人民检察院对于各自决定逮捕的人，公安机关对于经人民检察院批准逮捕的人，都必须在逮捕后的二十四小时以内进行讯问。在发现不应当逮捕的时候，必须立即释放，发给释放证明。

第九十五条　犯罪嫌疑人、被告人被逮捕后，人民检察院仍应当对羁押的必要性进行审查。对不需要继续羁押的，应当建议予以释放或者变更强制措施。有关机关应当在十日以内将处理情况通知人民检察院。

第九十六条　人民法院、人民检察院和公安机关如果发现对犯罪嫌疑人、被告

人采取强制措施不当的，应当及时撤销或者变更。公安机关释放被逮捕的人或者变更逮捕措施的，应当通知原批准的人民检察院。

第九十五条　犯罪嫌疑人、被告人及其法定代理人、近亲属或者辩护人有权申请变更强制措施。人民法院、人民检察院和公安机关收到申请后，应当在三日以内作出决定；不同意变更强制措施的，应当告知申请人，并说明不同意的理由。

第九十六条　犯罪嫌疑人、被告人被羁押的案件，不能在本法规定的侦查羁押、审查起诉、一审、二审期限内办结的，对犯罪嫌疑人、被告人应当予以释放；需要继续查证、审理的，对犯罪嫌疑人、被告人可以取保候审或者监视居住。

第九十七条　人民法院、人民检察院或者公安机关对被采取强制措施法定期限届满的犯罪嫌疑人、被告人，应当予以释放、解除取保候审、监视居住或者依法变更强制措施。犯罪嫌疑人、被告人及其法定代理人、近亲属或者辩护人对于人民法院、人民检察院或者公安机关采取强制措施法定期限届满的，有权要求解除强制措施。

第九十八条　人民检察院在审查批准逮捕工作中，如果发现公安机关的侦查活动有违法情况，应当通知公安机关予以纠正，公安机关应当将纠正情况通知人民检察院。

第七章　附带民事诉讼

第九十九条　被害人由于被告人的犯罪行为而遭受物质损失的，在刑事诉讼过

人采取强制措施不当的，应当及时撤销或者变更。公安机关释放被逮捕的人或者变更逮捕措施的，应当通知原批准的人民检察院。

第九十七条　犯罪嫌疑人、被告人及其法定代理人、近亲属或者辩护人有权申请变更强制措施。人民法院、人民检察院和公安机关收到申请后，应当在三日以内作出决定；不同意变更强制措施的，应当告知申请人，并说明不同意的理由。

第九十八条　犯罪嫌疑人、被告人被羁押的案件，不能在本法规定的侦查羁押、审查起诉、一审、二审期限内办结的，对犯罪嫌疑人、被告人应当予以释放；需要继续查证、审理的，对犯罪嫌疑人、被告人可以取保候审或者监视居住。

第九十九条　人民法院、人民检察院或者公安机关对被采取强制措施法定期限届满的犯罪嫌疑人、被告人，应当予以释放、解除取保候审、监视居住或者依法变更强制措施。犯罪嫌疑人、被告人及其法定代理人、近亲属或者辩护人对于人民法院、人民检察院或者公安机关采取强制措施法定期限届满的，有权要求解除强制措施。

第一百条　人民检察院在审查批准逮捕工作中，如果发现公安机关的侦查活动有违法情况，应当通知公安机关予以纠正，公安机关应当将纠正情况通知人民检察院。

第七章　附带民事诉讼

第一百零一条　被害人由于被告人的犯罪行为而遭受物质损失的，在刑事诉讼

程中，有权提起附带民事诉讼。被害人死亡或者丧失行为能力的，被害人的法定代理人、近亲属有权提起附带民事诉讼。

如果是国家财产、集体财产遭受损失的，人民检察院在提起公诉的时候，可以提起附带民事诉讼。

第一百条　人民法院在必要的时候，可以采取保全措施，查封、扣押或者冻结被告人的财产。附带民事诉讼原告人或者人民检察院可以申请人民法院采取保全措施。人民法院采取保全措施，适用民事诉讼法的有关规定。

第一百零一条　人民法院审理附带民事诉讼案件，可以进行调解，或者根据物质损失情况作出判决、裁定。

第一百零二条　附带民事诉讼应当同刑事案件一并审判，只有为了防止刑事案件审判的过分迟延，才可以在刑事案件审判后，由同一审判组织继续审理附带民事诉讼。

第八章　期间、送达

第一百零三条　期间以时、日、月计算。

期间开始的时和日不算在期间以内。

法定期间不包括路途上的时间。上诉状或者其他文件在期满前已经交邮的，不算过期。

期间的最后一日为节假日的，以节假日后的第一日为期满日期，但犯罪嫌疑人、被告人或者罪犯在押期间，应当至期满之日为止，不得因节假日而延长。

第一百零四条　当事人由于不能抗拒的原因或者有其他正当理由而耽误期限

过程中，有权提起附带民事诉讼。被害人死亡或者丧失行为能力的，被害人的法定代理人、近亲属有权提起附带民事诉讼。

如果是国家财产、集体财产遭受损失的，人民检察院在提起公诉的时候，可以提起附带民事诉讼。

第一百零二条　人民法院在必要的时候，可以采取保全措施，查封、扣押或者冻结被告人的财产。附带民事诉讼原告人或者人民检察院可以申请人民法院采取保全措施。人民法院采取保全措施，适用民事诉讼法的有关规定。

第一百零三条　人民法院审理附带民事诉讼案件，可以进行调解，或者根据物质损失情况作出判决、裁定。

第一百零四条　附带民事诉讼应当同刑事案件一并审判，只有为了防止刑事案件审判的过分迟延，才可以在刑事案件审判后，由同一审判组织继续审理附带民事诉讼。

第八章　期间、送达

第一百零五条　期间以时、日、月计算。

期间开始的时和日不算在期间以内。

法定期间不包括路途上的时间。上诉状或者其他文件在期满前已经交邮的，不算过期。

期间的最后一日为节假日的，以节假日后的第一日为期满日期，但犯罪嫌疑人、被告人或者罪犯在押期间，应当至期满之日为止，不得因节假日而延长。

第一百零六条　当事人由于不能抗拒的原因或者有其他正当理由而耽误期限

的，在障碍消除后五日以内，可以申请继续进行应当在期满以前完成的诉讼活动。

前款申请是否准许，由人民法院裁定。

第一百零五条　送达传票、通知书和其他诉讼文件应当交给收件人本人；如果本人不在，可以交给他的成年家属或者所在单位的负责人员代收。

收件人本人或者代收人拒绝接收或者拒绝签名、盖章的时候，送达人可以邀请他的邻居或者其他见证人到场，说明情况，把文件留在他的住处，在送达证上记明拒绝的事由、送达的日期，由送达人签名，即认为已经送达。

第九章　其他规定

第一百零六条　本法下列用语的含意是：

（一）“侦查”是指公安机关、人民检察院在办理案件过程中，依照法律进行的专门调查工作和有关的强制性措施；

（二）“当事人”是指被害人、自诉人、犯罪嫌疑人、被告人、附带民事诉讼的原告人和被告人；

（三）“法定代理人”是指被代理人的父母、养父母、监护人和负有保护责任的机关、团体的代表；

（四）“诉讼参与人”是指当事人、法定代理人、诉讼代理人、辩护人、证人、鉴定人和翻译人员；

（五）“诉讼代理人”是指公诉案件的被害人及其法定代理人或者近亲属、自诉案件的自诉人及其法定代理人委托代为

的，在障碍消除后五日以内，可以申请继续进行应当在期满以前完成的诉讼活动。

前款申请是否准许，由人民法院裁定。

第一百零七条　送达传票、通知书和其他诉讼文件应当交给收件人本人；如果本人不在，可以交给他的成年家属或者所在单位的负责人员代收。

收件人本人或者代收人拒绝接收或者拒绝签名、盖章的时候，送达人可以邀请他的邻居或者其他见证人到场，说明情况，把文件留在他的住处，在送达证上记明拒绝的事由、送达的日期，由送达人签名，即认为已经送达。

第九章　其他规定

第一百零八条　本法下列用语的含意是：

（一）“侦查”是指公安机关、人民检察院对于刑事案件，依照法律进行的收集证据、查明案情的工作和有关的强制性措施；

（二）“当事人”是指被害人、自诉人、犯罪嫌疑人、被告人、附带民事诉讼的原告人和被告人；

（三）“法定代理人”是指被代理人的父母、养父母、监护人和负有保护责任的机关、团体的代表；

（四）“诉讼参与人”是指当事人、法定代理人、诉讼代理人、辩护人、证人、鉴定人和翻译人员；

（五）“诉讼代理人”是指公诉案件的被害人及其法定代理人或者近亲属、自诉案件的自诉人及其法定代理人委托代为

参加诉讼的人和附带民事诉讼的当事人及其法定代理人委托代为参加诉讼的人；

（六）“近亲属”是指夫、妻、父、母、子、女、同胞兄弟姊妹。

第二编　立案、侦查和提起公诉

第一章　立案

第一百零七条　公安机关或者人民检察院发现犯罪事实或者犯罪嫌疑人，应当按照管辖范围，立案侦查。

第一百零八条　任何单位和个人发现有犯罪事实或者犯罪嫌疑人，有权利也有义务向公安机关、人民检察院或者人民法院报案或者举报。

被害人对侵犯其人身、财产权利的犯罪事实或者犯罪嫌疑人，有权向公安机关、人民检察院或者人民法院报案或者控告。

公安机关、人民检察院或者人民法院对于报案、控告、举报，都应当接受。对于不属于自己管辖的，应当移送主管机关处理，并且通知报案人、控告人、举报人；对于不属于自己管辖而又必须采取紧急措施的，应当先采取紧急措施，然后移送主管机关。

犯罪人向公安机关、人民检察院或者人民法院自首的，适用第三款规定。

第一百零九条　报案、控告、举报可以用书面或者口头提出。接受口头报案、控告、举报的工作人员，应当写成笔录，经宣读无误后，由报案人、控告人、举报人签名或者盖章。

接受控告、举报的工作人员，应当向控告人、举报人说明诬告应负的法律责

参加诉讼的人和附带民事诉讼的当事人及其法定代理人委托代为参加诉讼的人；

（六）“近亲属”是指夫、妻、父、母、子、女、同胞兄弟姊妹。

第二编　立案、侦查和提起公诉

第一章　立案

第一百零九条　公安机关或者人民检察院发现犯罪事实或者犯罪嫌疑人，应当按照管辖范围，立案侦查。

第一百一十条　任何单位和个人发现有犯罪事实或者犯罪嫌疑人，有权利也有义务向公安机关、人民检察院或者人民法院报案或者举报。

被害人对侵犯其人身、财产权利的犯罪事实或者犯罪嫌疑人，有权向公安机关、人民检察院或者人民法院报案或者控告。

公安机关、人民检察院或者人民法院对于报案、控告、举报，都应当接受。对于不属于自己管辖的，应当移送主管机关处理，并且通知报案人、控告人、举报人；对于不属于自己管辖而又必须采取紧急措施的，应当先采取紧急措施，然后移送主管机关。

犯罪人向公安机关、人民检察院或者人民法院自首的，适用第三款规定。

第一百一十一条　报案、控告、举报可以用书面或者口头提出。接受口头报案、控告、举报的工作人员，应当写成笔录，经宣读无误后，由报案人、控告人、举报人签名或者盖章。

接受控告、举报的工作人员，应当向控告人、举报人说明诬告应负的法律责

任。但是，只要不是捏造事实，伪造证据，即使控告、举报的事实有出入，甚至是错告的，也要和诬告严格加以区别。

公安机关、人民检察院或者人民法院应当保障报案人、控告人、举报人及其近亲属的安全。报案人、控告人、举报人如果不愿公开自己的姓名和报案、控告、举报的行为，应当为他保守秘密。

第一百一十条　人民法院、人民检察院或者公安机关对于报案、控告、举报和自首的材料，应当按照管辖范围，迅速进行审查，认为有犯罪事实需要追究刑事责任的时候，应当立案；认为没有犯罪事实，或者犯罪事实显著轻微，不需要追究刑事责任的时候，不予立案，并且将不立案的原因通知控告人。控告人如果不服，可以申请复议。

第一百一十一条　人民检察院认为公安机关对应当立案侦查的案件而不立案侦查的，或者被害人认为公安机关对应当立案侦查的案件而不立案侦查，向人民检察院提出的，人民检察院应当要求公安机关说明不立案的理由。人民检察院认为公安机关不立案理由不能成立的，应当通知公安机关立案，公安机关接到通知后应当立案。

第一百一十二条　对于自诉案件，被害人有权向人民法院直接起诉。被害人死亡或者丧失行为能力的，被害人的法定代理人、近亲属有权向人民法院起诉。人民法院应当依法受理。

第二章　侦查

第一节　一般规定

第一百一十三条　公安机关对已经立

任。但是，只要不是捏造事实，伪造证据，即使控告、举报的事实有出入，甚至是错告的，也要和诬告严格加以区别。

公安机关、人民检察院或者人民法院应当保障报案人、控告人、举报人及其近亲属的安全。报案人、控告人、举报人如果不愿公开自己的姓名和报案、控告、举报的行为，应当为他保守秘密。

第一百一十二条　人民法院、人民检察院或者公安机关对于报案、控告、举报和自首的材料，应当按照管辖范围，迅速进行审查，认为有犯罪事实需要追究刑事责任的时候，应当立案；认为没有犯罪事实，或者犯罪事实显著轻微，不需要追究刑事责任的时候，不予立案，并且将不立案的原因通知控告人。控告人如果不服，可以申请复议。

第一百一十三条　人民检察院认为公安机关对应当立案侦查的案件而不立案侦查的，或者被害人认为公安机关对应当立案侦查的案件而不立案侦查，向人民检察院提出的，人民检察院应当要求公安机关说明不立案的理由。人民检察院认为公安机关不立案理由不能成立的，应当通知公安机关立案，公安机关接到通知后应当立案。

第一百一十四条　对于自诉案件，被害人有权向人民法院直接起诉。被害人死亡或者丧失行为能力的，被害人的法定代理人、近亲属有权向人民法院起诉。人民法院应当依法受理。

第二章　侦查

第一节　一般规定

第一百一十五条　公安机关对已经立

案的刑事案件，应当进行侦查，收集、调取犯罪嫌疑人有罪或者无罪、罪轻或者罪重的证据材料。对现行犯或者重大嫌疑分子可以依法先行拘留，对符合逮捕条件的犯罪嫌疑人，应当依法逮捕。

第一百一十四条　公安机关经过侦查，对有证据证明有犯罪事实的案件，应当进行预审，对收集、调取的证据材料予以核实。

第一百一十五条　当事人和辩护人、诉讼代理人、利害关系人对于司法机关及其工作人员有下列行为之一的，有权向该机关申诉或者控告：

（一）采取强制措施法定期限届满，不予以释放、解除或者变更的；

（二）应当退还取保候审保证金不退还的；

（三）对与案件无关的财物采取查封、扣押、冻结措施的；

（四）应当解除查封、扣押、冻结不解除的；

（五）贪污、挪用、私分、调换、违反规定使用查封、扣押、冻结的财物的。

受理申诉或者控告的机关应当及时处理。对处理不服的，可以向同级人民检察院申诉；人民检察院直接受理的案件，可以向上一级人民检察院申诉。人民检察院对申诉应当及时进行审查，情况属实的，通知有关机关予以纠正。

第二节　讯问犯罪嫌疑人

第一百一十六条　讯问犯罪嫌疑人必须由人民检察院或者公安机关的侦查人员负责进行。讯问的时候，侦查人员不得少

案的刑事案件，应当进行侦查，收集、调取犯罪嫌疑人有罪或者无罪、罪轻或者罪重的证据材料。对现行犯或者重大嫌疑分子可以依法先行拘留，对符合逮捕条件的犯罪嫌疑人，应当依法逮捕。

第一百一十六条　公安机关经过侦查，对有证据证明有犯罪事实的案件，应当进行预审，对收集、调取的证据材料予以核实。

第一百一十七条　当事人和辩护人、诉讼代理人、利害关系人对于司法机关及其工作人员有下列行为之一的，有权向该机关申诉或者控告：

（一）采取强制措施法定期限届满，不予以释放、解除或者变更的；

（二）应当退还取保候审保证金不退还的；

（三）对与案件无关的财物采取查封、扣押、冻结措施的；

（四）应当解除查封、扣押、冻结不解除的；

（五）贪污、挪用、私分、调换、违反规定使用查封、扣押、冻结的财物的。

受理申诉或者控告的机关应当及时处理。对处理不服的，可以向同级人民检察院申诉；人民检察院直接受理的案件，可以向上一级人民检察院申诉。人民检察院对申诉应当及时进行审查，情况属实的，通知有关机关予以纠正。

第二节　讯问犯罪嫌疑人

第一百一十八条　讯问犯罪嫌疑人必须由人民检察院或者公安机关的侦查人员负责进行。讯问的时候，侦查人员不得少

于二人。

犯罪嫌疑人被送交看守所羁押以后，侦查人员对其进行讯问，应当在看守所内进行。

第一百一十七条　对不需要逮捕、拘留的犯罪嫌疑人，可以传唤到犯罪嫌疑人所在市、县内的指定地点或者到他的住处进行讯问，但是应当出示人民检察院或者公安机关的证明文件。对在现场发现的犯罪嫌疑人，经出示工作证件，可以口头传唤，但应当在讯问笔录中注明。

传唤、拘传持续的时间不得超过十二小时；案情特别重大、复杂，需要采取拘留、逮捕措施的，传唤、拘传持续的时间不得超过二十四小时。

不得以连续传唤、拘传的形式变相拘禁犯罪嫌疑人。传唤、拘传犯罪嫌疑人，应当保证犯罪嫌疑人的饮食和必要的休息时间。

第一百一十八条　侦查人员在讯问犯罪嫌疑人的时候，应当首先讯问犯罪嫌疑人是否有犯罪行为，让他陈述有罪的情节或者无罪的辩解，然后向他提出问题。犯罪嫌疑人对侦查人员的提问，应当如实回答。但是对与本案无关的问题，有拒绝回答的权利。

侦查人员在讯问犯罪嫌疑人的时候，应当告知犯罪嫌疑人如实供述自己罪行可以从宽处理的法律规定。

第一百一十九条　讯问聋、哑的犯罪嫌疑人，应当有通晓聋、哑手势的人参加，并且将这种情况记明笔录。

于二人。

犯罪嫌疑人被送交看守所羁押以后，侦查人员对其进行讯问，应当在看守所内进行。

第一百一十九条　对不需要逮捕、拘留的犯罪嫌疑人，可以传唤到犯罪嫌疑人所在市、县内的指定地点或者到他的住处进行讯问，但是应当出示人民检察院或者公安机关的证明文件。对在现场发现的犯罪嫌疑人，经出示工作证件，可以口头传唤，但应当在讯问笔录中注明。

传唤、拘传持续的时间不得超过十二小时；案情特别重大、复杂，需要采取拘留、逮捕措施的，传唤、拘传持续的时间不得超过二十四小时。

不得以连续传唤、拘传的形式变相拘禁犯罪嫌疑人。传唤、拘传犯罪嫌疑人，应当保证犯罪嫌疑人的饮食和必要的休息时间。

第一百二十条　侦查人员在讯问犯罪嫌疑人的时候，应当首先讯问犯罪嫌疑人是否有犯罪行为，让他陈述有罪的情节或者无罪的辩解，然后向他提出问题。犯罪嫌疑人对侦查人员的提问，应当如实回答。但是对与本案无关的问题，有拒绝回答的权利。

侦查人员在讯问犯罪嫌疑人的时候，应当告知犯罪嫌疑人享有的诉讼权利，如实供述自己罪行可以从宽处理和认罪认罚的法律规定。

第一百二十一条　讯问聋、哑的犯罪嫌疑人，应当有通晓聋、哑手势的人参加，并且将这种情况记明笔录。

第一百二十条　讯问笔录应当交犯罪嫌疑人核对，对于没有阅读能力的，应当向他宣读。如果记载有遗漏或者差错，犯罪嫌疑人可以提出补充或者改正。犯罪嫌疑人承认笔录没有错误后，应当签名或者盖章。侦查人员也应当在笔录上签名。犯罪嫌疑人请求自行书写供述的，应当准许。必要的时候，侦查人员也可以要犯罪嫌疑人亲笔书写供词。

第一百二十一条　侦查人员在讯问犯罪嫌疑人的时候，可以对讯问过程进行录音或者录像；对于可能判处无期徒刑、死刑的案件或者其他重大犯罪案件，应当对讯问过程进行录音或者录像。

录音或者录像应当全程进行，保持完整性。

第三节　询问证人

第一百二十二条　侦查人员询问证人，可以在现场进行，也可以到证人所在单位、住处或者证人提出的地点进行，在必要的时候，可以通知证人到人民检察院或者公安机关提供证言。在现场询问证人，应当出示工作证件，到证人所在单位、住处或者证人提出的地点询问证人，应当出示人民检察院或者公安机关的证明文件。

询问证人应当个别进行。

第一百二十三条　询问证人，应当告知他应当如实地提供证据、证言和有意作伪证或者隐匿罪证要负的法律责任。

第一百二十四条　本法第一百二十条的规定，也适用于询问证人。

第一百二十五条　询问被害人，适用

第一百二十二条　讯问笔录应当交犯罪嫌疑人核对，对于没有阅读能力的，应当向他宣读。如果记载有遗漏或者差错，犯罪嫌疑人可以提出补充或者改正。犯罪嫌疑人承认笔录没有错误后，应当签名或者盖章。侦查人员也应当在笔录上签名。犯罪嫌疑人请求自行书写供述的，应当准许。必要的时候，侦查人员也可以要犯罪嫌疑人亲笔书写供词。

第一百二十三条　侦查人员在讯问犯罪嫌疑人的时候，可以对讯问过程进行录音或者录像；对于可能判处无期徒刑、死刑的案件或者其他重大犯罪案件，应当对讯问过程进行录音或者录像。

录音或者录像应当全程进行，保持完整性。

第三节　询问证人

第一百二十四条　侦查人员询问证人，可以在现场进行，也可以到证人所在单位、住处或者证人提出的地点进行，在必要的时候，可以通知证人到人民检察院或者公安机关提供证言。在现场询问证人，应当出示工作证件，到证人所在单位、住处或者证人提出的地点询问证人，应当出示人民检察院或者公安机关的证明文件。

询问证人应当个别进行。

第一百二十五条　询问证人，应当告知他应当如实地提供证据、证言和有意作伪证或者隐匿罪证要负的法律责任。

第一百二十六条　本法第一百二十二条的规定，也适用于询问证人。

第一百二十七条　询问被害人，适用

本节各条规定。

第四节　勘验、检查

第一百二十六条　侦查人员对于与犯罪有关的场所、物品、人身、尸体应当进行勘验或者检查。在必要的时候，可以指派或者聘请具有专门知识的人，在侦查人员的主持下进行勘验、检查。

第一百二十七条　任何单位和个人，都有义务保护犯罪现场，并且立即通知公安机关派员勘验。

第一百二十八条　侦查人员执行勘验、检查，必须持有人民检察院或者公安机关的证明文件。

第一百二十九条　对于死因不明的尸体，公安机关有权决定解剖，并且通知死者家属到场。

第一百三十条　为了确定被害人、犯罪嫌疑人的某些特征、伤害情况或者生理状态，可以对人身进行检查，可以提取指纹信息，采集血液、尿液等生物样本。

犯罪嫌疑人如果拒绝检查，侦查人员认为必要的时候，可以强制检查。

检查妇女的身体，应当由女工作人员或者医师进行。

第一百三十一条　勘验、检查的情况应当写成笔录，由参加勘验、检查的人和见证人签名或者盖章。

第一百三十二条　人民检察院审查案件的时候，对公安机关的勘验、检查，认为需要复验、复查时，可以要求公安机关复验、复查，并且可以派检察人员参加。

第一百三十三条　为了查明案情，在必要的时候，经公安机关负责人批准，可

本节各条规定。

第四节　勘验、检查

第一百二十八条　侦查人员对于与犯罪有关的场所、物品、人身、尸体应当进行勘验或者检查。在必要的时候，可以指派或者聘请具有专门知识的人，在侦查人员的主持下进行勘验、检查。

第一百二十九条　任何单位和个人，都有义务保护犯罪现场，并且立即通知公安机关派员勘验。

第一百三十条　侦查人员执行勘验、检查，必须持有人民检察院或者公安机关的证明文件。

第一百三十一条　对于死因不明的尸体，公安机关有权决定解剖，并且通知死者家属到场。

第一百三十二条　为了确定被害人、犯罪嫌疑人的某些特征、伤害情况或者生理状态，可以对人身进行检查，可以提取指纹信息，采集血液、尿液等生物样本。

犯罪嫌疑人如果拒绝检查，侦查人员认为必要的时候，可以强制检查。

检查妇女的身体，应当由女工作人员或者医师进行。

第一百三十三条　勘验、检查的情况应当写成笔录，由参加勘验、检查的人和见证人签名或者盖章。

第一百三十四条　人民检察院审查案件的时候，对公安机关的勘验、检查，认为需要复验、复查时，可以要求公安机关复验、复查，并且可以派检察人员参加。

第一百三十五条　为了查明案情，在必要的时候，经公安机关负责人批准，可

以进行侦查实验。

侦查实验的情况应当写成笔录，由参加实验的人签名或者盖章。

侦查实验，禁止一切足以造成危险、侮辱人格或者有伤风化的行为。

第五节　搜查

第一百三十四条　为了收集犯罪证据、查获犯罪人，侦查人员可以对犯罪嫌疑人以及可能隐藏罪犯或者犯罪证据的人的身体、物品、住处和其他有关的地方进行搜查。

第一百三十五条　任何单位和个人，有义务按照人民检察院和公安机关的要求，交出可以证明犯罪嫌疑人有罪或者无罪的物证、书证、视听资料等证据。

第一百三十六条　进行搜查，必须向被搜查人出示搜查证。

在执行逮捕、拘留的时候，遇有紧急情况，不另用搜查证也可以进行搜查。

第一百三十七条　在搜查的时候，应当有被搜查人或者他的家属，邻居或者其他见证人在场。

搜查妇女的身体，应当由女工作人员进行。

第一百三十八条　搜查的情况应当写成笔录，由侦查人员和被搜查人或者他的家属，邻居或者其他见证人签名或者盖章。如果被搜查人或者他的家属在逃或者拒绝签名、盖章，应当在笔录上注明。

第六节　查封、扣押物证、书证

第一百三十九条　在侦查活动中发现的可用以证明犯罪嫌疑人有罪或者无罪的各种财物、文件，应当查封、扣押；与案

以进行侦查实验。

侦查实验的情况应当写成笔录，由参加实验的人签名或者盖章。

侦查实验，禁止一切足以造成危险、侮辱人格或者有伤风化的行为。

第五节　搜查

第一百三十六条　为了收集犯罪证据、查获犯罪人，侦查人员可以对犯罪嫌疑人以及可能隐藏罪犯或者犯罪证据的人的身体、物品、住处和其他有关的地方进行搜查。

第一百三十七条　任何单位和个人，有义务按照人民检察院和公安机关的要求，交出可以证明犯罪嫌疑人有罪或者无罪的物证、书证、视听资料等证据。

第一百三十八条　进行搜查，必须向被搜查人出示搜查证。

在执行逮捕、拘留的时候，遇有紧急情况，不另用搜查证也可以进行搜查。

第一百三十九条　在搜查的时候，应当有被搜查人或者他的家属，邻居或者其他见证人在场。

搜查妇女的身体，应当由女工作人员进行。

第一百四十条　搜查的情况应当写成笔录，由侦查人员和被搜查人或者他的家属，邻居或者其他见证人签名或者盖章。如果被搜查人或者他的家属在逃或者拒绝签名、盖章，应当在笔录上注明。

第六节　查封、扣押物证、书证

第一百四十一条　在侦查活动中发现的可用以证明犯罪嫌疑人有罪或者无罪的各种财物、文件，应当查封、扣押；与案

件无关的财物、文件，不得查封、扣押。

对查封、扣押的财物、文件，要妥善保管或者封存，不得使用、调换或者损毁。

第一百四十条　对查封、扣押的财物、文件，应当会同在场见证人和被查封、扣押财物、文件持有人查点清楚，当场开列清单一式二份，由侦查人员、见证人和持有人签名或者盖章，一份交给持有人，另一份附卷备查。

第一百四十一条　侦查人员认为需要扣押犯罪嫌疑人的邮件、电报的时候，经公安机关或者人民检察院批准，即可通知邮电机关将有关的邮件、电报检交扣押。

不需要继续扣押的时候，应即通知邮电机关。

第一百四十二条　人民检察院、公安机关根据侦查犯罪的需要，可以依照规定查询、冻结犯罪嫌疑人的存款、汇款、债券、股票、基金份额等财产。有关单位和个人应当配合。

犯罪嫌疑人的存款、汇款、债券、股票、基金份额等财产已被冻结的，不得重复冻结。

第一百四十三条　对查封、扣押的财物、文件、邮件、电报或者冻结的存款、汇款、债券、股票、基金份额等财产，经查明确实与案件无关的，应当在三日以内解除查封、扣押、冻结，予以退还。

第七节　鉴定

第一百四十四条　为了查明案情，需要解决案件中某些专门性问题的时候，应当指派、聘请有专门知识的人进行鉴定。

件无关的财物、文件，不得查封、扣押。

对查封、扣押的财物、文件，要妥善保管或者封存，不得使用、调换或者损毁。

第一百四十二条　对查封、扣押的财物、文件，应当会同在场见证人和被查封、扣押财物、文件持有人查点清楚，当场开列清单一式二份，由侦查人员、见证人和持有人签名或者盖章，一份交给持有人，另一份附卷备查。

第一百四十三条　侦查人员认为需要扣押犯罪嫌疑人的邮件、电报的时候，经公安机关或者人民检察院批准，即可通知邮电机关将有关的邮件、电报检交扣押。

不需要继续扣押的时候，应即通知邮电机关。

第一百四十四条　人民检察院、公安机关根据侦查犯罪的需要，可以依照规定查询、冻结犯罪嫌疑人的存款、汇款、债券、股票、基金份额等财产。有关单位和个人应当配合。

犯罪嫌疑人的存款、汇款、债券、股票、基金份额等财产已被冻结的，不得重复冻结。

第一百四十五条　对查封、扣押的财物、文件、邮件、电报或者冻结的存款、汇款、债券、股票、基金份额等财产，经查明确实与案件无关的，应当在三日以内解除查封、扣押、冻结，予以退还。

第七节　鉴定

第一百四十六条　为了查明案情，需要解决案件中某些专门性问题的时候，应当指派、聘请有专门知识的人进行鉴定。

第一百四十五条　鉴定人进行鉴定后，应当写出鉴定意见，并且签名。

鉴定人故意作虚假鉴定的，应当承担法律责任。

第一百四十六条　侦查机关应当将用作证据的鉴定意见告知犯罪嫌疑人、被害人。如果犯罪嫌疑人、被害人提出申请，可以补充鉴定或者重新鉴定。

第一百四十七条　对犯罪嫌疑人作精神病鉴定的期间不计入办案期限。

第八节　技术侦查措施

第一百四十八条　公安机关在立案后，对于危害国家安全犯罪、恐怖活动犯罪、黑社会性质的组织犯罪、重大毒品犯罪或者其他严重危害社会的犯罪案件，根据侦查犯罪的需要，经过严格的批准手续，可以采取技术侦查措施。

人民检察院在立案后，**对于重大的贪污、贿赂犯罪案件以及利用职权实施的严重侵犯公民人身权利的重大犯罪案件，**根据侦查犯罪的需要，经过严格的批准手续，可以采取技术侦查措施，按照规定交有关机关执行。

追捕被通缉或者批准、决定逮捕的在逃的犯罪嫌疑人、被告人，经过批准，可以采取追捕所必需的技术侦查措施。

第一百四十九条　批准决定应当根据侦查犯罪的需要，确定采取技术侦查措施的种类和适用对象。批准决定自签发之日起三个月以内有效。对于不需要继续采取技术侦查措施的，应当及时解除；对于复杂、疑难案件，期限届满仍有必要继续采取技术侦查措施的，经过批准，有效期可

第一百四十七条　鉴定人进行鉴定后，应当写出鉴定意见，并且签名。

鉴定人故意作虚假鉴定的，应当承担法律责任。

第一百四十八条　侦查机关应当将用作证据的鉴定意见告知犯罪嫌疑人、被害人。如果犯罪嫌疑人、被害人提出申请，可以补充鉴定或者重新鉴定。

第一百四十九条　对犯罪嫌疑人作精神病鉴定的期间不计入办案期限。

第八节　技术侦查措施

第一百五十条　公安机关在立案后，对于危害国家安全犯罪、恐怖活动犯罪、黑社会性质的组织犯罪、重大毒品犯罪或者其他严重危害社会的犯罪案件，根据侦查犯罪的需要，经过严格的批准手续，可以采取技术侦查措施。

人民检察院在立案后，**对于利用职权实施的严重侵犯公民人身权利的重大犯罪案件，**根据侦查犯罪的需要，经过严格的批准手续，可以采取技术侦查措施，按照规定交有关机关执行。

追捕被通缉或者批准、决定逮捕的在逃的犯罪嫌疑人、被告人，经过批准，可以采取追捕所必需的技术侦查措施。

第一百五十一条　批准决定应当根据侦查犯罪的需要，确定采取技术侦查措施的种类和适用对象。批准决定自签发之日起三个月以内有效。对于不需要继续采取技术侦查措施的，应当及时解除；对于复杂、疑难案件，期限届满仍有必要继续采取技术侦查措施的，经过批准，有效期可

以延长，每次不得超过三个月。

第一百五十条　采取技术侦查措施，必须严格按照批准的措施种类、适用对象和期限执行。

侦查人员对采取技术侦查措施过程中知悉的国家秘密、商业秘密和个人隐私，应当保密；对采取技术侦查措施获取的与案件无关的材料，必须及时销毁。

采取技术侦查措施获取的材料，只能用于对犯罪的侦查、起诉和审判，不得用于其他用途。

公安机关依法采取技术侦查措施，有关单位和个人应当配合，并对有关情况予以保密。

第一百五十一条　为了查明案情，在必要的时候，经公安机关负责人决定，可以由有关人员隐匿其身份实施侦查。但是，不得诱使他人犯罪，不得采用可能危害公共安全或者发生重大人身危险的方法。

对涉及给付毒品等违禁品或者财物的犯罪活动，公安机关根据侦查犯罪的需要，可以依照规定实施控制下交付。

第一百五十二条　依照本节规定采取侦查措施收集的材料在刑事诉讼中可以作为证据使用。如果使用该证据可能危及有关人员的人身安全，或者可能产生其他严重后果的，应当采取不暴露有关人员身份、技术方法等保护措施，必要的时候，可以由审判人员在庭外对证据进行核实。

第九节　通缉

第一百五十三条　应当逮捕的犯罪嫌疑人如果在逃，公安机关可以发布通缉

以延长，每次不得超过三个月。

第一百五十二条　采取技术侦查措施，必须严格按照批准的措施种类、适用对象和期限执行。

侦查人员对采取技术侦查措施过程中知悉的国家秘密、商业秘密和个人隐私，应当保密；对采取技术侦查措施获取的与案件无关的材料，必须及时销毁。

采取技术侦查措施获取的材料，只能用于对犯罪的侦查、起诉和审判，不得用于其他用途。

公安机关依法采取技术侦查措施，有关单位和个人应当配合，并对有关情况予以保密。

第一百五十三条　为了查明案情，在必要的时候，经公安机关负责人决定，可以由有关人员隐匿其身份实施侦查。但是，不得诱使他人犯罪，不得采用可能危害公共安全或者发生重大人身危险的方法。

对涉及给付毒品等违禁品或者财物的犯罪活动，公安机关根据侦查犯罪的需要，可以依照规定实施控制下交付。

第一百五十四条　依照本节规定采取侦查措施收集的材料在刑事诉讼中可以作为证据使用。如果使用该证据可能危及有关人员的人身安全，或者可能产生其他严重后果的，应当采取不暴露有关人员身份、技术方法等保护措施，必要的时候，可以由审判人员在庭外对证据进行核实。

第九节　通缉

第一百五十五条　应当逮捕的犯罪嫌疑人如果在逃，公安机关可以发布通缉

令，采取有效措施，追捕归案。

各级公安机关在自己管辖的地区以内，可以直接发布通缉令；超出自己管辖的地区，应当报请有权决定的上级机关发布。

第十节　侦查终结

第一百五十四条　对犯罪嫌疑人逮捕后的侦查羁押期限不得超过二个月。案情复杂、期限届满不能终结的案件，可以经上一级人民检察院批准延长一个月。

第一百五十五条　因为特殊原因，在较长时间内不宜交付审判的特别重大复杂的案件，由最高人民检察院报请全国人民代表大会常务委员会批准延期审理。

第一百五十六条　下列案件在本法第一百五十四条规定的期限届满不能侦查终结的，经省、自治区、直辖市人民检察院批准或者决定，可以延长二个月：

（一）交通十分不便的边远地区的重大复杂案件；

（二）重大的犯罪集团案件；

（三）流窜作案的重大复杂案件；

（四）犯罪涉及面广，取证困难的重大复杂案件。

第一百五十七条　对犯罪嫌疑人可能判处十年有期徒刑以上刑罚，依照本法第一百五十六条规定延长期限届满，仍不能侦查终结的，经省、自治区、直辖市人民检察院批准或者决定，可以再延长二个月。

第一百五十八条　在侦查期间，发现犯罪嫌疑人另有重要罪行的，自发现之日起依照本法第一百五十四条的规定重新计

令，采取有效措施，追捕归案。

各级公安机关在自己管辖的地区以内，可以直接发布通缉令；超出自己管辖的地区，应当报请有权决定的上级机关发布。

第十节　侦查终结

第一百五十六条　对犯罪嫌疑人逮捕后的侦查羁押期限不得超过二个月。案情复杂、期限届满不能终结的案件，可以经上一级人民检察院批准延长一个月。

第一百五十七条　因为特殊原因，在较长时间内不宜交付审判的特别重大复杂的案件，由最高人民检察院报请全国人民代表大会常务委员会批准延期审理。

第一百五十八条　下列案件在本法第一百五十六条规定的期限届满不能侦查终结的，经省、自治区、直辖市人民检察院批准或者决定，可以延长二个月：

（一）交通十分不便的边远地区的重大复杂案件；

（二）重大的犯罪集团案件；

（三）流窜作案的重大复杂案件；

（四）犯罪涉及面广，取证困难的重大复杂案件。

第一百五十九条　对犯罪嫌疑人可能判处十年有期徒刑以上刑罚，依照本法第一百五十八条规定延长期限届满，仍不能侦查终结的，经省、自治区、直辖市人民检察院批准或者决定，可以再延长二个月。

第一百六十条　在侦查期间，发现犯罪嫌疑人另有重要罪行的，自发现之日起依照本法第一百五十六条的规定重新计算

算侦查羁押期限。

犯罪嫌疑人不讲真实姓名、住址，身份不明的，应当对其身份进行调查，侦查羁押期限自查清其身份之日起计算，但是不得停止对其犯罪行为的侦查取证。对于犯罪事实清楚，证据确实、充分，确实无法查明其身份的，也可以按其自报的姓名起诉、审判。

第一百五十九条　在案件侦查终结前，辩护律师提出要求的，侦查机关应当听取辩护律师的意见，并记录在案。辩护律师提出书面意见的，应当附卷。

第一百六十条　公安机关侦查终结的案件，应当做到犯罪事实清楚，证据确实、充分，并且写出起诉意见书，连同案卷材料、证据一并移送同级人民检察院审查决定；同时将案件移送情况告知犯罪嫌疑人及其辩护律师。

第一百六十一条　在侦查过程中，发现不应对犯罪嫌疑人追究刑事责任的，应当撤销案件；犯罪嫌疑人已被逮捕的，应当立即释放，发给释放证明，并且通知原批准逮捕的人民检察院。

第十一节　人民检察院对直接受理的案件的侦查

第一百六十二条　人民检察院对直接受理的案件的侦查适用本章规定。

第一百六十三条　人民检察院直接受理的案件中符合本法**第七十九条、第八十条第四项、第五项规定情形**，需要逮捕、

侦查羁押期限。

犯罪嫌疑人不讲真实姓名、住址，身份不明的，应当对其身份进行调查，侦查羁押期限自查清其身份之日起计算，但是不得停止对其犯罪行为的侦查取证。对于犯罪事实清楚，证据确实、充分，确实无法查明其身份的，也可以按其自报的姓名起诉、审判。

第一百六十一条　在案件侦查终结前，辩护律师提出要求的，侦查机关应当听取辩护律师的意见，并记录在案。辩护律师提出书面意见的，应当附卷。

第一百六十二条　公安机关侦查终结的案件，应当做到犯罪事实清楚，证据确实、充分，并且写出起诉意见书，连同案卷材料、证据一并移送同级人民检察院审查决定；同时将案件移送情况告知犯罪嫌疑人及其辩护律师。

犯罪嫌疑人自愿认罪的，应当记录在案，随案移送，并在起诉意见书中写明有关情况。

第一百六十三条　在侦查过程中，发现不应对犯罪嫌疑人追究刑事责任的，应当撤销案件；犯罪嫌疑人已被逮捕的，应当立即释放，发给释放证明，并且通知原批准逮捕的人民检察院。

第十一节　人民检察院对直接受理的案件的侦查

第一百六十四条　人民检察院对直接受理的案件的侦查适用本章规定。

第一百六十五条　人民检察院直接受理的案件中符合本法**第八十一条、第八十二条第四项、第五项规定情形**，需要逮

拘留犯罪嫌疑人的，由人民检察院作出决定，由公安机关执行。

第一百六十四条　人民检察院对直接受理的案件中被拘留的人，应当在拘留后的二十四小时以内进行讯问。在发现不应当拘留的时候，必须立即释放，发给释放证明。

第一百六十五条　人民检察院对直接受理的案件中被拘留的人，认为需要逮捕的，应当在十四日以内作出决定。在特殊情况下，决定逮捕的时间可以延长一日至三日。对不需要逮捕的，应当立即释放；对需要继续侦查，并且符合取保候审、监视居住条件的，依法取保候审或者监视居住。

第一百六十六条　人民检察院侦查终结的案件，应当作出提起公诉、不起诉或者撤销案件的决定。

第三章　提起公诉

第一百六十七条　凡需要提起公诉的案件，一律由人民检察院审查决定。

捕、拘留犯罪嫌疑人的，由人民检察院作出决定，由公安机关执行。

第一百六十六条　人民检察院对直接受理的案件中被拘留的人，应当在拘留后的二十四小时以内进行讯问。在发现不应当拘留的时候，必须立即释放，发给释放证明。

第一百六十七条　人民检察院对直接受理的案件中被拘留的人，认为需要逮捕的，应当在十四日以内作出决定。在特殊情况下，决定逮捕的时间可以延长一日至三日。对不需要逮捕的，应当立即释放；对需要继续侦查，并且符合取保候审、监视居住条件的，依法取保候审或者监视居住。

第一百六十八条　人民检察院侦查终结的案件，应当作出提起公诉、不起诉或者撤销案件的决定。

第三章　提起公诉

第一百六十九条　凡需要提起公诉的案件，一律由人民检察院审查决定。

第一百七十条　人民检察院对于监察机关移送起诉的案件，依照本法和监察法的有关规定进行审查。人民检察院经审查，认为需要补充核实的，应当退回监察机关补充调查，必要时可以自行补充侦查。

对于监察机关移送起诉的已采取留置措施的案件，人民检察院应当对犯罪嫌疑人先行拘留，留置措施自动解除。人民检察院应当在拘留后的十日以内作出是否逮捕、取保候审或者监视居住的决定。在特殊情况下，决定的时间可以延长一日至四

第一百六十八条　人民检察院审查案件的时候，必须查明：

（一）犯罪事实、情节是否清楚，证据是否确实、充分，犯罪性质和罪名的认定是否正确；

（二）有无遗漏罪行和其他应当追究刑事责任的人；

（三）是否属于不应追究刑事责任的；

（四）有无附带民事诉讼；

（五）侦查活动是否合法。

第一百六十九条　人民检察院对于**公安机关移送起诉的案件**，应当在一个月以内作出决定，重大、复杂的案件，可以延长半个月。

人民检察院审查起诉的案件，改变管辖的，从改变后的人民检察院收到案件之日起计算审查起诉期限。

第一百七十条　人民检察院审查案件，应当讯问犯罪嫌疑人，**听取辩护人**、被害人及其诉讼代理人的意见，并记录在案。辩护人、被害人及其诉讼代理人提出书面意见的，应当附卷。

日。人民检察院决定采取强制措施的期间不计入审查起诉期限。

第一百七十一条　人民检察院审查案件的时候，必须查明：

（一）犯罪事实、情节是否清楚，证据是否确实、充分，犯罪性质和罪名的认定是否正确；

（二）有无遗漏罪行和其他应当追究刑事责任的人；

（三）是否属于不应追究刑事责任的；

（四）有无附带民事诉讼；

（五）侦查活动是否合法。

第一百七十二条　人民检察院对于**监察机关、公安机关移送起诉的案件**，应当在一个月以内作出决定，重大、复杂的案件，可以延长十五日；犯罪嫌疑人认罪认罚，符合速裁程序适用条件的，应当在十**日以内作出决定，对可能判处的有期徒刑超过一年的，可以延长至十五日。**

人民检察院审查起诉的案件，改变管辖的，从改变后的人民检察院收到案件之日起计算审查起诉期限。

第一百七十三条　人民检察院审查案件，应当讯问犯罪嫌疑人，**听取辩护人或者值班律师**、被害人及其诉讼代理人的意见，并记录在案。**辩护人或者值班律师**、被害人及其诉讼代理人提出书面意见的，应当附卷。

犯罪嫌疑人认罪认罚的，人民检察院应当告知其享有的诉讼权利和认罪认罚的法律规定，听取犯罪嫌疑人、辩护人或者值班律师、被害人及其诉讼代理人对下列事项的意见，并记录在案：

（一）涉嫌的犯罪事实、罪名及适用的法律规定；

（二）从轻、减轻或者免除处罚等从宽处罚的建议；

（三）认罪认罚后案件审理适用的程序；

（四）其他需要听取意见的事项。

人民检察院依照前两款规定听取值班律师意见的，应当提前为值班律师了解案件有关情况提供必要的便利。

第一百七十四条　犯罪嫌疑人自愿认罪，同意量刑建议和程序适用的，应当在辩护人或者值班律师在场的情况下签署认罪认罚具结书。

犯罪嫌疑人认罪认罚，有下列情形之一的，不需要签署认罪认罚具结书：

（一）犯罪嫌疑人是盲、聋、哑人，或者是尚未完全丧失辨认或者控制自己行为能力的精神病人的；

（二）未成年犯罪嫌疑人的法定代理人、辩护人对未成年人认罪认罚有异议的；

（三）其他不需要签署认罪认罚具结书的情形。

第一百七十一条　人民检察院审查案件，可以要求公安机关提供法庭审判所必需的证据材料；认为可能存在本法第五十四条规定的以非法方法收集证据情形的，可以要求其对证据收集的合法性作出说明。

人民检察院审查案件，对于需要补充侦查的，可以退回公安机关补充侦查，也可以自行侦查。

第一百七十五条　人民检察院审查案件，可以要求公安机关提供法庭审判所必需的证据材料；认为可能存在本法第五十六条规定的以非法方法收集证据情形的，可以要求其对证据收集的合法性作出说明。

人民检察院审查案件，对于需要补充侦查的，可以退回公安机关补充侦查，也可以自行侦查。

对于补充侦查的案件，应当在一个月以内补充侦查完毕。补充侦查以二次为限。补充侦查完毕移送人民检察院后，人民检察院重新计算审查起诉期限。	对于补充侦查的案件，应当在一个月以内补充侦查完毕。补充侦查以二次为限。补充侦查完毕移送人民检察院后，人民检察院重新计算审查起诉期限。
对于二次补充侦查的案件，人民检察院仍然认为证据不足，不符合起诉条件的，应当作出不起诉的决定。	对于二次补充侦查的案件，人民检察院仍然认为证据不足，不符合起诉条件的，应当作出不起诉的决定。
第一百七十二条　人民检察院认为犯罪嫌疑人的犯罪事实已经查清，证据确实、充分，依法应当追究刑事责任的，应当作出起诉决定，按照审判管辖的规定，向人民法院提起公诉，并将案卷材料、证据移送人民法院。	第一百七十六条　人民检察院认为犯罪嫌疑人的犯罪事实已经查清，证据确实、充分，依法应当追究刑事责任的，应当作出起诉决定，按照审判管辖的规定，向人民法院提起公诉，并将案卷材料、证据移送人民法院。
	犯罪嫌疑人认罪认罚的，人民检察院应当就主刑、附加刑、是否适用缓刑等提出量刑建议，并随案移送认罪认罚具结书等材料。
第一百七十三条　犯罪嫌疑人没有犯罪事实，或者有本法第十五条规定的情形之一的，人民检察院应当作出不起诉决定。	第一百七十七条　犯罪嫌疑人没有犯罪事实，或者有本法第十六条规定的情形之一的，人民检察院应当作出不起诉决定。
对于犯罪情节轻微，依照刑法规定不需要判处刑罚或者免除刑罚的，人民检察院可以作出不起诉决定。	对于犯罪情节轻微，依照刑法规定不需要判处刑罚或者免除刑罚的，人民检察院可以作出不起诉决定。
人民检察院决定不起诉的案件，应当同时对侦查中查封、扣押、冻结的财物解除查封、扣押、冻结。对被不起诉人需要给予**行政处罚、行政处分**或者需要没收其违法所得的，人民检察院应当提出检察意见，移送有关主管机关处理。有关主管机关应当将处理结果及时通知人民检察院。	人民检察院决定不起诉的案件，应当同时对侦查中查封、扣押、冻结的财物解除查封、扣押、冻结。对被不起诉人需要给予**行政处罚、处分**或者需要没收其违法所得的，人民检察院应当提出检察意见，移送有关主管机关处理。有关主管机关应当将处理结果及时通知人民检察院。
第一百七十四条　不起诉的决定，应当公开宣布，并且将不起诉决定书送达被不起诉人和他的所在单位。如果被不起诉	第一百七十八条　不起诉的决定，应当公开宣布，并且将不起诉决定书送达被不起诉人和他的所在单位。如果被不起诉

人在押，应当立即释放。

第一百七十五条　对于公安机关移送起诉的案件，人民检察院决定不起诉的，应当将不起诉决定书送达公安机关。公安机关认为不起诉的决定有错误的时候，可以要求复议，如果意见不被接受，可以向上一级人民检察院提请复核。

第一百七十六条　对于有被害人的案件，决定不起诉的，人民检察院应当将不起诉决定书送达被害人。被害人如果不服，可以自收到决定书后七日以内向上一级人民检察院申诉，请求提起公诉。人民检察院应当将复查决定告知被害人。对人民检察院维持不起诉决定的，被害人可以向人民法院起诉。被害人也可以不经申诉，直接向人民法院起诉。人民法院受理案件后，人民检察院应当将有关案件材料移送人民法院。

第一百七十七条　对于人民检察院依照本法第一百七十三条第二款规定作出的不起诉决定，被不起诉人如果不服，可以自收到决定书后七日以内向人民检察院申诉。人民检察院应当作出复查决定，通知被不起诉的人，同时抄送公安机关。

人在押，应当立即释放。

第一百七十九条　对于公安机关移送起诉的案件，人民检察院决定不起诉的，应当将不起诉决定书送达公安机关。公安机关认为不起诉的决定有错误的时候，可以要求复议，如果意见不被接受，可以向上一级人民检察院提请复核。

第一百八十条　对于有被害人的案件，决定不起诉的，人民检察院应当将不起诉决定书送达被害人。被害人如果不服，可以自收到决定书后七日以内向上一级人民检察院申诉，请求提起公诉。人民检察院应当将复查决定告知被害人。对人民检察院维持不起诉决定的，被害人可以向人民法院起诉。被害人也可以不经申诉，直接向人民法院起诉。人民法院受理案件后，人民检察院应当将有关案件材料移送人民法院。

第一百八十一条　对于人民检察院依照本法第一百七十七条第二款规定作出的不起诉决定，被不起诉人如果不服，可以自收到决定书后七日以内向人民检察院申诉。人民检察院应当作出复查决定，通知被不起诉的人，同时抄送公安机关。

第一百八十二条　犯罪嫌疑人自愿如实供述涉嫌犯罪的事实，有重大立功或者案件涉及国家重大利益的，经最高人民检察院核准，公安机关可以撤销案件，人民检察院可以作出不起诉决定，也可以对涉嫌数罪中的一项或者多项不起诉。

根据前款规定不起诉或者撤销案件的，人民检察院、公安机关应当及时对查封、扣押、冻结的财物及其孳息作出处理。

第三编 审判

第一章 审判组织

第一百七十八条 基层人民法院、中级人民法院审判第一审案件，应当由审判员三人或者由审判员和人民陪审员**共三人**组成合议庭进行，但是基层人民法院适用**简易程序的案件**可以由审判员一人独任审判。

高级人民法院、最高人民法院审判第一审案件，应当由审判员三人至七人或者由审判员和人民陪审员共三人至七人组成合议庭进行。

人民陪审员在人民法院执行职务，同审判员有同等的权利。

人民法院审判上诉和抗诉案件，由审判员三人至五人组成合议庭进行。

合议庭的成员人数应当是单数。

合议庭由院长或者庭长指定审判员一人担任审判长。院长或者庭长参加审判案件的时候，自己担任审判长。

第一百七十九条 合议庭进行评议的时候，如果意见分歧，应当按多数人的意见作出决定，但是少数人的意见应当写入笔录。评议笔录由合议庭的组成人员签名。

第一百八十条 合议庭开庭审理并且评议后，应当作出判决。对于疑难、复杂、重大的案件，合议庭认为难以作出决定的，由合议庭提请院长决定提交审判委员会讨论决定。审判委员会的决定，合议庭应当执行。

第二章 第一审程序

第一节 公诉案件

第一百八十一条 人民法院对提起公诉的案件进行审查后，对于起诉书中有明

第三编 审判

第一章 审判组织

第一百八十三条 基层人民法院、中级人民法院审判第一审案件，应当由审判员三人或者由审判员和人民陪审员**共三人或者七人**组成合议庭进行，但是基层人民法院适用**简易程序、速裁程序的案件**可以由审判员一人独任审判。

高级人民法院审判第一审案件，应当由审判员三人至七人或者由审判员和人民陪审员共三人或者七人组成合议庭进行。

最高人民法院审判第一审案件，应当由审判员三人至七人组成合议庭进行。

人民法院审判上诉和抗诉案件，由审判员三人或者五人组成合议庭进行。

合议庭的成员人数应当是单数。

第一百八十四条 合议庭进行评议的时候，如果意见分歧，应当按多数人的意见作出决定，但是少数人的意见应当写入笔录。评议笔录由合议庭的组成人员签名。

第一百八十五条 合议庭开庭审理并且评议后，应当作出判决。对于疑难、复杂、重大的案件，合议庭认为难以作出决定的，由合议庭提请院长决定提交审判委员会讨论决定。审判委员会的决定，合议庭应当执行。

第二章 第一审程序

第一节 公诉案件

第一百八十六条 人民法院对提起公诉的案件进行审查后，对于起诉书中有明

确的指控犯罪事实的，应当决定开庭审判。

第一百八十二条　人民法院决定开庭审判后，应当确定合议庭的组成人员，将人民检察院的起诉书副本至迟在开庭十日以前送达被告人及其辩护人。

在开庭以前，审判人员可以召集公诉人、当事人和辩护人、诉讼代理人，对回避、出庭证人名单、非法证据排除等与审判相关的问题，了解情况，听取意见。

人民法院确定开庭日期后，应当将开庭的时间、地点通知人民检察院，传唤当事人，通知辩护人、诉讼代理人、证人、鉴定人和翻译人员，传票和通知书至迟在开庭三日以前送达。公开审判的案件，应当在开庭三日以前先期公布案由、被告人姓名、开庭时间和地点。

上述活动情形应当写入笔录，由审判人员和书记员签名。

第一百八十三条　人民法院审判第一审案件应当公开进行。但是有关国家秘密或者个人隐私的案件，不公开审理；涉及商业秘密的案件，当事人申请不公开审理的，可以不公开审理。

不公开审理的案件，应当当庭宣布不公开审理的理由。

第一百八十四条　人民法院审判公诉案件，人民检察院应当派员出席法庭支持公诉。

第一百八十五条　开庭的时候，审判长查明当事人是否到庭，宣布案由；宣布合议庭的组成人员、书记员、公诉人、辩护人、诉讼代理人、鉴定人和翻译人员的

确的指控犯罪事实的，应当决定开庭审判。

第一百八十七条　人民法院决定开庭审判后，应当确定合议庭的组成人员，将人民检察院的起诉书副本至迟在开庭十日以前送达被告人及其辩护人。

在开庭以前，审判人员可以召集公诉人、当事人和辩护人、诉讼代理人，对回避、出庭证人名单、非法证据排除等与审判相关的问题，了解情况，听取意见。

人民法院确定开庭日期后，应当将开庭的时间、地点通知人民检察院，传唤当事人，通知辩护人、诉讼代理人、证人、鉴定人和翻译人员，传票和通知书至迟在开庭三日以前送达。公开审判的案件，应当在开庭三日以前先期公布案由、被告人姓名、开庭时间和地点。

上述活动情形应当写入笔录，由审判人员和书记员签名。

第一百八十八条　人民法院审判第一审案件应当公开进行。但是有关国家秘密或者个人隐私的案件，不公开审理；涉及商业秘密的案件，当事人申请不公开审理的，可以不公开审理。

不公开审理的案件，应当当庭宣布不公开审理的理由。

第一百八十九条　人民法院审判公诉案件，人民检察院应当派员出席法庭支持公诉。

第一百九十条　开庭的时候，审判长查明当事人是否到庭，宣布案由；宣布合议庭的组成人员、书记员、公诉人、辩护人、诉讼代理人、鉴定人和翻译人员的名

名单；告知当事人有权对合议庭组成人员、书记员、公诉人、鉴定人和翻译人员申请回避；告知被告人享有辩护权利。	单；告知当事人有权对合议庭组成人员、书记员、公诉人、鉴定人和翻译人员申请回避；告知被告人享有辩护权利。
	被告人认罪认罚的，审判长应当告知被告人享有的诉讼权利和认罪认罚的法律规定，审查认罪认罚的自愿性和认罪认罚具结书内容的真实性、合法性。
第一百八十六条　公诉人在法庭上宣读起诉书后，被告人、被害人可以就起诉书指控的犯罪进行陈述，公诉人可以讯问被告人。	第一百九十一条　公诉人在法庭上宣读起诉书后，被告人、被害人可以就起诉书指控的犯罪进行陈述，公诉人可以讯问被告人。
被害人、附带民事诉讼的原告人和辩护人、诉讼代理人，经审判长许可，可以向被告人发问。	被害人、附带民事诉讼的原告人和辩护人、诉讼代理人，经审判长许可，可以向被告人发问。
审判人员可以讯问被告人。	审判人员可以讯问被告人。
第一百八十七条　公诉人、当事人或者辩护人、诉讼代理人对证人证言有异议，且该证人证言对案件定罪量刑有重大影响，人民法院认为证人有必要出庭作证的，证人应当出庭作证。	第一百九十二条　公诉人、当事人或者辩护人、诉讼代理人对证人证言有异议，且该证人证言对案件定罪量刑有重大影响，人民法院认为证人有必要出庭作证的，证人应当出庭作证。
人民警察就其执行职务时目击的犯罪情况作为证人出庭作证，适用前款规定。	人民警察就其执行职务时目击的犯罪情况作为证人出庭作证，适用前款规定。
公诉人、当事人或者辩护人、诉讼代理人对鉴定意见有异议，人民法院认为鉴定人有必要出庭的，鉴定人应当出庭作证。经人民法院通知，鉴定人拒不出庭作证的，鉴定意见不得作为定案的根据。	公诉人、当事人或者辩护人、诉讼代理人对鉴定意见有异议，人民法院认为鉴定人有必要出庭的，鉴定人应当出庭作证。经人民法院通知，鉴定人拒不出庭作证的，鉴定意见不得作为定案的根据。
第一百八十八条　经人民法院通知，证人没有正当理由不出庭作证的，人民法院可以强制其到庭，但是被告人的配偶、父母、子女除外。	第一百九十三条　经人民法院通知，证人没有正当理由不出庭作证的，人民法院可以强制其到庭，但是被告人的配偶、父母、子女除外。
证人没有正当理由拒绝出庭或者出庭后拒绝作证的，予以训诫，情节严重的，	证人没有正当理由拒绝出庭或者出庭后拒绝作证的，予以训诫，情节严重的，

经院长批准，处以十日以下的拘留。被处罚人对拘留决定不服的，可以向上一级人民法院申请复议。复议期间不停止执行。

第一百八十九条　证人作证，审判人员应当告知他要如实地提供证言和有意作伪证或者隐匿罪证要负的法律责任。公诉人、当事人和辩护人、诉讼代理人经审判长许可，可以对证人、鉴定人发问。审判长认为发问的内容与案件无关的时候，应当制止。

审判人员可以询问证人、鉴定人。

第一百九十条　公诉人、辩护人应当向法庭出示物证，让当事人辨认，对未到庭的证人的证言笔录、鉴定人的鉴定意见、勘验笔录和其他作为证据的文书，应当当庭宣读。审判人员应当听取公诉人、当事人和辩护人、诉讼代理人的意见。

第一百九十一条　法庭审理过程中，合议庭对证据有疑问的，可以宣布休庭，对证据进行调查核实。

人民法院调查核实证据，可以进行勘验、检查、查封、扣押、鉴定和查询、冻结。

第一百九十二条　法庭审理过程中，当事人和辩护人、诉讼代理人有权申请通知新的证人到庭，调取新的物证，申请重新鉴定或者勘验。

公诉人、当事人和辩护人、诉讼代理人可以申请法庭通知有专门知识的人出庭，就鉴定人作出的鉴定意见提出意见。

法庭对于上述申请，应当作出是否同意的决定。

第二款规定的有专门知识的人出庭，

经院长批准，处以十日以下的拘留。被处罚人对拘留决定不服的，可以向上一级人民法院申请复议。复议期间不停止执行。

第一百九十四条　证人作证，审判人员应当告知他要如实地提供证言和有意作伪证或者隐匿罪证要负的法律责任。公诉人、当事人和辩护人、诉讼代理人经审判长许可，可以对证人、鉴定人发问。审判长认为发问的内容与案件无关的时候，应当制止。

审判人员可以询问证人、鉴定人。

第一百九十五条　公诉人、辩护人应当向法庭出示物证，让当事人辨认，对未到庭的证人的证言笔录、鉴定人的鉴定意见、勘验笔录和其他作为证据的文书，应当当庭宣读。审判人员应当听取公诉人、当事人和辩护人、诉讼代理人的意见。

第一百九十六条　法庭审理过程中，合议庭对证据有疑问的，可以宣布休庭，对证据进行调查核实。

人民法院调查核实证据，可以进行勘验、检查、查封、扣押、鉴定和查询、冻结。

第一百九十七条　法庭审理过程中，当事人和辩护人、诉讼代理人有权申请通知新的证人到庭，调取新的物证，申请重新鉴定或者勘验。

公诉人、当事人和辩护人、诉讼代理人可以申请法庭通知有专门知识的人出庭，就鉴定人作出的鉴定意见提出意见。

法庭对于上述申请，应当作出是否同意的决定。

第二款规定的有专门知识的人出庭，

适用鉴定人的有关规定。

第一百九十三条　法庭审理过程中，对与定罪、量刑有关的事实、证据都应当进行调查、辩论。

经审判长许可，公诉人、当事人和辩护人、诉讼代理人可以对证据和案件情况发表意见并且可以互相辩论。

审判长在宣布辩论终结后，被告人有最后陈述的权利。

第一百九十四条　在法庭审判过程中，如果诉讼参与人或者旁听人员违反法庭秩序，审判长应当警告制止。对不听制止的，可以强行带出法庭；情节严重的，处以一千元以下的罚款或者十五日以下的拘留。罚款、拘留必须经院长批准。被处罚人对罚款、拘留的决定不服的，可以向上一级人民法院申请复议。复议期间不停止执行。

对聚众哄闹、冲击法庭或者侮辱、诽谤、威胁、殴打司法工作人员或者诉讼参与人，严重扰乱法庭秩序，构成犯罪的，依法追究刑事责任。

第一百九十五条　在被告人最后陈述后，审判长宣布休庭，合议庭进行评议，根据已经查明的事实、证据和有关的法律规定，分别作出以下判决：

（一）案件事实清楚，证据确实、充分，依据法律认定被告人有罪的，应当作出有罪判决；

（二）依据法律认定被告人无罪的，应当作出无罪判决；

（三）证据不足，不能认定被告人有罪的，应当作出证据不足、指控的犯罪不

适用鉴定人的有关规定。

第一百九十八条　法庭审理过程中，对与定罪、量刑有关的事实、证据都应当进行调查、辩论。

经审判长许可，公诉人、当事人和辩护人、诉讼代理人可以对证据和案件情况发表意见并且可以互相辩论。

审判长在宣布辩论终结后，被告人有最后陈述的权利。

第一百九十九条　在法庭审判过程中，如果诉讼参与人或者旁听人员违反法庭秩序，审判长应当警告制止。对不听制止的，可以强行带出法庭；情节严重的，处以一千元以下的罚款或者十五日以下的拘留。罚款、拘留必须经院长批准。被处罚人对罚款、拘留的决定不服的，可以向上一级人民法院申请复议。复议期间不停止执行。

对聚众哄闹、冲击法庭或者侮辱、诽谤、威胁、殴打司法工作人员或者诉讼参与人，严重扰乱法庭秩序，构成犯罪的，依法追究刑事责任。

第二百条　在被告人最后陈述后，审判长宣布休庭，合议庭进行评议，根据已经查明的事实、证据和有关的法律规定，分别作出以下判决：

（一）案件事实清楚，证据确实、充分，依据法律认定被告人有罪的，应当作出有罪判决；

（二）依据法律认定被告人无罪的，应当作出无罪判决；

（三）证据不足，不能认定被告人有罪的，应当作出证据不足、指控的犯罪不

能成立的无罪判决。

第一百九十六条　宣告判决，一律公开进行。

当庭宣告判决的，应当在五日以内将判决书送达当事人和提起公诉的人民检察院；定期宣告判决的，应当在宣告后立即将判决书送达当事人和提起公诉的人民检察院。判决书应当同时送达辩护人、诉讼代理人。

第一百九十七条　判决书应当由审判人员和书记员署名，并且写明上诉的期限和上诉的法院。

第一百九十八条　在法庭审判过程中，遇有下列情形之一，影响审判进行的，可以延期审理：

（一）需要通知新的证人到庭，调取

能成立的无罪判决。

第二百零一条　对于认罪认罚案件，人民法院依法作出判决时，一般应当采纳人民检察院指控的罪名和量刑建议，但有下列情形的除外：

（一）被告人的行为不构成犯罪或者不应当追究其刑事责任的；

（二）被告人违背意愿认罪认罚的；

（三）被告人否认指控的犯罪事实的；

（四）起诉指控的罪名与审理认定的罪名不一致的；

（五）其他可能影响公正审判的情形。

人民法院经审理认为量刑建议明显不当，或者被告人、辩护人对量刑建议提出异议的，人民检察院可以调整量刑建议。人民检察院不调整量刑建议或者调整量刑建议后仍然明显不当的，人民法院应当依法作出判决。

第二百零二条　宣告判决，一律公开进行。

当庭宣告判决的，应当在五日以内将判决书送达当事人和提起公诉的人民检察院；定期宣告判决的，应当在宣告后立即将判决书送达当事人和提起公诉的人民检察院。判决书应当同时送达辩护人、诉讼代理人。

第二百零三条　判决书应当由审判人员和书记员署名，并且写明上诉的期限和上诉的法院。

第二百零四条　在法庭审判过程中，遇有下列情形之一，影响审判进行的，可以延期审理：

（一）需要通知新的证人到庭，调取

新的物证，重新鉴定或者勘验的；

（二）检察人员发现提起公诉的案件需要补充侦查，提出建议的；

（三）由于申请回避而不能进行审判的

第一百九十九条　依照本法第一百九十八条第二项的规定延期审理的案件，人民检察院应当在一个月以内补充侦查完毕。

第二百条　在审判过程中，有下列情形之一，致使案件在较长时间内无法继续审理的，可以中止审理：

（一）被告人患有严重疾病，无法出庭的；

（二）被告人脱逃的；

（三）自诉人患有严重疾病，无法出庭，未委托诉讼代理人出庭的；

（四）由于不能抗拒的原因。

中止审理的原因消失后，应当恢复审理。中止审理的期间不计入审理期限。

第二百零一条　法庭审判的全部活动，应当由书记员写成笔录，经审判长审阅后，由审判长和书记员签名。

法庭笔录中的证人证言部分，应当当庭宣读或者交给证人阅读。证人在承认没有错误后，应当签名或者盖章。

法庭笔录应当交给当事人阅读或者向他宣读。当事人认为记载有遗漏或者差错的，可以请求补充或者改正。当事人承认没有错误后，应当签名或者盖章。

第二百零二条　人民法院审理公诉案件，应当在受理后二个月以内宣判，至迟不得超过三个月。对于可能判处死刑的案

新的物证，重新鉴定或者勘验的；

（二）检察人员发现提起公诉的案件需要补充侦查，提出建议的；

（三）由于申请回避而不能进行审判的。

第二百零五条　依照本法第二百零四条第二项的规定延期审理的案件，人民检察院应当在一个月以内补充侦查完毕。

第二百零六条　在审判过程中，有下列情形之一，致使案件在较长时间内无法继续审理的，可以中止审理：

（一）被告人患有严重疾病，无法出庭的；

（二）被告人脱逃的；

（三）自诉人患有严重疾病，无法出庭，未委托诉讼代理人出庭的；

（四）由于不能抗拒的原因。

中止审理的原因消失后，应当恢复审理。中止审理的期间不计入审理期限。

第二百零七条　法庭审判的全部活动，应当由书记员写成笔录，经审判长审阅后，由审判长和书记员签名。

法庭笔录中的证人证言部分，应当当庭宣读或者交给证人阅读。证人在承认没有错误后，应当签名或者盖章。

法庭笔录应当交给当事人阅读或者向他宣读。当事人认为记载有遗漏或者差错的，可以请求补充或者改正。当事人承认没有错误后，应当签名或者盖章。

第二百零八条　人民法院审理公诉案件，应当在受理后二个月以内宣判，至迟不得超过三个月。对于可能判处死刑的案

件或者附带民事诉讼的案件，以及有本法第一百五十六条规定情形之一的，经上一级人民法院批准，可以延长三个月；因特殊情况还需要延长的，报请最高人民法院批准。

人民法院改变管辖的案件，从改变后的人民法院收到案件之日起计算审理期限。

人民检察院补充侦查的案件，补充侦查完毕移送人民法院后，人民法院重新计算审理期限。

第二百零三条　人民检察院发现人民法院审理案件违反法律规定的诉讼程序，有权向人民法院提出纠正意见。

第二节　自诉案件

第二百零四条　自诉案件包括下列案件：

（一）告诉才处理的案件；

（二）被害人有证据证明的轻微刑事案件；

（三）被害人有证据证明对被告人侵犯自己人身、财产权利的行为应当依法追究刑事责任，而公安机关或者人民检察院不予追究被告人刑事责任的案件。

第二百零五条　人民法院对于自诉案件进行审查后，按照下列情形分别处理：

（一）犯罪事实清楚，有足够证据的案件，应当开庭审判；

（二）缺乏罪证的自诉案件，如果自诉人提不出补充证据，应当说服自诉人撤回自诉，或者裁定驳回。

自诉人经两次依法传唤，无正当理由拒不到庭的，或者未经法庭许可中途退庭

件或者附带民事诉讼的案件，以及有本法第一百五十八条规定情形之一的，经上一级人民法院批准，可以延长三个月；因特殊情况还需要延长的，报请最高人民法院批准。

人民法院改变管辖的案件，从改变后的人民法院收到案件之日起计算审理期限。

人民检察院补充侦查的案件，补充侦查完毕移送人民法院后，人民法院重新计算审理期限。

第二百零九条　人民检察院发现人民法院审理案件违反法律规定的诉讼程序，有权向人民法院提出纠正意见。

第二节　自诉案件

第二百一十条　自诉案件包括下列案件：

（一）告诉才处理的案件；

（二）被害人有证据证明的轻微刑事案件；

（三）被害人有证据证明对被告人侵犯自己人身、财产权利的行为应当依法追究刑事责任，而公安机关或者人民检察院不予追究被告人刑事责任的案件。

第二百一十一条　人民法院对于自诉案件进行审查后，按照下列情形分别处理：

（一）犯罪事实清楚，有足够证据的案件，应当开庭审判；

（二）缺乏罪证的自诉案件，如果自诉人提不出补充证据，应当说服自诉人撤回自诉，或者裁定驳回。

自诉人经两次依法传唤，无正当理由

的，按撤诉处理。

法庭审理过程中，审判人员对证据有疑问，需要调查核实的，适用本法**第一百九十一条**的规定。

第二百零六条　人民法院对自诉案件，可以进行调解；自诉人在宣告判决前，可以同被告人自行和解或者撤回自诉。本法**第二百零四条第三项规定**的案件不适用调解。

人民法院审理自诉案件的期限，被告人被羁押的，适用本法**第二百零二条第一款、第二款的规定**；未被羁押的，应当在受理后六个月以内宣判。

第二百零七条　自诉案件的被告人在诉讼过程中，可以对自诉人提起反诉。反诉适用自诉的规定。

第三节　简易程序

第二百零八条　基层人民法院管辖的案件，符合下列条件的，可以适用简易程序审判：

（一）案件事实清楚、证据充分的；

（二）被告人承认自己所犯罪行，对指控的犯罪事实没有异议的；

（三）被告人对适用简易程序没有异议的。

人民检察院在提起公诉的时候，可以建议人民法院适用简易程序。

第二百零九条　有下列情形之一的，不适用简易程序：

（一）被告人是盲、聋、哑人，或者是尚未完全丧失辨认或者控制自己行为能力的精神病人的；

拒不到庭的，或者未经法庭许可中途退庭的，按撤诉处理。

法庭审理过程中，审判人员对证据有疑问，需要调查核实的，适用本法**第一百九十六条**的规定。

第二百一十二条　人民法院对自诉案件，可以进行调解；自诉人在宣告判决前，可以同被告人自行和解或者撤回自诉。本法**第二百一十条第三项规定**的案件不适用调解。

人民法院审理自诉案件的期限，被告人被羁押的，适用本法**第二百零八条第一款、第二款的规定**；未被羁押的，应当在受理后六个月以内宣判。

第二百一十三条　自诉案件的被告人在诉讼过程中，可以对自诉人提起反诉。反诉适用自诉的规定。

第三节　简易程序

第二百一十四条　基层人民法院管辖的案件，符合下列条件的，可以适用简易程序审判：

（一）案件事实清楚、证据充分的；

（二）被告人承认自己所犯罪行，对指控的犯罪事实没有异议的；

（三）被告人对适用简易程序没有异议的。

人民检察院在提起公诉的时候，可以建议人民法院适用简易程序。

第二百一十五条　有下列情形之一的，不适用简易程序：

（一）被告人是盲、聋、哑人，或者是尚未完全丧失辨认或者控制自己行为能力的精神病人的；

（二）有重大社会影响的；

（三）共同犯罪案件中部分被告人不认罪或者对适用简易程序有异议的；

（四）其他不宜适用简易程序审理的。

第二百一十条　适用简易程序审理案件，对可能判处三年有期徒刑以下刑罚的，可以组成合议庭进行审判，也可以由审判员一人独任审判；对可能判处的有期徒刑超过三年的，应当组成合议庭进行审判。

适用简易程序审理公诉案件，人民检察院应当派员出席法庭。

第二百一十一条　适用简易程序审理案件，审判人员应当询问被告人对指控的犯罪事实的意见，告知被告人适用简易程序审理的法律规定，确认被告人是否同意适用简易程序审理。

第二百一十二条　适用简易程序审理案件，经审判人员许可，被告人及其辩护人可以同公诉人、自诉人及其诉讼代理人互相辩论。

第二百一十三条　适用简易程序审理案件，不受本章第一节关于送达期限、讯问被告人、询问证人、鉴定人、出示证据、法庭辩论程序规定的限制。但在判决宣告前应当听取被告人的最后陈述意见。

第二百一十四条　适用简易程序审理案件，人民法院应当在受理后二十日以内审结；对可能判处的有期徒刑超过三年的，可以延长至一个半月。

第二百一十五条　人民法院在审理过程中，发现不宜适用简易程序的，应当按照本章第一节或者第二节的规定重新审理。

（二）有重大社会影响的；

（三）共同犯罪案件中部分被告人不认罪或者对适用简易程序有异议的；

（四）其他不宜适用简易程序审理的。

第二百一十六条　适用简易程序审理案件，对可能判处三年有期徒刑以下刑罚的，可以组成合议庭进行审判，也可以由审判员一人独任审判；对可能判处的有期徒刑超过三年的，应当组成合议庭进行审判。

适用简易程序审理公诉案件，人民检察院应当派员出席法庭。

第二百一十七条　适用简易程序审理案件，审判人员应当询问被告人对指控的犯罪事实的意见，告知被告人适用简易程序审理的法律规定，确认被告人是否同意适用简易程序审理。

第二百一十八条　适用简易程序审理案件，经审判人员许可，被告人及其辩护人可以同公诉人、自诉人及其诉讼代理人互相辩论。

第二百一十九条　适用简易程序审理案件，不受本章第一节关于送达期限、讯问被告人、询问证人、鉴定人、出示证据、法庭辩论程序规定的限制。但在判决宣告前应当听取被告人的最后陈述意见。

第二百二十条　适用简易程序审理案件，人民法院应当在受理后二十日以内审结；对可能判处的有期徒刑超过三年的，可以延长至一个半月。

第二百二十一条　人民法院在审理过程中，发现不宜适用简易程序的，应当按照本章第一节或者第二节的规定重新审理。

第四节　速裁程序

第二百二十二条　基层人民法院管辖的可能判处三年有期徒刑以下刑罚的案件，案件事实清楚，证据确实、充分，被告人认罪认罚并同意适用速裁程序的，可以适用速裁程序，由审判员一人独任审判。

人民检察院在提起公诉的时候，可以建议人民法院适用速裁程序。

第二百二十三条　有下列情形之一的，不适用速裁程序：

（一）被告人是盲、聋、哑人，或者是尚未完全丧失辨认或者控制自己行为能力的精神病人的；

（二）被告人是未成年人的；

（三）案件有重大社会影响的；

（四）共同犯罪案件中部分被告人对指控的犯罪事实、罪名、量刑建议或者适用速裁程序有异议的；

（五）被告人与被害人或者其法定代理人没有就附带民事诉讼赔偿等事项达成调解或者和解协议的；

（六）其他不宜适用速裁程序审理的。

第二百二十四条　适用速裁程序审理案件，不受本章第一节规定的送达期限的限制，一般不进行法庭调查、法庭辩论，但在判决宣告前应当听取辩护人的意见和被告人的最后陈述意见。

适用速裁程序审理案件，应当当庭宣判。

第二百二十五条　适用速裁程序审理案件，人民法院应当在受理后十日以内审

结；对可能判处的有期徒刑超过一年的，可以延长至十五日。

第二百二十六条　人民法院在审理过程中，发现有被告人的行为不构成犯罪或者不应当追究其刑事责任、被告人违背意愿认罪认罚、被告人否认指控的犯罪事实或者其他不宜适用速裁程序审理的情形的，应当按照本章第一节或者第三节的规定重新审理。

第三章　第二审程序

第二百一十六条　被告人、自诉人和他们的法定代理人，不服地方各级人民法院第一审的判决、裁定，有权用书状或者口头向上一级人民法院上诉。被告人的辩护人和近亲属，经被告人同意，可以提出上诉。

附带民事诉讼的当事人和他们的法定代理人，可以对地方各级人民法院第一审的判决、裁定中的附带民事诉讼部分，提出上诉。

对被告人的上诉权，不得以任何借口加以剥夺。

第二百一十七条　地方各级人民检察院认为本级人民法院第一审的判决、裁定确有错误的时候，应当向上一级人民法院提出抗诉。

第二百一十八条　被害人及其法定代理人不服地方各级人民法院第一审的判决的，自收到判决书后五日以内，有权请求人民检察院提出抗诉。人民检察院自收到被害人及其法定代理人的请求后五日以内，应当作出是否抗诉的决定并且答复请求人。

第三章　第二审程序

第二百二十七条　被告人、自诉人和他们的法定代理人，不服地方各级人民法院第一审的判决、裁定，有权用书状或者口头向上一级人民法院上诉。被告人的辩护人和近亲属，经被告人同意，可以提出上诉。

附带民事诉讼的当事人和他们的法定代理人，可以对地方各级人民法院第一审的判决、裁定中的附带民事诉讼部分，提出上诉。

对被告人的上诉权，不得以任何借口加以剥夺。

第二百二十八条　地方各级人民检察院认为本级人民法院第一审的判决、裁定确有错误的时候，应当向上一级人民法院提出抗诉。

第二百二十九条　被害人及其法定代理人不服地方各级人民法院第一审的判决的，自收到判决书后五日以内，有权请求人民检察院提出抗诉。人民检察院自收到被害人及其法定代理人的请求后五日以内，应当作出是否抗诉的决定并且答复请求人。

第二百一十九条　不服判决的上诉和抗诉的期限为十日，不服裁定的上诉和抗诉的期限为五日，从接到判决书、裁定书的第二日起算。

第二百二十条　被告人、自诉人、附带民事诉讼的原告人和被告人通过原审人民法院提出上诉的，原审人民法院应当在三日以内将上诉状连同案卷、证据移送上一级人民法院，同时将上诉状副本送交同级人民检察院和对方当事人。

被告人、自诉人、附带民事诉讼的原告人和被告人直接向第二审人民法院提出上诉的，第二审人民法院应当在三日以内将上诉状交原审人民法院送交同级人民检察院和对方当事人。

第二百二十一条　地方各级人民检察院对同级人民法院第一审判决、裁定的抗诉，应当通过原审人民法院提出抗诉书，并且将抗诉书抄送上一级人民检察院。原审人民法院应当将抗诉书连同案卷、证据移送上一级人民法院，并且将抗诉书副本送交当事人。

上级人民检察院如果认为抗诉不当，可以向同级人民法院撤回抗诉，并且通知下级人民检察院。

第二百二十二条　第二审人民法院应当就第一审判决认定的事实和适用法律进行全面审查，不受上诉或者抗诉范围的限制。

共同犯罪的案件只有部分被告人上诉的，应当对全案进行审查，一并处理。

第二百二十三条　第二审人民法院对于下列案件，应当组成合议庭，开庭

第二百三十条　不服判决的上诉和抗诉的期限为十日，不服裁定的上诉和抗诉的期限为五日，从接到判决书、裁定书的第二日起算。

第二百三十一条　被告人、自诉人、附带民事诉讼的原告人和被告人通过原审人民法院提出上诉的，原审人民法院应当在三日以内将上诉状连同案卷、证据移送上一级人民法院，同时将上诉状副本送交同级人民检察院和对方当事人。

被告人、自诉人、附带民事诉讼的原告人和被告人直接向第二审人民法院提出上诉的，第二审人民法院应当在三日以内将上诉状交原审人民法院送交同级人民检察院和对方当事人。

第二百三十二条　地方各级人民检察院对同级人民法院第一审判决、裁定的抗诉，应当通过原审人民法院提出抗诉书，并且将抗诉书抄送上一级人民检察院。原审人民法院应当将抗诉书连同案卷、证据移送上一级人民法院，并且将抗诉书副本送交当事人。

上级人民检察院如果认为抗诉不当，可以向同级人民法院撤回抗诉，并且通知下级人民检察院。

第二百三十三条　第二审人民法院应当就第一审判决认定的事实和适用法律进行全面审查，不受上诉或者抗诉范围的限制。

共同犯罪的案件只有部分被告人上诉的，应当对全案进行审查，一并处理。

第二百三十四条　第二审人民法院对于下列案件，应当组成合议庭，开庭

审理：

（一）被告人、自诉人及其法定代理人对第一审认定的事实、证据提出异议，可能影响定罪量刑的上诉案件；

（二）被告人被判处死刑的上诉案件；

（三）人民检察院抗诉的案件；

（四）其他应当开庭审理的案件。

第二审人民法院决定不开庭审理的，应当讯问被告人，听取其他当事人、辩护人、诉讼代理人的意见。

第二审人民法院开庭审理上诉、抗诉案件，可以到案件发生地或者原审人民法院所在地进行。

第二百二十四条　人民检察院提出抗诉的案件或者第二审人民法院开庭审理的公诉案件，同级人民检察院都应当派员出席法庭。第二审人民法院应当在决定开庭审理后及时通知人民检察院查阅案卷。人民检察院应当在一个月以内查阅完毕。人民检察院查阅案卷的时间不计入审理期限。

第二百二十五条　第二审人民法院对不服第一审判决的上诉、抗诉案件，经过审理后，应当按照下列情形分别处理：

（一）原判决认定事实和适用法律正确、量刑适当的，应当裁定驳回上诉或者抗诉，维持原判；

（二）原判决认定事实没有错误，但适用法律有错误，或者量刑不当的，应当改判；

（三）原判决事实不清楚或者证据不足的，可以在查清事实后改判；也可以裁定撤销原判，发回原审人民法院重新

审理：

（一）被告人、自诉人及其法定代理人对第一审认定的事实、证据提出异议，可能影响定罪量刑的上诉案件；

（二）被告人被判处死刑的上诉案件；

（三）人民检察院抗诉的案件；

（四）其他应当开庭审理的案件。

第二审人民法院决定不开庭审理的，应当讯问被告人，听取其他当事人、辩护人、诉讼代理人的意见。

第二审人民法院开庭审理上诉、抗诉案件，可以到案件发生地或者原审人民法院所在地进行。

第二百三十五条　人民检察院提出抗诉的案件或者第二审人民法院开庭审理的公诉案件，同级人民检察院都应当派员出席法庭。第二审人民法院应当在决定开庭审理后及时通知人民检察院查阅案卷。人民检察院应当在一个月以内查阅完毕。人民检察院查阅案卷的时间不计入审理期限。

第二百三十六条　第二审人民法院对不服第一审判决的上诉、抗诉案件，经过审理后，应当按照下列情形分别处理：

（一）原判决认定事实和适用法律正确、量刑适当的，应当裁定驳回上诉或者抗诉，维持原判；

（二）原判决认定事实没有错误，但适用法律有错误，或者量刑不当的，应当改判；

（三）原判决事实不清楚或者证据不足的，可以在查清事实后改判；也可以裁定撤销原判，发回原审人民法院重新

审判。

原审人民法院对于依照前款第三项规定发回重新审判的案件作出判决后，被告人提出上诉或者人民检察院提出抗诉的，第二审人民法院应当依法作出判决或者裁定，不得再发回原审人民法院重新审判。

第二百二十六条　第二审人民法院审理被告人或者他的法定代理人、辩护人、近亲属上诉的案件，不得加重被告人的刑罚。第二审人民法院发回原审人民法院重新审判的案件，除有新的犯罪事实，人民检察院补充起诉的以外，原审人民法院也不得加重被告人的刑罚。

人民检察院提出抗诉或者自诉人提出上诉的，不受前款规定的限制。

第二百二十七条　第二审人民法院发现第一审人民法院的审理有下列违反法律规定的诉讼程序的情形之一的，应当裁定撤销原判，发回原审人民法院重新审判：

（一）违反本法有关公开审判的规定的；

（二）违反回避制度的；

（三）剥夺或者限制了当事人的法定诉讼权利，可能影响公正审判的；

（四）审判组织的组成不合法的；

（五）其他违反法律规定的诉讼程序，可能影响公正审判的。

第二百二十八条　原审人民法院对于发回重新审判的案件，应当另行组成合议庭，依照第一审程序进行审判。对于重新审判后的判决，依照本法**第二百一十六条、第二百一十七条、第二百一十八条的规定**可以上诉、抗诉。

审判。

原审人民法院对于依照前款第三项规定发回重新审判的案件作出判决后，被告人提出上诉或者人民检察院提出抗诉的，第二审人民法院应当依法作出判决或者裁定，不得再发回原审人民法院重新审判。

第二百三十七条　第二审人民法院审理被告人或者他的法定代理人、辩护人、近亲属上诉的案件，不得加重被告人的刑罚。第二审人民法院发回原审人民法院重新审判的案件，除有新的犯罪事实，人民检察院补充起诉的以外，原审人民法院也不得加重被告人的刑罚。

人民检察院提出抗诉或者自诉人提出上诉的，不受前款规定的限制。

第二百三十八条　第二审人民法院发现第一审人民法院的审理有下列违反法律规定的诉讼程序的情形之一的，应当裁定撤销原判，发回原审人民法院重新审判：

（一）违反本法有关公开审判的规定的；

（二）违反回避制度的；

（三）剥夺或者限制了当事人的法定诉讼权利，可能影响公正审判的；

（四）审判组织的组成不合法的；

（五）其他违反法律规定的诉讼程序，可能影响公正审判的。

第二百三十九条　原审人民法院对于发回重新审判的案件，应当另行组成合议庭，依照第一审程序进行审判。对于重新审判后的判决，依照本法**第二百二十七条、第二百二十八条、第二百二十九条的规定**可以上诉、抗诉。

第二百二十九条　第二审人民法院对不服第一审裁定的上诉或者抗诉，经过审查后，应当参照本法**第二百二十五条、第二百二十七条和第二百二十八条的规定**，分别情形用裁定驳回上诉、抗诉，或者撤销、变更原裁定。

第二百三十条　第二审人民法院发回原审人民法院重新审判的案件，原审人民法院从收到发回的案件之日起，重新计算审理期限。

第二百三十一条　第二审人民法院审判上诉或者抗诉案件的程序，除本章已有规定的以外，参照第一审程序的规定进行。

第二百三十二条　第二审人民法院受理上诉、抗诉案件，应当在二个月以内审结。对于可能判处死刑的案件或者附带民事诉讼的案件，以及有本法**第一百五十六条规定**情形之一的，经省、自治区、直辖市高级人民法院批准或者决定，可以延长二个月；因特殊情况还需要延长的，报请最高人民法院批准。

最高人民法院受理上诉、抗诉案件的审理期限，由最高人民法院决定。

第二百三十三条　第二审的判决、裁定和最高人民法院的判决、裁定，都是终审的判决、裁定。

第二百三十四条　公安机关、人民检察院和人民法院对查封、扣押、冻结的犯罪嫌疑人、被告人的财物及其孳息，应当妥善保管，以供核查，并制作清单，随案移送。任何单位和个人不得挪用或者自行处理。对被害人的合法财产，应当及时返

第二百四十条　第二审人民法院对不服第一审裁定的上诉或者抗诉，经过审查后，应当参照本法**第二百三十六条、第二百三十八条和第二百三十九条的规定**，分别情形用裁定驳回上诉、抗诉，或者撤销、变更原裁定。

第二百四十一条　第二审人民法院发回原审人民法院重新审判的案件，原审人民法院从收到发回的案件之日起，重新计算审理期限。

第二百四十二条　第二审人民法院审判上诉或者抗诉案件的程序，除本章已有规定的以外，参照第一审程序的规定进行。

第二百四十三条　第二审人民法院受理上诉、抗诉案件，应当在二个月以内审结。对于可能判处死刑的案件或者附带民事诉讼的案件，以及有本法**第一百五十八条规定**情形之一的，经省、自治区、直辖市高级人民法院批准或者决定，可以延长二个月；因特殊情况还需要延长的，报请最高人民法院批准。

最高人民法院受理上诉、抗诉案件的审理期限，由最高人民法院决定。

第二百四十四条　第二审的判决、裁定和最高人民法院的判决、裁定，都是终审的判决、裁定。

第二百四十五条　公安机关、人民检察院和人民法院对查封、扣押、冻结的犯罪嫌疑人、被告人的财物及其孳息，应当妥善保管，以供核查，并制作清单，随案移送。任何单位和个人不得挪用或者自行处理。对被害人的合法财产，应当及时返

还。对违禁品或者不宜长期保存的物品，应当依照国家有关规定处理。

对作为证据使用的实物应当随案移送，对不宜移送的，应当将其清单、照片或者其他证明文件随案移送。

人民法院作出的判决，应当对查封、扣押、冻结的财物及其孳息作出处理。

人民法院作出的判决生效以后，有关机关应当根据判决对查封、扣押、冻结的财物及其孳息进行处理。对查封、扣押、冻结的赃款赃物及其孳息，除依法返还被害人的以外，一律上缴国库。

司法工作人员贪污、挪用或者私自处理查封、扣押、冻结的财物及其孳息的，依法追究刑事责任；不构成犯罪的，给予处分。

第四章　死刑复核程序

第二百三十五条　死刑由最高人民法院核准。

第二百三十六条　中级人民法院判处死刑的第一审案件，被告人不上诉的，应当由高级人民法院复核后，报请最高人民法院核准。高级人民法院不同意判处死刑的，可以提审或者发回重新审判。

高级人民法院判处死刑的第一审案件被告人不上诉的，和判处死刑的第二审案件，都应当报请最高人民法院核准。

第二百三十七条　中级人民法院判处死刑缓期二年执行的案件，由高级人民法院核准。

第二百三十八条　最高人民法院复核死刑案件，高级人民法院复核死刑缓期执行的案件，应当由审判员三人组成合议庭

还。对违禁品或者不宜长期保存的物品，应当依照国家有关规定处理。

对作为证据使用的实物应当随案移送，对不宜移送的，应当将其清单、照片或者其他证明文件随案移送。

人民法院作出的判决，应当对查封、扣押、冻结的财物及其孳息作出处理。

人民法院作出的判决生效以后，有关机关应当根据判决对查封、扣押、冻结的财物及其孳息进行处理。对查封、扣押、冻结的赃款赃物及其孳息，除依法返还被害人的以外，一律上缴国库。

司法工作人员贪污、挪用或者私自处理查封、扣押、冻结的财物及其孳息的，依法追究刑事责任；不构成犯罪的，给予处分。

第四章　死刑复核程序

第二百四十六条　死刑由最高人民法院核准。

第二百四十七条　中级人民法院判处死刑的第一审案件，被告人不上诉的，应当由高级人民法院复核后，报请最高人民法院核准。高级人民法院不同意判处死刑的，可以提审或者发回重新审判。

高级人民法院判处死刑的第一审案件被告人不上诉的，和判处死刑的第二审案件，都应当报请最高人民法院核准。

第二百四十八条　中级人民法院判处死刑缓期二年执行的案件，由高级人民法院核准。

第二百四十九条　最高人民法院复核死刑案件，高级人民法院复核死刑缓期执行的案件，应当由审判员三人组成合议庭

进行。

第二百三十九条　最高人民法院复核死刑案件，应当作出核准或者不核准死刑的裁定。对于不核准死刑的，最高人民法院可以发回重新审判或者予以改判。

第二百四十条　最高人民法院复核死刑案件，应当讯问被告人，辩护律师提出要求的，应当听取辩护律师的意见。

在复核死刑案件过程中，最高人民检察院可以向最高人民法院提出意见。最高人民法院应当将死刑复核结果通报最高人民检察院。

第五章　审判监督程序

第二百四十一条　当事人及其法定代理人、近亲属，对已经发生法律效力的判决、裁定，可以向人民法院或者人民检察院提出申诉，但是不能停止判决、裁定的执行。

第二百四十二条　当事人及其法定代理人、近亲属的申诉符合下列情形之一的，人民法院应当重新审判：

（一）有新的证据证明原判决、裁定认定的事实确有错误，可能影响定罪量刑的；

（二）据以定罪量刑的证据不确实、不充分、依法应当予以排除，或者证明案件事实的主要证据之间存在矛盾的；

（三）原判决、裁定适用法律确有错误的；

（四）违反法律规定的诉讼程序，可能影响公正审判的；

（五）审判人员在审理该案件的时候，有贪污受贿，徇私舞弊，枉法裁判行

进行。

第二百五十条　最高人民法院复核死刑案件，应当作出核准或者不核准死刑的裁定。对于不核准死刑的，最高人民法院可以发回重新审判或者予以改判。

第二百五十一条　最高人民法院复核死刑案件，应当讯问被告人，辩护律师提出要求的，应当听取辩护律师的意见。

在复核死刑案件过程中，最高人民检察院可以向最高人民法院提出意见。最高人民法院应当将死刑复核结果通报最高人民检察院。

第五章　审判监督程序

第二百五十二条　当事人及其法定代理人、近亲属，对已经发生法律效力的判决、裁定，可以向人民法院或者人民检察院提出申诉，但是不能停止判决、裁定的执行。

第二百五十三条　当事人及其法定代理人、近亲属的申诉符合下列情形之一的，人民法院应当重新审判：

（一）有新的证据证明原判决、裁定认定的事实确有错误，可能影响定罪量刑的；

（二）据以定罪量刑的证据不确实、不充分、依法应当予以排除，或者证明案件事实的主要证据之间存在矛盾的；

（三）原判决、裁定适用法律确有错误的；

（四）违反法律规定的诉讼程序，可能影响公正审判的；

（五）审判人员在审理该案件的时候，有贪污受贿，徇私舞弊，枉法裁判行

为的。

第二百四十三条　各级人民法院院长对本院已经发生法律效力的判决和裁定，如果发现在认定事实上或者在适用法律上确有错误，必须提交审判委员会处理。

最高人民法院对各级人民法院已经发生法律效力的判决和裁定，上级人民法院对下级人民法院已经发生法律效力的判决和裁定，如果发现确有错误，有权提审或者指令下级人民法院再审。

最高人民检察院对各级人民法院已经发生法律效力的判决和裁定，上级人民检察院对下级人民法院已经发生法律效力的判决和裁定，如果发现确有错误，有权按照审判监督程序向同级人民法院提出抗诉。

人民检察院抗诉的案件，接受抗诉的人民法院应当组成合议庭重新审理，对于原判决事实不清楚或者证据不足的，可以指令下级人民法院再审。

第二百四十四条　上级人民法院指令下级人民法院再审的，应当指令原审人民法院以外的下级人民法院审理；由原审人民法院审理更为适宜的，也可以指令原审人民法院审理。

第二百四十五条　人民法院按照审判监督程序重新审判的案件，由原审人民法院审理的，应当另行组成合议庭进行。如果原来是第一审案件，应当依照第一审程序进行审判，所作的判决、裁定，可以上诉、抗诉；如果原来是第二审案件，或者是上级人民法院提审的案件，应当依照第二审程序进行审判，所作的判决、裁定，

为的。

第二百五十四条　各级人民法院院长对本院已经发生法律效力的判决和裁定，如果发现在认定事实上或者在适用法律上确有错误，必须提交审判委员会处理。

最高人民法院对各级人民法院已经发生法律效力的判决和裁定，上级人民法院对下级人民法院已经发生法律效力的判决和裁定，如果发现确有错误，有权提审或者指令下级人民法院再审。

最高人民检察院对各级人民法院已经发生法律效力的判决和裁定，上级人民检察院对下级人民法院已经发生法律效力的判决和裁定，如果发现确有错误，有权按照审判监督程序向同级人民法院提出抗诉。

人民检察院抗诉的案件，接受抗诉的人民法院应当组成合议庭重新审理，对于原判决事实不清楚或者证据不足的，可以指令下级人民法院再审。

第二百五十五条　上级人民法院指令下级人民法院再审的，应当指令原审人民法院以外的下级人民法院审理；由原审人民法院审理更为适宜的，也可以指令原审人民法院审理。

第二百五十六条　人民法院按照审判监督程序重新审判的案件，由原审人民法院审理的，应当另行组成合议庭进行。如果原来是第一审案件，应当依照第一审程序进行审判，所作的判决、裁定，可以上诉、抗诉；如果原来是第二审案件，或者是上级人民法院提审的案件，应当依照第二审程序进行审判，所作的判决、裁定，

是终审的判决、裁定。

人民法院开庭审理的再审案件，同级人民检察院应当派员出席法庭。

第二百四十六条　人民法院决定再审的案件，需要对被告人采取强制措施的，由人民法院依法决定；人民检察院提出抗诉的再审案件，需要对被告人采取强制措施的，由人民检察院依法决定。

人民法院按照审判监督程序审判的案件，可以决定中止原判决、裁定的执行。

第二百四十七条　人民法院按照审判监督程序重新审判的案件，应当在作出提审、再审决定之日起三个月以内审结，需要延长期限的，不得超过六个月。

接受抗诉的人民法院按照审判监督程序审判抗诉的案件，审理期限适用前款规定；对需要指令下级人民法院再审的，应当自接受抗诉之日起一个月以内作出决定，下级人民法院审理案件的期限适用前款规定。

第四编　执行

第二百四十八条　判决和裁定在发生法律效力后执行。

下列判决和裁定是发生法律效力的判决和裁定：

（一）已过法定期限没有上诉、抗诉的判决和裁定；

（二）终审的判决和裁定；

（三）最高人民法院核准的死刑的判决和高级人民法院核准的死刑缓期二年执行的判决。

第二百四十九条　第一审人民法院判决被告人无罪、免除刑事处罚的，如果被

是终审的判决、裁定。

人民法院开庭审理的再审案件，同级人民检察院应当派员出席法庭。

第二百五十七条　人民法院决定再审的案件，需要对被告人采取强制措施的，由人民法院依法决定；人民检察院提出抗诉的再审案件，需要对被告人采取强制措施的，由人民检察院依法决定。

人民法院按照审判监督程序审判的案件，可以决定中止原判决、裁定的执行。

第二百五十八条　人民法院按照审判监督程序重新审判的案件，应当在作出提审、再审决定之日起三个月以内审结，需要延长期限的，不得超过六个月。

接受抗诉的人民法院按照审判监督程序审判抗诉的案件，审理期限适用前款规定；对需要指令下级人民法院再审的，应当自接受抗诉之日起一个月以内作出决定，下级人民法院审理案件的期限适用前款规定。

第四编　执行

第二百五十九条　判决和裁定在发生法律效力后执行。

下列判决和裁定是发生法律效力的判决和裁定：

（一）已过法定期限没有上诉、抗诉的判决和裁定；

（二）终审的判决和裁定；

（三）最高人民法院核准的死刑的判决和高级人民法院核准的死刑缓期二年执行的判决。

第二百六十条　第一审人民法院判决被告人无罪、免除刑事处罚的，如果被告

告人在押，在宣判后应当立即释放。

第二百五十条 最高人民法院判处和核准的死刑立即执行的判决，应当由最高人民法院院长签发执行死刑的命令。

被判处死刑缓期二年执行的罪犯，在死刑缓期执行期间，如果没有故意犯罪，死刑缓期执行期满，应当予以减刑，由执行机关提出书面意见，报请高级人民法院裁定；如果故意犯罪，查证属实，应当执行死刑，由高级人民法院报请最高人民法院核准。

第二百五十一条 下级人民法院接到最高人民法院执行死刑的命令后，应当在七日以内交付执行。但是发现有下列情形之一的，应当停止执行，并且立即报告最高人民法院，由最高人民法院作出裁定：

（一）在执行前发现判决可能有错误的；

（二）在执行前罪犯揭发重大犯罪事实或者有其他重大立功表现，可能需要改判的；

（三）罪犯正在怀孕。

前款第一项、第二项停止执行的原因消失后，必须报请最高人民法院院长再签发执行死刑的命令才能执行；由于前款第三项原因停止执行的，应当报请最高人民法院依法改判。

第二百五十二条 人民法院在交付执行死刑前，应当通知同级人民检察院派员临场监督。

死刑采用枪决或者注射等方法执行。

人在押，在宣判后应当立即释放。

第二百六十一条 最高人民法院判处和核准的死刑立即执行的判决，应当由最高人民法院院长签发执行死刑的命令。

被判处死刑缓期二年执行的罪犯，在死刑缓期执行期间，如果没有故意犯罪，死刑缓期执行期满，应当予以减刑的，由执行机关提出书面意见，报请高级人民法院裁定；如果故意犯罪，情节恶劣，查证属实，应当执行死刑的，由高级人民法院报请最高人民法院核准；**对于故意犯罪未执行死刑的，死刑缓期执行的期间重新计算，并报最高人民法院备案。**

第二百六十二条 下级人民法院接到最高人民法院执行死刑的命令后，应当在七日以内交付执行。但是发现有下列情形之一的，应当停止执行，并且立即报告最高人民法院，由最高人民法院作出裁定：

（一）在执行前发现判决可能有错误的；

（二）在执行前罪犯揭发重大犯罪事实或者有其他重大立功表现，可能需要改判的；

（三）罪犯正在怀孕。

前款第一项、第二项停止执行的原因消失后，必须报请最高人民法院院长再签发执行死刑的命令才能执行；由于前款第三项原因停止执行的，应当报请最高人民法院依法改判。

第二百六十三条 人民法院在交付执行死刑前，应当通知同级人民检察院派员临场监督。

死刑采用枪决或者注射等方法执行。

死刑可以在刑场或者指定的羁押场所内执行。

指挥执行的审判人员，对罪犯应当验明正身，讯问有无遗言、信札，然后交付执行人员执行死刑。在执行前，如果发现可能有错误，应当暂停执行，报请最高人民法院裁定。

执行死刑应当公布，不应示众。

执行死刑后，在场书记员应当写成笔录。交付执行的人民法院应当将执行死刑情况报告最高人民法院。

执行死刑后，交付执行的人民法院应当通知罪犯家属。

第二百五十三条　罪犯被交付执行刑罚的时候，应当由交付执行的人民法院在判决生效后十日以内将有关的法律文书送达公安机关、监狱或者其他执行机关。

对被判处死刑缓期二年执行、无期徒刑、有期徒刑的罪犯，由公安机关依法将该罪犯送交监狱执行刑罚。对被判处有期徒刑的罪犯，在被交付执行刑罚前，剩余刑期在三个月以下的，由看守所代为执行。对被判处拘役的罪犯，由公安机关执行。

对未成年犯应当在未成年犯管教所执行刑罚。

执行机关应当将罪犯及时收押，并且通知罪犯家属。

判处有期徒刑、拘役的罪犯，执行期满，应当由执行机关发给释放证明书。

第二百五十四条　对被判处有期徒刑或者拘役的罪犯，有下列情形之一的，可以暂予监外执行：

死刑可以在刑场或者指定的羁押场所内执行。

指挥执行的审判人员，对罪犯应当验明正身，讯问有无遗言、信札，然后交付执行人员执行死刑。在执行前，如果发现可能有错误，应当暂停执行，报请最高人民法院裁定。

执行死刑应当公布，不应示众。

执行死刑后，在场书记员应当写成笔录。交付执行的人民法院应当将执行死刑情况报告最高人民法院。

执行死刑后，交付执行的人民法院应当通知罪犯家属。

第二百六十四条　罪犯被交付执行刑罚的时候，应当由交付执行的人民法院在判决生效后十日以内将有关的法律文书送达公安机关、监狱或者其他执行机关。

对被判处死刑缓期二年执行、无期徒刑、有期徒刑的罪犯，由公安机关依法将该罪犯送交监狱执行刑罚。对被判处有期徒刑的罪犯，在被交付执行刑罚前，剩余刑期在三个月以下的，由看守所代为执行。对被判处拘役的罪犯，由公安机关执行。

对未成年犯应当在未成年犯管教所执行刑罚。

执行机关应当将罪犯及时收押，并且通知罪犯家属。

判处有期徒刑、拘役的罪犯，执行期满，应当由执行机关发给释放证明书。

第二百六十五条　对被判处有期徒刑或者拘役的罪犯，有下列情形之一的，可以暂予监外执行：

（一）有严重疾病需要保外就医的；

（二）怀孕或者正在哺乳自己婴儿的妇女；

（三）生活不能自理，适用暂予监外执行不致危害社会的。

对被判处无期徒刑的罪犯，有前款第二项规定情形的，可以暂予监外执行。

对适用保外就医可能有社会危险性的罪犯，或者自伤自残的罪犯，不得保外就医。

对罪犯确有严重疾病，必须保外就医的，由省级人民政府指定的医院诊断并开具证明文件。

在交付执行前，暂予监外执行由交付执行的人民法院决定；在交付执行后，暂予监外执行由监狱或者看守所提出书面意见，报省级以上监狱管理机关或者设区的市一级以上公安机关批准。

第二百五十五条　监狱、看守所提出暂予监外执行的书面意见的，应当将书面意见的副本抄送人民检察院。人民检察院可以向决定或者批准机关提出书面意见。

第二百五十六条　决定或者批准暂予监外执行的机关应当将暂予监外执行决定抄送人民检察院。人民检察院认为暂予监外执行不当的，应当自接到通知之日起一个月以内将书面意见送交决定或者批准暂予监外执行的机关，决定或者批准暂予监外执行的机关接到人民检察院的书面意见后，应当立即对该决定进行重新核查。

第二百五十七条　对暂予监外执行的罪犯，有下列情形之一的，应当及时收监：

（一）有严重疾病需要保外就医的；

（二）怀孕或者正在哺乳自己婴儿的妇女；

（三）生活不能自理，适用暂予监外执行不致危害社会的。

对被判处无期徒刑的罪犯，有前款第二项规定情形的，可以暂予监外执行。

对适用保外就医可能有社会危险性的罪犯，或者自伤自残的罪犯，不得保外就医。

对罪犯确有严重疾病，必须保外就医的，由省级人民政府指定的医院诊断并开具证明文件。

在交付执行前，暂予监外执行由交付执行的人民法院决定；在交付执行后，暂予监外执行由监狱或者看守所提出书面意见，报省级以上监狱管理机关或者设区的市一级以上公安机关批准。

第二百六十六条　监狱、看守所提出暂予监外执行的书面意见的，应当将书面意见的副本抄送人民检察院。人民检察院可以向决定或者批准机关提出书面意见。

第二百六十七条　决定或者批准暂予监外执行的机关应当将暂予监外执行决定抄送人民检察院。人民检察院认为暂予监外执行不当的，应当自接到通知之日起一个月以内将书面意见送交决定或者批准暂予监外执行的机关，决定或者批准暂予监外执行的机关接到人民检察院的书面意见后，应当立即对该决定进行重新核查。

第二百六十八条　对暂予监外执行的罪犯，有下列情形之一的，应当及时收监：

（一）发现不符合暂予监外执行条件的；

（二）严重违反有关暂予监外执行监督管理规定的；

（三）暂予监外执行的情形消失后，罪犯刑期未满的。

对于人民法院决定暂予监外执行的罪犯应当予以收监的，由人民法院作出决定，将有关的法律文书送达公安机关、监狱或者其他执行机关。

不符合暂予监外执行条件的罪犯通过贿赂等非法手段被暂予监外执行的，在监外执行的期间不计入执行刑期。罪犯在暂予监外执行期间脱逃的，脱逃的期间不计入执行刑期。

罪犯在暂予监外执行期间死亡的，执行机关应当及时通知监狱或者看守所。

第二百五十八条　对被判处管制、宣告缓刑、假释或者暂予监外执行的罪犯，依法实行社区矫正，由社区矫正机构负责执行。

第二百五十九条　被判处剥夺政治权利的罪犯，由公安机关执行。执行期满，应当由执行机关书面通知本人及其所在单位、居住地基层组织。

第二百六十条　被判处罚金的罪犯，期满不缴纳的，人民法院应当强制缴纳；如果由于遭遇不能抗拒的灾祸缴纳确实有困难的，**可以裁定减少或者免除。**

第二百六十一条　没收财产的判决，无论附加适用或者独立适用，都由人民法院执行；在必要的时候，可以会同公安机

（一）发现不符合暂予监外执行条件的；

（二）严重违反有关暂予监外执行监督管理规定的；

（三）暂予监外执行的情形消失后，罪犯刑期未满的。

对于人民法院决定暂予监外执行的罪犯应当予以收监的，由人民法院作出决定，将有关的法律文书送达公安机关、监狱或者其他执行机关。

不符合暂予监外执行条件的罪犯通过贿赂等非法手段被暂予监外执行的，在监外执行的期间不计入执行刑期。罪犯在暂予监外执行期间脱逃的，脱逃的期间不计入执行刑期。

罪犯在暂予监外执行期间死亡的，执行机关应当及时通知监狱或者看守所。

第二百六十九条　对被判处管制、宣告缓刑、假释或者暂予监外执行的罪犯，依法实行社区矫正，由社区矫正机构负责执行。

第二百七十条　被判处剥夺政治权利的罪犯，由公安机关执行。执行期满，应当由执行机关书面通知本从及其所在单位、居住地基层组织

第二百七十一条　被判处罚金的罪犯，期满不缴纳的，人民法院应当强制缴纳；如果由于遭遇不能抗拒的灾祸等原因缴纳确实有困难的，经人民法院裁定，**可以延期缴纳、酌情减少或者免除。**

第二百七十二条　没收财产的判决，无论附加适用或者独立适用，都由人民法院执行；在必要的时候，可以会同公安机

关执行。

第二百六十二条　罪犯在服刑期间又犯罪的，或者发现了判决的时候所没有发现的罪行，由执行机关移送人民检察院处理。

被判处管制、拘役、有期徒刑或者无期徒刑的罪犯，在执行期间确有悔改或者立功表现，应当依法予以减刑、假释的时候，由执行机关提出建议书，报请人民法院审核裁定，并将建议书副本抄送人民检察院。人民检察院可以向人民法院提出书面意见。

第二百六十三条　人民检察院认为人民法院减刑、假释的裁定不当，应当在收到裁定书副本后二十日以内，向人民法院提出书面纠正意见。人民法院应当在收到纠正意见后一个月以内重新组成合议庭进行审理，作出最终裁定。

第二百六十四条　监狱和其他执行机关在刑罚执行中，如果认为判决有错误或者罪犯提出申诉，应当转请人民检察院或者原判人民法院处理。

第二百六十五条　人民检察院对执行机关执行刑罚的活动是否合法实行监督。如果发现有违法的情况，应当通知执行机关纠正。

第五编　特别程序

第一章　未成年人刑事案件诉讼程序

第二百六十六条　对犯罪的未成年人实行教育、感化、挽救的方针，坚持教育为主、惩罚为辅的原则。

人民法院、人民检察院和公安机关办理未成年人刑事案件，应当保障未成年人

关执行。

第二百七十三条　罪犯在服刑期间又犯罪的，或者发现了判决的时候所没有发现的罪行，由执行机关移送人民检察院处理。

被判处管制、拘役、有期徒刑或者无期徒刑的罪犯，在执行期间确有悔改或者立功表现，应当依法予以减刑、假释的时候，由执行机关提出建议书，报请人民法院审核裁定，并将建议书副本抄送人民检察院。人民检察院可以向人民法院提出书面意见。

第二百七十四条　人民检察院认为人民法院减刑、假释的裁定不当，应当在收到裁定书副本后二十日以内，向人民法院提出书面纠正意见。人民法院应当在收到纠正意见后一个月以内重新组成合议庭进行审理，作出最终裁定。

第二百七十五条　监狱和其他执行机关在刑罚执行中，如果认为判决有错误或者罪犯提出申诉，应当转请人民检察院或者原判人民法院处理。

第二百七十六条　人民检察院对执行机关执行刑罚的活动是否合法实行监督。如果发现有违法的情况，应当通知执行机关纠正。

第五编　特别程序

第一章　未成年人刑事案件诉讼程序

第二百七十七条　对犯罪的未成年人实行教育、感化、挽救的方针，坚持教育为主、惩罚为辅的原则。

人民法院、人民检察院和公安机关办理未成年人刑事案件，应当保障未成年人

行使其诉讼权利，保障未成年人得到法律帮助，并由熟悉未成年人身心特点的审判人员、检察人员、侦查人员承办。

第二百六十七条　未成年犯罪嫌疑人、被告人没有委托辩护人的，人民法院、人民检察院、公安机关应当通知法律援助机构指派律师为其提供辩护。

第二百六十八条　公安机关、人民检察院、人民法院办理未成年人刑事案件，根据情况可以对未成年犯罪嫌疑人、被告人的成长经历、犯罪原因、监护教育等情况进行调查。

第二百六十九条　对未成年犯罪嫌疑人、被告人应当严格限制适用逮捕措施。人民检察院审查批准逮捕和人民法院决定逮捕，应当讯问未成年犯罪嫌疑人、被告人，听取辩护律师的意见。

对被拘留、逮捕和执行刑罚的未成年人与成年人应当分别关押、分别管理、分别教育。

第二百七十条　对于未成年人刑事案件，在讯问和审判的时候，应当通知未成年犯罪嫌疑人、被告人的法定代理人到场。无法通知、法定代理人不能到场或者法定代理人是共犯的，也可以通知未成年犯罪嫌疑人、被告人的其他成年亲属，所在学校、单位、居住地基层组织或者未成年人保护组织的代表到场，并将有关情况记录在案。到场的法定代理人可以代为行使未成年犯罪嫌疑人、被告人的诉讼权利。

到场的法定代理人或者其他人员认为办案人员在讯问、审判中侵犯未成年人合

行使其诉讼权利，保障未成年人得到法律帮助，并由熟悉未成年人身心特点的审判人员、检察人员、侦查人员承办。

第二百七十八条　未成年犯罪嫌疑人、被告人没有委托辩护人的，人民法院、人民检察院、公安机关应当通知法律援助机构指派律师为其提供辩护。

第二百七十九条　公安机关、人民检察院、人民法院办理未成年人刑事案件，根据情况可以对未成年犯罪嫌疑人、被告人的成长经历、犯罪原因、监护教育等情况进行调查。

第二百八十条　对未成年犯罪嫌疑人、被告人应当严格限制适用逮捕措施。人民检察院审查批准逮捕和人民法院决定逮捕，应当讯问未成年犯罪嫌疑人、被告人，听取辩护律师的意见。

对被拘留、逮捕和执行刑罚的未成年人与成年人应当分别关押、分别管理、分别教育。

第二百八十一条　对于未成年人刑事案件，在讯问和审判的时候，应当通知未成年犯罪嫌疑人、被告人的法定代理人到场。无法通知、法定代理人不能到场或者法定代理人是共犯的，也可以通知未成年犯罪嫌疑人、被告人的其他成年亲属，所在学校、单位、居住地基层组织或者未成年人保护组织的代表到场，并将有关情况记录在案。到场的法定代理人可以代为行使未成年犯罪嫌疑人、被告人的诉讼权利。

到场的法定代理人或者其他人员认为办案人员在讯问、审判中侵犯未成年人合

法权益的，可以提出意见。讯问笔录、法庭笔录应当交给到场的法定代理人或者其他人员阅读或者向他宣读。	法权益的，可以提出意见。讯问笔录、法庭笔录应当交给到场的法定代理人或者其他人员阅读或者向他宣读。
讯问女性未成年犯罪嫌疑人，应当有女工作人员在场。	讯问女性未成年犯罪嫌疑人，应当有女工作人员在场。
审判未成年人刑事案件，未成年被告人最后陈述后，其法定代理人可以进行补充陈述。	审判未成年人刑事案件，未成年被告人最后陈述后，其法定代理人可以进行补充陈述。
询问未成年被害人、证人，适用第一款、第二款、第三款的规定。	询问未成年被害人、证人，适用第一款、第二款、第三款的规定。
第二百七十一条　对于未成年人涉嫌刑法分则第四章、第五章、第六章规定的犯罪，可能判处一年有期徒刑以下刑罚，符合起诉条件，但有悔罪表现的，人民检察院可以作出附条件不起诉的决定。人民检察院在作出附条件不起诉的决定以前，应当听取公安机关、被害人的意见。	第二百八十二条　对于未成年人涉嫌刑法分则第四章、第五章、第六章规定的犯罪，可能判处一年有期徒刑以下刑罚，符合起诉条件，但有悔罪表现的，人民检察院可以作出附条件不起诉的决定。人民检察院在作出附条件不起诉的决定以前，应当听取公安机关、被害人的意见。
对附条件不起诉的决定，公安机关要求复议、提请复核或者被害人申诉的，适用本法**第一百七十五条、第一百七十六条的规定**。	对附条件不起诉的决定，公安机关要求复议、提请复核或者被害人申诉的，适用本法**第一百七十九条、第一百八十条的规定**。
未成年犯罪嫌疑人及其法定代理人对人民检察院决定附条件不起诉有异议的，人民检察院应当作出起诉的决定。	未成年犯罪嫌疑人及其法定代理人对人民检察院决定附条件不起诉有异议的，人民检察院应当作出起诉的决定。
第二百七十二条　在附条件不起诉的考验期内，由人民检察院对被附条件不起诉的未成年犯罪嫌疑人进行监督考察。未成年犯罪嫌疑人的监护人，应当对未成年犯罪嫌疑人加强管教，配合人民检察院做好监督考察工作。	第二百八十三条　在附条件不起诉的考验期内，由人民检察院对被附条件不起诉的未成年犯罪嫌疑人进行监督考察。未成年犯罪嫌疑人的监护人，应当对未成年犯罪嫌疑人加强管教，配合人民检察院做好监督考察工作。
附条件不起诉的考验期为六个月以上一年以下，从人民检察院作出附条件不起诉的决定之日起计算。	附条件不起诉的考验期为六个月以上一年以下，从人民检察院作出附条件不起诉的决定之日起计算。

被附条件不起诉的未成年犯罪嫌疑人，应当遵守下列规定：

（一）遵守法律法规，服从监督；

（二）按照考察机关的规定报告自己的活动情况；

（三）离开所居住的市、县或者迁居，应当报经考察机关批准；

（四）按照考察机关的要求接受矫治和教育。

第二百七十三条　被附条件不起诉的未成年犯罪嫌疑人，在考验期内有下列情形之一的，人民检察院应当撤销附条件不起诉的决定，提起公诉：

（一）实施新的犯罪或者发现决定附条件不起诉以前还有其他犯罪需要追诉的；

（二）违反治安管理规定或者考察机关有关附条件不起诉的监督管理规定，情节严重的。

被附条件不起诉的未成年犯罪嫌疑人，在考验期内没有上述情形，考验期满的，人民检察院应当作出不起诉的决定。

第二百七十四条　审判的时候被告人不满十八周岁的案件，不公开审理。但是，经未成年被告人及其法定代理人同意，未成年被告人所在学校和未成年人保护组织可以派代表到场。

第二百七十五条　犯罪的时候不满十八周岁，被判处五年有期徒刑以下刑罚的，应当对相关犯罪记录予以封存。

犯罪记录被封存的，不得向任何单位和个人提供，但司法机关为办案需要或者有关单位根据国家规定进行查询的除外。

被附条件不起诉的未成年犯罪嫌疑人，应当遵守下列规定：

（一）遵守法律法规，服从监督；

（二）按照考察机关的规定报告自己的活动情况；

（三）离开所居住的市、县或者迁居，应当报经考察机关批准；

（四）按照考察机关的要求接受矫治和教育。

第二百八十四条　被附条件不起诉的未成年犯罪嫌疑人，在考验期内有下列情形之一的，人民检察院应当撤销附条件不起诉的决定，提起公诉：

（一）实施新的犯罪或者发现决定附条件不起诉以前还有其他犯罪需要追诉的；

（二）违反治安管理规定或者考察机关有关附条件不起诉的监督管理规定，情节严重的。

被附条件不起诉的未成年犯罪嫌疑人，在考验期内没有上述情形，考验期满的，人民检察院应当作出不起诉的决定。

第二百八十五条　审判的时候被告人不满十八周岁的案件，不公开审理。但是，经未成年被告人及其法定代理人同意，未成年被告人所在学校和未成年人保护组织可以派代表到场。

第二百八十六条　犯罪的时候不满十八周岁，被判处五年有期徒刑以下刑罚的，应当对相关犯罪记录予以封存。

犯罪记录被封存的，不得向任何单位和个人提供，但司法机关为办案需要或者有关单位根据国家规定进行查询的除外。

依法进行查询的单位，应当对被封存的犯罪记录的情况予以保密。

第二百七十六条　办理未成年人刑事案件，除本章已有规定的以外，按照本法的其他规定进行。

第二章　当事人和解的公诉案件诉讼程序

第二百七十七条　下列公诉案件，犯罪嫌疑人、被告人真诚悔罪，通过向被害人赔偿损失、赔礼道歉等方式获得被害人谅解，被害人自愿和解的，双方当事人可以和解：

（一）因民间纠纷引起，涉嫌刑法分则第四章、第五章规定的犯罪案件，可能判处三年有期徒刑以下刑罚的；

（二）除渎职犯罪以外的可能判处七年有期徒刑以下刑罚的过失犯罪案件。

犯罪嫌疑人、被告人在五年以内曾经故意犯罪的，不适用本章规定的程序。

第二百七十八条　双方当事人和解的，公安机关、人民检察院、人民法院应当听取当事人和其他有关人员的意见，对和解的自愿性、合法性进行审查，并主持制作和解协议书。

第二百七十九条　对于达成和解协议的案件，公安机关可以向人民检察院提出从宽处理的建议。人民检察院可以向人民法院提出从宽处罚的建议；对于犯罪情节轻微，不需要判处刑罚的，可以作出不起诉的决定。人民法院可以依法对被告人从宽处罚。

依法进行查询的单位，应当对被封存的犯罪记录的情况予以保密。

第二百八十七条　办理未成年人刑事案件，除本章已有规定的以外，按照本法的其他规定进行。

第二章　当事人和解的公诉案件诉讼程序

第二百八十八条　下列公诉案件，犯罪嫌疑人、被告人真诚悔罪，通过向被害人赔偿损失、赔礼道歉等方式获得被害人谅解，被害人自愿和解的，双方当事人可以和解：

（一）因民间纠纷引起，涉嫌刑法分则第四章、第五章规定的犯罪案件，可能判处三年有期徒刑以下刑罚的；

（二）除渎职犯罪以外的可能判处七年有期徒刑以下刑罚的过失犯罪案件。

犯罪嫌疑人、被告人在五年以内曾经故意犯罪的，不适用本章规定的程序。

第二百八十九条　双方当事人和解的，公安机关、人民检察院、人民法院应当听取当事人和其他有关人员的意见，对和解的自愿性、合法性进行审查，并主持制作和解协议书。

第二百九十条　对于达成和解协议的案件，公安机关可以向人民检察院提出从宽处理的建议。人民检察院可以向人民法院提出从宽处罚的建议；对于犯罪情节轻微，不需要判处刑罚的，可以作出不起诉的决定。人民法院可以依法对被告人从宽处罚。

第三章　缺席审判程序

第二百九十一条　对于贪污贿赂犯罪案件，以及需要及时进行审判，经最高人

民检察院核准的严重危害国家安全犯罪、恐怖活动犯罪案件，犯罪嫌疑人、被告人在境外，监察机关、公安机关移送起诉，人民检察院认为犯罪事实已经查清，证据确实、充分，依法应当追究刑事责任的，可以向人民法院提起公诉。人民法院进行审查后，对于起诉书中有明确的指控犯罪事实，符合缺席审判程序适用条件的，应当决定开庭审判。

前款案件，由犯罪地、被告人离境前居住地或者最高人民法院指定的中级人民法院组成合议庭进行审理。

第二百九十二条　人民法院应当通过有关国际条约规定的或者外交途径提出的司法协助方式，或者被告人所在地法律允许的其他方式，将传票和人民检察院的起诉书副本送达被告人。传票和起诉书副本送达后，被告人未按要求到案的，人民法院应当开庭审理，依法作出判决，并对违法所得及其他涉案财产作出处理。

第二百九十三条　人民法院缺席审判案件，被告人有权委托辩护人，被告人的近亲属可以代为委托辩护人。被告人及其近亲属没有委托辩护人的，人民法院应当通知法律援助机构指派律师为其提供辩护。

第二百九十四条　人民法院应当将判决书送达被告人及其近亲属、辩护人。被告人或者其近亲属不服判决的，有权向上一级人民法院上诉。辩护人经被告人或者其近亲属同意，可以提出上诉。

人民检察院认为人民法院的判决确有错误的，应当向上一级人民法院提出抗诉。

第二百九十五条　在审理过程中，被告人自动投案或者被抓获的，人民法院应当重新审理。

罪犯在判决、裁定发生法律效力后到案的，人民法院应当将罪犯交付执行刑罚。交付执行刑罚前，人民法院应当告知罪犯有权对判决、裁定提出异议。罪犯对判决、裁定提出异议的，人民法院应当重新审理。

依照生效判决、裁定对罪犯的财产进行的处理确有错误的，应当予以返还、赔偿。

第二百九十六条　因被告人患有严重疾病无法出庭，中止审理超过六个月，被告人仍无法出庭，被告人及其法定代理人、近亲属申请或者同意恢复审理的，人民法院可以在被告人不出庭的情况下缺席审理，依法作出判决。

第二百九十七条　被告人死亡的，人民法院应当裁定终止审理，但有证据证明被告人无罪，人民法院经缺席审理确认无罪的，应当依法作出判决。

人民法院按照审判监督程序重新审判的案件，被告人死亡的，人民法院可以缺席审理，依法作出判决。

第三章　犯罪嫌疑人、被告人逃匿、死亡案件违法所得的没收程序

第二百八十条　对于贪污贿赂犯罪、恐怖活动犯罪等重大犯罪案件，犯罪嫌疑人、被告人逃匿，在通缉一年后不能到案，或者犯罪嫌疑人、被告人死亡，依照刑法规定应当追缴其违法所得及其他涉案

第四章　犯罪嫌疑人、被告人逃匿、死亡案件违法所得的没收程序

第二百九十八条　对于贪污贿赂犯罪、恐怖活动犯罪等重大犯罪案件，犯罪嫌疑人、被告人逃匿，在通缉一年后不能到案，或者犯罪嫌疑人、被告人死亡，依照刑法规定应当追缴其违法所得及其他涉

财产的，人民检察院可以向人民法院提出没收违法所得的申请。

公安机关认为有前款规定情形的，应当写出没收违法所得意见书，移送人民检察院。

没收违法所得的申请应当提供与犯罪事实、违法所得相关的证据材料，并列明财产的种类、数量、所在地及查封、扣押、冻结的情况。

人民法院在必要的时候，可以查封、扣押、冻结申请没收的财产。

第二百八十一条　没收违法所得的申请，由犯罪地或者犯罪嫌疑人、被告人居住地的中级人民法院组成合议庭进行审理。

人民法院受理没收违法所得的申请后，应当发出公告。公告期间为六个月。犯罪嫌疑人、被告人的近亲属和其他利害关系人有权申请参加诉讼，也可以委托诉讼代理人参加诉讼。

人民法院在公告期满后对没收违法所得的申请进行审理。利害关系人参加诉讼的，人民法院应当开庭审理。

第二百八十二条　人民法院经审理，对经查证属于违法所得及其他涉案财产，除依法返还被害人的以外，应当裁定予以没收；对不属于应当追缴的财产的，应当裁定驳回申请，解除查封、扣押、冻结措施。

对于人民法院依照前款规定作出的裁定，犯罪嫌疑人、被告人的近亲属和其他利害关系人或者人民检察院可以提出上诉、抗诉。

案财产的，人民检察院可以向人民法院提出没收违法所得的申请。

公安机关认为有前款规定情形的，应当写出没收违法所得意见书，移送人民检察院。

没收违法所得的申请应当提供与犯罪事实、违法所得相关的证据材料，并列明财产的种类、数量、所在地及查封、扣押、冻结的情况。

人民法院在必要的时候，可以查封、扣押、冻结申请没收的财产。

第二百九十九条　没收违法所得的申请，由犯罪地或者犯罪嫌疑人、被告人居住地的中级人民法院组成合议庭进行审理。

人民法院受理没收违法所得的申请后，应当发出公告。公告期间为六个月。犯罪嫌疑人、被告人的近亲属和其他利害关系人有权申请参加诉讼，也可以委托诉讼代理人参加诉讼。

人民法院在公告期满后对没收违法所得的申请进行审理。利害关系人参加诉讼的，人民法院应当开庭审理。

第三百条　人民法院经审理，对经查证属于违法所得及其他涉案财产，除依法返还被害人的以外，应当裁定予以没收；对不属于应当追缴的财产的，应当裁定驳回申请，解除查封、扣押、冻结措施。

对于人民法院依照前款规定作出的裁定，犯罪嫌疑人、被告人的近亲属和其他利害关系人或者人民检察院可以提出上诉、抗诉。

第二百八十三条　在审理过程中，在逃的犯罪嫌疑人、被告人自动投案或者被抓获的，人民法院应当终止审理。

没收犯罪嫌疑人、被告人财产确有错误的，应当予以返还、赔偿。

第四章　依法不负刑事责任的精神病人的强制医疗程序

第二百八十四条　实施暴力行为，危害公共安全或者严重危害公民人身安全，经法定程序鉴定依法不负刑事责任的精神病人，有继续危害社会可能的，可以予以强制医疗。

第二百八十五条　根据本章规定对精神病人强制医疗的，由人民法院决定。

公安机关发现精神病人符合强制医疗条件的，应当写出强制医疗意见书，移送人民检察院。对于公安机关移送的或者在审查起诉过程中发现的精神病人符合强制医疗条件的，人民检察院应当向人民法院提出强制医疗的申请。人民法院在审理案件过程中发现被告人符合强制医疗条件的，可以作出强制医疗的决定。

对实施暴力行为的精神病人，在人民法院决定强制医疗前，公安机关可以采取临时的保护性约束措施。

第二百八十六条　人民法院受理强制医疗的申请后，应当组成合议庭进行审理。

人民法院审理强制医疗案件，应当通知被申请人或者被告人的法定代理人到场。被申请人或者被告人没有委托诉讼代理人的，人民法院应当通知法律援助机构指派律师为其提供法律帮助。

第三百零一条　在审理过程中，在逃的犯罪嫌疑人、被告人自动投案或者被抓获的，人民法院应当终止审理。

没收犯罪嫌疑人、被告人财产确有错误的，应当予以返还、赔偿。

第五章　依法不负刑事责任的精神病人的强制医疗程序

第三百零二条　实施暴力行为，危害公共安全或者严重危害公民人身安全，经法定程序鉴定依法不负刑事责任的精神病人，有继续危害社会可能的，可以予以强制医疗。

第三百零三条　根据本章规定对精神病人强制医疗的，由人民法院决定。

公安机关发现精神病人符合强制医疗条件的，应当写出强制医疗意见书，移送人民检察院。对于公安机关移送的或者在审查起诉过程中发现的精神病人符合强制医疗条件的，人民检察院应当向人民法院提出强制医疗的申请。人民法院在审理案件过程中发现被告人符合强制医疗条件的，可以作出强制医疗的决定。

对实施暴力行为的精神病人，在人民法院决定强制医疗前，公安机关可以采取临时的保护性约束措施。

第三百零四条　人民法院受理强制医疗的申请后，应当组成合议庭进行审理。

人民法院审理强制医疗案件，应当通知被申请人或者被告人的法定代理人到场。被申请人或者被告人没有委托诉讼代理人的，人民法院应当通知法律援助机构指派律师为其提供法律帮助。

第二百八十七条　人民法院经审理，对于被申请人或者被告人符合强制医疗条件的，应当在一个月以内作出强制医疗的决定。

被决定强制医疗的人、被害人及其法定代理人、近亲属对强制医疗决定不服的，可以向上一级人民法院申请复议。

第二百八十八条　强制医疗机构应当定期对被强制医疗的人进行诊断评估。对于已不具有人身危险性，不需要继续强制医疗的，应当及时提出解除意见，报决定强制医疗的人民法院批准。

被强制医疗的人及其近亲属有权申请解除强制医疗。

第二百八十九条　人民检察院对强制医疗的决定和执行实行监督。

附　则

第二百九十条　军队保卫部门对军队内部发生的刑事案件行使侦查权。

对罪犯在监狱内犯罪的案件由监狱进行侦查。

军队保卫部门、监狱办理刑事案件，适用本法的有关规定。

第三百零五条　人民法院经审理，对于被申请人或者被告人符合强制医疗条件的，应当在一个月以内作出强制医疗的决定。

被决定强制医疗的人、被害人及其法定代理人、近亲属对强制医疗决定不服的，可以向上一级人民法院申请复议。

第三百零六条　强制医疗机构应当定期对被强制医疗的人进行诊断评估。对于已不具有人身危险性，不需要继续强制医疗的，应当及时提出解除意见，报决定强制医疗的人民法院批准。

被强制医疗的人及其近亲属有权申请解除强制医疗。

第三百零七条　人民检察院对强制医疗的决定和执行实行监督。

附　则

第三百零八条　军队保卫部门对军队内部发生的刑事案件行使侦查权。

中国海警局履行海上维权执法职责，对海上发生的刑事案件行使侦查权。

对罪犯在监狱内犯罪的案件由监狱进行侦查。

军队保卫部门、中国海警局、监狱办理刑事案件，适用本法的有关规定。